蒙古と青海

西域探検紀行選集

コズロフ著
西義之訳

白水社

（左）ピョートル・クズミッチ・コズロフ（モスクワにて）

（右）東チベットで探検隊を指揮するコズロフ

（右）ハラ・ホト周辺のバルハン（鎌型砂丘）

（左）北から見た死の町ハラ・ホトの廃墟

（右）ハラ・ホト城塞の北壁にある秘密の祈禱所の廃墟

（左）死の町周辺で発見された粘土及び木造の像

(上) ハラ・ホト出土の聖画から——左が仏陀，右が惑星の神

（右）定遠営（ティン・ユアン・ユイン）の新年のお祭

（右）定遠営僧院の礼拝寺院
（上）定遠営北方の丘に立つオボ

（左）アラシャン山脈中の牧場

（右）アラシャン山脈地方を放浪するモンゴル人とその隠れ家

（左）バルン・ヒト僧院（アラシャン西部）を望む

(右) グイ・ドゥイのオアシス

(右) グイ・ドゥイの町のバザール
(上) フルデと呼ばれる回転礼拝器

（左）ラウラン僧院の全景（上）とその本寺

（右）ラウラン地方のタングートの娘たち

（右）黄河上流がアムネ・マチン山脈を貫流するところ

（左）南山（ナンシャン）西部、テトゥン・ゴル河畔にそびえるシャヘル山

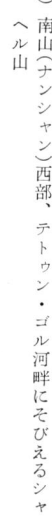

西域探検紀行選集

蒙古と青海

コズロフ
西　義之訳

Originaltitel:
П. К. Козлов
Монголия и Амдо
и мертвый Город Хара-Хото
Москва 1947
Übersetzt von Helmut Sträubig
Schutzumschlag, Einband und Jextillustrationen von Hasso Seyferth

ドイツ訳に際して

内陸アジアの地図から、最後の《未知の地域》が消されたのはやっとここ数十年のことである。ほぼ一世紀前には、この途方もなく大きな地域は、ヨーロッパ人にほとんど知られていなかった。今日でもあの広大な区域、たとえばチベット高地の北部地方全域については、ほんの表面的にしかわれわれは知っていない。また、中央アジアの住民の歴史的過去は、そこの自然よりもいっそう深い闇に包まれていたし、現在でも変わりはない。いかにもモンゴルやトルキスタンの騎馬民族は、歴史の経過のうちに、一度となくユーラシア大陸周辺の古い文化圏に侵入し、巨大な国家を建設したのである。それらの国家はヨーロッパにまで及び、近東、インド、シナの大部分に広がっていたのであるが、比較的短期間存続した後、たいていまた崩壊してしまった。これらの民族の由来、その遠征の原因についても、われわれは今日ようやくわずかばかり知るところがあるだけである。

内陸アジアの広大な地域の自然に関して、われわれの目を開いてくれた最初の、近代の研究家は、ロシヤの偉大な探検家プルジェワルスキー（一八三九―一八八）であった。彼はこの地方へ四度探検を試み、そのさい約三二〇〇〇キロメートルを踏破したのである。彼に続いて、後年、各国の数多くの研究家が探検に出かけたが、そのごも中央アジアの秘密のヴェールをはがすうえに、ロシヤの探検隊は重要な役割を演じた。ここではただ、ドイツの有名なアジア研究家ヴィルヘルム・フィルヒナーが一九二五年に書いた言葉をあげておくにとどめよう。「ドイツ国民のあいだにおいてだけでなく、ほかの国々にあってもあまりにも知られていないことは、地理学一般、とくにアジアの解明に関してロシヤ人が最先頭に立っているという事実である。」プルジェワルスキーの事業を継続した多くのロシヤ人の中で、彼の弟子ピョトール・クズミッチ・コズロフは、特別の位置を占めている。その師と同じく、コズロフもその生涯をすべて内陸アジアの探検に捧げたのである。

コズロフは一八六三年一〇月一五日、昔のスモレンスク州の小都市ドゥヒョウスツヒナに生まれた。彼の全生涯にとって決定的だったことは、一八八一年プルジェワルスキーと出会ったこと、そしてプルジェワルスキーがこの青年の偉大な才能と能力を認めたことであった。二年後はやくもプルジェワルスキーは、若きコズロフをその協力者の中に加え、計画成った第四回目の中央アジア探検に同行しているのである。チベットの未知の北部辺境地区、およびタリム盆地のさまよえる湖ロプ・ノールへのこの探検において、コズロフは、後年自ら行なった旅行において大いに役立つことになる知識をものにすることができた。

プルジェワルスキーの没後(一八八八年)コズロフはさらにロシヤ人研究家たちの企てた二つの探検に参加、再び中央アジアへ出かけた。一八九九年、ロシヤ地理学協会は今度はコズロフ自身に、モンゴルおよび東チベット、カム地方へ向かう新たな大探検隊の指揮をゆだねた。この探検の膨大な成果について世界が知ったのは、一九〇五年ペテルスブルクで出版された数巻の著作『モンゴルとカム』によってであって、これによってコズロフはその故国においてだけでなく、多くの外国専門家のあいだでたちまち有名な人物となった。

しかし故国で安穏な生活を送ることは、コズロフのこころよしとするところでなかった。あの大きな大陸の心臓部の測り知れない広漠たる地域が、再び彼を力いっぱい引き寄せてやまなかった。一九〇七年には、早くもまた旅立っている。いまこの書物が報告するこの年の探検で、コズロフはその生涯における最大の成果をあげたのであるが、それはけっして盲目的な偶然によるものではなく、故国における徹底的な研究と良心的な準備の結果なのである。すなわち彼は、エツィン・ゴル川の下流域で、砂漠の砂の中に埋もれた《死の都、ハラ・ホト》を発見したのである。

その後コズロフは、今度は中央モンゴルの広大な地域を探り、それから今まで知られなかった道をたどって、流砂に埋まった、とくに荒涼たる南ゴビ砂漠を通り、定遠営のオアシスへ向かっている。このオアシスは、灰黄色の砂漠のまっただ中にある、緑の魅惑的な小さな点として、巨大なアラシャン山脈の西方の出鼻にへばりついている。コズロフはここからさらに《青い湖》ココ・ノール盆地に向かって進んだ。これはチベット高原の北東の片隅、海抜三〇〇〇メートル以上のところに広がっていた。ついに彼は、さらにもう少し前進し、盗賊を業とするタングート族の住む、荒涼とした山地アムドにはいったが、この通行困難な谷には、嫉妬深い住民に見張られて、壮麗なラマ僧院が幾つか隠れていた。昔の旅行の際、高貴な仏僧たちと個人的な知己を結んでいたおかげで、コズロフは全仏教界において有名だったクムブム、ラウランの僧院にはいることができただけでなく、そこの僧侶たちの特異な生活をつぶさに知ることができた。故国への帰途、ものすごい暑熱の中を彼はもう一度砂漠を通って《彼の》ハラ・ホトへ赴き、そこでさらに貴重な発掘をしている。

ほとんどすべての中央アジア探検家の例にもれず、コズロフも、仏教界の最高の存在ダライ・ラマの居住地、神秘に満ちたチベットの首都ラサの特別の魅力には抗することができなかった。ほとんどすべてのヨーロッパのアジア旅行者――プルジェワルスキー、スウェン・ヘディン、その他――がこれまで失敗してきたこと、つまりラサにはいって南チベットの僧院に住むラマたちの不思議な生活を研究すること、この事業がようやくコズロフには実行可能なように思えてきた。一九〇三―四年、武力をもって南チベットに侵入したイギリスの軍事探検隊を避けて、二番目に大きな仏教の中心地ウルガにダライ・ラマが逃げ場所を求めたとき、コズロフは、この仏教の最高の存在と個人的な知己を結ぶという稀有の幸運をつかんだ。アムドを探検するとき、クムブム僧院で彼は再びダライ・ラマに会った。ダライ・ラマはラサへ帰還の途中しばらくこの地に滞留していたのであって、あらためてコズロフとの友好を深めたのである。そしてダライ・ラマはコズロフを最初のヨーロッパ人として、ラサの宮殿ポタラへ訪ねるように親しく招待してくれたのである。

研究家にとってまだ幾つかの興味ある発見の約束されている、未知の南チベットのことを考えると、コズロフは落ち着いていることができなかった。この本で詳しく物語られているハラ・ホトの発掘の報告、ココ・ノールとアムドでの研究を完了するやいなや、はやくもまた彼はラサへの新たな探検の準備にとりかかっている。その成功の前提条件はすべて与えられているように見えた。しかし思いがけぬ事件が彼の計画をふいにしてしまう。第一次大戦が勃発したのである。ロシヤ帝国政府はコズロフが中央アジアに旅することを許さなかった。コズロフはすでにその隊商とともに、シベリア・モンゴル国境で出発の準備を万端整えていたが、当分計画を断念することになる。

ロシヤにおける社会主義一〇月革命が勝利に終わったあとすぐ、コズロフはもうペトログラードの勤め先にじっとしていることができなかった。このときすでに六〇代に達していたコズロフの心を再び誘ってやまなかったのはモンゴルの草原と砂漠の魅惑であり、チベット高原のほとんど人目にふれたことのない動物の世界であった。政府およびソヴィエト地理学協会の支持を得て、コズロフはモンゴル、南チベットへの新たな探検を準備した。彼は自ら北京におもむき、当時のシナ政府からシナ西部地方にはいる許可を得た。再びあらゆる条件が整って、この探検は成功するかに思われた。というのは、ダライ・ラマもコズロフの計画を耳にすると、わざわざ使者を彼のいたウルガに派遣し、招待を再確認したからである。コズロフの協力者の一人はそれについてこう書いている。「われわれ探検隊員のほかには、ラサに行くことが保証されたことを、おそらくほとんど誰も知っていなかっただろう。つまりチベットのダライ・ラマは、われわれの旅行準備について聞き知ると、コズロフと交した約束を果たさんとして、高位の僧ガルサンをウルガに派遣してきたのである。この僧がわれわれの探検隊の案内をするはずであった。僧は《のこぎり》を携行していた。《のこぎり》というのはダライ・ラマが自ら筆をとって書いた絹製の札のことで、風変わりなやりかたで二つの部分に切られていたのだが、その切り口がまさにのこぎりのようにぎざぎざなのであった。その一方のほうを、ガルサンはウルガでコズロフにわたした。コズロフはこれをラサに通じる峠の衛兵に手渡すことになっていた。衛兵たちは、もう一方の札を前もってもらっていて、二つの部分を合わせてみるのである。残念ながらすべての計画はむだに終わった。イギリスが、われわれの探検隊がチベットにはいることに抗議したのである。そこでわれわれの活動はモンゴルに限られることになった。しかしモンゴルでも、コズロフは相変わらず幸運に恵まれていた。」

コズロフはほかのどのヨーロッパの研究者とも違って、南チベットの秘境にはいり込むことができるように定められていたように見えるが、その生涯の夢が二度も国際政治によって打ち砕かれたことはほとんど悲劇と言ってもいいだろう。

しかし、ラサへの旅をあきらめたことはコズロフに有利に働いて、彼はこの探検（一九二三年―二六年）中、モンゴルの探究にそれだけいっそう熱心に打ち込むことになった。一九〇八年、彼によってなされたハラ・ホトでの発掘は、彼の考古学への興味を高めていたので、鳥類学者だった彼の妻も加わった一九二三―二六年の旅では、はじめから地理学上の仕事だけではなく、考古学にも重きをおいた。コズロフの協力者の一グループはハラ・ホトへおもむき、そこで新たな発掘を企図し、さらに価値ある発掘品をもたらした。しかしコズロフ自身はまずはじめケンタイ山脈で、その後は西モンゴルのハンガイで仕事をした。ケンタイのノイン・ウラ山中で行なった彼の研究は、異常な成果と成功をもたらした。ここで古い匈奴族の丘陵墓地（クルガン）の発見に成功したのである。ここの発掘品は、ソヴィエトの専門家の見解によれば、二〇世紀の最も重要な考古学的発見の一つだと言われる。

残念きわまりないことに、コズロフはその最後の探検報告をもはや完成することができなかった。帰国後（一九二六年）、彼は当分のあいだ、ハラ・ホト、ノイン・ウラから持ち帰った、おびただしい量の資料を整理するのに多忙をきわめた。それからようやく暫定的な報告を出版することで満足しなければならなかった。そのうえ老いのきざしが彼にもはっきりと現われてきていた――彼はその生涯の七〇年代に立っていたのだ――もう昔のように休みなく仕事をすることは許されなかった。にもかかわらず彼は、相変わらず旅を夢みていた！ ほとんど七〇歳に達して、彼は天山中央部への探検を試みようと思った。自分の晩年をイシク・クル湖の絵のように美しい岸で過ごそうと思っていたのだ。そこで彼の親愛なる師プルジェワルスキーもまた亡くなったのである。しかし運命は別の死を用意していた。一九三四年コズロフは重病に倒れ、一九三五年九月二六日、レニングラードの郊外ペーターホーフ（今日のペトロヴォレツ）で亡くなった。

かくて彼の最後のモンゴル探検についての詳細な報告は書かれないままに終わった。しかしコズロフ夫人は、夫の日記を出版する準備にとりかかった。むろんこの仕事は戦争によって引きのばされ、ようやく一九四八年完成することができた。

モンゴルにおけるその最後の研究を行なっているあいだ、コズロフはもう一度《彼のハラ・ホト》へひきつけられている。一〇〇〇キロ以上も離れていたが、ハンガイ山中の仕事場から一匹のラクダに乗って、彼は焼けつくような灼熱の中をモンゴルの砂漠を横断し、《死の都》を、ほんの短い時日ではあったが再び見たのである。ハラ・ホトにおけるこのわずか四日間の滞在についての日記のノートは、この本の付録の一章としてつけ加えてある。この記録は当然のことながら、完全に手を入れた旅行記から切り取ったというようなものでなく、コズロフがこの四日間にノートするに足ると考えたたいせつなものをすべて、内容多彩に順序よく含んでいる。

コズロフはその六回の旅行で、中央アジアとその住民たちを、ほかのどの研究家よりもよく知悉することができた。豊富・多彩な資料を集め、彼より先にまだヨーロッパ人の訪れたことのない諸地方の地図を作り、そこに住む民族の特異な風俗・慣習を記録している。地理学上の彼の功績は、全世界の専門学界で当然のことながら高く評価されている。外国が彼に与えた数多くの栄誉が、それを充分証してあまりがある。イギリス、イタリア、ハンガリアの地理学会が、彼の科学上の功績に対しメダルを贈り、パリの科学アカデミーは賞を贈っている。

コズロフの著作は、事実資料の分析における明晰さと科学的厳密さによってぬきん出ているが、中央アジアの自然の魅力を描くことが必要な場合には、一種の抒情的な優雅さも、かね備えているのである。

コズロフがハラ・ホト、その後ノイン・ウラで掘り出した考古学的発掘品の学問的価値は幾ら高く評価しても評価しすぎることはない。これまで中央アジアでは、ほんのわずかしか歴史的遺物が発見できなかっただけに、いっそう重要である。コズロフの発掘品と並んで、比較的重大な意味を持っているのは、一八八九年、N・ヤドリンツェフが、モンゴルのオルホン河畔の古い町カラコルムの近くで、最も古い、古トルコの碑文を発掘したことと、イギリス人オーレル・スタインの発掘品である。スタインは、西甘粛の敦煌と楼蘭（東トルキスタン）で、きわめて価値のある歴史的遺物に遭遇したのである。

　敦煌の石窟寺院と、ハラ・ホトの廃墟、スウェン・ヘディンがロプ・ノールの回りの砂漠の中で発見した古都楼蘭の発掘品、ノイン・ウラのそれとは、時代的にほぼ一致している[1]。

　コズロフの発掘品の重要性に関しては、あとでソヴィエトの学者の達した成果を短くまとめて紹介するつもりであるが、これは、コズロフによって提示された資料を、シナの原典にあたって注意深く研究した結果まとめられたものである。それでも、広範な発掘品の整理は二度の世界大戦によって引きのばされ、まだなかなか完了するにいたっていないが、とくにハラ・ホトから持って来た大量の文書の研究にいたっては、いまやっとはじまったばかりなのである。しかし、すでにこれまでに得た結果によると、西甘粛の諸民族の歴史的過去に新たな光が投げかけられ、なかでも、チベット、モンゴルにおける仏画の内容に他国の文化が影響を与えていることが明らかにされている。

　ハラ・ホトの町はタングート語でイツィン・アイと言ったが、すでに述べたように、今日の甘粛省のエツィン・ゴルの下流にある。この川の流れは、古代において遊牧民が、北部モンゴルから西部シナへ侵入しようとする場合、格好の通路となっていたのであるが、そのほとりにこの町があるということは、この町の歴史的な役割にとって決定的な意味を持っていた。シナ人が西暦前二世紀にエツィン・ゴルの谷を征服したとき、そこに国境防衛のため堡塁を築き、移住民を住まわせようと努力した。この地方の幾つかの町と堡塁の建設についてはじめて報告してある記録は、西暦前一〇一年のものである。シナのハン（漢）時代に、ここに地方庁所在の町居延《ゴヤン》があった。西海《シーハイ》ともよばれている。この町についての短い、断片的な報告は、西暦五世紀の昔までさかのぼりうる。その後もある記録が残っていて、それによれば、唐朝の時代、すなわち七、八世紀に、エツィン・ゴル川の下流にトゥンチェン・ツォウ・ツォーの要衝があったということである。

八世紀の半ばから、シナの文献には、長いあいだ、エツィン・ゴル下流地域についての報告が見当たらなくなってくる。つまり六世紀にわたって、今日の甘粛はもはやシナに属さなかったからである。はじめ甘粛はチベット王国の一部となったが、その文化、住民がその後も本質的にはシナ的であることは変わらなかった。チベット王国が九世紀の半ばに崩壊したとき、甘粛には幾つかの領主国が起こって独立してしまった。次の世紀には、タングート族の国西夏が建設されたが、その後、北西部シナの辺境地方にあった小さな領主国を合併した。タングート族によりエツィン・ゴル溪谷が攻略されたのは、一一世紀の三〇年代である。イツィン・アイ（ハラ・ホト）の町は、一二世紀の遺品の中にはじめて言及されている。それによると、この時代、エツィン・ゴル下流地域にタングート族の町があって、シナの文献では二つの違った名前で現われている。すなわち黒水鎮、イツィン・アイである、と書かれている。西夏国は九八二年から一二二六年のあいだ存続していた。一二二六年、チンギス・ハンの率いるモンゴル人によって屈服せしめられた。これは一二二七年に死んだモンゴルの大征服者チンギス・ハンの最後の重要な遠征であった。タングート族の領地は、そのときひどく荒廃させられたが、ハラ・ホトの町が完全に破壊されなかったことは確かである。あるいは大急ぎでまた再建したのかもしれない。いずれにせよ、元王朝のシナの歴史の中では、何度か言及されている。最後に言及されたのは一四世紀半ばである。有名なヴェニスの旅行者マルコ・ポーロもエツィンという町（ハラ・ホト）の名をあげている。

ハラ・ホトは、一三七二年までひき続きモンゴル人の手中にあった。この年、明王朝（一三六七―一六四四）の軍隊はエツィン・ゴル下流地域に侵入、町を占拠した。町はモンゴルのほかの町ともども破壊されたが、それは西方からシナを脅かしていた遊牧民の拠点の役割を果たしていたからである。今日わかっているのは、シナ人がすでに西暦前二世紀ごろ、この地域に遊牧民に対する要塞をこしらえていたことであるが、そのくせ、ハラ・ホトがこれらの古い要塞の一つのあった場所に位置していたかどうかは、確実に言うことができないのである。

コズロフの発掘品は考古学者に豊富な資料を与え、中央アジアの諸民族についての知識と歴史における空隙を埋めてくれた。この資料の示すところでは、これらの民族に対するシナとチベットとの影響が大きいということ――とくに重要なことは――遠い昔に死滅したタングート族の西夏語で書かれたタングート古文献が学者の手に残されたことであった。タングート文字は一一世紀の前半に生まれたものである。シナ語、シナ文字はそれでも西夏王国においてもひき続き、いっしょに用いられていた。

文書の遺品の大部分はハラ・ホトの大きなスブルガン（墓廟址）から出ている。この造営物は一二二〇年に建てられたに違いないこと、つまり、モンゴル族によって町が破壊される以前のものであることは、発見された古文書によって証明されている。したがって、それらは、西夏王国の文化的記念碑なのである。全体は一四〇〇のタングート語の断簡と七〇のシナ語の断簡、一三のチベット語の断簡、ウイグル語の一文書から成っている。この当時までには、西夏文字で銘打たれた数枚の貨幣と、そのほか数点の石の碑銘、一枚の古文書が知られているにすぎなかったのである。コズロフは数百点の古文書を発見したほかに、さらにシナ文字、タングート文字で印刷されたおびただしい量の書物まで発見した。タングート・シナ語の辞書さえその中にあったので、これまで理解できなかった文書の解読がきわめて容易になった。中央アジアの乾燥した大陸性気候が、過去のこれらの文書のすべてを保存するのに好都合だったわけである。

発見された記念的文書の主要な部分は、仏教的・宗教的な内容を持っている。このほか、儒教の文書もたくさんある。また、タングート語の法律書も二冊あって、これは、これまでほんのわずかの報告しかなかった西夏王国の歴史の研究にとって、ことのほか興味がある。さらに、発見された資料は、慣用句、頌歌、物語の集成と、周時代のシナの軍記作者の作品のタングート語への翻訳、その他を含んでいる。これではじめて、仏教の内容を持たない遺品も発見されたわけである。これらの書物の中には非常にたくさんの版画が挿入されている。敦煌の洞窟寺院で発見されたシナの版画、シナの書籍印刷の最も古い記念物は九世紀、一〇世紀のものであるし、ハラ・ホトのそれは一一世紀、一三世紀のものであるから、われわれはこれでシナの書籍印刷、シナの版画技術の初期の歴史の完全な姿を示してくれる資料を手にしたことになる。

　絵画作品はほとんど仏教の祭式をテーマにしていて、世俗的内容を持った絵や版画はほんのわずかにすぎない。これらのすべては、かの時代の芸術の記念物、歴史的記録として、中央アジアの諸民族の絵に、ほかの国々の影響のあることを示していて興味がある。聖者の絵は、その性格から分類すると二つのグループに分けられる。シナのものとチベットのものである。ハラ・ホトを含む西甘粛は、西暦前二世紀以来、シナ文化の強い影響を受けていたが、一一世紀と一四世紀のあいだだけには、チベットの影響も認められる。この本に再録した聖人画「金剛石台座上の仏陀」は、チベット絵画の特徴的な一例であるが、遊星の神々、とくに土星の神々はシナ絵画の性格を思わせるのである。

　コズロフが一九二四―二五年にノイン・ウラの古墳で発見したものは、もともと古い時代、つまり西暦前一世紀のものである。ノイン・ウラ山脈はモンゴルの首都ウランバートル（ウルガ）の北方、約一三〇キロ、ケンタイ山系の中にある。コズロフは全部合わせてこういう古墳を二一二基発見したが、そのうち発掘したのは一〇基であった。それらはほぼ二〇〇〇年以前にここに住んでいた東方フン族（匈奴）の墓であることがわかった。墓の中に絨毯、毛織物、絹織物、木工細工、金属製品、粘土製の聖人像などが発見された。その像は髪を髷《まげ》に編んであり、悲しみのしるしにいっしょに埋葬したものであった。ソヴィエトの専門家の鑑定に従えば、コズロフの持ち帰った古い織物芸術の模様は、その多様さと豊かさに関して類がないと言われる。ノイン・ウラの発掘品に似たものは、アジアの他の地方、たとえば東トルキスタンの楼蘭、またシベリアでも発見された。このことは、古代フン族の文化が広い領域にわたって普及していたことを推察させる。墓から出た幾つかの織物は、シナおよびギリシア文化圏の影響を示している。ギリシアの影響、ギリシア文化の創造物それ自体が、その際いろいろな道を通ってこの地にもたらされたのかもしれない。これらの工芸品はバクトリア（ヒンドゥークシュの北方にあった古代の地方）、すなわちアレクサンダー大王の帝国崩壊の後、アム・ダリヤとインドのあいだの地域を占めていて、一一五年間（西暦前二五〇年から一三五年まで）存続していた国家のものだと考えられるのである。

丘の墓地にあったシナの織物は、とにかく現在知られているかぎり最も古いものである。正確な製作年月の記されてあるシナの皿はたいへんな貴重品である。つまり西暦前二年の作なのである。

ハラ・ホトおよびノイン・ウラの墓地の発掘品は、今日レニングラードのエルミタージュ国立博物館に保存されている。その一つ一つの品物はシナ芸術の国際展覧会でも――たとえば、一九二九年、ベルリン、一九三五年、ロンドン、一九四〇年のモスクワ――展示されている。

すでに述べたように、コズロフの手で運ばれた広範な考古学的資料はまだ整理が完成していない。したがって今後の研究成果として、近い将来、中央アジアの古代民族の言語、歴史、芸術の領域で新たな発見が期待されることは疑いを入れぬところであろう。

（1） この解説では、これらの四つの遺跡が、時代的に略一致していると述べているが、今日までの研究では、敦煌の石窟寺院は六―一一世紀の文書、ハラ・ホトは一一―一三世紀の文書、楼蘭からは二―三世紀の遺品、ノイン・ウラからは西暦前一世紀の遺品が出土したとされている。

まえがき

「…きみの春はまだきみの前にある。しかしわたしにはすでに秋が近づいている。」

研究旅行家にとって、ひとところに腰を落ち着けた生活というのは、かごの中の生活と同じようなものである。故国に帰ったはじめの喜びがおさまると、はやくもまた彼はこまごました毎日の、陳腐さをともなった文明生活を重荷と感じはじめる。遠い国が神秘に満ちた声でもって彼の魂を誘い、うむを言わさぬ力で自分のほうへ呼び寄せる。空想が過去の影像をよび起こし、それらは次から次へと切れ目なしに目の前を通り過ぎる。アジアの雄大な未開の自然に相対したとき、何度わたしは真の幸福を味わったことであろう。何度わたしは高峰をよじのぼり、豪壮な山々の美の魅力に心から感動したことであろう。記憶のうちに楽しい小さな思い出の場所をとどめておき、山々で魅惑的なシンフォニーをかなでている小川や滝のせせらぎ、ざわめきにとりまかれ、峨々たる岩や深い森の中で体験することのできた幸福な月日をすべて数え上げることは、至難のわざである。そして日中には魅惑的な響き、群青の輝きによって満たされ、夜は星空の無限の多様さによってあふれる、自然のこの神殿をもう一度見ることはあきらめなければならないという思いは耐えがたいものである……。

このささやかな告白だけで充分、一九〇七年の秋、ロシヤ地理学協会からモンゴル、四川への新たな探検隊をまかせられたときのわたしの喜び、感激を理解していただけるであろう。

この探検の主な費用――三万ルーブル――は国庫から出されることが承認された。さらに探検隊のほとんどすべての参加者は、その留守中、ひき続きその勤務先から、月給を大部分、あるいはその若干部分を支払ってもらった。

二年の予定だった探検の任務は、まず第一に、中央モンゴル、南部モンゴルを踏破し、この地域を調査すること、第二に、ココ・ノール湖を含むココ・ノール盆地で補足的調査を行なうこと、四川北西部にいたり、この特異な地方から自然科学的・歴史的収集品を持ち帰ること、この三つであった。

隊長であったわたしのほかに、わたしの最も親密な協力者として、次の諸君が探検隊に所属していた。モスクワ大学の地理学者アレクサンドル・アレクサンドロヴィッチ・チェルノフ、地形測量官ピョートル・ヤコヴリェヴィッチ・ナパルコフ、植物および昆虫学者セルゲイ・シルヴェルストーヴィッチ・チェトゥイルキンである。一〇人から成る護衛の先頭には、これまでのようにわたしといつもいっしょの歩兵ガブリール・イヴァノフが立った。わたし以前のトランス・バイカル探検隊の仲間のうちからライフル銃隊員、標本作製要員として参加したのはコサック兵下士官パンテレイ・テレショフとアリヤ・マダーエフである。新しく加わったのは歩兵ブラス・デミデンコ、マルトゥイン・ダヴィデンコフ——あとでこの男はアラスカの気象観測所員となったが——それにマトヴェイ・サナコーエフ、トランス・バイカル地方コサックのイェフィム・パルュートフ——この男はシナ語の通訳者として——そしてブャンタ・マダーエフ、ガムバジャプ・バドマジャポフ——この男は一九〇五年、わたしがダライ・ラマに会うべくウルガへ旅したときいっしょに行ったことがある——それにババサン・サドギーエフ。合わせて探検隊の総員は一四人から成っていた。

三人の探検隊員のシナの旅券は、ボクド・ハンのロシヤ外交使節の世話で北京政府から手に入れた。

ペテルスブルクでもモスクワでも、またロシヤ・シナ国境でも、わたしたちは装備の調達に苦労したが、その際、不滅の先達プルジェワルスキーの教訓が大いに役に立ったし、わたしたち自身の経験にも教えられることが多かった。だいたいにおいてわたしたちはすべての点で、わたしの行なった前回のチベット探検の際とほとんど同様の装備を持つことになった。「ほとんど」と言うのは、チベット旅行の当時、旅を容易にしてくれた特別の贈物を、こんどは得られなかったと言う意味である。

わたしは心のすみでひそかに、モンゴル砂漠で、ある町の廃墟に出会わないものか、ココ・ノールで人の住む島を発見できないものか、四川でおびただしい動物や花の群れに遭遇しないものかと期待していた。四川の豊饒な自然、その竹の密林、特異なクマやサル、なかでもすばらしい絢爛たるキジ――このキジに出会わないかと、プルジェワルスキーも死ぬまで夢見たものであったが――などがわたしの心をどうしようもなくひきつけてやまなかった。

一〇月三一日、わたしはペテルスブルクに別れを告げた。ニコライ駅（今日のレニングラードのモスクワ駅のこと）には友人、知己たちが来てくれた。とくに地理学協会の代表者、科学アカデミーの代表者も送ってくれた。このことは一方でわたしを勇気づけ、わたしのエネルギーを高めてくれたが、他方、わたしは自分の身に引き受けた途方もない責任を思い知らされたのである。

モスクワに三週間滞在しているあいだ、わたしは補充すべき装備の問題をすべてかたづけただけでなく、幾らか休養さえとることができた。しかし、わたしは出発が遅れたことに腹を立ててもいた。これはわたしのせいではなかった。しかしこんなことで何か事情が変わったということはなかった。仕事に対するエネルギーと献身的努力のため、結局すべての障害は克服された。仲間の若い隊員も口にするのは探検のことだけで、できるだけ早く出発したいと焦燥にかられていた。

一一月二三日、わたしたち、つまり参加予定隊員の半数がいよいよモスクワを出立した。わたしたちは特別列車で快適に運ばれ、探検隊の装備は貨車で運搬された。プラットフォームには大ぜいの人が見送りに来てくれた。高名の教授たち、若い人たち、そのほか婦人も交えたたくさんの人たちが。すべての人たちの心を占めていたのは遠いアジアのことだった。そしてみんな「再会を！」をわたしたちに言いに来てくれたのである。別れはつらかった。そして汽車は蒸気を吹きはじめた。車輪が動きだす。これで故国での生活はすべて終わったのである。わたしたちの前途にあるのは、二年間の不安に満ちた欠乏の、これまでと違った生活、しかしまた魅惑的な未知にあふれた生活なのであった。

わたしたちはヨーロッパ・ロシヤを大急ぎで通過し、それからシベリアを幾らかゆっくりと通り過ぎた。故国を走っているあいだ、美しい地方だと思えたのは、今度もまたウラル地方で、わたしたちは一日じゅう汽車の窓に釘づけにされた。たえず変化してやまぬ、すばらしい自然の風景から目を離すことができなかったのである。それはまるで万華鏡のように次から次に現われるのだった。サマリ（クイビシェフ）からズラトゥストまでわたしたちに用意された豪華な《公用》列車は、すばらしい印象を強めるのに大いに役立った。汽車の大きな窓から、わたしたちはときどきウラル地方の全景を、とくに朝焼けを受けて照り映えている南の地平線の全景をながめることができた。ウラルを越えてから、巨大な鉄橋の幾つかが、なかでもわたしたち一行の関心をとらえた。それは遠くから見ると、幅広い、水量豊かなシベリアの河川の上につけられた巨大な縁飾《レース》のような感じだった。ようやくわたしたちは、澄んだ、冷たい、薄い霧のかかったすばらしいアンガラ川のそばのイルクーツクへ到着した。寒さがきびしくなった。雪が降っていた。ここのロシヤ人たちは毛皮にくるまっていた。イルクーツクで、地図作製官ナパルコフとコサック人バドマジャポフとサドギーエフらがわたしたち一行に合流した。

イルクーツクはシベリアの歴史的な中枢部である。探検隊はここで数日滞在しなければならなかったが、毎日はたちまち過ぎ去った。地方庁やイルクーツク市の最高幹部、ロシヤ地理学協会の東シベリア支部会員たちは、わたしが新旧の知人たちに頼んだ、探検に関するすべての問題を迅速かつ効果的に解決するために模範的な協力ぶりを見せてくれた。

ヴェルヒノイディンスク（ウラン・ウデ）は鉄道の最後の駅で、わたしたちはここで鉄道とはこの旅行中ずっとお別れすることになる。ここから南には、すでに広漠たる草原が広がっていて、遊牧民族――ブリヤート族、モンゴル族（モンゴル族の素姓はまだすっかり明らかにされていない。中央アジアの最古の住民であり、西暦前三世紀にすでにシナ人の記述に現われてくる匈奴がモンゴル族だとする見かたがある。つまりただ族名を変えただけだと推測されている）や、色はなやかな衣装をつけたラマ僧の姿が現われる。ここの仏教の僧正であるハムボー・ラマ、イロルトゥイエフはわたしを、ハダク、つまり《幸運の布》（絹あるいは木綿の長い布で、通常黄、黒、白、またはうす紫。いちばん長いので三メートル半から五メートル。しかし一メートル半にならないのもある。この種の布には飾りがついている。たいていいろいろな神の姿を織り込んである。なかでも長途の旅の守護神アユシイを織ってあることが多い）を持って歓迎してくれた。そしてわたしにとって重要な言葉でその挨拶をしめくくった。「あなたがた、生まれながらの探検家の一行は、再び、穏やかな仏教に帰依する住民の国へはいられるわけです。この宗教には数百万の信者が属しています。この仏教の国はあなたがたを愛しています。あなたがたもきっとこの国を愛してくださるように。そして今度は、この国はきっとあなたがたに貴重なものをお贈りすることでしょう！　わたしはこのことを堅く信じて疑いません！」

軽快なトロイカ（ロシヤでは三頭の馬でひく車、橇のことをいう。轅（ながえ）を引く馬は速歩で、両側の二頭はギャロップで走る）と、ときには四頭立ての馬車で、わたしはお供のチェルノフといっしょにはじめセレンガ川とその支流チカ川に沿って走り、それから高低さまざまの山地を横断した。この山地ははるか南の方にのびていた。南の方に向かって進むと、アジアの自然の中では一般にどんな大きさの尺度を用いなければならないかがはっきりとわかってくる。山の連なり、風化のため崩れた岩石、一つぽつんとそびえている岩などがトウンエルノフの注意をひき、わたしたちのおしゃべりのいい材料になった。峠《パス》の上でわたしたちは止まり、広大な山地のパノラマを心ゆくまでゆっくりと時間をかけて鑑賞した。

重い探検隊の荷物は郵便馬車でうしろに従っていた。それには歩兵やコサックたちがついていたが、彼らの監督はベテラン、イヴァノフで、彼は彼独自の、分別のある指揮をとっていた。

目次

1　北モンゴルを越えて

一二月一五日、わたしはようやくシナ国境のおなじみの町キャフタに到着。ここの町役場にいい宿を見つけた。この役場にはわたしの師プルジェワルスキーもその旅の前後、一度となく滞在したことがあった。過去のすべてが、にわかにまたわたしの目の前に浮かんできた。

客もてなしのいいキャフタの人々、とくにモルチャノフ、ソベニコフ、ルシニコフ、シュヴェツオフ氏はわたしたちを好意に満ちた心づかいでつつんでくれた。みんな、争ってわたしたちに何かサービスをしようとするのだった。時間の過ぎ去るのは早かった。毎日、わたしたちはキャラバンの装備に必要な仕事に忙殺された。晩は知人に招かれるか、地理学協会の支部の会に参加するかした。休日には町の郊外で野生のヤギ狩りが催された。

もともとわたしは、探検隊の装備をできるだけ早く終え、クリスマス前には旅立ちたいものだと考えていた。しかしこれは、幾つかの理由から不可能であることがわかった。主としてシナ語の通訳が探検に参加することを断わってきたためである。わたしたちは別の通訳を捜さなければならなかった。が、だいたいにおいて、わたしたちが旅を時機を失わずはじめることができたのは、もっぱらキャフタの代表者たちの援助によるところが大きかった。一九〇八年一月一〇日、わたしたちは出発した。

わたしたちはもうその前から、いつでも出発できる用意ができていた。しかし正月の祭日にはよくあることだが、わたしたちは数日を何となく遊んで暮らした。友人モルチャノフ家の人々は、クリスマス・イヴにわたしたちに贈物をするから招待したいと言ってきかず、そこで旅に役立つけっこうな品物を頂戴した。さらに客好きなキャフタの代表者たちは、とてもおいしい食料品を世話してくれた。これはとくに旅のはじめにはたいせつだった。なぜなら旅に出ると、文明生活のあらゆる快適さからとつぜん別れを告げ、遊牧民の生活のきびしい条件に慣れなければならなくなるからである。

出立の日はわたしにはとくに思い出が深い。寒い、風の強い朝だった。空は曇っていた。夜の明けるずっと前から、わたしたちは起きて活動していた。すべてが整理され、すべてが荷造りされた。朝のお茶のあと、この《すべて》が広い中庭へ運び出された。荷物は三列にして梯形に次々に並べられた。まもなくラクダが連れて来られた。積み荷が始まった。たくさんの見物人が中庭を囲んで輪をつくっていた。アマチュア・カメラマンは四方八方からわたしたちにカメラを向けた。人の声とラクダのいななきとが入り交じってつんざくような騒音をつくっていた。出発には万事が迅速かつ手慣れた円滑さで進行するとか、また、ラクダのいななきも各部署でのよけいな言葉もないと思っていたら、まったくかっての違う風景だっただろう。

「準備完了！」と曹長がついに宣告を発した。「ごきげんよう！」とわたしは、キャラバンの指揮官である曹長に言った。キャラバンは数分後足どりも軽く道路に沿って進んで行った。旅のいでたちで、わたしたちはモルチャノフ家の人々のほうへ行き、この愛想のいい家族に囲まれて朝食をとった。わたしたちはもてなしに感謝し、急いでキャラバンのあとを追った。キャラバンは長い行列をつくりシナの領土を進んで行った。わたしたちの探検隊のラクダが、しっかりした、厳格な秩序を保っているのをながめるのは楽しかった。そしてもっと楽しかったのは、これで旅の第一日がはじまったぞという意識だった。旅がもういまはじまっているのだということを、わたしたちはほとんど理解することができなかった。わたしの心は喜びにあふれていた。そしてこの晴れの瞬間にもわたしが亡くなった偉大な先生の祝福を願っていたことを、せめて先生が感じ取っていてくだされば、と思った。

寒さはきびしくなった。夕暮れが地上に下りてきた。そして空にはすばらしい夕焼けが広がっていた。わたしたちはシナの商業町買売城をあとにし、モンゴルの土を踏んだあと、ギルヤン・ノール（ノールはモンゴル語で湖の意）地方で休息した。何とも言えぬ静寂があたりに広がっていた。モンゴルの澄んだ星空のこの安らかさ、異常な美しさは、わたしたちに無限の宇宙の大いさを深く感じとらせた。

キャフタの市街（1900年）

ほとんど一時間もたたぬうちに、わたしたちの野営地ではすべてがもう眠りのうちに沈んでしまい、見張り番の警戒にいっさいを任せきっていた。

翌日天候は一変した。冷たい、しみとおるような風が吹き、雲が谷の下手へ流れ、雪で谷を埋めた。急いでわたしたちは立ち上がり、これまでどおりの南の方角へ旅を続けた。晩になってもまだ嵐は吹きすさび、途中および休息地でも雪はまともにわたしたちの顔に吹きつけた。続く数日間、天候は同様に愉快なものではなかった。けれどわたしたちはだんだんと旅の速度を早め、宿駅、この辺の言葉でウルトンを一つ一つあとにした。

モンゴルや、シナ帝国の万里の長城の外側の大部分の地方では、郵便馬車の旅はロシヤと幾らか違っていることを述べておかなくてはならない。モンゴルの宿駅は、少なくもキャフタからウルガ（今日のモンゴル共和国首都ウランバートル。モンゴル語のオルゴからきているらしい。オルゴは高貴の人の宮殿、天幕の意。モンゴル人自身は以前ボグド・クーレン、ダ・クーレ、つまり聖なる宿営地と呼んでいた）までの地域では、次のように組織されていた。つまり道路沿いに、たいてい人の住む地方の一定の場所に五つないし六つのユルト（中央アジアで遊牧民の丸屋根のテントを言い、支柱にフェルトを張る）があり、そこにモンゴル人の宿駅長が住んでいて、たった一人で運搬業務をやっている。駅馬車業務は、この地域では四つのホシュン（封建的な領地のこと。古代のモンゴルでは行政単位の意味で使われた。内モンゴルでは中華人民共和国の成立まで存在した）をあずかっていた。四つとはトゥシェトゥチャン、サインノイオン、チチン・ワン、バルデュン・ツァサクである。駅の役人はその職権を表示するため、帽子に赤い小さな球をつけ、一二の宿駅から成り、三五七キロメートル以上のウルガへ向かう地域を監督している。それぞれの駅にはツァンギンと言う監督官とその助手たちがいた。

モンゴルの宿駅は、一駅に約一〇ないし一二の馬車があるとすれば、数十頭、ときには数百頭の馬をかかえている。必要に応じて人間も馬も、前述のホシュンから代わりが来たり補充されたりした。しかしたいてい、これが行なわれるのは馬だけであった。駅長、あるいは駅馬車の御者は普通世襲であった。その先祖が同様に数世代にわたってこの仕事をしていたという人たちに、わたしはたくさん会った。これらのモンゴル人たちは、その代わりいっさいの税金を免除されていた。

キャフタとウルガのロシヤの代表部との特別の協定によって、モンゴルの郵便馬車はモンゴルやシナの貨物だけでなく、ロシヤの貨物も運搬していた。国家および個人の郵便物、小包などが第一に優先し、第二には公用及び私用の旅客がくる。手紙や小包はここではラクダで、旅客は馬で運ばれる。例外は高官や商人で、しばしば馬車を利用する。

この馬車というヨーロッパの乗物は、モンゴルの御者たちによって独特のやりかたで扱われる。二人ないし四人の御者がドンヌール（轅に横に打ちつけた桁。一人ないし二人の御者が普通その両端をつかみ鞍とからだとで保持する）をつかみ、「出発！」という命令によって馬車を駅から駅へと迅速に走らせるのである。旅客の地位、財産に従って大なり小なりの護衛がつけられる。御者たちの何人かがタランタス（昔のロシヤで用いられた旅行用車両。長い、伸縮自在のはみの棒があるが、スプリングはない）を引っぱる場合、ほかのものはそばを並んでギャロップで走る。途中で御者たちは頻繁に交替する。非常に高位の人を乗せるときの光景たるやすさまじい。遠くからもうほこりがもうもうと立ちのぼっているのや急いで近づいて行くたくさんの騎馬のものが見える。溝があろうが石があろうが、とにかくどんな障害物があろうが、この遊牧の民の御者たちを途中で閉口させるようなものは何もない。何一つ、旅を停滞させることは許されないのだ。二つの宿駅のあいだじゅうギャロップで駆け続ける。その旅客がそのときそれぞれの駅で、約三ルーブル、五ルーブル、あるいはそれ以上のルーブル銀貨を《お茶代》としてはずむこともあたりまえになっている。

キャフタの国境警備官がいち早くシナ・モンゴル政府と交渉してあったので、わたしたちはモンゴルのりっぱな駅亭馬を与えられ、たいてい並足の速度で、ラクダの運ぶ探検隊の荷物について行った。ラクダはわざわざこの目的のために、モンゴルの請負人から借りたのであった。

御者としてモンゴル人たちにまさるものはないだろう。彼らは正直で仕事好きでしんぼう強い。さらにすぐれているのは、かんの強い馬に乗って長距離を飛ばすことが必要となった場合には、手紙の使者としても適当だということである。モンゴル人ほどすばらしい騎手はいない。おまけにいい目を持っていて、鞍と不順な気候に慣れっこになっている――つまり正真正銘の遊牧民なのだ。単調な、長い距離の道を口に祈りの文句や歌を口ずさんだり、タバコや茶を飲んでまぎらせながら走るのである。峠《パス》で祈禱し、谷で歌い、道のそばにあるユルトでタバコをふかし、一杯のお茶を飲んで休息をとるのである。

数隊に分かれて進んでいるわたしたちのキャラバンはずいぶん進んだ。わたしは先頭を馬で行き、ナパルコフ大尉は最後尾。一行の地理学者たちは行進中、その専門の研究を行なっていたし、標本作製官たちもときどきキャラバンをやり過ごしたり、あるいは脇道にはいったりして野獣や鳥を捕殺した。

すでに夜明け前にわたしたちは起床した。日の出のころには野営地を出発、しばしば一日中歩いて、次の野営地まで進んだ。朝食は早めにとったが晩餐は夕方遅くになった。そしてそれが済むとすぐ横になった。途中、材木が豊富だったので、鉄製の旅行用暖炉でユルトを暖めた。だからよく眠ることができた。寒気はますますきびしくなり、降雪も多くなった。目にうつるあたりの景色はもうすっかり冬だった。キャフタからイビツュークまで、ほとんど小止みなく雪が降った。このため、わたしたちは、山脈にもっと近づいて調査することができなかった。あとになってやっと空が晴れ、日の出、日の入りに緋色に輝くようになった。一月一四日、空気は格別清澄となり、マイナス四七・三度Cまで冷えこんだ。こんな寒さをわたしは、どこにおいても経験したことはなかった。さいわいなことに風はそよとも吹かなかった。

ヤマスズメや灰色のヤマウズラがモンゴル人の住居のすぐそばに住みついて、牛馬に踏み荒らされた黒い地面の上に大群をなして下りていた。ヤマウズラは最も人なつっこく、まるで飼い慣らした鳥のように飛んで来て、穀粒を投げてやると飛びながらついばんだ。彼らは一日中日なたぼっこをしながら、ほんとうに大うかれにうかれていて、ほこりの中をころげ回ったり、羽ばたきをしたりしていた。彼らのグウグウ言う鳴き声だけが、ときどき、あたりを支配している沈黙を破った。連中の不倶戴天の敵、タカが急に近づくと、このヤマウズラのあいだにたいへんな騒ぎがまき起こる。この高慢な盗賊であるタカは、矢のような速さで姿を現わし、ヤマウズラの一羽をつかむと、また同じような速さで姿を消してしまうのだ。タカは爪で獲物をつかまえ、もよりの丘まで運んで行き、そこでがつがつとむさぼり食う。

一九〇八年の正月をわたしたちは、あるいは旅をしながら、あるいはシャラ・ハダ――《黄色い岩》――という名の地方で設営した野営地で過ごした。この岩は、興味のある古生代の化石を含んだ沈積物からできていた。ここでわたしは、一行の三人の護衛歩兵が下士官に進級したことに祝辞を述べ、今後の旅においても多くの成果の上がるように願った。はじめて探検に参加した一行のものの中には、自分たちがこの新たにはじまった一年を中央アジアで過ごすことが、いや、この一年だけでなく、そもそも旅のあいだじゅう郵便を出したり受け取ったりすることのないことが、少なくとも家でそういうことに慣れていたほどには郵便を受け取ったりしないことが奇妙に思われたかもしれない。「家で」というのはいまは「故国で」でもという意味で、わたしたちは旅を重ねれば重ねるほど故国から遠ざかっているのであった。

はじめ悪かった天気はまもなくよくなった。澄んだ空気のおかげで、遠くの輝く雪景色を思うままながめることができた。寒さの中で、すべてが凍りついているように見えた。わたしたちのキャラバンも銀色にきらめく霜でつつまれた。寒気に震えながら、わたしたちは予定の一日の行程を踏破するのであった。

シャラ・ハダを越えたあと、南のほうでかなり高いマンハダイ山脈が道をさえぎった。深い雪を白い背景にして森が鋭く浮かび上がってきて、格別印象深い景色だった。はげしい降雪のため、マンハダイを越える普通の道をとることができず、やむをえず、もっと長いが、低いところを走っている、石の少ない冬の道を進んだ。この道は無数のカーブをもっていて、セプスル・ダバン峠（一三六〇メートル）へと上っていた。この峠へ上る道は非常に急だったが、よく踏み固められているのでたいした困難はなかった。ここをたえず往来する隊商が道を堅く踏み固めたのである。

中央アジアのほとんどすべての峠にあるように、ここにも《オボ》という聖碑が立っていた。おもに石を積んでつくられるが、さらに枯れた木の技でもつくられる。その上に羊の肩の骨と、マニを描いたぼろ布地がさし通してあった。（マニという言葉でモンゴル人は有名な神秘の呪文「オム・マニ・パドメ・フム」つまり「おお、汝、蓮の花の中の寶玉よ」という文句を言っている。フムは奇跡に満ちた花、蓮に対するうやうやしい呼びかけ。蓮はインドの神話では世界創造者の玉座であり同時にまた大地の象徴ともみなされている）その石を見ると、このあたりはどんな種類の石があるか、その特色がわかるのである。峠《パス》の上でわたしたちを迎えてくれたのは、澄んだ、太陽に輝く朝空であった。しかし大気は異常に冷たかった。寒気は骨の髄までしみとおった。ときどき近くのシラカバの林からシラカバ鳥が下りて来て、柔らかくなった雪の中でころげ回った。すぐ近くを憶病なシカの一群が走り過ぎた。しかし冬の狩猟では彼らをねらっても、ほとんど成果は上がらない。そこでわたしたちは鳥をねらうことにした。そしてなかでも尾長フクロウ、ウラル・フクロウをしとめて鳥類の収集で欠けていたのを補った。

マンハダイ山脈の南麓の境をなしているのはハラ川の谷である。川に沿ってときどきシナ人の農家が見える。つまりシナは、モンゴルを植民地化しようとしているのである。土着民との融合をはかるために、シナ政府はその官吏たちに、自分の妻をシナ本国との国境を越えて連れて帰ることを厳重に禁止した。シナ人は家庭生活を非常に重く見るから、運命によってどこに配属されようとも、彼らはそこで家庭を築くのである。こんなやりかたで、シナ人は計画どおり北モンゴルを植民し、ハルハ・モンゴル人とも融合してしまったが、それはまさに彼らがすでに、南東に住むモンゴル人と融合したやりかたとそっくり同じであった。この南東モンゴル人は大部分、その本来の性格を失ってしまっている。

シナ人の粘土造りの農家に混じって、ロシヤ人カリムコフの家がそびえていたので、わたしたちは、寒さに震えながら馬で訪れ、からだを暖めようと思った。家には婦人たちしかいなかったが、すぐ暖かい朝食と茶を出してくれた。わたしたちが冬になって旅に出たことにみんな驚いていた。旦那さんがたはどこですかと尋ねると、「キャフタです。食料品その他をとりに行ったのですが、すぐには戻って来ないでしょう。うちの人たちはあなたがたみたいに、寒さがこうもひどいと旅行したがらないほうでして……。」

さらに進んで行くうち、ときどき、同じような形のロシヤ人の家を数軒見たが、窓はたいてい釘づけになっていた。あとで聞いたところでは、これらの小屋は失敗に終わった移住計画の残骸なのだそうである。

ハラ谷で、ウルガ・キャフタ地域の長をしているモンゴル人の官吏がわたしたちを訪れ、わたしたちの健康状態、安否を尋ねた。

ハラ谷を越えても、地形は山地の特徴をもっていた。モンゴルの郵便宿駅は、いずれも岩と針葉樹地帯のうち、いちだんと高いところにあった。道は上ったり下ったりだったが、とくに近道はそれがひどかった。そのときはむろん、馬に乗ったものだけに通ることができた。キャラバンのほうは山の斜面のふもとに沿って蛇行する、もっと長い道をとらなければならなかった。キャンプはフンチュールの近くのとくに高い場所を選んだが、そこからは西方への風景が広く開けていた。わたしの仲間たちはもっと高いところへ上って、開けた側面に広がっているパノラマ的風景に感激してほめちぎっていた。「とてもすごいですよ」とチェルノフは言った。「巨大な山脈が見えるんです。四方八方へのびている山脈ですが、わたしの立っていた中央山塊ほど高くはありません。そしてそれが夕焼けに輝いて、雄大な印象をいっそう強めてくれるのです。」

ところでフンチュールで、ウルガ通訳学校の生徒に会ったところ、その生徒の伝えるのには、ウルガの領事館は探検隊をいらいらしながら待ちこがれている、毎日毎日のたいへんな寒さのために旅人はすべて旅の途中で釘づけになっているので、探検隊の運命を心配しているというのだった。

ウルガまでわたしたちの前途には、なお四つの野営地があったが、わたしたちはそれを次の日一日で踏破すべく堅く決心した。寒さは衰えなかった。反対に、さらにきびしくなったように思われた。とくに一月二〇日はいつまでも忘れられない日だろう。この日は一行の誰もが、大きな毛皮帽をかぶっていたのに、顔のどこかに凍傷をおったからである。マイナス二六度Cから二八度Cでしかも向かい風の場合、寒さは苛烈かつ苦しいと思った。一週間前はマイナス四七・三度Cでも比較的らくに耐えることができた。しかしそのときは風はそよとも吹かなかった。だからこの最低温度も、わたしたちにべつに不愉快な記憶を残さなかったのであった。

一般的に言って、日中の気温は太陽が出ているとき、かなり高かった。とくに真昼はそうだった。だから実に快適で、ときには思わずうとうととなった。回りの高嶺をおおっている雪はきらきらと輝き、ヤマツグミの楽しげな鳴き声が空中にこだまして、ときには青空を堂々としたオオワシが飛び過ぎ、ノスリの注意をひきつける。

ウルガに近づけば近づくほど、この仏教徒たちの聖都にできるだけ早く着きたいという、わたしたちの願いは強くなった。それで最後の夜営地クイ・アユシィを、おりからの月明かりを利して、まだ夜の明けないうちに出発した。

わたしは常にキャラバンより少し先を馬で行った。道がやっかいになればなるほど、キャラバンの遅れはひどくなる。今度は夜営地からすぐ、一六〇〇メートル以上の高さのトルゴイタ峠を上ることが必要となる。だからわたしがすでに頂上に達しているのに、キャラバンがまだ山脈のふもとをのろのろと進んでいるのは不思議でも何でもなかった。頂上でわたしの心をとらえて離さなかったのは《祈禱オボ》の一つである。(オボは普通4メートルないし6メートルの石塁で精霊—山や峠、川、道路の支配者—のために、見やすいところに石を積んだもの。ときには木の枝、幹でつくる。ときには長い枯木を石のあいだに突きさし、この木に布や紙片をつける。石の裂け目にバター、チーズ、お金をそなえる。とくにあがめられた聖山のオボには動物がそなえられる)ここからモンゴル地方の真珠、聖処女の山ボグド・ウラが見える。わたしは思わず恍惚となって考えた。「何とまたよくおまえに会うことだろう。会えて実にうれしい。いつもいつもわたしは、おまえの神秘に満ちた、きびしい美しさ、おまえの誇らしい、無垢の豪華さに感嘆する。おまえはいつも変わらぬ昔ながらのボグド・ウラだなあ——瞑想的で、口数少なく、巨大な頭には灰色の靄と、二つ三つの淡く、軽やかな羽のような雲をのっけている。ウルガのお寺のラマ僧たちは、おまえをたった一つの避難所として小心翼翼として見守っている。そして賢明なるシナの康熙帝（カン・ヒーともいう。清朝の皇帝で一六六二—一七二三年まで統治）、同様に賢いウルガの二代目のフトゥクトゥ——ウンドゥル・ゲゲン（モンゴルの仏教の最高位の僧。モンゴル人よりしばしばボグド・ゲゲンとよばれた。ボグドは神を意味する）の遺言をあがめている。おまえの森の住人たち——野獣や鳥——は無制限の自由を楽しんでいる。汚れのない自然の記念物を愛し尊敬するヨーロッパ人なら誰でも、おまえをどんな感動と喜びをもってながめることだろう！」

峠《パス》の高さをあらためて気圧計で確認した後、わたしたちは下山の途についた。風のため、寒気は再び耐えがたいほどになった。今度はもう騎馬のモンゴル人か、あるいは憂鬱げな牛に引っぱられた、がらがらいうモンゴルの荷馬車の長い行列に行き会うようになった。道ばたに立っているユルトのグループはだんだん多くなり、盛装したたくさんのラマ僧や役人たちが集まって、ギャロップであちこちと飛び回っていた。わたしたちもいまは前より急いで進んだ。いたるところに何か見物に値するものがあった。時間は飛ぶように過ぎた。そうしているうちに早くもトラ川の谷と、北西からボグド・ウラのふもとをうねうねと走っている道、すなわち、探検隊を砂漠へと引き込む道が姿を現わした。わたしたちはさらに幾つかの第二級のオボや貧しいモンゴル人のみすぼらしい小屋にでくわした。また道ばたのすぐそばで、人間の死体をむさぼり食っている貪欲な犬も見た。死体は、仏教僧の指示でここへ遺棄されたものである。

右手、西のほうへガンダン寺院の建物がのびていた。ここにはつい先ごろまでチベットのダライ・ラマが滞在していた。左手、北東にべつの大きな寺院があったが、これは牧畜業者の守護仏であるボディサットゥヴァ・マイトレヤ（弥勒菩薩のこと。仏教徒は仏陀の栄誉にいたるまでの道程にあるものを菩薩（ボディサットゥヴァ）とよぶ）を祭って建てられたものである。

そのうち溝に似た道がわたしたちを町のはずれ、市《いち》のはずれへ導いた。モンゴル人の家並みから濃い煙が立ち上っていた。煙はある高さに上ると灰色の雲に固まり、トラ川に沿ってはって行った。さらに数分すると、わたしたちは町の騒音と人混みの中に出ていた。その広い道はモンゴル人、シナ人、ロシヤ人、ラマ僧、下僧階級の人々、男、女、大人、子供の多彩な人々であふれていた。ラクダの叫び声、馬のいななき、犬の吠え声が人間の声とまじりあい、いましがた草原の静寂と単調さを味わい尽くしてきたわたしたち到着者の耳はために聾《ろう》せんばかりであった。

　市場を過ぎたところで領事館の衛兵であるコサック人に心から迎えられ、ロシヤのウルガ領事館の堂々たる建物に案内された。左手にはシナ守備隊の兵営と衙門《ヤーメン》、つまり管理事務所の建物が、右手には新しく建てられた小さな寺と、ウルガのフトゥクトゥの腹心のものが住んでいる新しい家が見えた。なかでもまたわたしの興味をひいたのは、壮麗なボグド・ウラ山で、深い雪におおわれた北面をのこるところなくわたしたちのほうに向けていた。このボグド・ウラに、領事館は正対していた。

観世音菩薩像

　ウルガ、このモンゴルの聖都はモンゴルの行政的、文化的、宗教的中心地である。モンゴル人なら誰でも、自分のユルトがウルガからどんなに遠く離れていても、その一生にせめて一度はこの大きなダ・クレ——ウルガは遊牧民によくそうよばれている——を訪ね、ここの寺院や、いっさいの罪からまぬかれた生まれ変わりの人フトゥクトゥに敬意を表したいと考えている。

　いまのところボグド・ゲゲンは少少健康を害していて、以前のように頻繁に人々の前に姿を現わすことができないでいる。彼への面会は、モンゴルの族長やそのほか高貴で、金持の訪問者に短い挨拶をするだけにかぎられることが多い。

いまのボグド・ゲゲンは、フトゥクトゥ・チェ・ブツン・ダムバの八回めの生まれ変わりである。この人物は仏教徒によってタラナータ（一五七三—一六三五）、というインド、チベットの仏教の有名な宣布者の化身と見なされ、尊敬されている。ボグド・ゲゲンという名は、一般に高貴な人の通例で、仏教の風習に従えば、普通生存中は公表されることはなく、没後ようやく発表されるのである。

フトゥクトゥ・チェ・ブツン・ダムバの新たな生まれ変わりの人物は、チベット人の証言によれば次のような手続きで選ばれる。フトゥクトゥの亡くなった知らせがチベットにもたらされると、パンチェン・リンポチェ（タシ・ラマ、パンチェン・エルデニとも言われる。ラマの世界においてダライ・ラマにつぐ高位。その居所はツァングポ河畔シガツェ（ブラフマプトラ）の有名な寺院）、つまりブッダ・アミターヴァ（阿弥陀仏）の生まれ変わり、とダライ・ラマは、だいたい同じ時期に生まれた一二人の子供の名をあげ、ラサのポタラ寺院に出頭するように指示する。ここで子供たちは学僧によって一種の試験を受ける。この試験の過程で、肉体的にブッダの特徴をあまり持っていない子供たちはだんだん落とされる。結局、ほんとうに生まれ変わりと認められる三人の子供だけが残される。この残った三人の候補者に対して、ポタラで最後の選抜試験が行なわれる。選抜はダライ・ラマ、パンチェン・リンポチェ、デモ・フトゥクトゥ（ラサのラマ僧中、高位の四人の一人。ダライ・ラマの幼時、摂政役を勤める）によってなされる。子供の名を三枚の紙片に書き、セルブムという黄金の投票箱に入れる。そして礼拝を行ない、経文が読まれるあいだ、この紙片の一枚が引き出されるのである。紙片に書かれた名前が生まれ変わりの子を決めてあり、その子はモンゴルへ送られることになる。候補者を三人あげるというのは、それぞれのボディサトーヴァが三度生まれ変わるということに起因している。三度というのは精神において、言葉において、肉体においてである。

精神の生まれ変わりのものは、モンゴルへ送られる。言葉と肉体の生まれ変わりと言われたほかの二人の子供は、同じように僧籍へはいる。彼らは普通チベットで生活し、高い尊敬を受け、タラナータによって建てられた寺院の長につくことが多い。ときにはまた単にこれらの寺院の仲間に加えられる。

モンゴルに派遣されるべきフトゥクトゥは、ダライ・

ラマから同様に僧籍に入れられる。ダライ・ラマは彼に聖典を教え、その後同じようにタラナータによって建てられた、チベットのツァン州にある僧院の一つに送るのが普通である。ここで彼は三年ないし五年、聖典と仏事を研究し、モンゴルからの使者が自分を迎えにラサへ来るまで、この地で生活するのである。

　フトゥクトゥをチベットからモンゴルへ送る行事は、とくにおごそかにとり行なわれる。招請状を渡すために、シャビン（ハルハ・モンゴルの族長にあっては昔から寺を建ててフトゥクトゥに贈り、すべての人に尊敬されている生まれ変わりのこの人に住んでもらい、人民の幸福を祈願する風習がある。こういう寺を建立すると、族長のそれぞれは臣下の中から数家族をえらび、フトゥクトゥの永遠の臣下として提供する。この家族はとくべつの管理を受け、全体でシャビンという）、モンゴルの四つのアイマク、つまり地域——その中には北モンゴル、ハルハも含まれている（北モンゴルはハルハといわれた。これからモンゴル人民共和国が生まれた。一九二四年六月一三日。ハルハとは「楯」「柵」の意。ハルハの住民は九〇%、ハルハ・モンゴル人である）——のそれぞれが少なくとも二〇〇の人員を派遣する。だから総計、最少限度一〇〇〇人がフトゥクトゥへ送られる。そしてときにこの数はさらにずっとふえることがある。フトゥクトゥの行列は、いつも非常にゆっくりと進む。いろいろな儀式、歓迎の行事でひき止められるからである。ラサからウルガまでの全行程、フトゥクトゥはチベット、モンゴルの軍隊によって護衛される。ハルハの国境を越えると、お供につく民衆の数はだんだんふえてくる。なぜなら、行列に途中から加わったハルハ・モンゴル人たちは、フトゥクトゥにくっついて、

パンチェン・リンポチェ

たいていウルガまでやって来るからである。結局さらにウルガそれ自体の民衆もまた、一二日間から一五日間、フトゥクトゥを迎えるための旅にどっと押し寄せるのである。

首都に到着すると、ボグド・ゲゲンはその第一夜をトラ河畔の夏の宮殿で過ごす。翌日彼は黄色い駕籠で、ここから市中へ運ばれる。町の南西端に、フトゥクトゥがはいるために、いつも特別のアーチがつくられる。この門にはハダクと絹布がぶら下げられ、黄金、銀の飾りがつけられる。ウルガに到着すると、フトゥクトゥはまずバルンエルゲ、つまりフェルト製のテントへ連れて行かれる。この中で、チェ・ブツン・ダムバ・フトゥクトゥの最年長の血縁者として、トゥシェトゥ・ハンが彼に挨拶する。続いてツォクチェン・スメに連れて行かれる。ここで彼を迎えるのは、世俗の高位の役人たちである。昔はボグド・ゲゲンには、ここでシナの皇帝の名において、支配権とその象徴が手渡されたのである。それは黄金の印鑑とそれを所持していることを記した、黄金の紙に書いた記録証書である。

ボグド・ゲゲンのその後の生活は、その宮殿の奥深く、俗人にはまったく秘密のヴェールに隠されたまま推移する。仏教徒の目には、フトゥクトゥの行動はどれも奇跡だと見なされ、霊あるものの幸福のためにのみ営まれる。

ボグド・ゲゲンは亡くなると、その亡骸《なきがら》には防腐措置が施される。ラマ僧によって行なわれるこの措置には、普通三か月、あるいはそれ以上を要する。ある尊い場所に運ばれ、いいかおりの種々の香油やアルコール類が塗られ、最後に塩やそのほかのものの混合物がすり込められる。この状態で、普通一か月放置される。つまり、完全に乾いてしまう期間である。それから上層の塩気を取り去る。衣服をまとってない部分、なかでも顔には黄金が塗られる。眉、髭、唇はあとから描かれる。目は閉じられたままである。この状態のボグド・ゲゲンの亡骸を《シャリル》と言う。それを銀製の棺に入れ、おごそかな儀式を行なって寺に安置する。ここで彼には仏としての名誉が与えられるのである。

現在、フトゥクトゥのいどころは町の郊外、トラ川の右岸から遠くないところ、聖山ボグド・ウラに正面を向いて建てられている。つつましやかな宮殿は、その全般

モンゴル人の案内者

的な印象から言えばロシヤ領事館の古い建物を思い出させるが、その高い白壁の向こうには寺が幾つか望まれる。そこにはボグド・ゲゲンの腹心のラマ僧が住んでいる。

真の仏教徒として、フトゥクトゥは一般にすべての動物を守護する。馬を愛し、犬を愛し、小さな動物園さえ持っている。そこにはもっぱら有蹄動物が飼われている。シカ類、とくにマラール、野生のヤギそのほか。

モンゴルのラサと言っていいウルガは生気はつらつと繁栄していた。ロシヤの商業植民地は拡大し、年々取引きは伸びている。いまウルガには五〇〇のロシヤの家族が数えられる。わたしたちの祖国は、それにふさわしい声望を得ている。ロシヤの旅行者は北モンゴルでは、たしかに故国にいるような気分になれる。ロシヤの利益の代表者、尊敬すべきJ・P・シシュマレフの活動たるや、まさに疲れを知らぬものがあった。彼はロシヤ人とモンゴル人の互いの親睦に努力してきたのである。

ウルガで、わたしたちは今度ロシヤ・シナ銀行において、銀をシナおよびハンブルクの延べ棒として受け取った。これは中央アジアの内陸では、旅行のあいだを通じ探検にはなくてはならないものである。中央アジアではまた、ツァムバ（いった麦粉、とうもろこし、小麦粉でつくったもの。中部アジアで日常の食料。キルギスではタルカンという。これは別に料理は必要でなく、バター、牛乳、茶、あるいは水とだけでも食べることができる。遊牧民には便利な食料品で、火をおこしたり、何か味つけを必要としないからである）その他の食料品を大量に毎日の用として手に入れておくことが必要である。コサック人は、昔の風習に従って、旅のために二匹の見張り犬を用意する。彼らはそれをその辺をうろついている犬の中から見つけ、残飯で養うのである。

わたしたちが到着するとすぐ、わたしたちをモンゴル・アルタイに連れて行こうというモンゴル人の案内人が押しかけて来た。この中にはアラシャ（定遠営）から来た男も一人いて、近々、アラシャへ帰るところだった。この男がわたしにはとくに気に入った。第一に、彼はわたしの仲間バドマジャポフの最上の推薦状を持っていた。バドマジャポフはそのころ、南モンゴルのロシヤの貿易会社ソベンニコフ・アンド・モルチャノフ兄弟の代表者であった。第二には、この案内者がわたしたちの最も重い荷物を二〇個、定遠営へ運ぶことを申し出たのである。この荷物はあとで必要になるものであった。彼がそうしてくれたら、わたしたちのキャラバンがエツィン・ゴルの下流へ、そしてゴイツォ谷を通って定遠営へ向かう際に、比較的大きな行動の自由を享受することができるのである。

わたしたちは、このアラシャから来た男とすぐ契約を結び、一月三〇日、わたしたちの重い荷物にチェトゥイルキンと、コサックのブヤンタ・マダーエフを護衛につけて送り出すことにした。このキャラバンはゴビを横断して定遠営へ向かった。これでプルジェワルスキーの進路をとることになった。

そのうちキャラバンの主力部隊のために、わたしたちも同様にこの地のモンゴル人を雇った。わたしたちは二月三日ウルガを去るつもりだったが、この決定にモンゴル人たちははげしく抗議した。つまりちょうど二月二日ごろから、モンゴルの大祭ツァガン・サル、《白い月》がはじまるからである。それでキャラバンの出発を二月七日に延期してくれとみんなはわたしに切願した。わたしはいやいやながらも譲歩せざるをえなかった。だいたいにおいてわたしは、町に長くとどまることは好きではなかった。長い滞在は主要な仕事からそれてしまうことを意味するし、大きな出費、ときには不必要な出費の原因となるからである。

そんなわけで、わたしたちはさらに二週間以上ウルガで過ごさなければならなかった。単調な生活ではあったが、二週間はたちまち過ぎ去った。わたしたちはいつも、何となくさし迫った旅のことばかり考えていた。それで日中がどんなにあっというまに過ぎて行くか、その日中に続いて来る夜が、ときには長く、冷たいことにまったく気がつかなかった。

モンゴルの祭日ツァガン・サルは、ウルガへ生気をもたらした。領事館の建物の前には、朝から晩まで、祭りの衣装をつけたモンゴル人の男女の群れが通り過ぎた。わたしは、独特の手綱さばきで疾駆して行く遊牧民たちを見送るのがいつも好きだった。町の中心地区は、もっと多くの人々で雑踏していた。それらはフトゥクトゥや高位高官におめでとうを言いに来る、周辺地区から殺到した人々であった。いたるところにのぼりや、多彩な色で輝く提灯が飾られ、爆竹や花火のドドンパチパチいう音が響いていた。商売はおやすみで、商店は戸を下ろしていた。そのかわり仏教の寺はみな、その門を広く開き、お祈りへと人々を招いていた。

わたしたちの案内人は約束を守り、時間どおり姿を現わした。旅を続ける時が来たのである。

2　ウルガからモンゴル・アルタイへ

モンゴル内陸の旅の報告をはじめる前に、この国の自然とその住民について短いスケッチを試みておきたいと思う。

キャフタを過ぎるとすぐモンゴルがはじまる。まず草《ステ》原《ップ》が、次に大なり小なりの山脈が現われるが、それらは豊富な動植物の生活を見せてくれる。この中に精神的、行政的な中心地であるウルガもある。しかしウルガを過ぎると、モンゴル風景の外貌には強い変化が生じる。山地めいた起伏がなくなって平らになり、地表をおおう植物も少なくなる。人口も稀薄になる。とくに山の南側はそうである。この山はゴビ・アルタイとも言われるモンゴル・アルタイの東の続きをなしている。ここはすでにまぎれもなく砂漠である――つまりゴビ砂漠で、これはあるときは平坦な、砂と石の平地として、あるいはゆるやかな、岩の多い丘陵地帯となって広がっている。結局南モンゴルはほとんど飛砂の海そのものと言っていい。たいていが南の方向に整頓した鎌形の砂丘の列で、バルハンといわれて、高さは三〇メートル、あるいはそれ以上におよぶことがある。

モンゴルの土着住民、つまりモンゴル人は同じように種類が多様であるが、それはあるいは自然の生活条件の結果であり、あるいは族長またはシナ人の影響の強弱によるのである。北モンゴルでは、旅行者はまだ遊牧民を見ることができるが、彼らは自分たちの伝統的な勇敢さ、勇気に誇りを持っている。また多彩な色どりの衣装、その装飾、敏捷さ、かんの強い馬、そしてその馬術も自慢の種である。このモンゴル人たちを観察していると、何となく遠い昔がしのばれてくる。彼らがまだ自分自身の歴史を持っていた昔が。モンゴル人の過去の光栄ある伝統が維持されていることは、大部分、ウルガの教権制度、つまりボグド・ゲゲンとモンゴル人の領主たち、ホシュンの支配階級のおかげである。この領主たちは、シナ人に実に慇懃な扱いを受けている。領主たちはこのシナ人を、ボグド・ハンの宮廷によびたがっている。

この国の中心部にいるモンゴル人たちは、その富と豪奢という点では、北の隣人たちに比べてはるかに劣る。この点では、外面的にも内面的にもだんだんシナ人に適応して行きつつある南方のモンゴル人たちが、やはり一頭地を抜いている。南方モンゴル人たちは、その国民的な生活を忘れ、その風俗習慣に背を向けつつある。わたしたちの観念からすれば、モンゴル人たちの生活は一般に貧しく、あまりうらやむべきものではない。貧しいといえば、その内面生活もそうである。むろんその隣接民族に比較すると、比較的高い精神的段階に達し、独自の文学、成文化された法律を持ち、チベット語の読み書きを学んでいるのであるが。

一九〇八年二月七日は探検隊にとって記憶に値する日であった。すなわちこの日、わたしたちは同国人にも国語にも、また故国の生活様式にもながい別れを告げたからである。わたしたちの前途にあるのは、未知の驚異であり、異質の自然であり、知らない人たちであった。それは灰色の、冷たい、風の強い朝だった。領事館の中庭にはラクダと馬がひしめき、探検隊の荷が山と積まれていた。護衛兵やコサックといっしょに、モンゴル人たちもたち働いていた。この地に住む同国人たちが見送りにやって来た。とりわけわたしを感動させたのは、領事館学校の男女の小学生たちで、その子供たちの名において、トゥカチェンコという女の先生が祝辞を読み、われわれ探検隊が新しい発見をして学問を富ませてくれるようにと言ったときであった。

わたしたちがまだ別れを惜しんでいるあいだ、すでにイヴァノフの先頭部隊は動きだしていた。そのあとを第二、第三の部隊が続いた。旅がはじまったのである。キャラバンは模範的な秩序をもって進み、一日の踏破距離は前のときよりも長かった。広々とした谷間には、嵐が以前よりもはげしく荒れ狂っていた。わたしたちは寒さのあまり背を丸めた。そして歩いたほうがからだが暖まるので、しばしば馬を下りた。行き会うモンゴル人たちは愛想よく挨拶した。つまり両手を胸のところにおき、「クイトゥン＝バイナ！」――「とても寒いですね！」と言うのである。

旅の速度は早かったが、わたしたちがトラ谷を出、ゴンギュン・ダバンを越えるまでにだいぶ時間がかかった。ここを越えると、やっとトラ川が完全に視界から消えた。わたしたちの前に、いまは草原が広がっていた。ただ東のほうに、森で黒々としたボグド・ウラ山の巨峰の傾斜面が続いていたが、しばらくすると、それも隠れてしまった。わたしたちは、中央アジア盆地の内部にはいったが、シャルハイ・フンデの広い谷をあとにするのに翌日まるまる一日かかった。谷にはデレスン（デレスンは銀色の野草。一・五メートルまでに成長する。堅い茎でラクダが踏むと足裏を突き刺すことがある）が繁茂し、黄色く輝いていた。そこここに遊牧民のユルトが散在し、その回りに無数の家畜が草を食っていた。その隣にはしばしばモンゴル種のゼーレン・カモシカの一群がいたが、かれらは害意のない羊飼いと猟師とをよく区別する力を備えていた。これらの馬、ラクダ、羊の群れは誰のものだとわたしが案内人に尋ねると、次のような答を得た。「みんなフトゥクトゥとお寺のものです。」

シャルハイ・フンデの豊かな谷は、いまの時期はプファイフ・ウサギでいっぱいだった。そして彼らを、モンゴルで冬を過ごす野リスや大小のタカがねらっていた。タカは道路沿いの丘の頂上に普通巣をつくっている。この地方で、わたしたちは、黒いカラスに長時間追われていた一匹の大きな臭猫《くさねこ》をつかまえた。カラスは空から叫びをあげてとびかかっていたが、臭猫は背をかがめ、うなり、怒りに燃えながら防戦していたのである。

毎日わたしたちは、モンゴル人およびその生活様式を観察することができたので、住居の定まらぬ放浪生活と、ラクダと、馬と、ユルトと、わたしたちの主要な仕事である行軍とにすぐ慣れてしまった。要するに、わたしたちの生活様式が遊牧民に似てしまって、それが快適に感ぜられてきたのである。晩になると、わたしたちの住居はいつもけっこう暖かだったが、夜中、とくにいつも起きる時刻の夜明けには恐ろしいくらい寒かった。いつも大急ぎで衣服をつけたが、そのあいだみんな歯をがたがたいわせた。できるだけ早く一、二杯の茶をいやなツァムバといっしょに流し込み、すぐ行進を起こすのである。四つか五つの宿駅を過ぎると、休養日をはさむことにしたが、その日をみんな祭日のように感じた。

こんな最初の休養日を過ごしたのが、富裕なモンゴル人ツェーレン・ドルシイエフの野営地のそば、ハイルハンという高い円錐状の山の近くだった。このモンゴル人は、わたしたちが借用したラクダの所有主だった。非常に善良な、感じのいい男で、とくにわたしたちが旅のルートを延長し、南西へ大きく迂回することにも同意してくれた。これはもともとわたしたちの予定にもなかったもので、わたしたち以前に地理学者の誰一人探索したことのないトゥフム・ノールと、その南方に続く地域を訪ねるために行なったのである。ロシヤ人との交渉を記念するために、ドルシイエフとその奥さんに、わたしたちは若干の贈物をした。

一日一日と、わたしたちは希望に満ちた南方へと近づき、一日一日と雪の量は少なくなった。太陽が出るとだんだんと暖かくなった。夜はその後も非常に寒かった。空の星はこれまでより明るく輝いた。あたりはいっさいが静まりかえって、広い草原のおごそかな沈黙を乱すものは何一つなかった。ときどき空に流れ星が一段と明るく輝き、どこかの地平に消えて行った。

さらに進むと、中ぐらいの高さの山地を通り、ウレン・ダバン峠《パス》(一四一七メートル)にかかった。一方にゾニン・ハンガイ山脈が、他方にオルツュク山脈、オンゴン・モンゴル山脈、タンギュト・トート山脈があった。このあたりの主な石はバラ色の花崗岩で、豊かな草原植物の茂った巨大な岩塊の下に隠れていた。目の届くかぎり、羊の群れが草をはんでいた。風化された花崗岩でできた、近くのけわしい丘の一つに、たくさんの野リスがいた。ワシもしばしば山すれすれに飛来した。青空にはハゲタカ(Aegypius monachus)が輪を描いていたが、そのあとすぐ、一匹の馬の腐肉にたかっているのに行きあった。この巨大な猛禽はけたたましい叫びをあげながら、その獲物にがむしゃらにとびかかっていた。こんな瞬間、この連中に気づかれずに射程距離まで近づくことはきわめて容易である。

この地域で、わたしたちははじめて沙鶏(Syrrhaptes Paradoxus)が群れをなして現われるのを見た。彼らは主に朝、わたしたちの頭上をざわざわと音立てて飛んで行くとき、それとわかるのである。彼らの飛行速度には驚嘆すべきものがある。

ここの空気は異常に澄みきっているので、わたしたちはしばしば距離をひどく近いように見誤った。とくに高いところに立っていて、自分たちの前に谷がのびているときそうだった。谷にはよく蜃気楼、ファタ・モルガーナが現われた。そんなとき遠くの山々は、ゆらゆらと光る湖に沈んで行くように見える空想的な形をとるのである。それはトゥフム・ノールへ行く途中に起こった現象で、湖はそのとき隣合った丘のすぐ近くにあるように見えたが、現実にはそこに達するのに、まだ数時間が必要であった。トゥフム・ノールの北岸にトゥフミュン・ドギュン僧院があって、その近くでわたしたちは野営地をつくった。

トゥフム・ノールは、冬には、荒涼たる、水のない白い平地であって、薄い雪におおわれた谷底からほとんど浮き上がっても見えないのである。大きな湖ではなく、長さ約六キロ、幅四キロにすぎない。たった一本の川、ツェルガランテ川が、西から湖にそそいでいる。トゥフム・ノール湖岸は平滑で低いが、軽く盛り上がりぎみの帯状地帯はべつである。底は泥状で、塩分を含む。岸の植物は乏しく、カラガナ（エンドウ灌木）、デレズン、オカヒジキ属の植物、そのほかこの地に典型的な形のわずかの植物がはえている。

モンゴル人の話によれば、トゥフム・ノールは春と夏に水がいっぱいになって、その水面に鳥の大群が集まるそうである。ガチョウ、カモ、ハレルダ属の鳥などが。岸にはシギ、アオサギ、ツル、カモメ類が滞留する。しかしいまはただ、白い極地フクロウ、黒い野リス、イヌワシ、小鳥の中にはヒバリが観察された。哺乳動物としては、すでに述べたゼーレン・カモシカのほかに、ここには夜、不愉快な響きのコンサートを催すオオカミ、さらにキツネ、ウサギ、齧歯類の小動物がいた。

トゥフミュン・ドギュン僧院のそばで、わたしたちは一日の休養日をおいた。しかし案内人たちはそれにひどく反対した。彼らによれば、牧草地がないので、馬に非常によくないと言うのだった。そこで次の朝、わたしたちのキャラバンはこれまでどおりの秩序を保って出発した。チェルノフとわたしだけは、すでに前の晩、もう二、三時間湖畔で過ごし、その乾ききった湖底を調査してみることに決心した。湖は馬で渡ることができたからである。

二日間、わたしたちは真南に向けて進み、それから南西へ曲がり、この方向をずっととっているうちにほとんどグルブン・サイハン山の北麓に到達した。この地方は、とくに北側は山がちであったが、南側は開豁な谷が多く、そのいちばん重要な谷の中を、大きなキャラバン道路が北西モンゴルからククホト（帰化鎮（クェイ・ファ・チェン）ともいう。これはシナ人の命名。この町はシナの西州の北部、長城の外にある。長城は町の南東八五キロのところを走っている。長城の外にあるほとんどすべてのシナの各地との商業によって繁栄。モンゴルとの交易でこの町を凌駕する町はない）へ向かって走っていた。いたるところ土地の表面は、中央モンゴルの土地の高低を変化させる自然力——風や嵐——の活動のあとを証明していた。砕けた石が親石から遠く離れるほど、小さく砕かれ、すりつぶされている。細かな粒子は遠く運ばれ、途中で平たい岩をみがくので、岩はときに典型的な風蝕石（風に砕かれて表面がすり減った石。砕かれた面はまじわって明瞭な縁をなす）をつくっている。たいてい三つの縁を持っているが、四つあるのもある。とがった、堅い石も、そのみがかれかたから見て風の働きがあったことを気づかされる。もっともそんな石の場合は、溢出岩にも深層岩にもいたるところ上をおおっている《砂漠の塗料》（砂漠に特徴的な現象。太陽と風の作用で岩の中の塩分が表面ににじみ出てくる。水分が蒸発すると塩分は、茶黒色の薄い皮をつくりそれが風によって運ばれた堅い砂埃によってみがかれる。この現象は暑く乾燥した砂漠地帯だけでなく、北極から亜熱帯、熱帯においても見られる）といわれる防皮のほうが注意をひくのであるが。氷河のとけた水が谷底に向かって流れ、川や湖に集まるように、砂粒は風にとらえられ、より低い地域に積まれ、そこに集まって鎌型砂丘（バルハン）の海原をつくるのである。この地方の内陸は大部分変化もなく単調である。旅人は、細かな砂塵の嵐が地上から舞い上がり、そのため大気が暗くなると、ひどく鬱陶しい気分になる。すべて生あるものは姿を隠し、いっさいの声は死に絶える。風だけがほえ、うなり、迷信深い遊牧民たちを不安と恐怖にかりたてる。

そんなときは、見通しがたい空気のために、砂漠の風景の恐るべき単調さと相まって、こんなものに慣れきった人々さえ道を発見するのが困難になる。だからモンゴル人たちは、すぐ近くの山の頂上とか丘の上に、急なカーブの道の場合と同じく、石で道しるべを立ててくれるので、旅人はそれで自分の位置を知ることができるのである。もっと天気がよければ、旅人はそびえているいちばん高い峰の位置、あるいはその特徴的な輪郭によって、自分の道のだいたいの方向を決めることができるだろう。こういう峰は、ときには数十キロ離れていても見分けられる。というのは、ほとんどすべての峠《パス》は新たな展望を繰り広げてくれるからである。一つの山々が近づくと、べつの山々は地平線の向こうに沈んでゆく。手に道路地図やコンパスを持っていれば、どんな地方でもはいって行けるし、注意をひくに値するすべてをノートし、いっさいの特徴的な現象を記録することができる。

南へ進んで行く途中、トゥグルユギン・ドギュン寺院のそばを通ると、寺の中から大きなラッパや太鼓の響きが耳に響いてきた。

仏教の僧院で用いられる楽器は四つに分けられる。ガラガラと鳴らす楽器、打楽器、吹奏楽器、弦楽器である。しかしあとの二つは廃止されてしまった。はじめの二つのグループの楽器には、鐘と《ダマル》という一種の小太鼓がある。ダマルは中が空洞の木製の円筒型のもので、その開口部に皮が張ってある。円筒のまん中には、特別のひもに二つの玉がつけられている。円筒を早く回すと、その玉が皮をたたき、太鼓連打のような音を発する。第二のグループに属するものに、《ケンゲルゲ》という木、あるいはシラカバの皮でつくった平ったい、トルコふうの太鼓がある。その側面の大いさ約二〇センチ。赤く塗って、五匹ないし七匹の互いにからまりあった竜の絵の飾りがついている。太鼓の側面はたがをはめないで、羊皮に似たヤギの皮がはってある。直径一メートル、あるいはそれ以上のこの太鼓になると、台座に固定してある。そして特別に曲げた撥《ばち》、《ドクル》で打つのである。ドクルには握りがついていて、その端には《マタル》という空想の動物の頭が彫ってある。このマタルの腔中に、ドクルの曲げられた部分が固定されている。この太鼓のほかに、第二のグループに大なり小なりの銅鼓が属する。仏教の寺の楽器の第三のグループの代表は、ドゥンブレ、ビシュクル、ガンリン、ブレである。《ドゥンブレ》は普通の海の貝で、角笛に似た音を出す。仏教の礼拝で貝を楽器として使用することは、シャキャムニ時代にさかのぼる。仏教の改革者ツォン・カパ（一四世紀半ばまでモンゴルとチベットの仏教は主として赤帽派。サクヤ・パに代表されていた。しかし北チベットに仏教の新しい形式が生じた。ラマ教でゲルグ・パという黄帽派で、その改革者がツォン・カパである。新旧派の差は哲学上の問題のみならず、ラマ僧の結婚の禁止など戒律はきびしくなっている。これはこの国の人口増加にマイナスに働いている）の伝記の中に、次のような話がのっている。かつて竜王はシャキャムニ（釈迦牟尼すなわち釈尊のこと。シャキャ族の賢者の意）に白い貝を贈ったが、仏陀の弟子たちは後年これを、夏、礼拝のとき吹くラッパ、ブレの代わりに使ったという。その後仏陀は最年長の弟子ムトガルヴァニに命じ、赤い顔のチベット人の国に行かしめ、この貝をドゥリフトゥ山の下に隠すように指示されたが、その際、これはツォン・カパの手で発見されるだろうと予言した。その後ガルダン・ヒト寺院建立の際、事実そのとおりのことが起こった。そこでここに、この貝は奇跡を生んだ聖物として保管されているのである。《ビシュクル》は楽器であって、その音色はオーボエの前身である木管吹奏楽器を思い起こさせる。三つの部分から成り、中央部は堅木あるいは角でつくられるが、上下は銅製である。全体の長さは約五五センチ。ビシュクルを礼拝に用いるようになったのはモンゴルのラマ僧によれば、ツシュ・アティシャがチベットに滞在していた時代だという。この仏教の告示者は、インドからチベットに来たとき、インドで聖なるものと見なされていたもののほとんどこの地にないのを見いだした。つまり、この地には、たとえば聖鳥ガランダガもないし、その材木をお香に使うガルビワラという木もない。しかし彼は、自分の宗教的欲求を何らかの方法で満足させようと試みたので、鳥の声をまねするために、ビシュクルを発明し、お香の木の代わりに赤い香ろうそくをつくり出したと言われる。ビシュクルの演奏中は、その前にたえず赤い香ろうそくが燃やされるということも一言しておかなければならない。《ガンリン》は吹奏楽器で、同じように三つの部分からできているが、中央部は人間の脛骨で、その両端は銀でつくられている。ガンリンの首のほうは、普通少々押しつぶしてあって、片面に二つの開口部があり、馬の鼻孔と呼ばれている。ガンリンの音色は、神秘の馬《アチナイ・モリン》のいななきを思い出させると言われる。この馬は、信心深いものをこの世から極楽スカワティへ運んでくれるのである。《ブレ》というのは、約二メートルの長さの大きな銅のラッパである。《ウヒェル・ブレ》も同様に銅製だが、長さはほぼ五メートルある。これを吹いても、最低音のバスが響くだけであるが、いずれにしても神経をくたくたに疲労させる音だ。いちばんおしまいに述べた三つの吹奏楽器の由来については、次のような話が残っている。仏教の教論師パドマ・サムバワがウルドシャン（ビクラマディチャ帝の首都。インドの七つの聖都の一つ）に招かれたとき、師は、インドではアチナイ・モリンの楽の音や天象《てんぞう》のいななきを聞くことができないからという理由で招待を断わった。インドのパドマ・サムバワの帰依者たちは、この聖者をどうしても身近に見たいと思ったので、当時、馬のいななき声を模してガンリンをつくり、象のなき声を表わすブレを発明したというのである。トウグルユギン寺院をあとにしたとき、わたしたちは、自分たちの道を横切っているボイン・ゲッチュ山脈の上からはるか南のほうを見渡した。すぐ近くの左手に、デルゲル・シャンガイ山塊がそびえ、右手にアチュールが屹立している。そのあいだに水のない河床がうねうねと続き、同じように南のほうに見えなくなっている。視線がようやく届く、はるか遠いところに、わたしたちが目指しているグルブン・サイハン山のシルエットが浮かび上がっている。これはモンゴル・アルタイ山脈の支脈である。このあたりはずっと砂漠の様相を呈している。

わたしたちは谷に下り、山脈の端とオンギン・ゴル川のあいだの距離を大急ぎで測量した。河岸の段丘の上、ホシュン・ヒト寺院のすぐ近くにわたしたちは、キャンプを張った。

一六〇キロというたいへん長い川であるが、このオンギン・ゴルは二月には一滴の水もないのである。こんなときは、ここの住民は泉を掘る。一メートル半から二メートル以上の深さのものは珍しいくらいだが、それでも良質の淡水がわき出るのである。とにかく川に沿って、豊富にわき出る泉に始終出会うし、遠くからでも表面が氷できらきら光っているのでそれとわかるのである。

オンギン・ゴルはシャンガイの南東端にその源を持っている。その下流、中流は南東の方向に流れ、やがて南へ曲がり、ウラン・ノールへ注いでいる。わたしたちの調査した下流では、オンギン・ゴルの谷は幅五〇〇〇メートルから二〇〇〇メートルもある。乾いた河床は中央を曲がりくねっていたり、片側の岸に寄ってうねっていたりしている。両側はたいてい高さ二〇メートルぐらいのけわしい岩壁である。

オンギン・ゴルの岸の段丘の下のほうには、発育のわるい柳がはえていたり、デレスンがはえていたりするが、上のほうはハルムク (Nitraria Schoberi)、ザルペータ藪、そのほかとげのある灌木がはえている。柱状の岩のために谷が狭くなっているところで、オンギン・ゴルの植物相が最も豊かであるのは、いずれにしても目立つ現象である。そして反対に、この地方の砂漠らしい性格は、広々とした平地において強くなっている。動物相としてはとくに珍しいものが見当たらない。

北方の隊商路は、ホシュン・ヒト僧院のそばでオンギン・ゴルと交わり、それからずっと右岸に沿って南へのび、川が鋭く西へ曲がるところまでいっしょに走っている。この曲がるところで道は、再びオンギン・ゴルを越え、モンゴル・アルタイの北の支脈におよんでいる。

そとから見ると、ホシュン・ヒトは、かなり堂々とした美しい僧院で、寺の北側に建てられている白いスブルガン（チベット語でチョルテン。古インド語《ストゥパ》チャイチャから由来。仏教の伝承では、スブルガンの建築は、仏陀シャキャムニの生存中すでにインドで始まったもので宗教的生活における最も重要な事件の記念物。その事件の起こった場所に後年ではスブルガンを建てるだけでなく、聖者としての生活、仏教信仰における英雄的行為によって有名になった僧の墓にも建てた。したがって場所により、時代によりいろいろな形があることが推定できる。しかしモンゴル仏教徒においては、外面的にはスブルガンの差はほとんどない。建築学的にその形をみると、だいたい三つの部分に分かれる。それは基部（センタイ）、主部（ブムバ）そして尖頂でこれはかなり高い、そしてとがっていない円錐形である。円錐は三〇の金属の輪で飾られている。そして月、太陽、知識の燃え上がる火、ナダを表わすものがいちばん上についている）がずらりと並んでいる。内陣の仏陀の立像のある大スブルガンが例外で、これは幾つかの寺院の近くにあるが、そのてっぺんだけが目にはいる。寺の南側に続いて、しっかりと固定された張り出しのついた塔がある。シナ建築ふうの建てかただ。この塔からラマ僧たちは、あたりを観察するのが常である。

この寺に常住する僧は二〇〇を数えるが、夏のフラール（フラールはモンゴル語で集会。狭い意味では仏陀をうやまう僧の集会。つまり仏式勤行。現代モンゴル共和国では人民フラールを最高の人民代議員会としている）にわたしたちの滞在中、僧院長、つまりシャンショートバは不在だった。代理の僧は精力的な、きびしいダ・ラマで、わたしの訪問を許し、興味のあることを教えてくれた。ダ・ラマが姿を現わすまで、厚かましい僧たちはわたしたちのキャンプをとりまき、ありとあらゆることを質問して神経をいらいらさせた。しかしダ・ラマがわたしたちのところに到着して「僧たちは、みなおのおのの席につけ！　これはシナ商人の隊商ではない」と声高らかに叫ぶと、恐れ入って急いで姿を消し、物陰に隠れたが、まるでネズミが穴からのぞいているように、いたるところの町角からてらてらに剃った頭をのぞかせてこちらをうかがっていた。わたしたちは、ダ・ラマにいつものようにお茶をごちそうすると、ダ・ラマ、そのほかお供の僧たちは同情の意を表しながら、ロシヤは日本に賠償金（日露戦争の賠償金をいう）を払うのかどうかと尋ねた。この話好きのダ・ラマは、それに対する返事を聞くと、さらに質問して「日本はその貯えのすべてを戦争に使ってしまったのだから、どういうふうに再び立ち直り、国力を回復するだろう？　ロシヤはまだたくさんの金があるし、そのほかの富も持っている。わが国のあらゆる言い伝えによれば、ロシヤ帝国は測りがたいほど金持だと言うことになっている。すばらしいバイカル湖を養い、わがモンゴルの富のいわば源泉をなしている幾つかの川が、ロシヤの支配地域に流れ込んでいるだけで金持と言えるからね。」ホラ貝の響きが、祈禱の勤めの時刻のきたことを知らせ、僧との会話に終止符をうった。ダ・ラマは夕べの勤行に加わるために去った。

ホシュン・ヒト僧院は外から見ただけで裕福そうに見えるが、内部にはいると比較を絶するばかり豪華な装飾がしてある。このことは図書館にも当てはまるし、金属装の、あるいは、画に描いたブルハン——仏の絵——あるいは寺全体のつくりにも当てはまる。

ダ・ラマの許可を得て、わたしたちは寺を見学しただけでなく、ラマ僧の朝の集会にも立ち合った。会は休みなく二、三時間続いた。休憩時間に僧たちは、新鮮な空気を楽しんでいたが、若者たちはその辺を走り回っていた。はじめ、わたしたちがいるのでラマ僧たちは気にしていたが、しばらくすると慣れっこになってしまい、うやうやしげにわたしたちに近づき、話をはじめたりした。彼らの興味をひいたのは、わたしたちの外見、服装であったが、最も関心をよび起こしたのは、たぶん、わたしたちがどこへ行くのかという疑問だったようだ。楼蘭なのか、ラサなのか。彼らの意見に従えば、わたしたちのように、明らかに大がかりな、よく装備されたキャラバンは、楼蘭かラサかの有名な目的地に行くよりほかに行くところがないというのである。わたし自身としては、ラマ僧と会うと、中央アジアには何とたくさんの僧がいるのだろうと——チベットにはもっとたくさんいたが——そのたびごとに不思議に思わないわけにはいかなかった。

「北モンゴルの僧侶とは、ある序列を持ち、聖なる誓いをたてたすべての人間のことであるが、ハルハの僧侶にいたっては無数の階級をなしているので、すべてのハルハ・モンゴル人の八分の五が僧侶である」と、ポズドニェーエフ教授は書いている。ちょっといただけでは驚くべきこの現象は、ある点まで仏陀の教えによるのである。仏陀・シャキャムニが常に、俗世に対する人間の諦観、あらゆる俗世のものの軽蔑を教え、宗教的行動への専心がただ一つの救済の道であると説いたことのうちにその理由があるのである。だから、仏陀の本来の教えによれば、すべての人間は、仏陀の弟子、隠者、禁欲者でなければならないことが明らかになる。

断食、祈禱、あらゆる肉体的享楽の断念が、この宗教の主要な要求となった。その際禁欲の誓いを熱心に自らに実行すればするだけ、その救いは確かなものとなる。というのは、誓いをわが身に引き受ける徳ほど高い徳はないからである。「敵の勝利者に贈物を差し出す徳などは、たった一回の精進日を守るという徳の百分の一、いや、千分の一にも値しないのである。」

仏陀の教えそのものは、三つの部分を含んでいる。最高の教え、中等の教え、最下級の教え。この教えの一つを学び、自らのものとすることは、ただそれに相当する宣誓を済ませなければ不可能である。この誓いをしないで仏書を読むのは罪だとみなされている。これが、多くのモンゴル人たちが僧侶階級にはいり、自分たちの子供を乳飲み子の年齢のうちに得度させる主な理由の一つである。得度しない子供は仏書を読む権利がない。したがって聖者の最高の段階に上る準備が許されないのだ。いや、その子には仏教の法則を根本から知る権利もないのである。

ハルハの僧侶階級の、この点に根拠をもつ異常な強力さは、もともとこの国の繁栄にも影響を与えないわけにはゆかないであろう。なぜなら僧侶は働かないのだから。しかしシナ政府は、僧侶の優越を阻止するための処置をまったくとらないのである。むしろ、僧侶階級からいっさいの公課、義務、租税を免除する法律を昔から固守しているのである。つまり僧侶階級は、まったく抑圧された階級ではないということで、大事なことはただ、ラマ僧たちが自分たちの身分を保証する特免状を所有しているということである。

モンゴルには、わたしどもの観念で村とか町とかに相当するものはない。ここではその代わりに、寺が宗教的中心としてのみならず、社会生活の、商売の、行政の中心として登場する。寺は、とくに好都合の地方、たいていはきわめて美しい地方に、主に谷か山の上にしばしば互いに近接して建てられている。モンゴル人たちの話では、そのほか約八キロ上流に、二つのすばらしい小さな寺があるという。それはオンギン・ゴル河畔に向かい合っているそうだ。

寺に近づくと、たいてい遠くから、美しい、多彩な、ときには金色に塗ってはでに飾った屋根や仏舎利塔の尖端をながめやることができる。さまざまなのぼりがひるがえり、鐘がいい音色で響いてくる。寺は壁で取り巻かれていることもあるし、そうでない場合もある。僧房のある小さな内庭がたくさんあることもある。大小の道が整然と行きかい、中央、あるいは側面に、高くそびえる本堂、礼拝堂、偉いラマ僧の生まれ変わりのものや年老いたラマ僧の御殿がある。本堂はたいてい、特異なチベット建築様式で建てられ、一段と堂々とした、豪奢な景観を見せているが、それが緑の森の野原にあるときはとくにその観がある。それらの回りには清潔さと静かさが支配している。風がお燈明の匂いを運んでくる。

寺の内部には、神秘的な薄明りが領している。お香が匂う。たくさんの仏陀像、かけもの、天蓋、長い布、いろいろな飾りが部屋の中に垂れ下がっている。奥のほうに祭壇、仏陀やボッディサットゥヴァ（菩薩）像が見えるが、それらはときにはひどく巨大で芸術的な作品であることがある。像の前に聖燈が燃えている。勤行のあいだ、ラマ僧たちは列をつくってすわり、声を合わせて仏典を読んだり、聖歌の文句を歌ったり、奇妙な楽器を奏したりする。朝は早くから、ホラ貝の憂鬱で長く引きのばした音が響く。貝はトランペットを吹くように吹くのである。小さな中庭の四方八方から、僧たちの黄色や、赤い姿が現われ、落ち着いた確かな足どりで、自分の数珠を手早くとって行く。そして静かに本堂の回りを歩き、輪をつくりながら、ぞろぞろと本堂の門の広く開けはなした黒い口へ吸い込まれる。それからみんなはそれぞれの席につく。合唱指導者がきわめて低い声で、「勝利に輝く」仏陀の讃歌を歌いはじめる。いつもの毎日の勤行がはじまるのである。しかしまたべつのときに、仏教の寺では豪華で、おごそかな大勤行がとり行なわれるのが常である。数千の燈明に火が点ぜられ、荘厳華麗な行列が執行される。特別この目的のために用意された小さな広場では、《ツァム》という神秘的な踊りが披露される。この踊りがうまくいった場合、その色彩、所作、リズムの巧妙な調和は祭典全体の音楽とリズムと相まって、ヨーロッパ人の観客をたえず感動させるのである。またそのほか、得度したものだけが参加の許される、神秘に満ちた、複雑きわまる祭礼も執行される。

ホシュン・ヒトのそばには、シナ人の小さな商業地がある。一〇人から一二人のシナ人が七つのユルトの設備を整えている。この七つのうちの半分には商品が並べられ、あとは住居として使われている。シナ人たちはモンゴル人に、単に日用品を売るだけでなく、絹布、その他ありとあらゆるこまごました品を売っている。代金として、原料品、毛皮製品、さらに家畜、とくに羊をもらう。シナ人はその羊を、賃借りしたモンゴル人の牧羊地に、しばしば数年にわたって預けておくことがある。

シナ人の商人は遊牧民の国に目の細かい網をはりめぐらせたクモと比較される。モンゴル人は、旅にあっても家にいても、完全にシナ人の手で牛耳られている。旅ではモンゴル人は金を必要とするし、家では茶、タバコ、デレムバ（白い木綿の織物のこと）がいる。これらすべてを、シナ人は裕福なモンゴル人に、注文に応じて供給する。そして一年に一度、請求書を出す。

ホシュン・ヒトに滞在した第一日目は、天気は申し分なくよく、この地の地理学的座標を決定するための、一連の天文学的観測を行なうことができた。ホシュン・ヒト寺院は、わたしたちの計算では、海抜一二五〇メートル、つまりウルガより約七〇メートル低いところにあった。

二月も三分の二を過ぎたころから、春の暖かさが日に日に膚に感じられてきた。耳ヒバリの鳴き声もだんだん高く、長くなってくる。ときどきこの小鳥ははげしい戦いをやり、互いに組み打ちをする。わたしの観察したかぎりでは、ここで戦いをやるのは雄だけである。野リスの動きも活発になる。澄みきった空に飛び上がり、楽しげな鳴き声をあたりに響かせる。

モンゴル・アルタイに近づくにつれて、これまでよりはげしい風化のあとを確認した。これは山々の風化上層にも、谷や渓谷に大量に流れ込んでいる風化砕石にも現われている。砕石の形、堅さ、砕石をとりまき磨く役をしている砂粒の粗密、また、風雨や砂粒がその石に作用した時間の長さに応じて、それらの砕石は摩滅させられたり、なめらかになったり、角が落とされていたりする。その際、石はしばしば珍妙奇怪な形をとることがある。

最後の数日、わたしたちはとくによく前進し、長い旅程を踏破することができた。グルブン・サイハンの頂上へのながめが、わたしたちに新しい力を与えたかのようであった。すでに二月一五日、ショーワンギュンフンデに達した。サクサウル（中央アジアの特色をなす植物。三メートルから六メートルになり二〇メートルの根をもつ。根は地中深くはいるので乾燥地にたえる。材木はひどくもろく加工は不可能。樹脂豊富でよく燃える。若芽はラクダの好物）におおわれたウネゲーテ山の近くの地方である。サクサウルはわたしたちの絶好の燃料になってくれた。

　ウネゲーテ山の南の頂上から、わたしたちの行手を横切っているグルブン・サイハン山脈の鋭いシルエットがいっそうはっきりと見分けられた。この山脈まで広い谷がのびていた。谷には丘の列が幾つもまじり、そのあいだに小さな盆地がいちだんと低く位置していたが、盆地は赤い色あいをして浮き上がって見えた。この低地の底はサクサウルのはえた砂の堆積であった。いわゆる数千の《ボクド・ハンのラクダ》の番をしていたモンゴル人たちがここでその野営地をつくっていた。

　このモンゴル人たちから、わたしたちは、ラクダの乳を加えたヤギ茶をいやおうなくごちそうになった。砂漠の住民たちは、ホシュン・バルデュン・ツァサク（ツァサクというのはバイレ、ウワン、ティンワンと同じく古代モンゴルの王侯の地位の名称）についてよく知っていた。これはわたしたちの眼前の、モンゴル・アルタイの山々を流浪して歩いている。彼らはまた、このあたりで、善良で有能な老人と見なされている首領バルデュン・ツァサク自身も知っていた。ここでわたしたちも、偶然、この種族に属する金持のモンゴル人に会った。彼はウルガに行くところで、実際的な忠告を与えてくれた。つまりわたしたちは、彼の真新しい足跡をたどって進めと言うのである。足跡は正確に峡谷へ通じていた。そこからわたしたちは、ウルェン・ダパン峠へ上らねばならなかった。

　砂漠とサクサウルのやぶの中は、正午にはとても暖かだった。太陽の光にさらされた、むき出しの砂漠の表面は、一六度Cまで上った。サクサウル・スズメ（Passer ammodendri stolicz kae）が声高くさえずっている。一人ぼっちの灰色のモズ（Launis excubitor）の歌声はみごとであった。このかしこい鳥はわたしたちのいるのに気づくと、歌をやめて飛び去ってしまい、二度とわたしたちを射程距離内へ近づけなかった。そのほかの鳥のうちで前と同じく観察できたのは、たくさんの沙鶏である。哺乳動物では、ここではじめてハラスルタ・カモシカと、大きなレンマウスに出会った。このレンマウスはピーピーとやかましい音を出して走っていた。

いちばん深い低地から、わたしたちは、風化によってできた奇妙な形の赤いハンハイ・沈積地（主として砂石、礫岩の沈積地。いつできたかはまだ解明されていない）を越え、大きな砂丘に上った。ここからクク・ホトへの道はあざやかに浮かび上がっていた。この道を数キロ進んだ後、美しい泉タラ・ハシャタのそばにキャンプをつくった。キャンプからモンゴル・アルタイ、そしてこの前の旅のときからわたしにはおなじみの、その特徴的な円錐状の頂をもった巨峰アルツァ・ボグドが広々とながめられた。その方向に道もうねうねと続いていたが、いまちょうどそこを、皮革、毛糸、その他の商品をクク・ホトへと運ぶ隊商の列が進んでいた。そのシナのラクダは、異様なくらい元気がなく疲れきっているように見えた。モンゴル人の御者も同様で、寒さと食糧不足をこぼしていた。彼らはすでに一〇匹のラクダを失ったそうだ。そのシナのラクダに比べると、わたしたちのはまことに元気にあふれていた。それでわたしたちは何の心配もなく、自分たちの前に屹立する山々を仰ぎ見たのである。

3　エッィン・ゴルへの旅

わたしたちがいま近づきつつある巨大なグルブン・サイハン山脈（グルブン・サイハンは三つの壮大なるものの意）は、いわば三つの別々の山脈からできている。つまり西のバルン・サイハン、まん中のドゥンドゥ・サイハン、東のツン・サイハンである。これらの基部となる高地は共通で、その高さはほんとうの山脈よりも高い。このことは昔すでに、W・A・オブルーチェフも推定したのである。

グルブン・サイハンに近づけば近づくだけ、山は高く見えてくる。雪はいよいよ明るくまぶしく輝く。ドゥンドゥ・サイハンの北壁の頂上、中腹が雪におおわれている。手前の山脈、アルガリンテとハルガ（これが東にのびてゆくとブイルスェン、デーン、フッチャールなどの孤峰があるが）が山の主峰を幾らか隠して、地平線を狭くしている。わたしたちのキャラバンは長い列をつくって、手前の山の、砕石におおわれた羽根茅《かや》の草原を進んで行ったが、草の豊かに生えた黄金色を背景にしてはっきりときわ立って見えた。このすばらしい牧草地は、馬、牛、羊の群れをかかえたモンゴル人をひきつけるだけでなく、草原に住む、野生の四足獣、足の早い優雅なゼーレン・カモシカやハラ・スルタ・カモシカをもひきつける。わたしたちは彼らを途中で観察することができた。この美しいカモシカは、平和的な遊牧民の家畜といつも隣合って生活し、人間をほとんど恐れないのである。だからそんなに憶病ではないので彼らを見るのは楽しい。そしてらくに射程距離内に近づくことができる。わたしたちもたいした苦労もなく、若いゼーレン・カモシカを一匹倒して、りっぱな標本を手に入れることができた。

近くにモンゴル人の役人トゥサラクチ・ツァサクのキャンプがあったので、わたしはちょっとキャラバンを離れて馬で訪れ、この土地の案内人を一人確保したいと頼みに行った。その高官自身は留守だったが——北京に行っていた――わたしはその奥さんに愛想よく迎えられた。彼女はどういう援助でもしましょうと約束してくれ、事実、その晩さっそく一人の案内人をさし向けてくれた。

わたしたちはさらに進んで、グルブン・サイハンの前の草原を横切った。この草原は、その全体の特徴から言って、ココ・ノールの草原を思い出させた。キャンプは、ツァガン・イルゲ・ブツェと呼ぶところに設営した。翌日は山脈を越え、モンゴルの領主バルデュン・ツァサクの宿営地まで上る予定であった。そこでわたしたちは、いままでより長く休むつもりであった。

最近はずっと毎日、鋭い南西風に吹かれどおしだった。いまもまた強くそれが吹いていたが、夜になるといつものようにおさまった。大気を薄暗くしていた細かな砂塵が、谷の中にも吹きこまれていた。空はすきとおっていて、壮麗な夕焼けだった。日の出、日没は中央モンゴルでは一般に、その異常な美しさによって他にぬきんでている。澄んだ空気のために、微妙な中間色がどういうわけか特別立体的に浮き出て、再現不可能な、印象的な一幅の絵をつくり出すのである。

翌日、三月三日、わたしたちは出発した。わたしたちの意気、きわめてさかんなるものがあった。というのはみんな、もう一日歩けば、モンゴル・アルタイの南壁に達し、快適で、それにふさわしい休養を得ることができるのを知っていたからである。だんだんと近づいてくる山山のながめは、わたしたちを楽しませた。はやくも、孤岩や峡谷やアルプス性高地がくっきりと姿を現わしてきた。さらに数キロ進むと、狭い、曲がりくねった、そしてところどころに雪の吹きだまりのある峡谷に足を踏み入れた。ここを通ると峠に着くはずであった。高く上れば上るほど、小道はけわしく、石が多くなってきた。眼下の段丘状の草地に、古い墓のピラミッド型の石碑が見えた。峡谷の底を、単調なつぶやき声をあげて急な小川が流れていた。そのほか、あたりを領しているのは死の静寂であった。モンゴル人のわずかばかりの牧草地が、舟状盆地の中に寄り添うようにからみついていた。荒涼たる岩壁に住んでいるのは、石ガラスだけだった。

ウルェン・ダバン峠はドゥンドゥ・サイハンの南側にあって、これはモンゴルだけでなく中央アジア全般に共通だが、オボが頂上に建ててあった。その近くの、平坦な、雪におおわれた峠の頂上で、モンゴル人の郵便夫に会った。彼はわれわれ探検隊に、バルデュン・ツァサクの宿営地がどこにあるか正確に教えてくれた。わたしたちはここでも、ウルェン・ダバンの海抜を気圧計で測定し、二四三六メートルという数字を得た。それから私たちは、用心深く南のほうへ向かって下山しはじめた。グルブン・サイハンはここでとくに急な、そそりたった崖となって切れていた。わたしたちのすぐそばに、翼も動かさず、一羽のハゲタカが堂々と舞っていた。そして眼下の、峡谷の狭いところを、からだに羽をぴったりつけたタカが矢のように早く飛び抜けた。

峡谷をあとにし、東へ曲がった。そして岩の多い山脈の南麓を横切っている無数の狭い谷に沿って進んだが、この谷のためにわたしたちはほんとうの距離をよく見誤った。バルデュン・ツァサクの支配地域の最も美しい寺はホシュン・ヒトであるが、これはここの深い乾いた河床の右岸の段丘に建てられていた。わたしたちが通り過ぎたとき、ラマ僧たちはその僧房を出て岩山に上り、暖かい春の陽を満喫しているところだった。バルン・サイハン、ドゥンドゥ・サイハンの南斜面に続いている広広とした盆地は、ふかぶかと雪におおわれていた。そして遠い南の地平線は、低いイヘ・アルガリンテ、バガ・アルガリンテの山々によってせばめられていた。

わたしたちの疲労したラクダは、いまはゆっくりと足を引きずるだけだった。わたしたち一同はいらいらと、ここの領主のキャンプがはやく見えてこないかと待ちあぐねていた。まったく思いがけなく、まるで大地から生まれ出たかのように、とつぜん二人の騎手が姿を現わした。その一人はコサック人のバドマジャポフで、わたしはすでに峠から彼をこのモンゴル人の領主のところに派遣して、挨拶を伝えさせておいたのである。もう一人はバルデュン・ツァサクの役人で、彼はわたしに、その主人の挨拶とともに、青いハダクと、お茶席への招待状を持って来たのであった。わたしたちは疲れきったキャラバンの先に立ち、数分でウゴルツシン・トロゴイについた。この何となく心をひかれる草原には、すでに二つのユルトと一つの青いテントがたっていた。これはわたしたちに当てられたテントだった。わたしたちに対するこの明らかな心づかいと、バドマジャポフの報告はわたしを心から喜ばせた。わたしはお茶の招待を、特別の楽しみをもって受けた。

領主の、四つから成るユルトはずっと東のほう、わたしたちのところから約一キロ離れた低地にあって、ほかから見えないように遮蔽されていた。来客用の第一のユルトのそばで、わたしたちは役人によって愛想よく出迎えを受けた。ユルトにはいると、すぐ上席に着くようにとさし示された。ざぶとんを敷いたわたしの柔らかな座席の前に、いきなり軽い食物をのせた小さなテーブルが現われた。牛乳とバター入りのモンゴルのヤギ茶が一杯、うまい焼菓子、砂糖、干しブドウを山盛りにした皿などである。それからすぐ、親切な主人が正装をして姿を現わした。

バルデュン・ツァサクは小づくりの体格だが、感じのいい率直な顔をしていた。その目鼻だちには一種の貴族的なものもないわけではなかった。話しながら、いきいきと愛想よくふるまった。この善良な老人に、わたしは最初の瞬間から好感を持った。挨拶の言葉を交した後、領主はわたしに探検の経過、旅の生活、わたしたちの故国について質問した。わたしたちがこの前の旅で、彼の役人とわたしの通訳を介して互いに交渉し合ったことを、彼は思い出した。わたしたちのなごやかな会話は、キャラバンがキャンプについたために中断した。わたしはこのわたしの新しい知己にいとまを告げ、キャラバンの先着隊のほうに行った。その日の晩、わたしたちはこの領主にいつもの贈物をした。

ウゴルツシン・トロゴイに到着してすぐ、わたしたちは気圧観測、そのほかいつもの観測を行なった。この地方は海抜一八七八メートルであった。水の欠乏には閉口した。かわりに雪をとかして使った。燃料も乏しかった。きわめてゆっくりと、いわばおずおずと、春が主権を主張しはじめていた。夜の最低気温は三月中旬までは、がんこにマイナス一五度Cと一二度Cのあいだを動かなかった。日中は、三月一二日にはじめて、寒暖計は零度以上（〇・八度C）の気温を示した。ツン・サイハン山脈は目をひくほど黒っぽい色になり、雪のおおいを脱ぎ捨てはじめた。雪は、南のほうの隣合った盆地では、もうほとんど消えてしまっていた。曇った日には、雪雲が隣の山を白くおおったが、この新たな雪はすぐ蒸発してしまった。空気の乾燥度は概してきわめて高かった。

はじめの二、三日、わたしたちは領主と、もっぱらさし迫ったエツィン・ゴルへの旅の交渉に忙殺された。領主も彼の二人の補佐官も、そういう方角に進むと道がなくなる、ただ岩と砂の荒野がのびているだけで、最上のラクダでもエツィン・ゴルへの到達はほとんど不可能だろうと言って、わたしたちを説得しようとほねおった。バルデュン・ツァサクの言葉に従えば、わたしたちがエツィン・ゴルからアラシャンへの旅を今後続けて行けば、トルグート・バイレ（トルグート族の王侯。この種族は西のグループに属するモンゴル人の一種族でドシュンガライ、エツィン・ゴルの下流に住む）とかかわりをもつだろうと言う。そしてとうとう彼は、トルグート・バイレの領地に探検隊ははいってもいい、と言った。この許可を与えるのに、彼はうんと金を払わせた。バルデュン・ツァサクは、わたしにどうにも質問しないではいられなかった。「なぜあなたは、エツィン・ゴルへのその計画どおりのルートをどうしても固執するのですか？　なぜここからすぐアラシャンへ行かないのですか？　なぜならそこへの道はいいし、近いし、あなたには苦労も欠乏も金の支出も少なくて済むのですからね。」そしてつけ加えて、「たぶん、エツィン・ゴルがとくにあなたの関心をひいているのでしょうな。」わたしは「そのとおりです」と答えて言った。「おっしゃることはもっともです。あそこには古い町の廃墟があるのです。」「いったいどこからそんなことをご存じです？」と相手は尋ねた。「わたしどもの調査旅行の書物やわたしの友人たちの手紙からです！」「そういうわけですか」と領主は考え込むように答えた。「わたしも部下のものから、ハラ・ホト（ハラ・ホトはモンゴル語で黒い町の意。コズロフは、この町は古いタングート族の国西夏の首都と考えていた。ほかの著者の記述ではこの国の首都はシンチンだったという。つまり今日の寧夏で、黄河河畔にあり今の甘粛省に属する）のことは耳にしたことがあります。その町はあそこにあったのです。実際、城壁にとりまかれた町はありますが、だんだんと砂の中に埋もれていきます。聞いたところでは、この町の廃墟をよくトルグート族が訪れ、そこで埋もれた宝を掘っているそうです。誰かがすでに何か見つけたとも聞いています。あなたもそこへ行けば、きっと見つけるでしょう。ひょっとするとご自分で何か特別の宝を発見されるかもしれない。ロシヤ人は何んでも知っていますからね。こんな仕事をやれるのは、ロシヤ人だけですよ。あなたがこの廃墟の町へ行っても、発掘してもトルグート族は何もじゃましないだろうと思います。だがぜひ申し上げておきたいのは、今日まであなたみたいな人は誰一人、あそこを訪れていないということです。そしてトルグート族はつい最近まで、ハラ・ホトの秘密およびこの町をへてアラシャンへいたる道の秘密をたいせつに守ってきたのです。」バルデュン・ツァサクはその言葉を次のようにしめくくった。「しかもあなたにお願いしたいのは、トルグート・バイレに対して、わたしがあなたに廃墟の町について何か言ったなどと一と言もしゃべらないでいただきたい。ただあなたご自身がすでに何でも知っているのだと言っていただきたい！　さらに、あなたはトルグート・バイレのキャンプへ行くための案内人とラクダを、バルデュン・ツァサクからきびしく要求した、と言ってください！」

わたしたちは目を見合わせて微笑した。それからわたしは立ち上がり、心をこめてこの友人の両手を握った。

前よりは強く、わたしはこの廃墟の町にたどり着きたいと夢みるようになったが、それだけでなく、そこでしばらくのあいだ仕事をし、もし幸運に恵まれるならば、地理学協会の人々、つまり出発前にわたしが自分のひそかな計画を打ち明けた友人たちの誰それを、貴重な昔の発掘品でもってびっくりさせてやりたい、と熱望するようになった。

わたしは、隣人バルデュン・ツァサクと毎日会った。彼は自分の家族をわたしに引き合わせた。無骨だが、感じのいい顔つきをした堂々たる体格のモンゴル婦人の奥さん。それに三人の息子と三人の娘である。息子の上の二人は、病気がちの弱々しい青年だったが、ラマ僧で、一人はホシュンの族長専属の僧院におり、他の一人はウルガにいた。いちばん下の息子ツュルトゥムは、かわいらしい健康な、そして敏捷なモンゴル人で、シナ政府によって貴族階級に列せられていたが、わたしにはとくに感じがいいように思われた。老族長はよくわたしたちのキャンプで時間をつぶし、なかでもわたしたちの武器に興味を示し、自分はピストルとベルダン銃（アメリカの発明者ベルダンにちなむ。旋条銃。当時ロシヤの歩兵は輸入して使っていた）を手に入れたくて躍起になっているのだと、はっきりとほのめかした。だいたいモンゴル人は武器をこのうえなく愛好している。武器を手に入れるためなら、彼らは喜んでなけなしの全財産を投げ出すのである。わたしがバルデュン・ツァサクに一丁のピストルを贈り、さらに熱望している武器もそのうちと約束すると――むろん、彼がわたしにその古いモンゴル銃をくれるならという条件をつけてだが――この老人はひどく喜んで、これまでいつも嘆いていた自分の病気のことを忘れてしまうくらいだった。彼の目はきらきらと輝き、まずわたしの銃の一つを手にとり、次にもう一つのほうを取り上げ、狙いをつけたり、そのほかいろいろな動作をやって見せるのだった。彼は銃を持ってうろうろするのに疲れると腰を下ろしたが、銃は手から離さず、文字どおり愛撫しはじめ、指でやさしく銃身をさするのであった。わたしたちの銃が気に入ったかと尋ねると、微笑して、最高の賞賛のしるしに、右のおや指を上に向けて立てて見せた。わたしたちは最後に、この友人に銃とピストルの速射をやって見せた。彼とその従者はこれには夢中になって感激していた。

わたしたちは仕事中、このモンゴルの領主たちの親戚や家族のものにとりまかれることが非常に多かった。またその隣人たちもよくやって来た。彼らすべてを魅惑したのは、旅に欠かせられない楽器、つまり蓄音器であった。これを聞かせると、遊牧民たちは、好奇心と感動のために、我を忘れた子供のようになってしまう。彼らは笑ったり、蓄音器のラッパに頭をつっこもうとしたり、歌手はどこかと聞いたりしたが、とくに犬のほえ声やキジの鳴き声を入れたレコードに夢中になってしまった。彼らは何度、馬のいななき、ラクダの叫び、羊の鳴き声などを聞かせてくれと頼んだことだろう。オペラ音楽には全然反応はなかったが、ハーモニカの伴奏入りのロシヤ民謡や行進曲には、嵐のような歓声がわき起こった。

ウゴルツシン・トロゴイに一〇日いるあいだ、たった一度だけ山の中へ小旅行を試みた。地理学者チェルノフと二人の標本官を連れて訪れたツスン・サイハンの岩の多い部分では、そのいちばん高い頂上は、たとえばハイハンなどは海抜二五〇〇メートルの高さだった。その特色は、礫石の詰まった大きな峡谷のあることだったが、谷の中には草や灌木状のものが生い茂っていた。一般的に言って、植物はゆるやかな傾斜面や谷の段丘に好んではえ、バルデュン・ツァサクの数知れぬ家畜の牧草地になっていた。ツスン・サイハンは温暖な気候によって、夏はさらに涼しい気候によってほかのところに立ちまさっていた。そして近くのゴビの焼けつくような暑熱から野獣や家畜を守っていた。動物学的には、わたしたちのこの小旅行はきわめて不満足なものだった。動物で観察できたのは——しかも遠距離からだったが——ただオオカミとクロプフ・カモシカだけだった。そのほか笛ウサギを一匹倒すことができた。

時の過ぎ去るのは早かった。天気は相変わらず寒く、風が吹きがちだった。わたしたちの観測によれば、穏やかな日は例外と言ってよかった。西方からの強風が吹くのが通例で、もうもうたる砂塵を運んできた。そして長いあいだ天地を暗くしていることがあった。しかしまた、もっと強い、べつの突風が山脈に沿って砂塵を吹き上げることもあった。モンゴルやゴビで嵐が吹き荒れると、ほとんどそれに対して身を守ることはできない。着ている毛皮の中まで吹き込んでくるのだ。動物の世界も死に絶えたようになる。すべてが穴に隠れ、声をひそめている。嵐のごうごういう音のほかには何一つ聞こえない。その代わり、嵐のあとには、完全な凪《なぎ》が訪れる。そして翌日の美しさは格別である。太陽の暖かさが急に注意をひくくらいになり、雪はすぐ蒸発してしまう。ヒバリも暖かさを感じ、空高く舞い上がり、その春の歌をはれやかに響かせる。

ようやくわたしたちの出発する日も近づいてきた。モンゴル人の話では、エッィン・ゴルまでのわたしたちの道は人の住まない荒野を走っているというので、ヤギの肉のたくわえは乾燥することにした。その貯蔵は次のようにする。まず、いちばん脂ののったヤギを数頭同時に殺し、皮をはぎ、肉と骨とを分けておく。この肉は長く、薄く切る。そして塩水をわかし、その中に入れ、約一〇分間、いちばん大きなのは一五分間ぐらいつけておく。それからひもに結んで、戸外につるし乾燥させるのである。三日か五日たつと、肉は長期間保存できる状態になる。

出発の前の晩、わたしたちはここに建てたオボに、みんな最後の石をのせた。この石のピラミッドは、地図に書き込んだ天文学的地点の正確な位置を示すことになっていた。そのうえこれは、モンゴル人に、ここにかなり長いあいだ、ロシヤ地理学協会の探検隊がそのキャンプを建設していたことを思い出させるはずであった。三月一四日の朝、わたしたちはユルトをとり払い、親切な領主、その従者らにつき添われて、南西に向かって行進を起こした。小さな坂を越えると、隣合った谷のいちばん低いところに出たが、そこにバルタン・フドゥクの泉があった。もうここには雪のひとかけらも見当たらなかった。バルデュン・ツァサクは、ここで心からわたしたちと別れを惜しみ、とくにわたしの耳にささやくように「ごきげんよう！　あんたがハラ・ホトに無事に着いて、たくさんのおもしろいものを発見することを確信していますぞ！」と言った。

　空気が異常なほど澄んでいるので、ずっと遠くまで見わたせた。南のほうに山の連なりが青く見えた。デレズンが幾つかの谷を飾っていた。遊牧民たちが、南側が開いている古代円形劇場《アムフィシアター》のような盆地に守られて、相変わらず山の中で生活していた。だんだんわたしたちは、バルタン・フドゥクの低地を出、第一日めにアルガリンテ山脈に達した。これは東西にのびている赤い斑岩と粗い粒子の花崗岩からできていた。二日めこの山脈を越え、氷の張った泉ヌュドゥン・ブルクで停止した。ここから近くの群山シャラ・ハダへはいって、ちょっとした狩猟をした。わたしたちは、シベリア・シュタインボックを仕止めたいと思っていたが、残念ながら獲物はなかった。この用心深いヤギは、どうしてもわたしたちの射程距離にはいって来なかった。たった一度だけ、わたしは望遠鏡でこの美しい動物を観察することができたが、ヤギはわたしから遠く離れた山すそを回って駆け去った。先頭を行くのは年老いた雌ヤギで、そのあとを長い列をつくって若いヤギが続き、後尾は経験豊かな雄の老ヤギだった。

　シャラ・ハダの頂上から、四方八方へすばらしい展望が得られた。はるか南のほうへ砂漠が広がっていた。そして靄の中にだんだんと消えていた。北の地平線は山脈によってさえぎられていた。山脈のなかでも、グルブン・サイハンの群峰がきわだってはっきり見えた。その降ったばかりの柔らかな白い雪が壮麗に輝いていた。ここから見ると、山の基部はことのほか巨大だったが、その上の連山そのものは比較的たいしたものではないように見えた。

　三月一六日、日没ごろ、大きな道のやや南にキャンプをつくった。この道はツルムタイ、ツォホニュン・シリをへてマクク・ホトへ通じていた。その後のわたしたちの旅は南へ向かい、砂漠の感じの強い風化砂礫におおわれた陰気な地方を通って行った。この地方は、丘や山の連なり、そのあいだにある乾いた河床によって切断されていた。この荒涼たる平地のいたるところに、風で角が研ぎすまされた石がころがっていた。ただハラ・スルタ・カモシカだけが、この悲しげな景色に幾らか生気を添えていた。わずか一日歩くうちに、少なくも一〇〇匹は見ることができた。ときどきハゲタカが高い空を旋回していることがあった。この巨大な鳥が翼を広げると二メートル以上になる。

　気温は目だって上昇した。太陽で暖められた場所には、早くもコクゾウ虫やクモが姿を現わしていた。サクサウルのやぶにはこの土地のスズメが騒いでいたし、空の高いところではトサカヒバリが歓声を上げていた。大きなレンマウスがピーピーいいながら、その深い穴からそっと顔を出したり、うしろ足ですわって、もの珍しげにあたりをながめ回していた。ブクテ泉の近くで生活しているモンゴル人は、まともな移住民のようにここに住みついているが、このレンマウスの肉が大好きであった。ヤギの肉などよりずっと柔らかいと保証してくれた。原始的な木の罠《わな》をつくって、巧妙な猟師の一人は一日のうちにレンマウスを三〇匹ちかく捕えてくれた。このモンゴル人たちは、簡単にこの動物でもって肉の補充をするわけである。同様に彼らは、ぞうさなく一種のパン用の穀物を調達するすべを心得ていた。それは砂漠の植物スルヒアを使う方法で、この植物を集めるのはそのほかにアラシャンの住民もいる。ブクテから遠くない谷の中に、スルヒアがかなりたくさんはえていた。わたしはよく、この植物を打穀したあとの束を見かけた。

　ブクテを越えると、また波型の地形がはじまる。サクサウルの灌木の中を進んだが、行進はこれによってひどくじゃまされた。サクサウルがしっかりと衣服にくいつき、塩気のある埃をあびせるからである。続いて低地のいちばん底に到達した。ここの砂土にははっきりと、クラン（単蹄類のロバ。モンゴルの砂漠、またソヴィエト領中央アジアに住む。ウイント・エーゼルに似る。野生動物で慣らすことは不可能）、つまりハルプ・エーゼルの足跡が浮き上がっていた。エツィン・ゴルからやって来たもので、モンゴル人の話では、かの地に非常に多いということである。

　相変わらず蜃気楼——この砂漠の悪霊が、遠くの丘や山を材料にしてきわめて不可思議な形をつくり上げる。いちばん困るのは、砂漠の中にきらきら光る湖水が見えるように思うことである。この湖水は、疲れ、のどの乾いた旅人からだんだん遠ざかって行くのである。

ところどころに、こぶのある砂漠のポプラの並木が、砂と砂礫でいっぱいの乾いた河床を縁どっていた。バグ・モト泉——樹木の通り——のそばでは、はげしい南西風が広く枝を広げた老木を揺り動かしていた。この老木の陰にわたしたちのユルトがあった。そして風は、あの昔からなじみの、しかしもう久しく耳にしていなかった森のざわめきをよび起こした。このざわめきに慣れてしまうと、とくに中央ゴビ砂漠のような、いかにも砂漠らしい地方に旅をすると、この響きが聞こえなくてさびしく思うものである。

わたしたちのキャンプの近くにモンゴル人がいて、非常にいいラクダを所有していた。ちょうど生まれたばかりの子供のラクダが、サクサウルの幹で囲んだ中に入れられていた。わたしは大きな興味をもって、若い少女たちがやさしく愛情をこめて、この毛むくじゃらの、無器用な子ラクダを扱っているのをじっとながめていた。彼女たちは、子ラクダをやさしくなぜてやっているだけでなく、人なつっこい口を自分たちの口に引き寄せ、ラクダの鼻のまん中に接吻したりした。

隣のモンゴル人となごやかに話し合ったが、その際わたしはとくに、自分の予定したシルビスをへてソゴ・ノールへ行く道が、直接トルツォへ行くほかの道より長く、かつ非常に荒れていることを聞いた。慎重に考慮した結果、べつの道を選ぶことに決心した。わたしたちは、もっと早くソゴ・ノールに着きたかったし、一日でも早ければ、その一日だけ長くいまはもう間近だが、まだ神秘に満ちている町ハラ・ホトで過ごすことができるのだと思った。

三月二〇日から二五日まで、わたしたちはことのほか荒涼とした、未開の砂漠を進まなければならなかった。いつ果てるともなく、入れ替わり立ち替わり、小さな山脈、峡谷、谷が現われた。イヒェーグンから広い隊商路を進んだ。これは直接ソゴ・ノールへ通じていた。この道の北に広い平原が広がっていたが、地平線はノイン・ボグド山脈によってたち切られていた。ノイン・ボグドは、鋸状の側面を見せて屹立していた。南のほう遠くには、ホンゴルシェ山脈がそびえていて、北のほうから続いてくる乾いた河床はこの山脈の東翼のほうに向きを変えていた。この道を行くとめったに泉のそばを通らないので、わたしたちはいつもの旅のてはずを幾らか変えなくてはならなかった。わたしたちは水のある場所を遅くになって、つまり正午になって離れることにし、日没まで歩いた。翌朝、日の出とともにまたキャンプを出発した。そしてまたようやく正午になって、つまり二四時間たってさわやかな泉のそばで休息した。水のない砂漠のこの午後の行進は、わたしたちをひどく疲労させた。春になって、暖かさがそれと感じられるのでなおさらだった。ハニや甲虫が姿を現わし、はやくもそここにクモがはい回っていた。そして三月二四日には、フリノツェファルス（ひきがえるの頭）類のトカゲをはじめて観察することができた。

一般的に言えることだが、グルブン・サイハンからソゴ・ノール、つまりエツィン・ゴル下流までの道は、全行程を通じてきわめて単調で索漠としている。水に出会うのは、砕石でいっぱいの乾いた河床においてだけである。泉には深さ一・五メートルから二メートルの鏡のような水がたたえられている。植物のなかではサクサウルがいちばん優勢であるが、だんだんタマリスクにとって代わられつつある。さらにハルプシュトロイヘルや堅い砂漠草がはえているが、これらを食うのはラクダぐらいのものである。とにかくわたしの見たところでは、この地方の暑い気候や乏しい植物に耐えられる動物は、ただラクダしかいない。

三月二四日の晩、われわれのキャラバンが、ソゴ・ノールのほうへやや傾斜している、そして砕石でおおわれた中央モンゴル平原へ元気よく足を踏み入れたとき、ようやくわたしたちの目に、一条の銀色の線がきらめくのが見え、待ちに待った湖の岸の一部が姿を現わしてきた。湖面をさっと照らす、まぶしい太陽の光の中で、望遠鏡によって小鳥の群れをはっきりと見分けることができた。小鳥の大群が、水面のむき出しの部分を黒い網でおおうように群がっていた。疲れも空腹も、そしてまだ自分たちのいる砂漠も忘れ果てた。昂揚した感情にとらえられ、生物の群がる湖のほうへ心はどうしようもなく引きつけられた。すっかり暗くなるまで歩き続け、ソゴ・ノールの面前でやっと停止した。ソゴ・ノールはあたりの黒々とした背景から、相変わらず浮き上がって見えた。ようやく砂漠の中の一種の灯台のように、湖の高い北岸に建てられたボロ・オボが見えた。春の夜はひそかに大地に広がり空には星がきらめいていた。

翌日、ソゴ・ノールへどうしても到着したいという焦燥はいっそう大きくなった。いまはもう地平線に飛び過ぎて行くアオサギや白鳥の淡く白い列や銀色の列が見分けられたし、水面にはぽつぽつと浮かんでいるカモメの姿も区別できた。さらに近づくと、はやくも鳥の声が聞こえた。しかし湖それ自体は岸の土手にまだ隠されていた。わたしたちの行く手を横切って、とつぜん一団のカモシカが逃げて行った。その際ハルプエーゼルを驚かせたらしく、こちらもこちらでギャロップで、砂漠の中にいちもくさんに駆けて行った。わたしたちが越えなければならなかった最後の丘から、きらきら光る岸の黄金色のアシの広い帯が見えたが、その中にトルグート族の馬の群れがのんびりと草をはんでいた。きっとわたしたちのキャラバンは、すでに遊牧民の注意を喚起していたにちがいなかった。西のほうから、二人の武装したモンゴル人が、家畜の群れの一つに馬で近づいて行った。

4　エツィン・ゴルの下流とハラ・ホト

わたしたちの探検隊がエツィン・ゴルの盆地に着いたのは、春の鳥の移動がその最高潮に達したところであった。トルツォという地方は、高い丘にとりまかれた二つの小さな淡水湖のすぐ近くを言うのだが、そこにわたしたちはキャンプをつくった。わたしたちの小さな湖は鳥どもをひきつけていた。湖はやっと半分氷が見えていて、あとの半分はきらきらする氷におおわれていたが。氷はとくに日中、太陽が出て、隣の鎌型砂丘《バルハン》の南斜面で温度計が四〇度Cまで上ると、ほとんどとけてしまう。ソゴ・ノールも同様に、わたしたちのすぐ近くの南東の入江だけに氷がないのだが、このソゴ・ノールとわたしたちとのキャンプとのあいだに、背の高いアシのはえた広い平地があって、そこに目だたぬ、小さな湖がたくさん隠れていた。わたしたちのところから約三キロ離れた、周囲二キロの湖の一つに、わたしたちは狩猟に出かけた。ここでわたしたちは、自然のいたるところにもう春が来ていることに気がついた。

わたしはこの小さな湖をいつも訪ねるのが大好きだった。この湖はわたしの心に、あの忘れられぬプルジェワルスキーと試みた、わたしの最初の旅行のこのうえなく美しい思い出をよび起こしてくれた。思わずしらず、わたしは自分がロプ・ノールの湖岸にある思いがした。ここもあのロプ・ノールとそっくりだった。アシのあいだをのんびりとぶらつきながら通り抜ける。静寂が何やらぶんぶんいう音で中断される。その音は、ときにはさらにわーんとさわがしい音に変わる。鳥どもが歓声を上げているのだ。ときどきカモのたかぶった声がはっきり聞こえることがある。地平線にはいたるところ、羽のある放浪者の群れが渡って行く。あるいは黒く、あるいは銀白色に、あるいは灰色に見える。ときおり、音楽的な快い響きが聞こえる。それは飛んで行く白鳥が発するもので、えも言われぬほど魅力のある鳴き声である。最後に丘の頂上から氷のない水面をながめることにする。雪片のように、頭の黒いカモメが空を舞っている。色さまざまなカモ、あかるいガチョウの歌い手、黒ペリカンが群がっている。つまりあらゆる色彩がここに出ているのだ。ぜんぜんいないのはシギである。タゲリ（千鳥類）は鳴きながら、その飛行技術を披露している。数しれぬガチョウが水面に浮かんでいる。あるものはのんきそうに陸をよちよち歩いて、餌を捜している。ガチョウと並んで、白鳥がゆっくりと泳いで行く。カモとそっくりに巧妙に餌を求めてもぐる。望遠鏡でながめることのできるかぎり、いたるところ水鳥の群れである。

一発撃つと、みんな想像を絶した大混乱に陥る。騒ぎと鳴き声は二倍にも三倍にもなる。空は暗くなる。驚いた渡り鳥の大群がぱっと飛び立ち、四方八方へ遁走する。殺された鳥の上に、なおも長いあいだ数百羽の仲間の鳥が飛び回っている。ついに太陽がゆっくりと地平線に傾くと、湖の生活は静まる。ただ近くにはまだ、サンカノゴイ（アオサギの一種）のくうくうという旋律的な鳴き声、ヒゲガラ（シジュウカラの一種）の銀色に澄んだ震える鳴き声が聞こえる。遠くにはハゲタカが輪を描いているし、近くには白い尾羽のオジロワシが大きく旋回している。あちらの低いアシの上を、器用に、音もなく、夜の間諜のように茶色のヴァイエ（トビの一種）が遊弋している。どこかでもう一度、サンカノゴイが鈍い鳴き声を響かせる。それからあたりは静まりかえる。ゆっくりと野営地へ戻ると、もう楽しげな火が燃えている。火のそばでお互いに、過ぎ去ったその日の春のハイキングや体験について語り合う。

ここのトルグート族のきわめて信憑すべき証言と、わたしたちの推定に基づけば、春の鳥がはじめて飛び立つのは、三月の初旬と考えていいようである。エツィン・ゴルの下流に行ったときがその最高潮の時期で、とくに上述した水鳥においてそうだった。

ソゴ・ノールは周囲は約五〇キロである。その南東岸に近づいて調査することができたが、ここは低かった。水のすぐそばは湿気が多く、沼状を呈していたが、だんだん離れると高くなり、乾いてくる。ここには黄土質の沈積物があって、砂と鎌型砂丘としだいに交替しつつある。湖は中央ゴビのいちばん低い海抜八三八メートルのところにある。水面の色は、湖をながめる距離と光線のぐあいでひどく変化する。一般に二つの色が強い。つまり近くからは緑がかっているが、遠くからは群青色である。水はちょっと塩気があるが、いざという場合けっこう飲料として使えるということである。湖には――少なくともわたしたちの観察では（L・S・ベルク教授は親切にもわたしたちの持ち帰った魚を調べてくれた）――わずか一種類の魚しかいなかった。つまりフナ類である。中央アジアの内部盆地では、これまでこのフナ類が全然観察されたことはなかったし、研究旅行者の誰にも捕獲されたことがないのは興味のあることである。

わたしがここのトルグート人から得た報告によれば、ソゴ・ノールの南東（北西には斑岩の丘から成る高い岸がある。いちばん高い丘に大きなオボがある）の広大な岸辺は、いまは高いアシでびっしりおおわれているが、四年前はまだ、広々とした南東側の湾曲部であったそうだ。厳密に言えば内陸への継続であった。その時代は、エツィン・ゴルの東の支流、ムヌンギン・ゴルも、もともと水量はいまより豊富だった。いまは過剰な水はべつの支流、モリン・ゴルにはいり、これは塩水湖ガシュン・ノールにそそぎ込む。

タリム川の下流と同じく、ここでも巨大な河川沈積物が広い範囲にわたってあたりをおおっていた。信用できる報告によれば、支流の水量が変わるだけでなく、河川の下流もまた移動させられるということである。この移動は、沈積物が一方の河床に累積し、他方の河床に浸食が起こることによって生じる。細かな粘土質の砂の沈積物は、水が減ったり河床が移動したりする場合川からとり残され、風成沈積物の初期の材料となるのである。

砂漠の川のこれらの特性は、エツィン・ゴルの組成、タリムの組成にも見いだされる。そのことからいっそうこの二つの低地は、その性格が互いに似ているといえる。タリム地域と同様、ここでも同じ動物相、植物相に出会う。ここも同じように、空気は極端に乾燥し、いつもきわめて細かな黄土の砂塵、あるいは塩性黄土の砂塵に満ちている。地平線も同じように狭く、日中の太陽は鈍《にび》色である。

もう一つ言っておきたいのは、わたしたちがトルツォから通訳をトルグート・バイレの宿営地に派遣して、この領主と連絡をとったことである。わたしたちのハラ・ホトへの今後の旅の成功不成功は、この領主の厚意いかんにかかわることきわめて大きかったからである。

コサック人バドマジャポフは、うれしい成果を携えて帰って来た。このモンゴルの、いや、正確に言うと、このトルグートの領主ははじめきわめて尊大な態度を示したが、すぐその政策を変更し、その警察長官に命じ、われわれ探検隊を自分の宿営地モリン・ゴルの左岸《ダシ・オボ》の近くに案内して来るように言ったという。領主は、わたしたちがアラシャン砂漠を通り、ハラ・ホトの廃墟に到達する際全面的に支持を与えることを約束してくれた。

わたしたちは大急ぎで出発した。三月二九日、わたしは宿営地のそばの湖を見おさめに観察した。湖水の氷はもうすっかりとけていた。水かさは著しく増していた。紺青色の水面を、朝陽をあびて、オオバン、コガモ、モグリガモが音もなくすべっていた。湖の中央には、のんきそうに一羽のカイツブリが泳いでいた。

ムヌンギン・ゴルの氾濫のために、ひょっとするとこれからの旅がはばまれる可能性があったので、わたしたちはさしあたりこの谷を出ることにし、高い鎌型砂丘地帯に沿い、水の涸れた支流のそばの道をトロイ・オンツェに向かった。この支流がきわめて多量の水を流すことはその痕跡が示していた。そして昔の堤防や水車小屋のあとも見つけた。高さ二五メートルから三〇メートルにも達する鎌型砂丘は、川の谷のすぐ近くにあって、方向として南を向いていることが多かった。幾つかは孤立していたし、ヘビのようにうねっているのもあり、奇妙な輪郭をもっているのもあった。そのなかには、規則的な円錐形が突き出ていて、周期的に西と東の風が強く吹くことを示しているのもあった。旅の途中、強い東南東の風が起こり、砂を動かした。砂丘の一つ一つの頂上は火山のように煙をあげ、砂柱が高くまき上がり、またくずれ落ちた。風は鎌型砂丘の急傾斜の側から、砂を平たい側へ吹き寄せ、さらに川石のある平地のほうへ運んでいった。まもなく風は強くなり嵐となった。もうもうたる砂塵があたりに立ちこめ、大気を暗くした。五〇〇メートル以上はもう見えなかった。平地の上に幾つも長い砂の帯がのびていた。それはロシヤの雪嵐を思い出させた。周期的に強くなる突風が、わたしたちの正面から吹いてきて、わたしたちは息ができなくなった。砂のため目はくらみ、前進もほとんど不可能だった。細かい砂塵だけでなく、大きな砂粒まで空を飛んできて、ラクダに乗っているものの顔にぴしぴしあたって痛かった。道のそばの鎌型砂丘の背から、大量の砂が吹き下ろされ、そのため鎌型砂丘の姿は変わってしまうのである。

埃のために、わたしたちの案内人は方角を見失ってしまい、道を少しはずれたが、みんないっしょになっていろいろ考え、短時間でオムク・タラの泉に到着することができた。途中、アツア・ツォンツィ塔の廃墟のそばを通った。この塔は赤い、焼いてない煉瓦でつくられ、ハラ・ホトの存在した時代は一種の信号地点の役をしたものらしい。翌三月三〇日、トロイ・オンツェ着。ここは領主トルグート・バイレ自身によって、わたしたちの宿営地として選ばれていたものである。

エツィン・ゴル川の源は、巨峰南山《ナンシャン》の雪原であるが、川ははげしい勢いで北に流れ、その間五〇〇キロ以上にわたって、砂漠の熱い呼吸と戦い、最後に水がなくなるのである。その前に無数の支流に分かれるが、その水は二つの低地に集まる。一つは東の、比較的小さな貫流湖、ほとんど淡水のソゴ・ノールであり、一つは西の、塩性湖で、水がそこから流れ出ていないガシュン・ノールで、ソゴ・ノールより三、四倍大きい。エツィン・ゴルの主流は、水の豊富なモリン・ゴルで、ガシュン・ノールへそそいでいる。もう一つは水のきわめて少ないイケ・ゴルで、これはこれで幾つかの支流に分かれている。いちばん川幅は広く、東のほうにある支流はムヌンギン・ゴルで、ソゴ・ノールにはいっている。エツィン・ゴルの下流の水路状況が一定しないことは明らかである。数年前、W・A・オブルーチェフおよびその他のロシヤの研究家による記述でも明白になったのだが、イケ・ゴル、つまり《大きな川》は、名前をもらった当時はまったくその名のとおりだった。そこの水量はモリン・ゴルよりははるかに大きかった。旅行者の一人一人の記述、トルグート人の申し立てを比較してみると、ある一定の歴史的時点には、エツィン・ゴル下流の水路が東から西へ移りはじめたと推定していいようである。

トロイ・オンツェ地域にしばらく滞在しなければならなかった。ここはムヌンギン・ゴルの右の、少し高い岸にある。この川の水位はたえず変化しているが、わたしたちの行ったころは、深さ六〇～九〇センチ、幅二〇～二五メートルであった。その濁った泥のような水は静かに流れているが、速度はかなり早い。ときどきガラスのように見える、小さな氷塊が流れる。静かで単調な岸は、大自然の春の息吹をほとんど認めさせなかった。とは言っても、岸の縁ではアシが色づきはじめていたし、そこここの砂州では渡り鳥を見ることができた。たとえばカンムリシギの大群、黒コウノトリの夫婦など。いやな西からの嵐、東からの嵐がおさまったあと、わたしたちは休息して、キャンプから遠くないところに巣をつくっている、絢爛たる羽のキジの夫婦が静かな、明るい太陽の光の中で遊んでいるのを観察した。ときどき、ガチョウ、白鳥、鋭い鳴き声を上げるカモメが、川に沿ってわたしたちのそばを通り過ぎた。わたしたちのキャンプの上には、ほとんどたえまなく、ハゲタカが旋回しながら叫び声を上げていた。そしてコサック人が乾かすために ぶら下げた肉の切れに向かって、さっと襲いかかって来るのだった。こんなずうずうしいことをやるので、このハゲタカはわたしたちの標本作製官からそれ相応の罰を受けた。

わたしたちのキャンプの近くは、エツィン・ゴルの谷で一般にそうなのだが、ほとんど住民がいなかった。その中流、下流には、合計一三〇から一五〇のユルト、ないしは家族が見られたようだ。モンゴルのトルグート族は、約四五〇年前にジュンガリアからこの地へ来たのである。当時は、エツィン・ゴルのまだ前人未踏の岸は、通り抜けることもできぬ森によっておおわれていた。トルグート族は、それをはじめの三年のあいだに焼き払い、開けた牧畜地をこしらえた。トルグート族は今日まで、ジュンガリアの親戚や友人たちとの連絡を維持していて、機会があれば旅の途中でも彼らのもとに立ち寄るのである。その際、旅のトルグート族は、自分の疲れた家畜をそこに残しておくことが多い。家畜がその友人、知人たちのところで自分が帰って来るまでまた太るように、というためである。この期間、そのトルグート人自身は、代わりに生きのいいラクダや馬をもらうのである。

ホシュンは第三位の世襲領主、つまりバイレによって統治されていた。領主はその本営を、モリン・ゴルの西の支流においていた。わたしたちのキャンプから一〇キロ離れたところである。領主の首席顧問の補佐官は高齢のメレン・ツォンゲ・ツィデン・ダグボで、バイレの二六歳の若い娘と結婚していたが、彼の一身にはトルグート・バイレの簡単なすべての行政機構がほとんど統一されていた。二、三人の下級官吏が行政官庁をつくっていた。

ダシの名で当時治めていたバイレは、トルグート族が移住して来て以来の第一〇代目の支配者である。彼はその父だけでなく、上の兄のあとを継いでいた。兄はとつぜん死んだが、うわさによれば弟のバイレの罪でないことはないそうである。弟は野心家で、吝嗇で、きびしい男であって、こういうやりかたでホシュンの支配者になったのである。

わたしたちは到着するとすぐ、バドマジャポフをこのトルグート・バイレのところへあらためて派遣した。領主はわたしのハダクを愛想よく受け取り、さしあたり使うようにとユルトを一つ、テントを一つ、そして召使いを送ってよこした。その際約束して、ハラ・ホトおよびさらにアラシャへのわたしたちの旅にはできるかぎり協力しようと言った。わたしの喜びは筆舌に尽くしがたかった。わたしは亡くなったロシヤの研究家ポターニンの貴重な旅行記でこの廃墟に関することを幾らか知って以来、ハラ・ホトへの興味が一日たりともわたしを落ち着かせなかったことを、率直に白状しておかなければならない。ポターニンはここで書いている。「過去の遺品にちなんで彼ら――トルグート族は――エルゲ・ハラ・ブルュクの町の廃墟のことを述べている。この町は、クンデレン・ゴル、すなわちエツィン・ゴルの東の支流から東方へ一日旅をすれば行けるところにある。ここに小さなケリム、つまり小さな町の城壁が見られるという。回りには砂の下に埋もれた家々のたくさんの跡があるそうだ。砂を掘り起こしてみたら、銀製品を発見できるともいう。ケリムの周囲には飛砂の平原が広がっていて、近くに水はないといわれる。」

一九〇〇年、モンゴルおよびカムへ旅行したとき、わたしの同伴者カスナコフは、エツィン・ゴル下流の湖沼研究を行なった。その際ハラ・ホトについて何かそのほかの情報を得ようとしたが、成功しなかった。住民たちは異口同音に、近くに廃墟があることを否定し、「あなたがたロシヤ人は、われわれの土地について、われわれ以上の知識を得ようとしている」と言った。わたしがモンゴルとカムへ旅行する前にも、ポターニンのすぐあと、オブルチェフがエツィン・ゴル谷を通っている。今度の探検旅行の出発直前、わたしは彼と、上に述べたポターニンのハラ・ホトについての言葉に関して話し合ったことがある。オブルチェフに対しても、トルグート族はハラ・ホトが存在することも、アラシャへの近道についても秘密にしていたのであった。彼らはオブルチェフをして、大きな回り道をすることを余儀なくさせたので、この偉大な地理学者ははじめに意図したごとく、北西部を通過することができず、北東のアラシャのツィンワンの領国を通らざるをえなかったのである。

今度の旅でも、わたしはバルデュン・ツァサクをはじめとし、出会った土地の人にこの死せる町について聞きただすことをやめなかった。ほとんどそのたびにわたしは、多少とも一致した肯定的な答を得た。特別の矛盾はなかった。ここの住民たち自身は、かつての居住地の沈黙せる廃墟についてきわめて関心は薄かった。考古学的発掘品を捜しだすことに全然かかわりを持とうとしなかった。発掘品一つについて高い代価を支払うとわたしが申し出ても、土地の人たちに発掘をはじめさせることはできなかった。わたしは、一見、多くの人々は廃墟に近づくことに恐れを持っているのではないか、この場所は不確かだと思っているのではないかとさえ思った。

だからハラ・ホトのことで、わたしたちの注意と空想はすっかりとらえられていたわけであった。何度わたしは、ペテルスブルクでも、モスクワでも、そしてこのモンゴルでも、バルデュン・ツァサクのところでもこの町のことを考えたことだろう！　何度このハラ・ホトのこと、その神秘的な宝のことを夢見たことだろう！　いまようやく、この目的地のそばに来ているのだった。いつでも短い旅行でそこに出かけることができるのだった。

四月一日、わたしたちははじめてハラ・ホトへ行った。わたしたちの荷は比較的軽かった。ただ水の貯えと幾らかの食料品と仕事道具を持って行っただけで、約一週間そこに滞在した。わたしと同行したのは、チェルノフ、ナパルコフのほかに、二人のベテラン、イヴァノフとバダーイエフだった。ほかの探検隊員はキャラバンといっしょに、トロイ・オンツェに残った。わたしたちのグループは、トルグート・バイレのすぐれた案内者バタが道案内にたった。この男はこの町に何度も来たことがあり、自分の父、そのほか老トルグート人の口から町の話をたくさん耳にしていた。彼は最短距離をとって南東へと案内してくれた。ハラ・ホトは、わたしたちのキャンプから約二〇キロ離れていた。ムヌンギン・ゴルの植物帯のすぐうしろに砂漠が広がっている。ある部分は、平坦で、何もはえていない、ぴかぴか光っている平地からできているが、また一部は、タマリスクやサクサウルのはえた、高い、あるいは低い丘が交錯している。行く途中すでに、この地に住む農耕住民のあとが見られた。粉挽き石とか灌漑用水のあとらしいものとか、土器、陶器の破片その他これに類するものとか。わたしの関心を最もひきつけたのは、粘土の家や、一つ、二つ、あるいは五つと道に沿って建てられたスブルガンである。この道は昔から、砂漠の砂の下に埋められた過去の遺品であるハラ・ホトに通じているのである。あこがれの目的地に近づけば近づくほど、わたしたちの興奮は大きくなった。三キロ行ってから、砂と風のためにすり減った木の幹がごろごろしている古い乾いた河床を横切った。幹はときには砂の下に埋もれていることもあった。まったくこれとそっくりのものを、わたしはロプ・ノールの近くで、コンチェ・ダリヤの古い、水のない河床を越えるとき見たことがある。川岸の高いところに、堡塁アクタン・ホトの廃墟があった。伝説によれば、この堡塁にはハラ・ホトの守りとしてかつて騎兵部隊が駐屯していたという。乾いた河床の両側には、たぶん昔農耕に従事していた住民のいたらしい谷があったという。

ようやくハラ・ホトそのものが見えてきた。町は、粗い粒子の堅いハンハイ砂岩からできた低い段丘の上にあった。堡塁の北西隅に、とがった大スブルガンがそびえていた。そのほかに、一列の比較的小さい、同様に城壁の上に建てられたスブルガン、あるいは堡塁のそとの城壁と並んで建てられたスブルガンが見えた。町に近づけば近づくほど、皿小鉢の破片が頻繁に目についてきた。高い砂丘のために、町へのながめが隠されている。しかし段丘を上りつめるとハラ・ホトの壮麗な全外貌がわたしたちの前に広がった。

西からハラ・ホトへ調査に来るものは、広い丸屋根をもった小さな建築物に心を奪われる。これは堡塁の南西隅から少し離れたところにあって、ちょっとモハメッド教の霊堂モスクを思い出させる。さらに数分歩いて、わたしたちはこの死の町の内部にその西門からはいったが、この門は東壁のべつの門と対角線をなして相対している。ここで一辺五〇〇メートルの四角な広場に出る。この広場は高低、広狭さまざまの建物の廃墟から成っている。この廃墟は、ありとあらゆる瓦礫のかたまりの上にそびえている。この瓦礫にも陶器の皿などの破片が含まれている。そこここにスブルガンが立っている。スブルガンと同じくはっきりと、寺の土台もきわ立って見える。土台はしっかりした、堅く焼いた煉瓦でできている。このあたりを調査し、発掘したならば、どんな収穫があるだろうかと考えると、何となく緊張に満ちた期待に襲われてくる。

キャンプを、大きな二階建ての粘土造りの建物の廃墟のそば、堡塁のまん中に設営する。粘土の建物に続いて南側に寺があるが、同じように下構えのところまで破壊されている。わたしたちが到着して数分もたたぬのに、はやくも死んだ堡塁の内部には生気がよみがえってきた。一方の側を掘ったり、もう一方の側は測量したりスケッチしたり、三つ目、四つ目の側は廃墟の表面を歩き回ったりした。砂漠の小さな鳥、サクサウル・ミヤマカケスがキャンプの中に飛び込んで来る。そしてとあるサクサウルの枝にとまり、声高く歌を歌う。もう一羽の砂漠の歌い手がやさしくそれに答える。どこかでレンマウスのピーピーいう音が響く。この死の廃墟の中は、水がなかったが、生命がすっかり死に絶えていたわけではなかった。とにかくこの水の欠乏のため、わたしたちはやむなくいれものに水を詰めてここに運んで来なければならなかった。そしてその貯えをけちけちと使わなければならなかった。ここにできるだけ長くいようと思ったからである。興味ある仕事をやっているときには、時間は飛ぶように過ぎるものだ。幾らか靄のある、灰色のいつものように風の強いその日は、まもなく静かな、澄んだ夜と交替した。夜は廃墟に、暗黒の、陰気な外貌を与える。わたしたちは疲れ、すぐ眠り込んでしまう。

ハラ・ホトは海抜八七〇メートルと測定された。地理学的位置は北緯四一度四五・四〇、東経一〇一度五・一四・八五(グリーンウィッチ)であった。

ハラ・ホト(地図参照)の堡塁壁の高さは、六～八メートル、基礎は約四～六メートル、上部は二～三メートル強あった。数個所に銃眼の遺跡が見られた。発掘の際そこここの城壁の中で、衣服の切れ端が出てきた。北壁には突破口ができていたが、とても大きいので、騎兵が

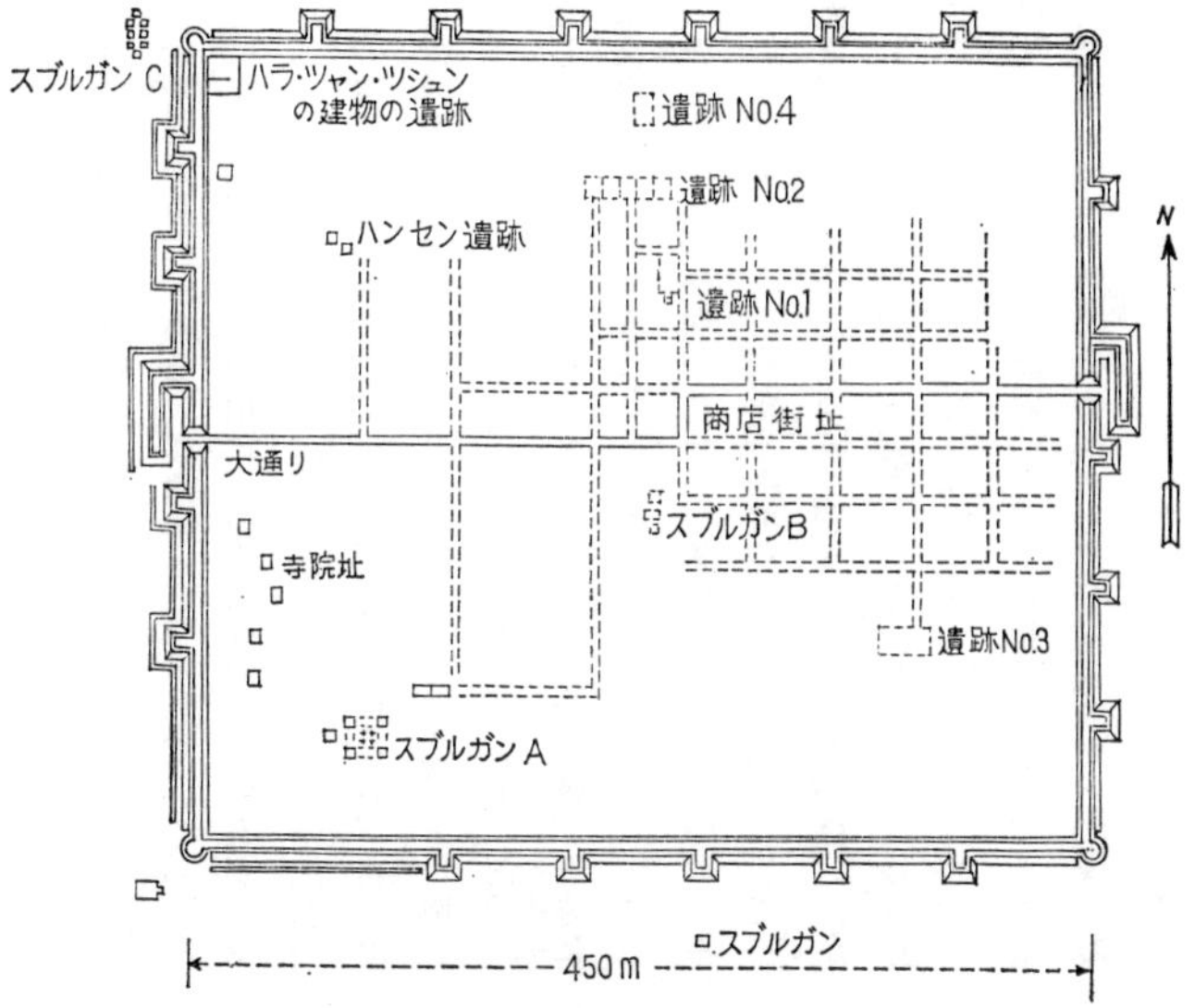

ハラ・ホト廃墟図

一人自由に出入りできるくらいだった。要塞の内部全体は、きちんとした方形住居区と通路とに分かたれていた。《商店街》《大通り》隣接した横町などは、小さな粘土造りの家が縁にずらりと並んでいて、その土台は目のつんだ、堅い層でおおわれていた。概して、設備の整った大きな住居はまれだった。その下に家がありそうだと推定される場合はその丸みのある丘をどれでも突いてみさえすればよかった。すぐ乾いた土の下に、わら、筵、木の梁などが現われてくる。これは、ずいぶん昔に屋根がこわれたにちがいないことを証している。たくさんの寺やそのほかの建物が、土台まで破壊され、平たい、丸みを帯びた外貌をとったのである。そして砂や小石や、大小さまざま、色もさまざまの陶器や土器の破片でおおわれ、鉄製の器具の破片がたくさん混じりこんだのである。銅の破片は非常にまれであったが、銀はもっとまれだった。寺は普通、堅固な土台をもち、土台は正方形や矩形の、焼いた煉瓦を美しく敷いてあった。正方形の煉瓦は、長さ約三五センチ、厚さ四・五センチあった。その見本をわたしたちは、その収集品に加えたが、七キロの矩形の煉瓦一つ、四・五キロの正方形一つで、むろんこれは持っては帰らなかった。寺の壁は焼いてない煉瓦でできていた。これは焼いたのより軽かったが、堅くも小さくもなかった。それが垂直、あるいは水平に積まれているのである。屋根は湾曲した屋根瓦でつくられ、まん中も端もシナふうの模様がついていた。ハンセンど売場の廃墟から、陶器の破片を集めたが、後年その破片から、ロシヤ博物館の人類学科は非常に巧妙に、皿と花瓶を再構成し、さらにいろいろな日用品、商品もつくり上げた。わたしたちは、ここでしばしば貨幣（鈔）、紙幣、ときには文化財を発見することができた。

たとえば（地図参照）一番の番号の幾つかの廃墟、あるいは、あらゆる徴候からみて昔、守備隊が屯営していたと思われる堡塁の南東隅に固まっている廃墟は、ほかのものより一段と高く頭を出していた。守備隊長自身は、角の城壁のそば北西のスブルガンに住んでいた、と推定しなければならない。廃墟から判断すると、この建物は明らかに、昔はその高さと建築様式のためにほかのものからきわだっていたもので、この点ではむしろ寺院建築に似ていた。堡塁の北西隅は、おそらくハラ・ホトの支配者にとっても好都合の住居だったかもしれない。ここから階段状の上り口が、城壁の頂上をなすスブルガンへ通じており、そこから近辺を広々と見渡すことができる。

ハラ・ホトでのわたしたちの研究と発掘は、細心の注意をもって行なわれた。大地のふところ、あるいは表面で新たにものを見いだすたびに、みんなわっと歓声を上げた。わたしが第一号廃墟のところをしばらくシャベルで掘ると、仏教の聖人画が出てきたが、そのときの感動はけっして忘れないだろうと思う。この絵は画布に描かれ、大いさは八・一×六・七センチだった。ロシヤの東洋学者は、後年この絵につい次のように書いている。

「……これは仏僧を描いている。明らかにインドの善知識である。時代的に見てチベットの僧でありえないからである。チベット僧のうちでは、ミラレパ、あるいはその師マル・バ・パドマサムブハぐらいの年齢の人が問題になりうるだけである。むろん、この土地の善知識だということもありうる。絵はひどく損傷されているが、輪郭は全体的にきわめて鮮明である……同様に、原画のあらゆる色調も、ほとんど文句なく確認することができる。原画は明らかに幾らか色はあせているが。

この仏画を前にしてまず注意をひくのは、一つ一つの細かな点がベンガル地方の仏教の細密画を思い出させるということである。そのすばらしい作品はすでに一一世紀から一二世紀までのものが出ている。形は同じような丸みをもっており、円光の扱いかたも同じである。背景に花がまき散らされていることも。」

この仏画のほかに、第一号廃墟でさらに、粗《あら》づくりの重い金属の皿、西夏文字で書かれた布の破片を見つけた。手書きの布のは、もちろん一種の歴史的記録としてわたしたちの興味をひいた。この点でいちばん豊富で、価値多き発掘品を得たのはスブルガンA（地図参照）である。ここで発見したのは、三冊の本、奇妙な西夏文字で書かれた約三〇冊の仮とじの本、色があせてないということと純粋だという点で異常に美しい、画布に描かれた典型的な聖者の絵「アミタブハ（阿弥陀仏）の来迎」それから絹布に描かれたシナふうの聖者の絵などである。さらに発掘を続けるうち、地中深いところから小さな彫像、大きな、微笑している美しい仮面、そのほかべつの頭や仮面をたくさん掘り出した。「仮面は黒い髪をもつ、金を塗った仏陀の頭を表わしている。少し斜めを向いた目は、インドのものでない技術を暗示しているが、そのほかの点では宗教上の規定はきびしく守られている。」その他、スタインも発見したが、仏陀を表わした板片、石でつくったシナの小さなブルハンを発見した。

スブルガンBでは、一種のガラスの目を幾つか見つけたが、これはきっと時とともにこわれた陶土製の彫像から落ちたものにちがいなかった。ここでまた、水晶あるいは黄玉でつくった、美しく磨かれた目も掘り当てた。さらにほかの場所で見たこともない、大きく平たい《ツァパ》（小さな、ときにはひどく小さな陶土製の神仏の模像のこと）も発見した。

堡塁の中、ハラ・ツジャニ・ツジュニャの家の近くのスブルガンには、この下の部分にこのツァパが大量に詰め込まれていた。堡塁の北西隅の近くにグループをなして建てられていた多くのスブルガンも同様であった。

第三号廃墟には、トルグート人の推定によれば、当時イスラム教徒が住んでいたという。その寺院《モスク》は、堡塁壁のそと、南西隅にあった。ここで見つけたのは、ペルシア文字の紙片だった。アカデミー会員オルデンブルクの説によれば、「その一つはとくにおもしろい。それはいわゆるシンドバッドの書『七人の賢者』という物語の有名な集大成の抜粋である」ということだ。

この場所をあとで掘ってみると、さらにイスラム教徒の手跡と芸術的な装丁本一冊が出てきたが、この本の装飾は、唐朝末期、宋朝の敦煌のそれと多くの類似を示している。表紙の内側の花飾りは、無数のシナ、インドの模範のあることを暗示している。二本の細い線は、イスラム教的な、もっと正確にはペルシア的特徴をもっている。オルデンブルクは、「われわれの手にしているのは一三世紀のものである公算が強い」と言っている。

城壁の内側の広場は、あらゆる大いさ、品質、形の食器の破片でおおわれていた。非常に興味のあるのは、巨大な陶製の容器で、特異な絵が描いてある。多分、飲みものの保存に使われたのであろう。おそらくは、最も必要な飲みもの、水の保存にも。地上では、鈔《しょう》という紙幣、ガラス玉、軟玉石の破片、その他ありとあらゆるがらくた、一と言で言えば、今日ロシヤ博物館の人類学部門でハラ・ホトの発掘品として保存されているすべてを発見したのである。

ハラ・ホトをしだいに埋めていった砂は、主として北から来たものである。北壁、東壁のそばでは、堡塁の内外とも、飛砂の堆積は最も多量になっていた。人間だけでなく、ラクダすらもぞうさなく北東隅や西壁の上に上ることができるし、幾つかの地点では同様にらくらくと町の中に下りることができると言うだけで充分であろう。まっすぐな道によって分割された郊外は、東側では城壁のすぐそばに近づいており、東のほう、ボロ・ホトに通ずる道によって、北の部分と南の部分とに分けられている。

遠い昔、ハラ・ホトの南と北は、おそらく二つの川の支流によって洗われていたのであろう。その川はそれから共通の河床の上で一つになり、河床は北のほう、塩分を含んだ土をもつ低地へと消えていったのである。

わたしたちはハラ・ホトで過ごした数日間の全成果として、膨大な、ありとあらゆる品物を目の前に並べてみた。本、写本、書類、貨幣、婦人の装飾品、いろいろの家庭用品、仏教の聖典、その他である。わたしたちの集めた考古学的資料は一六・六キロの重さの箱一〇個にいっぱいになったが、これはあとでロシヤ地理学協会、科学アカデミーに運送された。

さらにわたしは、トルグート・バイレとの友好関係を存分利用して、モンゴルの郵便で同時に小包を数個送り、ハラ・ホトを現実に発見したことや、ここの発掘品についてウルガ、さらにペテルスブルクへ報告を発送した。わたしは写本や仏画の見本も同封し、これらを早く評価し、真価を決定してもらおうと思った。

わたしたちが最も熱心に取り組んだ問題は、この《死の町》の古さであり、ここに誰が住んでいたかという問題であった。いまここに住んでいるトルグート人に、誰がハラ・ホトに住んでいたのか、と聞くと、たいていい「シナ人」と答える。しかし、町の廃墟で見つけた仏教の文化財と、シナ人がいたということはどうも一致しない、とわたしたちが応ずると、連中は一言もないのである。彼ら自身、その明らかな矛盾を感じとるからである。ただ一つの事実だけは、トルグート人は頑固に主張する。それは彼らの先祖がハラ・ホトの廃墟に出くわしたとき、町はわたしたちの場合と同じような状況だったということ、つまり、東西南北の方角に合わせた粘土造りの高い城壁をもち、島の形をした段丘の上に建てられ、かつては二方面でエツィン・ゴルの水流に洗われていたシナふうの町だった、と言うのである。水の氾濫は溝状の、曲がりくねった河床にはいって東に向かい、さらに北東へ進み、最後に北のほう砂漠へ、《ホダン・ホシュ》の低地へ流れ込む。この低地の土は塩性砂質であって、今日のソゴ・ノール、ガシュン・ノール盆地と一線に並んでいる。乾いた河床は、ボトク・ベーレク地方で、川から分岐している。

民衆のあいだに根づいている言い伝えによれば、ハラ・ホト、あるいはハラ・バイシェン、つまり黒い町、黒い堡塁、の話は次のようなものである。ハラ・ホトの最後の支配者バティル・ハラ・ツジャニ・ツジュニャ(バティルはモンゴルの称号、英雄、戦士の意)は、その不敗の軍隊を恃んで、シナの皇帝をその王座から追い落とそうと考えた。それでシナ政府はやむをえず、大軍を彼に差し向けねばならなかった。ハラ・ホトの東、アラシャの今日の北の国境の近くのシャルツァ山脈の中で、皇帝の軍隊とバティル・ハラ・ツジャニ・ツジュニャの軍とのあいだで数次の戦闘が行なわれた。が、バティルの軍にほとんど利がなかった。皇帝の軍は勝利を握り、敵を退却せしめた。バティルは結局、その最後の隠れ家ハラ・ホトの中に籠城せざるをえない羽目に陥った。町は囲まれた。攻城戦が長く続いたかどうかはわかっていない。いずれにしても町はすぐには陥落しなかった。皇帝の軍勢は、ハラ・ホトを攻めとることができなかったので、包囲された町から水を断ち切ってしまうことに決心した。そのため、町のそばを流れるエツィン・ゴルを、左方に、つまり西の方へ誘導したのである。もとの河床は砂袋でせき止めた。今日までこのせき止めのダムは、堤防の形でそこにあったという。トルグート族は、最近やっと袋の残骸をそこで見つけることができた。

川の水を断ち切られた籠城軍は、堡塁の北西隅に泉を掘りはじめた。約八〇チャン（丈。シナの長さの単位約三・五メートルに相当する）地中を掘ったが、水は一滴も出てこなかった。そこでバティルは相手と最後の一戦を試みる決心をした。敗れた場合に備えて、彼は前もって、すべての自分の財宝を隠すために、掘った泉を使おうと思った。伝承によれば、宝だけで八〇車両（各三七〇キロ）以上の銀があったというが、そのほかの貴重品ときたら評価できないくらいだった。それから彼は自分の二人の妻、息子、娘に死を下した。敵にはずかしめを受けないためである。こういう準備をした後、彼は宝を隠した場所の近くの北壁に突破口をつくった。そして兵士たちの先頭に立ち、この突破口から敵にうちかかって行った。この決戦で、ハラ・ツジャン・ツジュン自身は戦死し、これまで《不敗》と思われていた彼の軍隊もせん滅させられた。占領された町は、よくあるように、皇帝の軍から完全に破壊されたが、隠された宝は発見されなかった。

近所の町のシナ人やこの地のモンゴル人たちは一度ならずこの宝をものにしようと試みたが、それは今日にいたるまでそのままだという話である。試みが失敗したのは、もっぱら、ハラ・ツジャニ・ツジュニャ自身が口にしたという魔の呪文のためだとされている。最近宝掘り人たちが宝のありかで、きらきら光る赤と緑のうろこを持った大きなヘビを見つけたので、いっそうトルグート族は強力な魔法の効力を信じるようになった。

あらゆる種類の興味ある仕事に従事し、観察を行なっているうちに、時はきわめて早く過ぎ去った。ついにわたしたちの出発の日がきた。いやいやながら、わたしたちは《われわれのハラ・ホト》——といまは、そう呼んでいたが——に別れを告げた。わたしたちはハラ・ホトをよく知り、隅から隅まで精通し、その隠れた秘密になじんだ。そして秘密はわたしたちのために少しその実体を見せてくれた。不思議なことに、古い死の町とわたしたちのあいだに、何か説明のできない内面的なつながりが生まれていたのであった。

しばらく考慮した後、わたしはチェルノフに対し、もう二、三日ハラ・ホトにとどまらないかと提案した。そして彼に助手としてマダーエフを残した。わたし自身は、トルグート・バイレと重要な話があるので急がなければならなかった。

町から出発する前の晩、わたしたちがみんなでお茶を飲んでいたとき、わたしはバルデュン・ツァサクが世話してくれた案内人のラマ僧に、未来を予言してくれと頼んだ。ラマ僧はさっそくヤギの肩胛骨を手にとり、火の中へ入れ、黒くなってひびができるまであぶった。そしてまた骨をとり出して、用心深くかたわらにおいた。考え深そうに彼は、三度めに肩胛骨をまた左手にとり、右手に持ったわらの茎で、ひびをなぞりながら予言をはじめた。「明日、探検隊を待っているのは二つの、喜ばしいできごとです。一つは重要ですが、もう一つはそれに比べるとたいしたことはありません。第一のは発掘の際の豊富な発見物の中にあります。第二のは、隊長が本隊へ帰られる道すがら、猟をしてすばらしい動物を撃ち倒した場合得られるでしょう。」わたしは、この二つの予言がそのとおり実現したことを黙っているわけにはいかない。ナパルコフとマダーエフが、すでに述べたスブルガンAで、実にたくさんの写本と、画布に描かれた、すばらしい聖者の絵「アミタブハの来迎」を発見したのである。そしてわたしは、トロイ・オンツェへの途中、ほんとうに、一匹の堂々とした、角をもったハラ・スルタ・カモシカを射止めたのであった。

本隊のキャンプに着くと、仲間たちはいらいらとわたしたちを待ち受けていた。わたしたちは二人のコサック人に、ハラ・ホトに残っている仲間のための食糧と飲み水を持たせて急行させた。それからアラシャへ向かう困難な砂漠の旅をひかえて、準備をはじめたのであった。

四月五日の早朝、一人の高位の客がキャンプを訪れた——ハグーチン・トルグート・ダシ・バイレである。つまりトルグート・バイレの肩書きを完全に言うとこうなるのである。彼は六〇歳で、背が高く、やせていたが、まだかくしゃくたるものだった。そしてまったくシナふうの礼儀作法を心得ていた。彼の慇懃さは自己卑下に近かった。彼はたえず貧しいことと、自分の領地の人間が少ないことをあやまり、その原因は回教徒トゥンガン族のたび重なる略奪にあるのだと言った。どんなことにでもわたしに異議を唱える勇気がないみたいに、わたしの質問にはいつもイエスという返事をするようにつとめていた。さらに彼は、わたしたちが、新しい、まだ調査されていない道をとってハラ・ホト、ゴイツォ、定遠営をへて黄河に行こうとしていると聞くと、できるかぎりこの旅がらくになるよう協力しようと約束してくれた。

　事務的な話が終わったあと、わたしたちは蓄音器でバイレを魅惑し、そのあと朝食へ招待した。トルグート・バイレはかなり長いことわたしたちのところにいた。葉巻を次から次とふかし、この異様な楽しみを満喫していることは明らかだった。別れるとき、わたしはこのお客さんの写真をとったが、彼はその代わり、ほかの贈物とともにわたしの写真を受け取った。帰りぎわに彼は、今度はわたしたちのほうで訪ねてくれたらどんなに名誉に思うだろうという意味のことを暗示した。彼は贈物のうちで時計とオルゴールを、わたしたちのキャンプに残し、その扱いかたを部下のものに教えてくれるようにと頼んで行った。

　次の日一日は、いろいろな仕事で過ぎた。報告書を書いたが、その中でとくに、ハラ・ホトのことを詳しく描写しておいた。すでに書いたように、幾つかの写本と仏画はペテルスブルクへ送るために荷造りを完了した。前の晩、死の町から帰ったチェルノフは、わたしたちの発掘品にさらに貴量な品をつけ加えてくれ、その仕事について特別報告を作成してくれた。トロイ・オンツェに流布されていたうわさによれば、どこかのヨーロッパの探検隊が、ウルガからグルブン・サイハンの方角に向かって出発したということであった。このうわさのためわたしたちは、ロシヤ地理学協会、科学アカデミーあてのすべての報告を特別細心に書き上げる気持になった。

　四月七日朝、わたしたちはトルグート・バイレを訪問するために出発した。その宿営地はわたしたちから遠くはなく、モリン・ゴルとイヘ・ゴルのあいだにあった。しかし、わたしたちのキャンプからは、イヘ・ゴルの水量豊かな、四つの支流によって隔てられていた。しばしば移動する河床が不安定なので、このきたない濁った川のあいだに、そこここに泉が掘られていた。用意周到なバイレは、あらかじめわたしたちに馬と案内人を送ってよこした。というのは、道をよく知ったものがいないと、エツィン・ゴルの谷の数かぎりない丘とありとあらゆる種類のやぶを通りぬけることは困難至極だったからである。わたしたちは、イヘ・ゴルのまん中の二つの支流のあいだにそびえている小さな寺、バガ・ダシイ・ツォイレンを横手に見、最後の渡河地のほかはみなうまく渡ることができた。この最後のところは、水位が高く、土が泥でつるつるしているため、わたしたちの仲間の一人はみごとにころんで、心ならずも冷水浴をするはめになった。それでもとうとう遠くのほうに、領主の宿営地をのぞむことができた。案内人バタは、トルグート・バイレの家来なので、主人の宿営地を見ると馬から下りて歩かなければならなかった。しかしわたしたちは乗ったまま、馬つなぎの木のところまで行った。そして急いで寄って来た召使いのものに馬を任せ、垣のある庭へはいった。そのタマリスクの茂みのまん中にバイレの大きなユルトがあった。その一つの回りをたくさんの人々がとりまいていた。正装をした数人の婦人たちが部屋から部屋へさっと走り込みながら、わたしたちのほうを横目で盗み見ていた。またここに、その役人にとりまかれたバイレ自身が、大礼装をつけて立っていた。彼は非常に愛想よくわたしたちを迎えたが、ずっと興奮していたことは明らかだった。彼の両手は震え、声がでなかった（悪口をいう人によれば「領主は少々アヘンにふけっている」そうだ）。彼は狼狽を克服すると、わたしたちを上等の焼菓子を山盛りにしたのと茶とで心からもてなしたが、茶にはまったくヨーロッパふうの添えものをつけてあった。砂糖とマルメラーデなどが。もう久しくわたしたちはこんなうまいものを食べていなかった。すべての食べものは精選した珍味であった。

　この訪問中の会話は、たえず多少とも形式的に推移した。バイレは、わたしたちにとって非常に興味のあるハラ・ホトのことを話題にしないように努めていた。彼はただ、自分の人民は文化的でない、未開の草原の民であって、「あなたがたロシヤ人とはまったく反対に」無知であり、学問には縁がない民族だと言うだけだった。「とにかく」と、彼は話をしめくくった。「自分は、あの死の町で発掘をしようという人のじゃまをするつもりはないが、見たところ、何か宝物を掘り出そうというすべての試みは、これまで成功しなかったように思う。」わたしたちの案内者がこの点について、自分が若いころ年とった人々に聞いたことをとくに語ってくれたことがあった。それは多量の金銀がハラ・ホトの廃墟の中で発見されたという話である。

わたしたちがバイレのもとにいるあいだ、ジュンガル王の夫人も、その高官を一人連れて訪問していた。その高官は夫人のお供をして、クムブム寺へ巡礼の旅をしていたのである。夫人はジュンガリアへの帰り道だった。わたしは高官と長時間しゃべったが、夫人はこの高官から、わたしが夫人の国をよく知っていて、非常にほめていたと聞くと、わたしのところに、ワンシャを差し向け挨拶のハダクを届けてよこし、自分の国の礼法として外国の土地でわたしと知り合いになることが許されていない、と遺憾の意を表した。そして、わたしの旅の平安と、わたしの計画の成功をお祈りするとことづけた。

バイレの腹臣とわたしは数多く会話をかわしたが、偶然聞き知ったことは、《アルバン》つまり旅をするシナの役人に対し、義務として行なうサービスがトルグートの全民衆にとって、どんなにつらい重荷であるか、ということだった。トルグート族はこの義務をいつも逃れようとする。ダライ・ラマがお供を連れて、ホシュンを通ったとき、ダライ・ラマにさえ家畜の一部を拒否してもたいしたことはないと彼らは考えたのだった。ところが今度は、トルグート族は罰せられてしまった。わがままなチベットの役人はかんかんに怒って、トルグート人をおどかして《アルバン》を実行するように強制した。つまり、一定数の荷車をつくらせたのである。その際彼らはバイレの副官を侮辱し、さらに暴行を加えたといわれる。

わたしたちが借りたラクダの代金に、トルグート・バイレに美しい贈物と前渡し金を進呈した。彼はすっかり感激して、わたしに感謝のしるしだと言って二頭の駿馬を贈ってくれたが、すぐ砂漠の旅をひかえているので、残念ながら受け取ることができなかった。バイレはそれを聞いてしばらくびっくりしていた。しかし仏教に対するわたしの好意的な態度を聞くと、彼は自らハダクのついたブルハンをキャンプに持ってきてくれ、記念にこれを持っていてくれと頼んだ。

そのうち気温は日に日に暖かくなっていった。ムヌンギン・ゴルの水温は午後一時に八・九度Cに達した。川辺に、アシの最初の緑がはえてきた。しかし、だいたいにおいて、植物類はおずおずと地中から顔をのぞかせた。その成長は、ほとんど毎日吹く東西からの嵐によって著しく阻害された。

この気象状況からみて、アラシャン砂漠――の端にわたしたちはいま立っているのだが――において、うだるような炎熱が時期的に早くはじまるかもしれぬ見込みはほとんどなかった。それでわたしたちは、南への旅をそれほど急がない決心をし、むしろ、なお二、三日使って、われわれの神秘に満ちたハラ・ホトの調査を続行しようと思った。それでわたしは、四月一〇日、あらためて隊員のうち三人の比較的若いものを死の町へ派遣し、その際発掘に関して完全な行動の自由を与えた。わたし自身は、チェルノフとナパルコフとともに、もう一日トロイ・オンツェに残って、地理学協会や科学アカデミーあての報告や手紙をゆっくり仕上げようと思った。地理学者チェルノフの報告は、膨大な仕事にふくれ上がっていたが、彼はそれを最後の夜、一と晩かかって完成した。

四月一一日朝、わたしたちは出発、真南に向かった。天気は陰気で寒かった。きびしい東風が温度計の目盛りを押し下げ、砂塵の雲をまき起こしては大気を暗くした。

主として東と西から吹くこの砂漠の風こそ、ハラ・ホトへだんだんと砂を大量に運んで行く張本人なのである。砂は死の町の城壁の上を越え、年々その層を厚くし、町の宝や比較的小さな寺の建物の廃墟の大小の残骸、スブルガンなどを隠してしまうのである。さらにもう一〇年もたつと、古都ハラ・ホトの後世の研究者は、ここで砂の層のいまとは違った姿、べつの状況に出会うことであろう。

ハラ・ホトへ行く途中、ある堡塁の廃墟を見た。その内陣は長さ五〇歩、幅六〇歩あった。伝承に従えば、ここは町の近くに住んでいた農民が避難するところだったという。まもなくハラ・ホトの北西隅を飾っているスブルガンの尖端が現われてくる。わたしは段丘に上り、キャラバンに西門への方角を示す。しかしわたし自身は、北壁の突破口へ直接向かう小道を進む。突破口のうしろで、思いがけなくわたしは、わが隊の考古学者のキャンプにぶつかる。考古学者たちは、堡塁の南東隅で仕事をしていて、真剣に働いている頭の上に砂塵が高くもうもうと上がっていた。

マダーエフは、新しいおもしろいものを発見していた。重い金属製品、一種の隋円形の盤、あぶみ、新しい貨幣、さらに新しい写本である。まもなくわたしたち一同は、あらためて勇躍して仕事にとりかかった。しかし、夕方ごろにはわたしたちの熱心さは著しく減退した。これまでの成果の多かった発掘に、わたしたちは甘やかされてしまっていたのだ。誰もが何か特別のもの、まだ発見されないものを見つけようとした。夜がこの永遠に眠る、死んだ町の上に下りて来るのは早かった。

翌日、一同はあらためて堡塁のいろいろな隅に散った。若いコサック人サドギーエフは南壁を調べていたが、その中に隠れていた、円蓋状の屋根をもつ部屋に突き当たった。部屋は空虚だった。ただ窓ぎわに一つだけ貨幣があった。トランス・バイカル人のグループは、第一号廃墟から一〇〇歩ほど離れたところを掘っていて、昔の建物の残滓を発見した。その中に幾つかの品物があった。ブラシ、皿、分銅、金槌などである。歩兵サナコーエフはスブルガンAの近くで働いていた。これはたぶん、回りを建物でとりまかれていたものらしい。建物にはブルハンの大きな陶製の作品があった。ここでサナコーエフは、上述の小さなシナのブルハンを発見した。

わたしが最後の発掘品の荷造りを終え、キャンプをまもなく取り払うよう命じたとき、モンゴル人のラマ僧が、シナの紙幣の大量の収集品を持って来た。この僧は自由意志で発掘に加わっていたのである。紙幣はみな同じもののように見えたが、大きさが違っていた。上に赤*い政府印が押してあった。この紙幣は、たばねたまま、《商業通り》の近く、家並のそと、糞のまじった、乾いた砂の、厚さ一五センチの地下層から発見されたものだという。この紙幣もわたしたちの収集品の中におさめ、もっぱらハラ・ホトの発掘品だけを詰めた箱の荷造りを仕終えた。それからわたしたちは旅を続けることにした。

* ロシヤの専門家はこの紙幣を調べ、それについて次のように言っている。「コズロフから送られた品物のうちに、元朝（モンゴル）の国家の紙幣（交鈔）が八枚あった。この王朝は一二八〇年から一三六八年、シナを支配していた。マルコ・ポーロの話およびこの旅行者の解説を研究……さらにシ

ナの文献を使った他の学者の研究などから一般に知られているることは、この王朝下で紙幣（アシグナーテン）が広く普及していたということである。しかしこの研究者たちは、元朝のアシグナーテンの見本を一枚も示すことができなかった。単に、山東にいるあるシナ人の収集品の中にあるらしい、と言うことしか言えなかった。だからコズロフの発掘品は非常に貴重なものである……。」末尾にこうある。「上述の紙幣は、単に、モンゴル人がその支配下の国々、とくにシナに氾濫させたアシグナーテンの最初の見本として大きな意味があるだけではない。べつの理由からも非常に重要なのである。それは、つまり、この紙幣がハラ・ホトで発見されたという事実であって、そのことは、この町が一二八七年と一三六八年のあいだには存在していたことを推定せしめるからである。」

5　ハラ・ホトから定遠営まで

わたしたちのモンゴル砂漠での滞在は、エツィン・ゴルとソゴ・ノールの春の生活の調査、とくにハラ・ホトの廃墟の発見をその目的としていたが、これも美しい夢のように終わってしまった。

わたしたちの前にあるのは、きわめてやっかいな、ほとんど魅力のないアラシャン砂漠であった。砂漠は約六〇〇キロ、南東へのびていた。それは砂と石からできた、一種の乾いた大洋であって、波濤を思わせる山脈と丘が中をうねっていた。わたしたちの砂漠の船、ラクダのキャラバンは、昔の《ハンハイ（翰海）》を二五日で渡りきるはずであった。その際、わたしたちは砂塵と雪嵐のため、二日間心ならずも休息の日を入れなければならなかったし、オアシス・ゴイツォを通過した三日間、わざと一日わずか一五キロ〜二〇キロ以上は進むつもりのないことも計算に入れた。しかし道の苦労は、探検の第一の任務が果たされたということ、この地方が珍しいものを見せてくれたということで、まずまず自ら慰めることができた——珍しいものというのは、昔ここを走っていた重要な道路のことで、これは西夏の首都と西シナ、つまり寧夏の町を結びつけていたのである。また一方、アラシャでかなり長い休みをとり、アラシャン山脈へ寄り道をするチャンスがまもなく来るということでも自らを慰めたのである。この二つは、すでに旅のはじめからわたしたちの夢であった。

わたしたちの、砂漠の旅の第一日は、もっぱらハンハイ沈積地帯を越えることだった。道は、あるいは細かい砕石におおわれた、平坦な段丘の上を走っていたり、砂質の低地帯を走っていたりした。低地帯はところどころ小さなターキル平面を示していた（ターキルは広い盆地の内部の、乾いた泥あるいは塩の風化物でおおわれた滑らかな平地。中央アジアに見られる現象。雨期には湖沼をなす）。おもしろいのは、粗粒子の、あるいは雲母粘土でできたハンハイ砂岩の継続が妨げられていることだった。つまり数キロにわたって、東南東と東へ向かう穏やかな陥没が確認されることである。

　かつてハラ・ホトの南東を洗っていた川はいま乾いた河床となっているが、それを越えてわたしたちは、色さまざまな石でできた砂漠段丘の上に上った。ふり返って見ると、土の色に似た、灰色の堡塁はもうほとんど砂塵の中に消えてしまっていた。上述の川の両岸はかなり急にけわしく断ち切れ、ここには灰色と赤色のハンハイ沈積物が、特別はっきりと姿を現わしていた。岸にはところどころタマリスクやサクサウルのやぶがあった。その回りに、砂塵で堂々とした丘ができていた。これらの植物は、水分をかなり地中深いところから吸い上げることができる。だから砂漠では水位がそれほど深くなければどこででもこれらの植物に出会うのである。二つ三つの南北に走る谷を越えたあと、南東の地平線に、ハンハイ沈積物でできた、長くのびた島を見たが、この上に大きな《ツォンチ》がそびえていた。これは蜃気楼のとき非常に効果的に見えるのである。南モンゴルでは、粘土造りの塔を《ツォンチ》と言うのである。これは今日のシナ人によって、東トルキスタンに建てられたものと部分的に似ている。これらの塔、砂漠の燈台は道しるべの役をしていて、昔の商業道路では方角をさし示したのである。エツィン・ゴルから黄河にいたる、もっと正確に言うと、アラシャへ向かう東西連絡道路において、また甘州からハルハ、つまりダ・クーレ（ウルガ）へいたる南北道路において。

　歴史的な地域を通って定遠営に着いたとき、わたしたちはこの地域を徹底的に調べてみようと決心した。この重要な昔の道路は、土地がきわだって砂利質であるときには、はっきりと砂漠の中に浮かび上がってきたが、また流砂の中にすっかり消えてしまったりした。

　ハラ・ホトを過ぎて、わたしたちが最初に休んだところはボロ・ツォンチで、これは赤いハンハイ沈積物の、特徴のある島状の基部の上にあった。この地方に近づいたとき、わたしたちはこの春はじめて、ひなたぼっこをするためはい出てきた一匹の「ステップレナッター」（ヘビの一種）を見つけた。わたしたちを見、わたしの乗っていたラクダの叫びを聞いて驚いて、かなりはやくその小さな穴の中に姿を隠した。そしてわたしたちの収集品の一つに加えられるという、さし迫った危険を逃れたのである。

ボロ・ツォンチの谷では、水を通す地層は一メートルもない深さで、水は非常に澄みきっていてうまい味がしたが、ここに実にいい牧場があった。大きな平地にところどころアシがびっしりはえていた。アシの中から、ぽつんぽつんと、こぶのあるトグラク・ポプラが突き出ていた。平地の餌の豊かな場所には、モンゴル人たちがユルトを張り、家畜とともに住んでいた。彼らはいろいろの地方からここへ渡って来たのである。ここで隣の北ホシュン、北西ホシュン、東ホシュン、南東ホシュンの代表者と会うことができる。わたしたちの案内者の言によれば、春のボロ・ツォンチの人口は非常に少ないそうだ。本格的な夏ともなれば、住民の数は数倍にふくれ上がるという。

四月一二日、一日中晴れた快適な天気だった。この地方としては、空気は異常に澄んで静かだった。そのくせまだ一羽も鳥は姿を見せなかった。ただ、砂漠ノビタキだけがトグラク・ポプラの枝でひなたぼっこをしながら、悲しげにその単純な歌を歌っていた。お昼、つまり一時、気温は日陰で一三・一度Cに上り、次の日同じ時刻に、一九・三度Cまで上った。これに反して夜はとても寒く、バケツの水はほとんど凍り、泉の中には薄い氷の層ができた。これがまさに大陸性気候なのだ！

ボロ・ツォンチの餌の豊富な谷は、トルグート・バイレとアラシャのツィンワンの国境をなしているが、この谷を越えると再び砂漠がはじまる。まもなくバルハンの帯状地域に達する。バルハンは主として列をなして、南北の方向にのびている。だいたいにおいて、五メートルないし七メートルより高いバルハンはまれである。しかしとくに南のほうでは、その中で七〇メートルから一〇〇メートルに達する巨大なものにぽつりぽつりと出会うことがある。西風のほうに向いた砂丘の斜面は、普通ゆるやかな傾斜で堅かった。東斜面はこれに反して急傾斜で、もろかった。一度、バルハンの砂丘がずっとはるかに後退して、無限のかなたがさえぎるものもなく見えたことがあった。それからまた砂山はぐっと近づいてきて、わたしたちを押しつぶすような圧迫感を与えた。わたしたちのキャラバンは、ときどき長く狭いバルハンの迷路にはいり込み、しばらくそこをうろうろとさまよい、風に吹かれてほとんど見えなくなった小道を捜そうとした。砂のまん中に、にょっきり突き出たオボがところどころに見えた。これはモンゴル人によってサクサウルの枝で建てられたものである。バルハンのあいだには、ときどき、軽く塩をおいた、あるいは粗い粒子の砂の溝のある、何もはえてない、ぴかぴかの平地があったが、またときには、水がいっぱいの半月状のくぼみがあったりした。

砂漠において優勢な植物の種類は、アシとサクサウルである。タマリスクやシュロに似た、かわった植物に出会うことは前よりまれになった。ながめて楽しい動物は非常に少なくなった。その中でいちばんよく出会うのは齧歯類の動物、たとえばレンマウスなどであった。ウサギはきわめてまれだった。トカゲはまだほとんど冬眠中だったし、ヘビはちょうど目をさましたところだった。ただ甲虫だけが非常に急がしく走り回って、太陽で焼けた死の砂漠（四月一八日午後一時で砂は四五・三度Cになった）に活気をそえていた。鳥で出会うのは、相変わらず、通過する渡り鳥であった。灰色鴨、ときどきキャラバンのすぐそばに下りてくるセキレイ類、ノビタキ類、灰色のトビ、それから北へ急ぐ二、三の鳥。ここに住みついている鳥の中ではサクサウル鳥を見た。

ボロ・ツォンチを過ぎて八〇キロ、わたしたちの道は細い帯状の、ほんとうの砂漠を横断した。その最後の丘から、東へのびているゴイツォ谷をながめた。西の谷の端に、風にうねっているアシが黄色く光っていた。北には黒い堤防さながらに、ハイルハン山脈が横たわっていたが、これはエルグ・ハラ山塊の南端地域に属していた。

広大な中央ゴビ低地の東の継続であるゴイツォ盆地は、海抜八四〇メートル。八五キロにわたって西北西から東南東へのびているが、その幅は一五ないし三〇キロにすぎない。北と東の端で、ハンハイ地層は急に切れて盆地となっているが、その際、独特の奇妙な形をつくっている。つまり風や砂によってけずりとられた町や塔の廃墟を思い出させるのである。ハンハイ地層の南の段丘は、高い砂質バルハンがたくさんできていた。

ゴイツォの中央部は丘陵状で、やぶがはえている。丘のあいだに、何もはえてない粘土の平地、あるいは比較的大きな淡水の低地が散在している。盆地の西部では粘土の平地にもっとたくさん出会う。ここのは中央部のより平たい。ここには砂丘は少ない。その代わりに、アシのはえている砂質の草原がある。隣の中央ゴビでは、降雨降雪はほんの少ししかないが、ゴイツォ谷のほうは湿気が非常に多い。ここではところどころで、広がった低地を満たしている泉に出会うだけでなく、たえず水が流れ落ちて、沼に変えられてしまう山腹地帯を観察することさえできる。とくに述べておかなければならないのは、泉がたいてい盆地のいちばん底にあたるところで湧き出てはいないということである。南のほうの丘のふもとにある小さな平行低地でわくのである。

水の豊富さは、ゴイツォの比較的豊かな植物相・動物相の原因となっていて、モンゴル人の目には、ここは「すばらしいオアシス」と写るのである。そしてこのオアシスは土地の遊牧民たちだけでなく、砂漠の旅に疲れた旅人をも同様にひきつけるのである。

わたしたちはゴイツォ低地の南端に沿って、毎日少しずつ進むことに決心した。この地域をできるだけのんびりと、かつ徹底的に研究できるようにというためである。西からはじめての泉、オロルゲン・フドゥクに近づいたとき、たぶん通過しようとしているらしいガンの大群を驚かすことになった。彼らはすぐ北西へと飛び去った。

四月一五日はとくに晴朗な、暖かい天気だった。わたしたちは小さな湖の岸、モンゴル人の遊牧民のキャンプ、ハシャタのすぐ近くに停止した。白鳥、カモ、普通のツル、灰色のアオサギ、そのほかの渡り鳥が水辺に来ていた。そして岸辺に下りて、わたしたちがいることをいっこうに気にかけなかったり、かなり長く鳴いたあと、また旅立ったりした。

気温は日中は二五度Cを維持していたが、夜分はいつものようにひどく低下した。近くの沼には、しばしば表面に薄い氷が張った。

きわめて一般的な言いかたであるが、ゴイツォ谷は泉あり、小さな湖あり、たけの高いアシあり、そして家畜を連れてアシの茂みに住んでいる、おとなしい住民ありで、わたしにはツァイダム（中央アジアの巨大な沼沢地帯。チベット高原の北東、今日の青海省にあり。ロシヤの探検家プルジェワルスキーが詳しく探査した。この言葉でモンゴル人はべつの塩性沼の全部をいうことがある。ツァイダムとは塩の沼の意）をしきりに思い出させた。

四月一六日、ノールでキャンプを張る。わたしたちの好奇の目を奪う高いアシのまん中にある土地である。この休憩地は、最も美しいものの一つだった。昼となく夜となく、ガチョウ、カモ、白鳥の活発な声を聞いた。鳥は近くの湖で鳴き騒いでいた。朝晩わたしたちをその歌で喜ばしてくれたのは、ヒゲガラとのどの黒いツグミであった。彼らの仲間にしばしばべつのすばらしい歌手、大きな灰色のモズが加わった。ここで、はい出してきたばかりの甲虫をつかまえた。とくにガムシを。また、モンゴル人からツォゴンダと呼ばれているファルプカッツェを、ついに仕止める幸運にめぐり会った。エッィン・ゴルでもすでに、わたしはこれに会いたいものだと願っていたのである。おもしろい、新しい種類のものである。この猛獣は、湖の岸の乾いたところ、アシの中に住んでいて、からだを乾かしたり休むためにそこの岸によく来る水鳥をねらっているらしかった。このネコはひどくものおじしない動物で、人間を見てもすぐ逃げたりせず、こいつの隠れているタマリスクのやぶのすぐ前に、わたしたちが立つとようやく逃げるのだった。ツォゴンダは非常に生命力が強靱だった。霰弾の大きいのが肩胛骨を撃ちぬいたのに、なお六〇ないし八〇メートル走って、そこでばったり倒れて死んだ。おかげで実にすばらしい皮を手に入れたが、ずがい骨も持って行くことにした。さらに三匹の、まだ完全に成長してない子供のツォゴンダを手に入れ、わたしたちの収集品がふえることになった。子供はトラのように斑紋があった。わたしたちは注意深くアルコールづけにして保存した。わたしたちの案内人は獲物を注意深くながめて言った。「これには耳のあたりに白い斑点があるし、皮もなかなかしっかりしているから、値うちのある珍品と言っていいですよ。」

少しあと、わたしは近くの湖で一羽きりでいる白鳥を射止めたが、それと並んでやはり一羽きりの灰色ガンが泳いでいた。モンゴル人の話によると、この《エレベン》、つまり白鳥は、毎年ここにやって来るが、いつもほかの水鳥から孤立していたということである。

翌日、探検隊はキャンプを一七キロ東、ススレンへ移し、美しい泉のそばに設営した。泉はとある傾斜地の下に湧き出ていた。わたしはそのそばでこの地の地理的測量を行なった。わたしの測定では、北緯四一・二一・五八度、東経一〇二・三一・二度(グリニッチ)であった。

わたしたちのキャンプは乾燥した場所で、草が豊かにはえ広々としていた。近くには静かに、澄みきった、氷のように冷たい水が湧き、大きな川をつくっていた。傾斜地の上からは、隣の湖への広大な眺望が得られ、湖の向こうには東と北との方角に、ハイルハン山脈のシルエットが青ずんでいた。東のほうはるか遠くには、地平線にハイルハン山脈の上にぬきんでる孤峰が、ぼんやりした輪郭を浮かび上がらせていた。開けた湖の近い岸には、わたしたちにおなじみの鳥、たとえばセキレイ、タヒバリ、だけでなく、今年まだ見たことのない鳥もいた。チドリ、何か大きなシギのような鳥、たぶん一種のリモザなのであろうが、射程距離に近づかなかった。そしてワシミミズク。

わたしたちは気温が暖かいので、すばらしい水と豊富にある薪を存分に使って、下着を洗い、風呂をつかった。さらに全員散髪した。旅行中とくに冬、よごれと埃からわずらわされないでいるのはとてもむずかしいことなのである。しかし水のない砂漠では、このことは四季を通じて言える。それでもわたしたちはみな、比較的清潔でいることができた。とくに、環境が他の季節より有利で水があった夏はそうである。

ゴイツォを旅しているあいだ、始終モンゴル人の訪問を受け、彼らからいろいろなニュースを手に入れることができた。そのおかげで、わたしたちがチェトゥイルキンに監視させて、ウルガから直接アラシャに送った輸送隊は、つつがなく現地に到着したことを聞き知ることができた。途中、二日、ラギン・フドゥクに休息したという。さらに、ここの長老ツァンギンがわたしに伝えたところでは、アラシャからきびしい指示がきて、アラシャの官辺に、わたしたちがゴイツォに到着したこと、わたしたちの定遠営への今後の旅についてすぐ知らせるよう言ってきたそうである。

わたしたちはさらに東南東へ向かった。巨大なヘビのように、わたしたちのキャラバンは、砂質粘土の、あるいはときには風化砕石でおおわれた平原の縁を進んだ。泉の豊富な山の斜面はけわしくなった。モンゴル人のキャンプが、ときにはそれは以前キャンプしたあとにすぎなかったが、次から次と続いて現われた。毎日は暖かくなるばかりだった。バルハンの表面は、その南斜面の、昼の一時の陽の当たるところで、ほとんど六〇度Cまで上った。

四月一八日正午、わたしたちは思いがけなく、歴史的なオボの前に立った。オボは鉱泉が湧くというしるしであった。この古いオボは、とある丘の上にそびえていて、段のような木のやぐらをもっているので、ロシヤの鐘楼を思い出させた。そして見たところ、この鉱泉を濁さないようにと守っているらしかった。モンゴル人たちはリューマチ、胃病、そのほか病弱に悩むとき、芸術的につくられた小さな水槽にはいって、水浴し、治療するのである、年々、このオボを近在のモンゴル人——約一五家族——たちが訪れている。このモンゴル人のユルトは、オボのそばで生活する病人にとって寺の役割を果たしている。しかるべき祈禱を行ないながら、ラマ僧が杜松樹の枝を燃やす。空に上る煙は、キリスト教会の香煙の役割をしている。このオボの基礎石は、神への感謝のしるしとして、あるゲゲンが置いたものだといわれている。神はこのゲゲンを、思いがけなくも、砂漠のまん中で真に生気を与える泉のあるゴイツォのすばらしいオアシスへ導いて来られた。それでつらい放浪によって疲れきっていたこの仏聖は、ここで数日休むことができたという。

この歴史的なオボをあとにして、まもなくわたしたちは、最後の泉に別れを告げ、あらためて、荒涼とした、住む人もない砂漠の中に足を踏み入れた。その乾いた、熱い呼吸はアラシャまでわたしたちにつきまとった。回りには、ゴビに典型的な砂漠が広がっていた。砂漠はこのモンゴル人からは、バダン・チャレングと呼ばれていた。そして二週間以上もわたしたちを放さなかった。その中へ深くはいり込めば込むほど、露出した、むき出しの、赤い、あるいはバラ色の花崗岩・片麻岩がこの砂漠の特徴を規定していた。ときにはこれらの岩も、大量の暗褐色の、粗い粒子の砂でおおわれ、高い丘をつくっていた。ハンハイ沈積物は、砂と小砂利と風化砕石の混じったものの下に隠れていた。ここで水に出会うのは、きわめてまれで、それも泉のほかはなかった。植物の典型的な代表は、相変わらずアシ、サクサウル、タマリスクで、このタマリスクは四月一七日に咲きはじめ、ほのかな香りをあたりにただよわせる。さらにケンディールあるいはまたトグラク・ポプラがあったが、これは風化砕石でいっぱいの乾いた河床に沿って立ち並び、文字どおり大通り《アレー》をなしていた。雲のない日でさえ、空はたいてい青くなかった。空中にたえず砂塵のヴェールが下りていたからである。砂塵はしばしば嵐に変わる風によってまき上げられた。こういう砂漠、あるいは南モンゴルの砂漠を快適に旅行できるのは秋だけ、あるいは冬であるが、夏は絶対にだめである。その際のきびしい原則は、必要な水の貯えといい案内人を欠かせられないということである。風の方向しだいでたえずものの形、位置の変わる、単調なバルハンの迷路の中では、すぐ迷ってしまうからである。わたしのこの言葉の裏書きを捜すとなれば、プルジェワルスキーの中央アジア砂漠の記述を上げるだけでいいだろう。彼は拙劣な案内人のために、アラシャ砂漠の中で苦難に満ちた恐ろしい時間を多く過ごしたのである。

南東へ進めば進むほど、地形は上りになった。土は小石混じりになった。いずれにしても興味があったのは、前述の歴史的なオボからツァミュン・フドゥク泉へいたる道に、トグラクの森があったことである。遠くから招き寄せているこの森に、わたしたちはどんなに心を緊張させて近づいたことだろう。森にはまだ一時間半、いや、二時間も歩かなければ到着しなかったのであるが、空気が澄みきっているので、とても近く見えたのである！　しかしわたしたちは、何とまたひどく幻滅して、その森を去ったことだろう！　この森とその周辺には牧草地もなければ、柔らかい土もなく水もなく、あるのはただむき出しの、石のように堅い、塩性粘土質の土で、それらは耕しにくい畑を思い出させた。さらに、砂で埋まった、荒廃した泉の残骸が一つあった。案内人の言葉によれば、ここの水はいままで淡水だったことはなく、おまけにひどく苦い後味をもっていたという。

このトグラグの森を過ぎると、わたしたちの眼前に、バルハンと長い砂丘のある広大な平地が広がっていた。そしてそのあいだに、だんだんと、砂と風ですり減ってみがかれた石を見いだすことが頻繁になった。

ツァミュン・フドゥクの泉、高いバルハンの北端で、わたしたちは西南西から吹く嵐のために、まる一日寝ていなければならなかった。嵐は四月一九日の夕方になってやっとおさまった。この吹き過ぎた嵐のために、道のわずか残った目印さえなくなり、いっさいの足跡は消され、きわめて不安定な砂質の表面の高低が変えられてしまった。気温は少し低下し、砂塵は吹き払われた。わたしたちは遠くまでながめわたすことができた。

あらためて中央モンゴルの大部分に広がっている広大な砂漠地帯に足を踏み入れてから、これまでのように朝、水のあるところを出発する代わりに、午後になってやっと出発しなければならなくなった。それは暑い正午の旅を避けるためである。わたしたちはこのやりかたを、グルブン・サイハンから定遠営まで、ときどき中断しながらも引き続きとってきた。水のない、こういうつらい旅のほうが圧倒的に長く、いつもわたしたちはひどく疲労した。

相変わらずわたしは、絶対に必要とする以上に貴重な体力とエネルギーを浪費しないために、砂漠はどんな砂漠でもできるだけ急いで横断すべきだ、という堅い信念を持って進んだ。荒涼とした砂漠の単調さ、活気のなさは誰にもきわめて憂鬱な影響をおよぼし、こころおきなく自然の研究に打ち込んでいたものにさえ、憂鬱、無関心、意志力の減退を招来することがある。

そんなわけで、いつものようにお昼過ぎてからツァミュン・フドゥクの泉を出発し、まもなくハンハイ地層の、小さいがけわしい斜面に到達した。これは山脈の前の丘陵のように、平闊な砂漠の中にそびえていたが、モンゴル人のあいだでは「テーク」、つまりかんぬき、あるいは横木と言われていた。ここから、広い、世にも珍しい景色をながめることができた。すなわち、太陽はまだ高いので――午後三時か四時ごろ――巨大・広壮なしわとなって南から北へのびている砂丘のけわしい斜面が、鈍い黄色の色調でとくに美しく光っていたのである。砂丘の構造から判断すると、優勢な風はここでは西からも吹くらしかった。北北西では、エルグ・ハラ山脈が暮れかかっていた。この山脈は、この前の旅以来わたしにはなじみのものだった。この山塊の中から、幾つかの高峰がそびえて他を圧していた。ハナス、クク・モリト、ツァガン・ウラ、イヘ、その他である。北東にはおりしも、もっと堂々たる山脈のぼんやりした輪郭が見分けられた。その迷路の中に迷い込むと、どこにいるのか判断しにくくなる。とにかくわたしたちの実に経験豊かな案内人ですら、この入り組んだ山塊の一つ一つの頂上の名前を上げることはできなかった。道はだんだん上りになり、ゆるやかな丘陵状の地帯に達したが、その高低は飛砂の大きな堆積によって、きわめて変化に富んだものとなっていた。無限の奇妙に曲がりくねった巨大な砂丘のあいだを、わたしたちはうねりながら進んで行った。風化された石は、表面をおおっている粗い風化砕石の光る砂漠のワニスによって見えるようになり、いつもより暗くなったり色華やかになったりした。赤い、小さく割れた花崗岩と片麻岩が頻繁に露出し、注意をひく丘となって地表からにょっきり突き出ていた。

わたしたちは、夏、モンゴル人たちがいつも家畜を飼っているハラで、夜のキャンプをはった。水はここは比較的らくに手にはいった。低地のバルハンのふもとで、三〇センチから六〇センチも掘れば湧いてくるからである。中年の探検隊員のためにはテントが張られたが、若い連中は露天で夜を過ごすほうを選んだ。彼らは、キャンプのまん中、数しれぬ荷物のあいだでのんびりくつろいでいた。しかし夜中に、まったく思いがけなくつむじ風がまき起こって、《将校テント》をひっくり返した。わたしはもちろんすぐ起きたが、テントのすぐそばで眠り込んだ若いバドマジャポフは、テントがひっくり返ったときその下になったが、その平和な眠りをいっこうにじゃまされたふうはなかった。

次の日一日わたしにはこの前の探検ですでによく知っているコースを歩いて、エルケン・ウッスネー・フドゥクまで進んだ。砂のかさはますますふえてきた。バラ色の花崗岩の露出する平地もまた、だんだん広がってきた。わたしたちがそのそばでキャンプを張った、すばらしい泉は、この土地産の袋をつくる毛布、あるいはフェルト地でタガラと言うものでおおいをし、上に強いサクサウルの枝の重しがのせてあったが、その上にまた厚く砂をかぶせてあった。こういう用心はモンゴルの砂漠の泉においては、絶対に必要であって、そうしなければ、生気を与えてくれる水は、おそらくまもなく埃と砂塵とで埋まってしまい、結局は砂の下になってしまうのである。

この泉のそばで、地質学者チェルノフがわたしたちに追い着いてきた。わたしたちは、彼がハンハイ沈積物をもっと詳しく調査するというので、ツァミュン・フドゥク付近へ残してきたのである。彼はその仕事の結果にしごく満足していた。彼特有のエネルギーで、途中、砂塊や露出している原生岩石を研究して来たのである。

チェルノフが来たあとすぐ、モンゴルの役人がわたしたちのキャンプに到着した。彼は上司から南の道を通って派遣されて来たのである――エツィン・ゴル谷からは、ご承知のように、三本のかなり大きなルートが東へ来ているが、南のルートとわたしたちがいま進んでいるまん中のルート。そして北のルートの三つである――彼はわたしたちの正確な旅の進路を聞きただすのが目的だった。このアラシャの使者から、ウルガを出発したわたしたちの輸送隊の事情について詳しく聞き知ることができた。輸送隊は無事に定遠営に到着していたが、さらにそこで、輸送隊は非常に好意的に迎えられたという。わたしは自分の立場を熟慮した後、タブン・アルダン（昔の尺度で「五尋」という意。約一二メートル。この深さは実際の深さに近い。この名前で泉だけでなくその周辺全体を言い表わしている）に行く決心を固めた。そこで、わたしにかつて非常に親切で友好的だったツィンワンの人々と落ち合おうと思ったのだ。

エルケン・フドゥクを過ぎて、比較的小さな丘陵群を横断した。道は下って谷にはいるかと思うと、また上りになったりした。そこではしばしば花崗岩が露出していた。とくにわたしには、溪谷の端にあって南南東から北北西へのびている砂丘が記憶に残っている。丘全体は、ふもとから頂上までむき出した、どっしりした花崗岩そのものであって、それがだんだんと砂に埋もれていったのである。現在はところどころ、岩の突出部があるだけだが、明らかに花崗岩は、年月とともになめらかになり、すり減ってしまい、砂に隠されるか、ふさがれてしまうことであろう。そのときは、この花崗岩の丘はほんとうのバルハンのような外貌を呈することであろう。

岩の突出部の風から守られている部分には、一段と美しい、堂々としたやぶがおい茂っている。ハラ・ハタという、黄色く燃えるイヌイバラである。一面にかわいらしい花でおおわれ、花の回りにハエやハチが群がっていた。太陽は耐えがたいほど暑く照りつけた。午後一時、日陰で温度計は二四・七度Cを示した。風はすべてのものを乾燥させ、埃を舞い上がらせて遠くを隠した。

わたしたちは、ゆっくりと海抜一一四〇メートルまで上った。道は双峰の高い丘ホルボ・ツァガン・トロゴイへと通じていたが、丘を過ぎてから、砂で埋もれた、石ころの多い乾床に下りて行き、キャンプを設営した。縁を露出した岩の囲んでいる谷が、南のほうへ走っていた。北西風は五時から六時ごろに強くなっていたが、晩には正真正銘の嵐に変わった。

四月二三日の冷たい、静かな朝、わたしたちのキャラバンは、いつものように歩調を整えて、ほとんどいたるところにむき出しになっている水晶のように透明な岩の中を進んで行った。はじめ片麻岩が現われて大きさのいろいろな岩襞がけわしく突き立っていたが、やがてバラ色の、風化した花崗岩からなる丘の連なりが道を横切って広がっていた。

砂礫のいっぱいある、縁にトグラク・ポプラのはえた乾いた溪谷の中には、そこここに遊牧民が生活していて、泉の水で満足していた。この溪谷の一つで、約一〇年前にすてられた寺の廃墟に出会った。この寺の代わりに、第二の仏教の礼拝堂を粘土造りで、とある小さな山の南斜面のべつの美しい地に建てたのであった。高い粘土塀で囲まれたその寺は、巡礼者を強い北西風から守っている丘の灰色ととけ合っていた。この小さな寺はシャラ・トロ・ゴイネン・スメと言って、一〇人までのラマ僧を宿泊させるが、たいていは夏だけである。いまはここはひっそりして、荒れ果てて死滅した感じだった。廃墟と新しい寺とのあいだ、美しい泉のそばに、聖なるオボが建っている。泉の勢いよくほとばしり出る水は、あふれるとき、長めの平たい型の特別小さい花崗岩の盤に集められる。この盤はモンゴル人のあいだで、《ツゥルン・オンゲーツ》、つまり石舟とよばれる。

水の近くのいたるところに、毎日水を飲みに来る野生の羊、ハラ・スルタ・カモシカの足跡が認められた。だんだんと昆虫や両棲類の姿が頻繁に現われた。ハラ・ブルグで、一人ぼっちのシナ人に出会ったが、はじめ、わたしたちの思いがけない出現によってひどくびっくりしていた。しかしすぐ落ち着きをとり戻し、わたしたちにその簡単な所帯を見せてくれた。その貧しげなファンゼは二つに分けられていて、半分は居室、あとの半分は商品倉庫となり、遊牧民の日用必需品、あるいはシナ人が隣のモンゴル人と交換したり、売買したりする品物が並んでいた。ときどき嵐のために埋められたり破壊されたりするらしい小さな前庭には、それでもタマネギやニラが勢いよく育って、いかにもシナ人らしい勤勉さと忍耐力で手入れがされていた。そとには二羽の雌鶏と一羽の雄鶏が歩き回っていた。

その日の晩、気温は二・六度Cに下がり、さらに夜はひどく凍《し》みついた。次にわたしたちの行く手に広がっていたのは、かなり広大な低地シャラ・ツィギン・ホレーで、無数の乾いた河床が集まっていた。わたしたちはコルボ・トロゴイからの道をとってそれを越えた。低地の向こうに、東北東から西南西に走る山脈ナリン・ハラがそびえていたが、そのなかでもアルガリンテの高峰がひときわ高くぬきんでていた。道を横切る、流出岩石でできた小さな丘や丘の連なりが、サクサウルのはえた谷と交互に現われてきた。シャラ・ツィギン・ホレー低地の底には、堅い粘土質の大きな低地が広がっていて、遠くから見ると、湖水の表面のように光っていた。

ナリン・ハラ山脈の高さは一二〇〇メートルから一五〇〇メートルで、名前は一つだけではなく、たくさんの名があって、モンゴル人たちは山脈の個々の谷、あるいは山頂に名をつけている。だからたとえば、西のほうにゴー山頂、またの名ホー・ウラが見えるが、そこから遠くないところにゴー・コテル峠《パス》がある。その峠をわたしたちは越えたが、越えたところはイリッセン・コテルという名である。等々。平坦なゴー・コテルの北側に、風化砕石の堆積でおおわれた白雲母片麻岩が、ずっと続いて露出していたが、この片麻岩の層はいかにも薄かった。反対側は、山脈が小さな渓谷によって寸断され、南南東の方角に断崖をつくって切れていた。渓谷の斜面には、すり磨かれて、黒い砂漠の塗料を上に引いた玢《ひん》岩が露出していた。チェルノフはこれに関して言った。玢岩が片麻岩の続きをぶち破ったのは明らかであると。

山脈を越えたあと、またわたしたちは、広大な低地に達し、乾いた河床まで進んだ。タブン・アルダン泉のそばで一夜を明かした。わたしたちの測量では、水面まで五・三メートル。そして泉そのものは深さ六・八メ！トル。だから南西へのびている乾いた河床では、地下水が流れていると推量できる。河床の斜面の幾つかの場所では、ハンハイ砂岩と礫岩が現われていた。

泉の近くの二、三の粘土造りのファンゼでシナ商人が生活していたが、彼らはここに家族ぐるみ定住して、交換物資をたくさん持っていた。ヤムバン銀貨を支払って、わたしたちは彼らから、小麦粉、キビのひき割り、米、きれいに紙にくるんだシナの氷砂糖、さらに鶏卵まで買うことができた。

タブン・アルダンへ行く途中でも、わたしたちは快い驚きを経験した。アラシャのツィンワンが、わたしに二人の官吏を派遣し、慇懃なる挨拶と歓迎の軽食をことずけたのである。さらにこの二人の使者を途中何かと使ってくれというのである。キャラバンが荷を下ろしているあいだ、このアラシャからの二人は急いでユルトを広げ、お茶の席をしつらえ、おやつをどっさり並べるのだった。いろいろな焼き菓子、砂糖、氷砂糖さえあった。砂漠のどまん中でこんなに気をつかってくれると、いかにも奇妙な感じになる。第一の官吏は、わたしにうやうやしくハダクと、シナ式に書いた名刺を手渡した。茶とお菓子のもてなしが済むと、さらに手紙がわたしに手渡された。その手紙からわたしは、ロシヤの大貿易会社ソベニコフ・アンド・兄弟商会の支店長で、この前の探検のときわたしの仲間だったZ・G・バドマジャポフがわたしたちの重い荷物を保管し、探検隊のすべての隊員の宿を用意したということを知った。このツィンワンの役人が到着したこと、バドマジャポフの手紙を受け取ったことは、あこがれの定遠営へわたしたちを幾らか近づけた感じだった。さらに役人の言葉からわかったことは、彼らが南のほうの道で、すでに約四〇日もむなしくわたしたちを待っていたということだった。だから、彼らはようやくわたしたちに会えて、その喜びはたいへんだったのである。彼らはわたしに、ツィンワンへ手紙を書いてわたしたちが定遠営へ遅れて着くことを知らせてくれと頼んだ。わたしは役人の一人にハダクとわたしのモンゴル領主あての名刺を渡し、さらにバドマジャポフへ手紙を書いた。使者はそれを持ってアラシャへ急行したが、もう一人の役人はわたしたちのもとにとどまった。

四月二四日の夕方、天気は再び涼しくなった。日の出ころの寒さは冬のようだった。泉にあった水は一と晩で、約五センチの氷が張った。

モンゴル人がさらに加わってぐっと大きくなったわたしたちのキャラバンは、文字どおり活気を呈した。これまでいた御者の何人かを解雇し、新しいのを補充しなければならなかった。わたしたちは、文化の中心地に近づいている感じをもったが、それでもそこまでまだ約一〇日、旅をしなければならなかった。わたしたちは、新たな勇気を奮い起こした。正直に言うと、わたしたちは少少疲労していた。荒涼とした周囲の景色が、わたしたちの気分を圧迫していたのだ。ほとんどずっと飲料水に欠乏していたし、この土地ふうに保存した、乾燥したヤギ肉にはもうかなり前から飽き飽きしてしまい、ほんとうに嘔吐が出そうだった。みんな同じように、休息と、新鮮な、からだにいい食物をとりたいと願っていた。一日が長くなり、旅はいまはまったくだらだらとのびる感じだった。みんな、この旅のいちばんやっかいな期間が早く終わらないかと待ちどおしかった。

　わたしたちの周囲のすべての景色は、無愛想で活気がなかった。大地に君臨しているのは、相変わらず砂と砂礫だった。ただところどころに、砂漠の植物がみすぼらしく息づいていた。動物がこのあわれな世界に変化を添えるなどというのはもっとまれであった。

　ゆっくりとわたしたちは、生命のない、完全に水のないアルガリンテ山脈に近づいた。山脈は巨大な魚のように見えた。その頭は西のほうに向いていた。それはエツィン・ゴルからアラシャン山脈までのわたしたちの旅全体を通じて、いちばん高い山脈だった。わたしたちの道は、本来進むべき南東の方角へまだ進んでいず、東のほうへひどくそれていた。北々西にナリュン・ハラがそびえていた。案内人の言葉によれば、固まって西から東へ走っている山脈をなしている六つの連山の一つだと言う。その中で、ツァガン・エルゲー・ツォンチという名の黄ばんだ紅色の、険峻な山頂がそびえていた。

　それぞれの新たな峠《パス》、それぞれのかなり大きな山の背から、わたしたちの前には同じような景色が広がっていた。砂漠、砂漠、そしてまた砂漠である。あるいはそれは岩石の荒野だったり、あるいは石の色をした砂の荒野であったりした。隣合う岩はその石からできていた。

　時期から言うと、そのうち春になっていた。春の気配ははっきりと認められ、わたしたちに元気を吹き込み、まもなく定遠営に到着し、そうすればアラシャン山脈――南モンゴルの侯国アラシャの飾りでもあり誇りでもある――のすぐ隣の国にはいるのだという希望を強めてくれるのだった。ほとんど毎日、わたしはプルジェワルスキーの著書『モンゴルとタングートの国』を手にとった。この山の一般的記述に基づいて、わたしはこの《南北に走る山脈》の学問的研究のための計画を立てた。しかもその計画は春のためだけでなく、夏のためでもあった。

　わたしの最も親しい隊員たちも、同様にしばしばアラシャン山脈を口にしていた。その地質学的構造、その未開の溪谷、その植物、動物相の多様性について。わたしたちみんなの思いを等しく動かしていたのは一つしかなかった。それはアラシャンに登攀し、その山の背からこの目をもって、西の無限の砂漠と東の黄河の輝く帯とを、言葉を換えて言えば、一方の完全なる荒野と、他方のシナ農民によって熱心に耕されている、活気ある土地とをながめてみたいという思いだった。

タブン・アルダンからマンダル泉まで約四〇キロ。これをわたしたちは二日かかって踏破し、途中、モト・オボネーン・シリで一泊した。道は、露出しているハンハイ沈積地を越えて走っていた。道沿いに平ったい丘が盛り上がっていたが、砂や砂利、風化砕石におおわれているので、顔を出している原生岩石はまれで、やがて溪谷の斜面にのみ見られるだけだった。ここにはバルハンは全然なかった。砂は平ったく、低い丘をなしているか、やぶのはえた、舌状の小さい丘かのどちらかであった。

マンダルに近づけば近づくほど、風化砕石は頻繁に現われ、粗くなった。主として玢《ひん》岩から成っていたが、片麻岩や花崗岩もあった。すべては、わたしたちの道の南後方にあるアルガリンテ山脈からきたものらしかった。

日曜日の朝、醜い、青ざめた太陽が靄の煙った地平線に上った。一群のステップ・ヒューナーが、風のように早く頭上を飛び去って行った。ヒバリがはれやかに歌いながら、空高く舞い上がり、無限の空にハゲタカが旋回していた。丘のあいだに、用心深いガンが餌を捜していた。もう久しく見受けなかった岩山シャコが、石のあいだを走り回っている。

すばらしい泉マンダルへ、わたしたちはできるだけ急いで着こうと思ったが、そこまでもうわずか一六キロしかなかった。わたしたちのキャラバンは相変わらずラクダだけで編成されていた。砂漠の旅のあいだ、わたしたちはこの動物にすっかり慣れてしまい、二つこぶのこの友人の背に乗って行くことを、もはや全然不快には感じなかった。人間は結局何にでも慣れてしまうものである。一日中、わたしたちは、ゆっくりと同じテンポで進んで行き、悠然と揺られながら、左を見、右をながめるのだった。ただ朝、出発を起こした直後だけは、からだを暖め足の運動をするためにしばらく歩いた。

南東に進めば進むほど、砂は少なくなり、大地は堅くなった。地形は波状になり、盛り上がって低い丘の連なりになるかと思えば、孤立した丘となったりした。東の地平線に、ビッチクテという小さな山が見えた。道の両側には、岩の多い乾いた河床がのびていて、それに沿って数しれぬトグラク・ポプラがはえていた。近くの、風化のはげしい丘陵の中に、透明な石灰岩と石英岩が連なって露出していた。ときには層をなしているのも観察された。さらに、たいてい東西の方向にのびている層は、小さな、ジグザグ形に折り重ねられていた。

アルテュン・ブリュク付近で、上述の石灰岩の連なりは、黒雲母花崗岩の幅広い帯にとって代わられた。これは風化して、はっきりと黄色く露出していた。遠くからだと巨大なパンのように見えた。近くに行くと、大きなくぼみのあるのが見分けられた。中が空洞になり、北東側、南側がとくにいい形にでき上がっていた。

アラシャから来たわたしたちのお供は、たえず何かとわたしたちのことに気をつかってくれ、とりわけ疲れたラクダを、時機を見はからって元気なラクダと取り換えることに注意を払った。彼らは、ときどき近在の遊牧民のキャンプへ行ったが、そこの住民たちもまた喜んで、わたしたちのキャンプを訪問してくれた。彼らは来ると、いつも元気はつらつとふるまい、話好きで、天衣無縫だった。ここで生活しているモンゴル人たちは、そのシナ人の隣人からたくさんのものを受け入れていた。衣服、礼儀作法、民謡——すべてにシナの影響の跡があった。アヘン吸飲まで習慣になった人たちもいるらしい。アラシャンのモンゴル婦人たちは、普通小さな、かわいらしい足を持っていたが、モンゴル特有の服装をしていると、ひどく無骨に見える。頭もたいていは、大きな黒い上っぱりでおおっているので、同様に無骨な感じを与えた。銀、あるいは普通サンゴでできていることの多い飾りは、ここのおしゃれなご婦人の場合は、北モンゴルの典型的な装飾品とはべつの種類のものであった。

執拗な向かい風には、たえず苦しめられた。空中にまき上がる砂塵が大気を強く暖め、呼吸を困難にした。日一日と、昆虫や両棲類がたくさん現われるようになった。

わたしたちはアルテュン・ブリュクから南東へ向かい、二〇キロ進んで、ツァン・ガンセン地方へ達した。ここで一人の奇妙なモンゴル人と知り合った。この遊牧民には、天国の息子たち（つまりシナ人）がかくべつ気に入ってしまい、自分たちの古来の風習をすべて守らなくなってしまったのである。彼は、シナふうにしつらえた大きな家に住んでいたが、その家は数多くの離れ屋にとりまかれていた。この家、もっと適切に言うと、このお屋敷は幾つかの泉、家畜の水飲み場のある水源地帯に便利なところにあった。このシナ人となったモンゴル人が、昔は裕福な地主であったにちがいないことはすべてが証明していた。いまはしかし、数しれぬ家畜のうちで、彼に残っているものはほんのわずかにすぎなかった。合計約二〇〇の羊とヤギである。まったくシナふうの服装をした、一〇歳か一二歳の小さな少年がわたしを出迎えた。その顔、その上品な礼儀作法を見たとき、わたしは、これがモンゴルの少年とは思えず、シナの子供ではないかと思った。その母親は肥満した婦人で、かつては非常に美しかったらしいが、そのタイプからすればむしろモンゴル婦人に似ていた。女のほうがその夫などよりは故国の特色を失わないのである。

近くの丘の頂上から、寸断された、波状の砂漠の地形が広々とながめわたされた。うしろは、砂と砕石でおおわれた草原だった。漂礫の山腹のあいだに、ところどころ白雲母片麻岩が顔を出していた。道の近くでは、その白雲母の混じった砂がきらきらと光り、やぶと石のうしろに、雲母だけからなる沈積物の山が見えた。

タムスュク山脈の岩は周囲から八〇メートルも高くそびえているが、それを越えると、片麻岩の層は花崗岩にとって代わられた。それは東西の方向に走っていた。わたしたちは、できるだけ早く前進しようとしていたので、一日に少なくとも二〇キロから三〇キロ踏破すべく努めなければならなかった。そして四月二八日、ドゥルブン・モト、すなわち《四つの木》に達した。ここは四本の古い、張り出したトグラク・ポプラにとりまかれていた。この老巨木の枝の中に、鬱蒼たる緑に隠れて、ハゲタカ、タカ、カササギが巣をつくっていた。ここにはまた、灰色のモズも好んで止まっていた。

泉から南東へ一キロ半のところの丘陵にオボがあった。それは小さな僧院ツァガン・オボネン・スメの位置を示していた。僧院の塀のうちには、一〇人から一二人のラマ僧が数えられた。つつましやかな僧院の建物は、南に盛り上がっている丘のうしろに隠れていた。

ドゥルブン・モトの周辺で、粗い粒子の花崗岩のむき出している、かなり大きな地域を目にした。この花崗岩には、さらに細かい粒子の花崗岩の筋が通っていたが、その幅は一メートルぐらいまでで、いろいろな方向に走っていた。

同じ泉のそばで、二人の子供を連れたモンゴル人に会った。子供たちは家畜の番をしていた。この遊牧民の家族は、水の近くの貧しげなテントに住んでいた。あとで、わたしはよく、アラシャのモンゴル人のあいだでこういう群居しない家族に出会った。彼らはその集団のユルトを去って、すでに緑の萌え出ているそういう場所へ引き移ったのである。緑の牧草のおかげで、ここでは冬のあいだにやせてしまった羊やヤギをより早く飼育することができるのである。

時はこのうえもなくのろのろと過ぎた。毎日大いに進むのだが、探検隊は定遠営にいっかな到着しないように見えた。あたりの単調、荒涼たる地形のため、精神は活発に働かなかった。肉体的な欠乏と不自由をより強く感じ、気分は沈滞した。

すでに書いたように、砂漠は人間の全存在に、その陰鬱な烙印を押しつけるのである。それはたとえば、森におおわれた山の楽しい、歓呼する自然が、さざめく小川、花咲く森の草原、多様な動物でもって魂を刺激し昂揚するのと同じことなのである。

そうしながらも、視線は満足げに、遠くの山々から動かなかった。山は南東の方角にだんだんと明瞭に浮かび上がっていた。それは岩がちのバイン・ヌル（ヌルとはモンゴル語で山脈、連山のことをいう）で、わたしたちはその西の部分を越えなければならなかった。天気のいい日には、定遠営のオアシスから、この山はよく見えた。ウラン・ハダン・シリー峠（海抜一七三七メートル。上り口は北側にしかない。南斜面はいつのまにか岩の多い高原になっている）へ上る際出会った乾いた河床のすべては、ほぼ同じ方向をもっていて、タムスュク山付近からくる乾いた河床と、大きな盆地ツェーレンでいっしょになっていた。この盆地はドゥルブン・モトの北東、約五〇キロのところにある。春には乾くこの盆地も、雨期には水がいっぱいになり、塩性沼をつくるのである。

バイン・ヌルは、北東から南西へ向かって約四〇キロのびているが、海抜は言うに足りない。山を構成しているのは花崗岩と花崗岩性片麻岩であって、赤い花崗岩の筋が走っている。石の多い乾いた河床からわたしたちのキャラバンは山にはいったが、その両側には、エメラルド色の、すがすがしい草地がぽつんぽつんと輝いていた。それはわたしたちが上れば上るほど、大きくなって行った。まもなく巨大なトグラク・ポプラが現われたが、固まってはえていたり、孤立していたりした。この巨木の一つで、紅《べに》ウソの夫婦をつかまえた。アトゥン・フドゥケナマ（馬滝の谷）という名の側谷で、事実、馬の一群を見た。彼らは小さな泉のそばでのんびりと草をはんでいた。

四月三〇日夜、砂漠の泉ツァケルデクテ・フドゥク（ツァケルデクテはユリの花のこと。ここにはえている無数の青または淡黄色のユリのためそう名づけられた）のそばで、北西の嵐に襲われた。キャムプ地に到着した際、わたしたちはユルトを、巨大なトグラク・ポプラの陰に建てた。ポプラは小さな乾いた河床に沿ってはえていた。わたしは夜、目がさめた。とつぜん、冷たい気流を感じた。ユルトの内部は冷えきっていた。すでに真夜中から、雪嵐が吹き荒れていることがわかった。見張り人の手で箱と一本の木にしっかり結びつけられていたユルトは、しっかり持ちこたえて眠っているものをそれまでよく守ってくれていたのだが、ついにひどい突風が来たとき、フェルトの戸が引きあけられ、冷たい空気が流れ込んだのである。見張り人の報告では、突風はとりわけ嵐が勢いを得たときに非常にはげしかったと言う。エンドウ豆の大きさの小石が空中にまき上げられ、とくにとがったやつはユルトのもめんさえ突き破った。みんな目がさめてしまった。そして朝まで、目を閉じることができなかった。ユルトはあえぎ、うめき、嵐が吹きつけるたびに揺らいだ。木々は苦しげにざわめいた。風のぴーぴー言うほえ声の中から、モンゴル人たちの弱々しい声やハンマーをたたく音が聞こえた。突風のために彼らのユルトがひき倒されたのである。彼らは、わたしたちのユルトを楯として、それをもう一度建て直そうと努力していたのだ。嵐に顔を向けることはとてもできなかった。前日、気温は二一・五度Cを示していたが、この朝は何と零下一・二度Cに下がってしまった！　相変わらず、雪といっしょに小石が空中を飛んだ。場所によっては、吹き寄せられた雪だまりは、高さ六〇センチに達した。正午ごろ雪は降りやんだが、地面では相変わらず雪が風に吹き払われていた。夕方、風は西へ向きを変え、突風はだんだん弱まった。細かな雪煙が、ほとんどたえまなく空中を舞っていて、ユルトのどんな小さなすきまからでもはいり込み、わたしたちの回りのすべてのものの上に積もった。わたしたちはみんな隅っこにはって行って、毛皮にくるまり、無感動に雪を見つめていた。雪はユルトの中の土、テーブルに使われている箱、クロノメーターの箱などにもかなり積もっていた。ときどきわたしたちの一人が立ち上がって、たまった雪のかたまりをユルトの外に掃き出した。このあまりうれしくないキャンプに、四月三〇日終日と五月一日の夜の一部、しばりつけられていたが、この夜気温はマイナス七度Cに下った。嵐の力は、アラシャン山脈の西の斜面にさえぎられて弱まり、単なる烈風に変わった。不幸なモンゴル人たちは、この砂漠の嵐でひどい目に会っていた。ついこの前生まれたラクダ、子馬、子牛は――子羊や子ヤギは言うにおよばず――死んだり、けがをしたりした。また毛をむしられたり、刈られたりした大きなラクダ、あるいはすでに脱毛のはじまったラクダも同様に不安な感じがしたらしく、わたしたちのいるところに避難所を求めて押しかけて来た。あとで聞いたのだが、定遠営では、弱い動物はすべて死んだそうである。花の咲きはじめたリラは枯れ、小さな渡り鳥は凍死した。

五月一日、途中で夫婦のガンに出会った。それから一群のコティレ属の鳥がものすごいスピードで、わたしたちの頭上を南へ飛んで行った。用心深い鳥どもは、寒さと雪から逃れるために急いでいるのである。雪はいたるところ、大きな斑点をつくって積もっていて、そうでなくてもやっかいな道をいっそう歩きにくくしていた。白い雪の表面から反射した太陽の光は、すべてをいかにも明るくくっきりと浮き出していた。このまぶしい光を適当に防ぐために、わたしたちは眼鏡をかけなければならなかった。

ツァケルデクテ・フドゥクを過ぎると、相変わらず花崗岩や花崗岩質片麻岩が見えてきた。むき出した個所は、とくに暗灰色の石の場合は、光沢がついていたり、砂漠ニスの厚い層でおおわれていたりした。それからまもなく、広い盆地に足を踏み入れたが、それは地平線の向こうに見えなくなっていた。この谷の盆地は、ハンハイ沈積物の層で埋められていた（ツァガン・ブリュクではハンハイ沈積物がきり立って断ちきれた部分には、薄い塩の筋のある、そして灰色の砕屑質状の礫岩の混じった砂岩が現われている。その層はほとんど目立たぬくらい北の方角へ陥没していて、高さ六メートル以上の段をつくっていた。この種類の段の特徴的なのはエルデニ・ブリュクあるいはエルデニ・ウツール《高いへり》という。段から普通泉がわき出ていて、その近くで塩花、緑色の小さな草原を見つけた。これらはこの地域全体に幾らか魅力を与えていた。水に洗われてできた段丘の一つの表面に石膏がでていた）。この沈積層によって、水で洗いけずられた段丘ができていた。ツァガン・ブリュク地方では、この段丘の中に泉がわき出ていた。沼の近くには数羽の鳥が休んでいた。ハレルダ、タヒバリ、白いセキレイ、である。隣の丘にカンムリヒバリを確認した。

泉の小川のあいだに、わたしたちはキャンプを張った。西から細い澄んだ小川が流れ、東からも、浅い、沼のような水が流れ寄っている場所だった。空気が穏やかで明るいので、このツァガン・ブリュクで、わたしは天文学的土地測量を行なった。北緯三九・三九・五八度。東経一〇四・五二・〇度、グリニッチ計であった。しかし夜の一一時ころ、天気はまた悪化した。空はかき曇り、西北西の風が吹き出した。大気はすっかり砂塵に満たされた。まもなく風向きは変わった。今度は北西から吹いてきて嵐となった。次の日、もう出発しようというころになってもまだはげしく吹いていた。風はうしろから吹いていたので、わたしたちの前進には大いに好都合であった。

バイン・ウラ山の近くでは、道は広大な斜面を越えて、谷の盆地の底へと走っていた。そのいちばん底は、海抜約一〇九〇メートルで、砂質の塩性土なることを示していた。底には一面小さな隆起があるが、これはわたしたちが踏破して来たモンゴルの砂漠のいたるところに見られるものであった。それができるのは、灌木と砂のためで、砂の動きが灌木によってはばまれ、こういう砂の隆起がつくられるのである。はげしい風が大気を曇らせ、山々はながいこともうもうたる砂塵のうしろに隠れていた。ただときどき、ひだのあるぼけた輪郭がおぼつかなく浮かび上がるだけだった。遊牧民に会うこともきわめてまれだった。

一つ離れて湧いている泉のそばを通り過ぎて、バイン・ウラの北の連山へ上りはじめた。この山脈の基部に五キロにわたって、淡紅色の、もろいハンハイ砂岩が露出していた。この砂岩の風化された砂も同じ色で、山の基部の表面をおおっていた。全体的に見て、バイン・ウラは北東から南西へ走っていた。暗灰色の黒雲母片麻岩と角閃石片麻岩のつながりからできていた。これらの石は、淡い色の片麻岩、黒い緑泥石珪酸塩と交互に現われた。地層のひだは強く、ひだの方向は急激かつ強烈に変わっていた。東西から南北の方向まで。

海抜一四九〇メートルの北の山脈の背に上ると、目の前に広い谷が見えた。そしてそれをバイン・ウラの南の支脈が回りを囲んでいた。この谷の、ナクセンドゥルル

定遠営のモンゴル人

ツィ地方の、とある泉のそばでわたしたちは夜を明かした。

夜が明けるか明けないかに、もうわたしたちのキャラバンは出発の用意を整えた。わたしたち一同は、長い砂漠の旅で疲れきって、ただひたすら次の目的地へ急いだ。それは魅力あるオアシス、定遠営である。地平線に黒い点が浮かび上がるたびに、わたしたちは自分たちを迎える使者ではないかと思った。しかし、いっさいの期待に反して、アラシャン山脈の偉容は相変わらず見えなかった。バイン・ウラの南の連山の頂上からも、谷からも。霧が地平線を隠していた。いたるところに雪嵐のあとが見えた。斜面の陰の部分には雪が積もり、溪谷や岩の多い隘路には水があった。

約二〇キロ、南南東に歩いた後、小さな僧院ツァガン・スブルガンに到着した。これはその名前を寺の北壁に光っている白い墓標から得ているのである。ツァガン・スブルガンから北へ二キロ、ツァミュン・フドゥク泉のそば、北東へのびている細い砂の帯の向こうに、シナ人の交易地区があった。ここに約一五人のシナ人が住んでいて、善良なモンゴル人から搾取していた。狡猾で、ずるがしこいシナ商人はクモに比較できるだろう。彼らはその網に、何か買えるものをもって、通りかかる遊牧民を一人残らずとらえてしまうのである。

ウツル・フドゥクという名の地方を去ってようやく――すなわち、定遠営に着く一つ前のキャンプだが――わたしたちの眼前に北アラシャンのシルエットが浮かび上がった。この喜びはすぐ、わたしの疲れきった仲間の気分に反映した。彼らは、力を失っているラクダの歩みをできるだけ急がしはじめた。道は、広い帯のように曲がりくねりながら、粘土質の砂っぽい、しかしところどころに岩のある土の上を走り、だんだんに踏み固められた道になって行った。シャラ・ブルドゥへ下るとともに、空気はしだいに暖かくなった。この小川の谷には暖かさの前ぶれが感じられ、耕作地が近いというしるしの鳥がわたしたちのほうへ飛んで来た。家雀とコティレ属の鳥である。無数の甲虫とトカゲが走り回っていた。シャラ・ブルドゥのそばの砂の堤防から、道のかたわらに、ホシェグー・ブリュクの泉が見えた。その飲料になるいい水は、強い落差をもって北東の方角、シャラ・ブドゥへはげしく流れていた。旅をするものはここでいつも休息する。というのは、シャラ・ブルドゥの水は塩性で飲めないからである。この川は、わたしたちが渡ったところで、二本の支流をつくっている。一本は北。約二メートルの幅だが、深さは言うに足りないので、泥状の河床にほとんど水はないと言っていい。南のほうの支流は幅は広く、深さは五〇センチ。河床全体の幅は六〇メートルを越える。シャラ・ブルドゥの泉は約二〇キロ南西にあって、シナ人の耕地や高いポプラの一群や牧草地などが認められる。川底それ自体はかなり泥状をなしている。

向かいの高くなった右岸へ渡りきったとき、バドマジャポフがわたしたちに近づいて来た。わたしたちはその一隊に短い休息を与えた。わたしたちは、受け取った手紙にざっと目を通した。そしてその間に四キロも進んで、ハトウ・フドゥクの泉のそばでキャンプを張っていたキャラバンのあとを追いかけた。この晩、仲間たちはお互いにほとんどしゃべらなかった。それぞれが頭の中で故国のことを考え、個人的な思い出にふけっていたのである。中央アジアも旅の生活のいっさいの苦難と欠乏も、さしあたり忘れてしまった。みんな、その最もなつかしい思い出にすっかりひたりきっていたのだ。新聞やその切り抜きを読んでいると、もう久しく文明世界とのいっさいのつながりを失っていたわたしたちは、ヨーロッパのできごとのすぐ近くに引き寄せられるのだった。残念なことに、わたしはその中に何一つ喜ばしいことを見つけることができなかった。相変わらず故国は不健康な情勢が続いていた。

五月五日朝、夜の明ける前に定遠営に出発しなければならなかった。なぜなら、そこまで相変わらず三八キロ踏破しなければならなかったからである。

探検隊はいまや強い励ましを得たのである。勤勉なラクダは活発に歩いた。みんな——人間も動物も——まもなく休息の時が来るのを感じていた。山脈に近づくにつれて——アラシャンの支脈——粘土質の砂っぽい丘は高くなり、砕石におおわれた渓谷は深くなった。埃の靄の中から、アラシャンがだんだんはっきりと姿を現わしてきた。そしてその複雑な山の構造、特徴的な裂け目をあらわにした。山塊のふもとは平たい、丘陵状の突出部をつくり、それはそのあいだに横たわる深い谷によって切断されていた。谷の接合部は、単調な、黄色っぽい砂漠の中で、その黒い、洗い流され細かくなった土質のためにひときわ目立っていた。お昼ごろ、ツゥハで二時間の休息をとった。ここを過ぎるとすぐ、定遠営の城壁、堡塁の隅の塔が姿を現わした。オアシスの近くに、ハンハイ沈積物からできた、大きな丘がそびえていた。

アラシャへのこの最後の旅の途中、何となく数多くのヘビに注意を奪われた。いちばんよく見ることのできたのは、この地方にいる灰色の大きい、しかし痩せたヘビ、シュテッペンレナッターである。たいてい三つないし四つのとぐろをまいて、けわしい崖にいたり、道をさっと横切ったりした。きわめてまれにだが、別の種類のにも出会った。灰褐色のヘビで、背に黒いしまがあるだ。最後にもう一つ第三の種類のを述べておこう。それは幅のある、短い、色の多彩なヘビで、主として砂漠の灌木の根か、低い丘に住んでいた。トカゲもここでは同様にたくさんいた。

定遠営の北三キロのところ、ある丘陵の頂上にオボがあった。さらに一キロ進んだとき、隊員のチェトゥイルキンとマダーエフがわたしたちに合流した。二人は二か月前、探検隊の輸送隊をウルガからつつがなくこの地へ導いて来たのである。いままでずっと、彼らはバドマジャポフの世話になっていたのである。そしてここでゆっくり静養し、元気を回復していた。わたしたち自身も、定遠営のオアシスに到着して後すぐ、客好きなこの人の家でくつろいだのであった。ここでわたしたちは、集めた学問的資料を整理し、荷造りし、日記や記録を補うことができた。

知らないうちに、夕闇が地上に下りていた。暗い空には、美しい、薄い三日月がくっきりと浮き出ていた。近くの町の騒音とおしゃべりはまもなく沈黙した。いまはただ、ラマ僧たちを祈禱に呼び集めている仏教の聖なるラッパ、法螺貝、太鼓の特異の音色が聞こえるだけであった。わたしは、この奇妙な音楽を聞くのがいつも好きだった。それは何か朗々たるものをもっていた。自然の中の声、木の葉のそよぎ、森のざわめき、鳥の歌声と調和する何かを。晩の九時半に、いつものように、大砲の発射が聞こえた。それは市門が閉じられるということを告示しているのである。それからいっさいが静まりかえった。

わたしたちの疲れた隊員はすぐ横になって休んだ。しかしわたし自身は、長いこと眠られなかった。意志とは反対に、過去のいろいろな影像が次々に浮かぶのだった。アラシャをはじめて訪ねたことを思い出した。またオアシスや近在の山々を。もっと生き生きと思い出されたのは、一九〇一年秋、この地方に二度めに滞在したときのことである。わたしはチベット探検隊といっしょに、遠い、豊かな、魅惑に満ちたカムから故国へ帰ったのである。それからまた、わたしの目の前に天才的な探検家プルジェワルスキーの威厳に満ちた容貌が浮かんだ。思わずわたしは、中央アジアの前人未踏の自然がその最初の発見者である彼と融け合って、生ける全体となったように思われた。

6　定遠営のオアシス

定遠営の町は、灰色の、見たところ荒涼とした高地に広がっていて、その高地によって三つの部分に分かたれていた。町は、川、小川、溪谷の網のまん中にあり、泉も幾つか噴き出していた。西のほうは、高いバルハンのある無限の砂漠がオアシスのすぐそばまで近づいていた。東には、南北の方角にアラシャン山脈がのびていた。山脈はまるで岩の壁のように、堂々と天にそびえていた。数しれない道が糸のように、この文化の中心地に集まってきていて、町のやさしい緑は、総体的に言って単調な周囲の景色の中ではきわ立っていた。砂漠を越えて来たものの目には、ニレやポプラの巨木のある、そして領主たちの鬱蒼たる庭園や穀物畑のある定遠営の町は天国のように思えるのだった。いかにも、前章に述べた雪嵐が、やさしい春の飾りを無残に奪ってしまってはいたが。若々しい、新鮮な緑は失せてしまい、木々の葉はすがれ、リラの花はまるで焼かれたように見えた。

オアシスの野菜畑や穀物畑は、驚くほど注意深く耕作されていた。いたるところに、大地への愛と自然の贈物を利用しようという技術が現われていた。住みついている人々のこの特性は、ユルトを放逐してしまった粘土造りの家とともに、アラシャ・モンゴル人を、はっきりとその北方や南方に居住する同族から区別していた。オアシスの地味は非常に肥沃で、東トルキスタンと同じく、ただ水をたっぷり与えさえすればよかった。

オアシスの北部に、塔のある堡塁の高い城壁がそびえていた。塔は隅々に立っているばかりでなく、城壁のまん中にもあった。非常にしっかりした粘土の城壁の上の部分には焼いた煉瓦がはめ込んであって、銃眼のついた石の柵がその上にしつらえられていた。城壁の外側堡塁の南の部分に沿って、商人の家々の並んだ商業地大通りがのびていた。この通りのほぼ中央で、南からの大きな道が町にはいっていた。この道の両側にも同様に商人たちの建物が並んでいた。この南方の道はアラシャン山脈に沿い、さらに南山のほうへ走っていた。

堡塁の内部に、ツィンワンの宮殿と並んで、大きく豊かな僧院ヤーメン・ヒトがある。これは《シュヴァルツェン・フント》（黒犬）の時代、つまりほぼ一六八年前に建てられ、ツォンカパの教えを説いている僧院である。

オアシスの南部、もっと正確に言えば南西部はマンチュウ地区と言う。ここにはかつて、いまは亡きツィンワン兄弟、シ・エとサン・エが住んでいて、魅力ある館を築いたのである。広い清潔な通りの片側に、ポプラの陰になった、澄んだアリュク（灌漑用疎水）が小川のように流れていた。領主の陰の多い庭園は、わたしの散歩の愛する目的地だった。数千年の樹齢をもった木々、観賞用灌木、美しいのびやかな柱廊、人工洞窟、実に美しいポプラの並木道などのあるシ・エ侯の公園は、とくにわたしには気にいった。灌木は、こんなものの世話の好きな侯が、シナから輸入したものであり、ポプラ並木は疎水のそばにある入口から、公園を通って館まで続いていた。

いまはこの一劃には、墓場のような静寂が支配していた。この地の風習に従えば、未亡人は男の客を絶対に迎えてはならず、とにかく人を接待したり、にぎやかな催しをすることは許されないのである。ただときどき、その女友達が未亡人のもとに集まって、彼女とともに嘆いたり、亡くなった人を思い返したりするのである。この風習は見たところ厳格に守られているようである。というのは、わたしが頻繁にマンチュウ地区を訪問しても、出会うのは女か幼い子供たちばかりだったからである。

このオアシスの端に、亡くなったアラシャのツィンワンがかつて夏の別荘を持っていた。彼の宮殿はいまは荒れ果てた廃墟であるが、そばを深い運河が流れていた。運河は宮殿と、ほかの建物——劇場、あずまや、柱廊——とを分けていた。全体としてそれはボグド・ハンの屋敷を小さくした感じである。宮殿のすぐそばに、渓谷によって互いに断ち切られている一群の丘があって、その上に動物園がつくられていた。昔はここにマラール（アジア産の雄鹿）、ククヤマン（《青い羊》の意味）、アルガリ羊（アレガリはオヴィス・アモン種の野生の羊）そのほか土地の動物を代表するものが自由に歩き回っていたそうだ。いまはみんな死に絶えてしまった。多くは一八六九年のトゥンガン族の反乱の際、とりかえしのつかぬくらい絶滅させられたのである。つむじ風がその通る道のすべてを破壊するように、当時、蜂起したトゥンガン族は甘粛省になだれ込んで来たのである。モンゴルも、とくにその南部は劫奪の損害ははげしかった。

一般的に言えることは、定遠営の町、王侯の宮殿、堡塁は、外的理由、たとえばトゥンガン族の反乱もその一つだが、そういうものとは関係なく、現在没落過程にあるようである。すべての建物は、もう久しく修理されていず、根本的な補修を必要としていた。堡塁の古びた施設、僧院の建物、商店街などは、わたしたちすべてに、たえずあの死の町ハラ・ホトを思い出させた。定遠営は、ハラ・ホトと明らかにたくさんの共通点をもっていた。

ある仏寺のスブルガン

ハラ・ホトとのもっと大きな類似点を、わたしたちの地理学者が定遠営からアラシャンへはじめて遠出を試みた際に発見した。それは彼が、シナの町寧夏《ニンシャ》とその周辺の田畑をながめたときだった。「それからわたしたちは寧夏へ進んだ」と、チェルノフは書いている。「わたしたちの左に、大きな塔（スブルガン）と僧院が姿を現わした。すでに三日前から目に止めていた建物である。畑には働いている人々がいた。ケシは部分的にはもう花盛りは過ぎていた。シナ人たちは、厚いさやを切り取って液汁を集めていた。ケシの栽培は常に数反の畑を必要とするので、遠くからでもそのはなやかな色によってきわだっている。稲田の中で、シナ人たちは膝まで水の中につかって、何か雑草をむしっていた。広々とした平地には水が満々とひかれ、アシがはえていた。ここにはここ独特の生活が営まれていた。カモメ、アオサギ、カモが飛んでいたし、サンカノゴイのぼんやりした声が響き、鳴禽類の小鳥は歓声を上げていた。

エツィン・ゴルの下流の周辺をわたしは思い出していた。そしていまになってやっと、あの砂に埋もれた町の状況をはっきりと思い浮かべることができた。あそこでも灌漑用疎水の跡やちゃんと測量した土地、以前そこにあった建物の廃墟などを見分けることができた。全生活は、疎水の複雑な網と密接に結びついていたので、その地方の水の大動脈が破壊されると、たちまちどうしようもなく消滅せざるをえなかったのである」と。

探検隊が定遠営に到着すると、わたしは、礼儀作法のあらゆる規則に敬意を表して、アラシャのツィンワンと名刺を交換したが、それに対しこの領主は、二番めの息子アルヤを答礼のためにわたしのもとに派遣した。わたしもまた、領主とその家族に贈物を進呈した。その中には、幾つかの時計、錦、サンゴの腕飾り、蓄音器などがあった。

五月七日、わたしと隊員たちは礼装をつけ、領主の車にすわり、歩兵やコサックをお供にして町を走り、アラシャのツィンワンの昔の館へ行った。途中いたるところで、野次馬がわたしたちをぽかんと見送っていた。領主は館から戸外へ通ずる階段をやっとのことで下りきり、二人の下の息子といっしょに、その宮殿から少し離れたところでわたしたち客人を迎え、にこやかに笑いながら、応接間へ案内してくれた。そこでわたしたちは半時間ほど過ごした。ツィンワンの顔つきや、わたしたちと歓談したときの愛想のよさから見て、彼がわたしたちの到着を率直に喜んでいること、ほんとうに心から、どんな方法ででも役に立ちたいと思っていることが察せられた。むろんわたしたちは、この親切な主人に対し、とくに彼が砂漠の旅の途中わが探検隊に示してくれた助力の礼を言った。領主はそれに対し、きわめて慇懃に「これからもお役に立ちたいものだ」と答えた。そしてわたしたちの旅のルート、これからの計画のことを尋ね、そのあと、ヨーロッパの現在の事件、またロシヤ帝国の情勢に関する質問にふれた。その際、彼は何か不注意な言葉によってわたしを傷つけることを恐れ、如才のない態度を示した。彼はきわめて小さな事件を長々と話し、わたしの前のモンゴル旅行、カム旅行を思い出し、わたしの肩章があれ以来変わったことに気がついた。「この人は、わたしの見たことのあるニコライ（プルジェワルスキー）がつけているのと同じ肩章を手に入れましたな」と、彼は思い出深そうに言って（ツィンワンはプルジェワルスキーのことをまだよく覚えていて、敬意をこめて彼のことを語った）、肩章のひもを、申しぶんなく清潔な細い手の中でゆっくりとすべらした。それからわたしの隊員のほうへ向いた。隊員の中に地質学者がいると聞くと、知識欲のさかんな領主とその息子たちは争って、彼にいろいろなタバコ入れの石箱やそのほか石製の品物を

アラシャのツィンワン

見せ、その石の名前を尋ねた。「アラシャンへ行きますか？」と領主は尋ねた。「アラシャンに金、銀、宝石があるか、教えてくれませんか。亡くなったニコライ（プルジェワルスキー）は、石の見本をわたしに見せて、わたしの山に赤い宝石がある、と言いました。彼は次の旅行に地質学者を連れて来るつもりでした。うちの山の宝をもっと詳しく研究するためにね。」

ツィンワンは、だいたいすべての点で教養のある人だったので、彼と話し合うのは実におもしろかった。いや、ときには教えられることも多かった。領主は農耕がどんなに利益をもたらすか承知していたので、どうしたらアラシャンから最も多量の水をひくことができるかと言う問題を、わたしたちと突っ込んで議論した。その際どうしても、ケリスという、東トルキスタン、トルファン・ルクチュン低地で成果を上げている地下に敷設したトンネルを比較して論じないわけにはいかなかった。ツィンワンや、そしてこういうことに経験豊かで、通訳という責任の重い役を演じたバドマジャポフとの楽しいおしゃべりのあと、わたしたちはまた町のはずれに帰った。そしてほっとした気持で礼

服を脱ぎ、急いでまた古い、着心地のよい旅行服をつけた。町にいるあいだ、わたしたちは常に一種の疲労を感じていた。砂漠の静寂のあとでは、騒音、騒ぎ、人間の雑踏は、わたしたちにはあまりになじみのないものとなってしまったのである。

ロシャ人の商人団体のメンバーは、このアラシャ侯国でいつも非のうちどころのない態度をとっているので、ロシヤは高い尊敬を受けていた。そしてここの官庁は、毎週北京から郵便が着くように配慮することをうれしい義務と見なしていた。この理由から、わたしたちは故国とかなり密接なつながりを保つことができた。定遠営での滞在のはじめの数日は、知らないうちに過ぎ去った。

キャンプ本部では、一分間といえども仕事が中断したことはなかった。一日中、わたしたちは日記を整理したり、収集品を選り分けたり、アルコール漬のアルコールを取り換えたり、堡塁の隣の山の尾根を調査したり、報告用の地図を書き上げたりした。遠近の周辺部への調査はちゃんと行なわれ、民族学的資料が集められた。若手の隊員で、かけがえのないイヴァノフとポリュトフは、気象観測のための小屋を建てた。そのとき二人はたくさん材木を切ったが、その材木は非常に苦労し、高いお金を出してやっと手にいれたものだった。さらにわたしたちは、地理学的定点観測をも行なった。

五月八日、わたしの隊の二人の標本製作官テレショフとマダーエフと、植物収集家であり昆虫収集家のチェトゥイルキンとは、小旅行の準備をし、アラシャンの西斜面のいちばん近い溪谷の一つに出かけて行った。ここはスブルガン・ゴルという名だった。すべての山に生命と優雅さを与える小川や川はなかったが、この森にはマラールやおびただしい鳥が棲息していた。彼らをわたしたちの隊員の猟人たちは熱心にねらっていた。最初の二週間に、二〇種以上の鳥の標本が手にはいった。それらは、わたしたち探検隊の鳥類学の収集品の中に欠けていたものである。領主の好意ある許可で、三羽のマラールが仕止められた。

その間、気温は著しく暖かくなった。しばしば太陽は、すでに早朝からじりじりと焼きつけてきた。朝の七時、木陰ですでに二〇度Cであった。穏やかな天気の日には、大気は驚くほど澄んでいた。アラシャン山脈はそんな日、その一つ一つの細かいところまではっきりと浮かび上がって見えた。頂上が見えるし、溪谷、一つ一つの岩、森が見えた。山塊をかたちづくっている地層の陥没しているところも見えた。しかし、これらは、空気がじっと動かないかぎり可能なのである。弱い南西風、あるいは南東風が吹くだけで、たちまち地表からもうもうたる砂塵が舞い上がり、あたりのすべてを隠してしまうのである。四方八方へ広々とのびている砂漠には、つむじ風の高く、薄い、しばしばほんとうに珍妙な輪郭が浮かび上がる。まるで砂漠がいつでも近づき、その燃えるような熱い抱擁を受けて、花咲く緑のオアシスが窒息してしまうかのように思えた。

一日の最上の時間、つまり朝か夕方に、わたしたちは、家の近くにある山に上り、弱い色に輝いているアラシャンの堂々たる頂上へのすばらしいながめを楽しむのが好きだった。山脈の背は、斜めにさしている太陽の光を浴びて輝いていた。溪谷の上には、灰色の靄がかかっているが、それがしだいに斜面のほうへはい下りて行く。とくにコントラストも豊かに、主峰、聖バイン・スムブールがきわだって浮かび上がる。それは夏、六月と七月には、信心深いモンゴル人たちをひきつける。彼らはそこにあるいちばん大きなオボに参詣したり、また供物を捧げたり、とくにおごそかな礼拝を行なうために集まるのである。望遠鏡で見ると、山塊の中腹にある森や、アルプス高地型草原まではっきりと見分けられた。

ここの住民の報告によれば、最近五か年間、アラシャ侯国には大日照があったという。降雨不足と、大きな河川がないためにそれは不作の原因となった。数知れぬ住民たちは、その稼ぎの根元を奪われ、貧窮のどん底に落ち、領主もまたしだいに貧しくなった。領主は、その三つの所有地を抵当にして、北京宮廷に約三〇万両（古いシナ貨幣の単位。また重さの単位。一両は三七・七八g）の銀を借りたという。

五月中旬になった。空気はずっと極度に乾燥したままであった。だから、たえず西風にまき上げられる砂塵がたちこめ、それがまた暑さを増大させた。にもかかわらず、いたるところ春らしい生活が展開していた。ハエや甲虫のあと、すぐ昆虫を食べる鳥が現われた。ヒタキ、ツバメ千鳥、ミソサザイなど。寒さや雪嵐にやられた植物も、新しい芽を出していた。

五月一四日、寒暖計は午後一時、日陰ですでに二七・二度Cを示した。この日は、わたしたちには非常に思い出深い日となった。アラシャのツィンワンが、はじめてロシヤの探検隊を親しく訪問して敬意を表したのである。プルジェワルスキーの探検の場合も、わたしのこの前の旅の場合も、彼は自分の兄弟か息子たちを派遣したにすぎなかったが。

　五月一九日、探検隊は彼のところで食事をとった。領主はいつものように、わたしたちを明るく慇懃に迎えた。わたしたちは、祭りのために設けられた食堂へすぐはいった。食堂の窓は、宮廷劇場の舞台のほうへ向いていた。隊の護衛兵たちは、領主の役人や息子たちとともに隣の部屋に残った。わたしたちがテーブルについたときは、もう芝居のまっ最中であった。舞台には（シナの芝居では女の役はそれに適した男の俳優によって演ぜられることは知られている。彼は女の声、歩きかた、動作をみごとに演じる）好戦的な隣国に対して数々の勝利をかち取った女主人公が登場していた。俳優たちの扮装はりっぱで、感動的な迫真性をもって英雄叙事詩の生気に満ちた幾つかのシーンを演じた。たとえば、勇敢な女性の出征、母との訣別、最後に故国への名誉ある帰還など。ツィンワンの三番めの息子ウ・エは大の芝居好きで、劇場につきっきりで、始終忠告や指示を与え、芝居が終わるまでひどく興奮していた。化粧、衣装、独特のシナ音楽は、これ以上望むところはないくらいだったし、とくに効果満点の、夕暮れめいた照明はその印象を強めていた。みな、この芝居にはすっかり心を奪われてしまい、いっさいのぎこちなさ、遠慮がとれてしまった。はじめツィンワンとちょっとだらだらと交されていた会話は、夜がふけゆくにつれて活発になった。テーブルにありとあらゆる料理、小皿、茶碗が並べられたとき、みんなは料理に感心してしまった。有名な《燕の巣》（《インドの鳥の巣》ともいい、シナで高く評価される食物。雨ツバメはマレー半島の岸に住む。この鳥のだ液はゴム状であるが空気にあうと堅くもろくなる。煮るとゼラチンのようにとける）を含めて、三〇皿か三五皿に達した。しかし、わたしたちお客にいちばんうまかったのは、旅での毎日の食物であり、この地で逃れることのできないあのヤギ肉であった。ここでは「とにかく」、モンゴルふうにすばらしく料理されてあった。この料理は、もともと宴会には出ないものだが、今は窮境をみごとに救ってくれたわけである。飲物として初め、わたしたちの口に合わない焼酎が出たが、そのあとヨーロッパの一級シャンパンが出された。

　婦人たちは、宴会には全然加わらなかった。彼女たちには別の部屋がとってあり、そこから彼女たちも同様に芝居を見ることができた。領主は数分間、探検隊の護衛兵のところに行き、ここの習慣としては異例の敬意を表し、一同の健康を祝って盃を上げ、今後の旅においても成果の上がるように希望した。わたしたちもここの習慣に従って、宴会が終わったあと、俳優たちに銀の棒を一つ進呈した。料理人への贈物も忘れなかった。こんなわけで、ツィンワンのところでの食事には、全体として約二キロのシナ銀が費用としてかかった。

宴会は晩遅くまで続いた。わたしたちは歩いて帰ったが、提灯を持った護衛がお供について来た。ツィンワンのところで大接待があるというので、市門はその晩ずっとあけられたままであった。

わたしたちの仕事はその後も続けられた。気象観測所の建設は終わった。有能な観測員ダヴィデンコフは昔村の学校の先生だったが、自分の責任の重い仕事に細心の準備を整えていた。わたしの気象隊員チェルノフとナパルコフは大規模な旅行の用意をしていた。彼らは、アラシャンの西斜面、東斜面を研究し、この、すでに黄河の右岸にまで迫っている山脈の北の端の地方まで旅のルートをのばすはずであった。黄河の谷の隣の地域も、同様にこの隊員たちの研究範囲に属した。動物学上の収集品の世話のために、この二人に加えて、わたしは標本作製員マダーエフとそのほか二人の兵をつき添わせた。彼らは途中、二人を助けることになっていた。

隊員が出発したあと、わたしはハラ・ホトで発掘した品物を整然と分類する仕事にとりかかった。それはそれぞれ約一五キロの箱、一〇箱に達し、ロシヤ地理学協会への発送準備を終えた。ひまなときにわたしは写真をとった。その際注意深く写真機の技術を研究し、自分で現像した。この仕事をしているとき、しばしば若い領主ウ・エが居合わせたが、彼も同じように写真に情熱を持っていた。だいたいにおいて、ツィンワンの息子たちが探検隊のことをひどく心配していたことは言ってもいいだろうと思う。わたしは始終彼らと往来した。長男でアラシャの後継者のダ・エは蘭州にいたが、帰って来るとすぐわたしたちを訪問し、率直な好意を表明した。彼の立ち居ふるまいはもうヨーロッパふうで、普通の小さい白い名刺を持っていた。客を迎えるときには、床にすわらずに、テーブルの前の柔らかい椅子に腰を下ろした。テーブルにはビロードのテーブル・クロスがかけてあった。わたしはこの教養ある若者と、茶を飲み菓子を食べているときには、シナ、ロシヤ、とくにこの二国から「相手にされていない隅っこの国」アラシャについて、ありとあらゆる問題を楽しく論じ合った。その際同時にわたしに気のついたのは、向かいの婦人部屋で、ときどきマンチュウ婦人、モンゴル婦人、よその人の視線から常に身を隠しているダ・エの背の高い、りっぱな奥さんが窓ぎわを通り過ぎることだった。

気象観測所は五月二八日からその定時観測を開始した。あらゆる物理学的機械、その中には晴雨計（自記気圧計）や温度記録計もあったが、申し分ない調子で動いていた。わたしたちは昔と同じようにたくさんの郵便に慣れてしまった。北京からだけでなく、ときにはウルガからもニュースを受け取った。チベット最高位の僧ダライ・ラマがまだ北京の、ウ・タイ寺院に滞在していること、しかし秋か冬には、アムドのクムブム寺院へ旅行するだろうということもわたしは知った。かつてのように、そこでダライ・ラマに会いたいとひそかにわたしは考えた。

美しい晴れた日など、太陽がすでに沈んでいちだんと涼しくなると、わたしたちは銃で射撃練習をよくやった。わたしは、土地の種族からいつ襲われるかわからないと思ったので、探検隊の戦闘能力を高めておくことに重きをおいた。つまりシナ人は、日露戦争におけるロシヤの敗北を利用し、ロシヤの武器を大量に盗み、着服してしまったからである。その武器でシナ人は、南山、なかでもアムドの山中に住む未開の山岳民族を武装した。中央アジアの山や高原地帯の好戦的住民は、いまは実に恐るべき勢力となり、襲撃して略奪しようと思えば内陸アジアの奥を行く一と握りのロシヤ探検隊など充分危険に陥れることができるのである。したがってこのあまりおもしろくない事実に対し、相応の対抗処置をとらなければならなかった。銃で射撃するほか、わたしは昔プルジェワルスキーのものだったランチェスター銃の操作もときどき練習した。わたしはそれで優秀な成果を上げた。わたしたちの射撃練習はこの地のシナ人やモンゴル人の関心をひきつけ、わたしたちの弾丸が的に命中すると彼らのあいだに、しばしば心からの感動をひき起こした。

7　アラシャン

わたしは自分の時間の大部分を、定遠営での雑事で過ごさなければならなかったが、やはり一方で、山のほうへはげしく引きつけられた。前述のような旅をしたあとなので、隣の溪谷スブルガン・ゴルへ出かけた仲間たちを、わたしはうらやましく思った。彼らはそこで遅れて飛来した渡り鳥を仕止め、現在、ホーテン・ゴル溪谷を訪ねていた。その入口には、いまのツィンワンの夫人で、三男ウ・エの母の墓と、いっしょに埋葬されている彼女の二人の子供の墓があった。このシナ人の王妃の墓所は、粘土壁で囲まれていた。墓まで山モミの通りが通じていた。溪谷の入口のすぐそばの岩山の中に、ある断食ラマ僧の見捨てられた庵がある。わたしの仲間は、計一週間この二つの谷で過ごしたのである。

アラシャン山脈（アラシャン（阿拉善）という名はナンシャン（南山）、ティエンシャン（天山）、ペイシャン（北山）と同じくシナ語である）はほぼ南北にのびて、森やアルプス型草原を飾る鋸状の壁のようにそびえている。それはオルドスの焼けた平原と、アラシャンのまだ不毛の砂漠とを区別している。山々の配列は、舞台の書割りのように連なり、山の基部の上はけわしい勾配をなしている。山の鞍部の高さは三〇〇〇メートル以上に達する。山脈の中腹、頂上はたいてい丸みがあるが、低い周辺部は岩と鋭くとがったところが多く、その形は遠い昔のシナの塔を思い出させた。東の方のアラシャンの主峰は黄河によって洗われている。黄河はいわばアラシャンを二分しているのである。かくて分断された北の部分は、黄河の向こうで著しく東へ曲がっている。

岩の多い急斜面をもった深い溪谷が巨大な山腹に切り込んでいて、縦横の鞍部とともにきわめて複雑な形をつくっている。溪谷の底に、とくに西の水の豊かな山の斜面では、実に小さな泉や井戸に出会う。たいていは淡水で、ときには硫化水素が混じっていることもある。

たいていの場合、泉の湧出量は非常に少ない。すぐ涸れてしまう。にもかかわらず泉にはネマキルス類の小魚（たぶんドジョウらしいが）がいることがある。いったいどうやって生きているのか、謎みたいなもので、かなり長い旱魃のあいだ、泉がしばしばまったく涸れてしまうことを考えるとわからなくなる。泉の回りには、いきいきした緑の草、シナ人の畑、菜園のある空閑地がある。庭はたぶんモンゴル人の家畜に対して守るためらしく、粘土塀で囲まれている。

住民の水の使いかたは、非常につつましい。泉の回りに築山をつくり、水があたりに流れ出ないようにその回りに石をおいている。さらに貯水池や池を掘り、そこから必要に応じて穀物畑の灌漑にいるだけの水をとるのである。

アラシャ侯国においてもそうだが、オルドスの領域でもモンゴル人のシナ人による経済的奴隷化は年々強まっている。シナ人は山地だけでなく、東に隣接する黄河の谷においても、いちばんいい地方は自分のものとしている。彼らは模範農場をつくり、人工灌漑のための運河組織をそこに建設している。しかし彼らの人の好い隣人モンゴル人のほうは、砂漠の奥地へと追いやられる。農耕だけでなく、石炭採掘にもシナ人は関係する。そしてアラシャのツィンワンに属する炭層も手に入れる。シナ人は、手当たりしだい森々を開墾する。アラシャの斜面には、一群のシナ人のファンゼのない溪谷はほとんどないし、そこでは必ず斧を打つ音が響き、木の幹がはがれて光っていないことはない。木こりは山のいちばん高いところまではいり込み、ある一定の樹齢に達した木ならどんな種類の木でも容赦しないのである。ほとんど四メートルにならない木が打ち倒される。成長した木の残っているのは、人間のはいり込めない荒涼たる岩の上ぐらいなものである。森のいたるところに大小の道がついていて、目もくらむような嶮峻な傾斜地へ通じている。ここから材木や枝は、崖の下へ落とされる。植物の豊かな山の西斜面から、材木は定遠営へ、東斜面から寧夏へ運搬される。年々少しもじゃまされずに行なわれる森の伐採のことを考えると、なぜ泉が涸れるのか、なぜオアシス定遠営がだんだんと水不足になるのか、モンゴル人が近い将来に、なぜ完全な絶滅の危機に瀕しているのか、理解がいくのである。プルジェワルスキーも同様にシナ人によるアラシャンの森林資源の搾取に言及して、一八七一年次のように書いている。「寧夏出身の数百人のシナ人が森の開墾に精出している。木こりが一人もいないという小さな溪谷を捜し出すのはたいへんな苦労である。この事実はまた結局水不足に帰結してしまうのである。」

一二年後、同じ研究家は次のように書いている。「アラシャンの西斜面、東斜面の中腹にのびている森林地帯は、トゥンガン族の反乱の抑圧以来、シナ人の手で開墾され、すでに著しく伐採された。同様に土地の猟師によって、この地の野獣、クク・ヤマン、ジャコウ獣、マラールは容赦なく狩り立てられた。要するにアラシャンは、わたしたちが一八七一年、はじめて訪問した際見たような処女山脈とはとても言えないのである。当時この山はトゥンガン族の敗北の結果、まる一〇年にわたって人の姿がなかった。森々は思いのままはえ茂り、そこに住む野獣はまったくじゃまされることなくふえにふえていたのである。

泉の貧しさとアラシャンの乾燥性気候は、その動植物界にはっきりと影響をおよぼしている。一般的に動植物はひどくみすぼらしい。植物の特徴、とくに西斜面の植物から見て、アラシャンを三つのゾーンに分けることができる。下部、つまり草原地帯を含む山の前地帯、そして中部、つまり森林部、上部、つまり高山性地帯である。わたしたちの観察、収集活動は、アラシャンでは主として山の西斜面の溪谷地帯に限られた。

高度が上がれば上がるほど、カラガナ・イバラ灌木を例外として、一般に低い灌木の数は少なくなる。高山地帯にまではい上がっている種類の草は、普通矮小で、地上高々と生い茂っていることはほとんどない。

ツィンワンの許可で三匹のマラールを倒したあとは、わたしたちは狩猟をもっぱら山地ヤギにかぎった。

ここに住むモンゴル人に、アラシャンの鳥のうちで何がいちばん美しいかと尋ねると、躊躇なくハラ・タクヤ、つまり《黒い雄鶏》と答える。われわれのアオキジ、またはミミキジで、モンゴル人たちはクク・ヤマンを狩るのとまったく同じように熱心に、この鳥を狩る。この種類は、後頭にあるかなり長い冠毛によって、ほかのキジと区別される。ミミキジは普通のキジよりずっと大きい。力強い足と大きな尻尾を持っている。尻尾の四枚の中の羽はそのほかのより長く、ぐっと開いている。からだの羽毛の基本色は、鉛色がかった青である。尻尾は鋼鉄色にきらきら光っているが、その下の端は白い。長い冠毛とのどは同様に白い。何もはえてない頬は、足と同じく赤い。雌の羽も雄に等しいが、ただ蹴爪がなく、からだつきは小さい。ハラ・タクヤは岩の多い森に住んでいる。もっぱら植物を餌とし、ゆっくりと歩くが、そのときそのすばらしい尻尾は水平に保っている。晩秋と冬は、この種のキジは小さなグループをつくってほかのキジと同じく木の上にとまっている。早春、ハラ・タクヤは一定の地域で夫婦になり、そこで卵を生む。モンゴル人の話では、草でつくった巣は密生したやぶの中にあるそうで、その中に五ないし七個の卵を生むのが普通だという。動物の交尾する春ともなれば、雄が相手を呼びはじめる。その声は不愉快で、クジャクの叫び声を思い出させる。ただ声は少々低く、断続的である。さらにこの鳥は、ときどき独特のこもった音を出す。これはときにハトの鳴き声を思い出させることがある。びっくりすると、ホロホロドリのような叫びを上げる。「交尾期においてさえ」とプルジェワルスキーは書いている。「この鳥には、普通のキジやシャコにおいて見られるような、ちゃんとした雌を呼ぶ鳴き声は立てない。雄のミミキジが叫ぶのはまれで、しかも不規則なまをおき、普通日没後である。むろんときには、その声を、朝の暗いうちに、またお昼ころに聞くこともある。」このすばらしい、きわめて変わった鳥は、長い尻尾があるために、土地の人たちから容赦なくねらわれている。シナの役人は、その尻尾の羽で制帽を飾るのである。ここの猟師は、アオキジの生態によく通じているので、これが丘の背を走る習性もよく知っている。だから一定の場所に彼らは折れた木や枝で柵をこしらえる。通り抜けの穴一つが残される。そしてここにわなが仕掛けられるのである。キジは頂上に近づくと、できるだけ迂回しようと試みる。結局、わなのある通り抜け口を見つけると、そこに設けられた板の上に足をかける。下りようとすると、足はわなにひっかかったまま動かない。こんなふうに容赦なく狩られるために、ミミキジはひどく憶病になっている。さらにこのキジは賢いので猟がきわめてむずかしい。

アラシャンの奥深く、岩の多い絵のように美しい溪谷の中に隠れて、二つの仏教の僧院がある。モンゴル人に非常に高く尊敬されている寺で、バルン・ヒト、ツン・

ヒトの二寺である。バルン・ヒト、すなわち西寺は定遠営から南東約三〇キロにあり、ブトゥ・ダバン、グルブン・ウラの支脈の斜面に寄り添うように立っている。この丘から、イヘ・ゴル川が流れてくる。けわしい岩壁に、芸術家の手で彫刻が行なわれ、描かれた諸仏の像と祈禱の文句が光っている。それらは、七つの大小の寺、白いスブルガン、きわめて多様なオボといっしょになって、きわめて独特ななつかしい印象を呼び起こす。

しかしバルン・ヒトが、たとえどんなにすばらしく美しくとも、また有名だとしても――このアラシャのモンゴル侯国でいちばん美しい寺はやはりツン・ヒト、すなわち定遠営の北約三〇キロのところ、森におおわれた岩がちの丘のまん中、ナマガ・ゴル川とバルン・ゴル川に囲まれている東寺である。わたしたちがオアシスから北東へ進めば進むほど、アラシャンの斜面の森の境界線がはっきりと見分けられた。山の上部の急斜面や岩山では、緑色の牧草地から、灰色の風化砕石がきわだっていることが頻繁になった。とうとうわたしたちは、巨大な礫岩の層に縁どられた、暗い溪谷に下りてしまった。何度も方向を変えたが、ようやく大きな寺が見えてきた。その白い壁と黄金を塗った屋根の装飾は明るく輝いていた。さらにオボが一つ、木々にかけた無数のマニも見えた。このあたりでは森は昔の大きさを持ち、寺の隣にある丘の斜面を絵のように美しくおおっていた。

ツン・ヒトは、この侯国全体で、その仏事の組織とそのきびしい律法のために有名であった。律法は、アラシャ出身の高僧ラマ・ダンダールハラムボが決めるのであった。この高僧のもとで、僧院はその全盛時代に達した。純粋に宗教的性格をもった仕事のほかに、このラマ僧は文学的著作にも従事していた。彼はモンゴル語の最上の文法書を書き、たくさんのチベットの本をモンゴル語へ翻訳した。寺だけでなくツン・ヒトのラマ僧の宿泊施設もいい印象を与えた。大きく広々とした僧房は、清潔快適につくられていた。黄金を塗り、採色されたブルハン、つまり首の回りか、胸にかけられる護符入れ、ガ・ウは、そこの最も重要な品物だった。窓から、森につつまれた斜面と灰色の、けわしい岩が代わり代わりに現われている、すばらしいながめを見ることができた。

わたしがツン・ヒトを訪ねている時期は、ちょうど家畜の守護神、ボディサットヴァ・マイトレヤ（弥勒菩薩）のためのお祭りに当たっていた。僧院のおごそかな静寂は、数多くの巡礼者やシナ人のいろいろな商人の到着によってかき乱された。商人たちは、荘厳な気分になっている群衆のあいだに、幾らかの金儲けをかぎつけてやって来たのである。天気は上々だった。太陽は明るく輝き、黄金の飾りや屋根に反射した。僧院の白い建物は、背景の明るい緑から鋭く浮き出していた。僧院の中を往来するお祭りらしく着飾った訪問者たちが、この楽しげな景色をいっそう完全なものとしていた。

お祭りそのものは、翌日七月四日の朝、ラマ僧の大行列とともにはじまった。それはギリシア正教の行列に似ていた。近くの谷を通りその斜面を上る。それぞれのラマ僧が、何か祭祀の道具を持っている。行列の中央、台の上に弥勒菩薩の像が揺れている。音色のいい音楽があたりの祭りらしい気分と調和する。この奇妙な祭礼が済むと、別の側からこの本堂へ到着した祈禱者たちは輪をつくり、ある軒下の広場に整列する。ここのバルダヒンのついた祭礼用テントの中に、金属製の大きな弥勒菩薩の立像がおいてある。そのうしろに、同じ仏のもっと幅の大きな、絹地に金糸で刺繡をした像が、お堂の屋根から地面まで斜めにリボンでぶら下げられている。

僧院長ダ・ラマがいちだんと高い座につき、左右およびダ・ラマの前にその助手たちが席を占める。それから位の低いラマ僧の長い列が続く。ラマ僧と並んで、祈禱する人たちが整列する。ブルハンの左に男たちが、アルヤ侯の回りに固まっているし、右には女たちが、アルヤ侯夫人を先頭にして位置する。仏事は水の洗礼式ではじまる。ある祈禱では、ラマ僧たちは福祉の神に祈願し、一列に整列して、祈禱しているもののほうへ歩み寄る。ラマ僧たちはアルヤ侯夫妻からはじめる。いろいろな聖遺物を差し出し、それを額に押しつける。そのうち六人のラマ僧の戦士が剣を手にし、一種の弥勒の仮面を頭にかぶり近づいて来る。彼らは神の前で踊りを披露する。それはいろいろな、ゆっくりした動きでもってはじまる。踊りながら、彼らは剣を振り動かす。同時に、信者たちの前に立っている三人の中年のラマ僧が、歌うような声で代わり代わりに祈禱書を読む。そして三度、鐘をたたく。最後にダ・ラマはいちだんと高い座から下り、シナふうのビロードの半靴をはき、弥勒菩薩の前に進み出る。彼はこの神前に三度、荘重に頭を下げ、それからハダクを下におく。侯、その夫人、そのうしろに従うすべての信者たちは、これにならう。これで、おごそかな仏事は終わったのである。

上述した、仏教徒にはとくに高く評価されている弥勒祭のほかに、モンゴル人のあいだでは、六月七月、まだ多くのいろいろな祈願がとり行なわれる。それは主として、水の守り神に対する祭りである。土地の人の幸福はこの神の好意にかかっているわけで、彼らは希望に胸をふくらませて、自分たちの穀物の収穫を注視しているのである。六月中旬、雨が降りはじめて、みんなの喜びとなった。大気は洗い清められた。植物は生き生きした表情になった。夏至には、今度はいつものはげしい乾燥した風の代わりに、豊富な雨をもたらした。三〇〇〇メートルの高さに達するアラシャンの尾根が、残りの水蒸気を濃縮することができるとも考えられる。水蒸気は、東のコンロンを越えてゴビの南の端まで達している。充分な降雨量のため、アラシャンのモンゴル人が非常に豊かな収穫に恵まれ、山脈に続く砂漠ですばらしい牧草地に出会ういい年もある。

そのうち探検隊の定遠営の本部は、再び活気を呈してきた。わたしの年輩の同僚、ナパルコフ大尉と地質学者チェルノフが到着したのである。彼らはアラシャンおよび黄河の谷の探検を成功裏に終了したのだった。二人はこの企画を共同ではじめたが、二日後、別れて二つの完全に自立したグループをつくることに決心した。地質学者は苦労の多い立ち入った仕事のため、途中にあるほとんどすべての溪谷でかなり長く滞在しなければならないし、一方、学問的研究のより一般的な部分を扱う製図学は、もっと早く行動し、もっと広い領域を取り扱うことを必要としたからである。したがってナパルコフは新しい地図には記載されているオルドスのボム湖から遠くない、黄河の右岸を川に沿って進んだ。いろいろ聞きただしてみると、この湖はいまはもう存在していないが、六世代前にはあったことがわかった。湖の周囲は非常に大きかったそうで、馬で二四時間もかかって一と回りできたという。いま、以前のボム湖のあとに、オカヒジキのはえた沼のような低地が広がっていて、ここの住民はスルトュン・ココ・ノールと呼んでいるという。アラシャンのうちで最も越えやすい峠、トゥムゥル・ウラ峠《パス》を越えてナパルコフは定遠営へ帰って来たが、その四日前にすでにチェルノフもここに到着していた。この地質学者の旅のルートは、当然山脈そのものにぴったり密着していた。彼はこの山に寧夏のうしろまではいり込んだ。それからまだこれまで研究されたことのないオルドス地方の山、カンタゲリとアルビソを探った。最後に彼は最短距離を通って、アラシャンのシャラ・ホトゥール(約二五四〇メートル)峠を越えて本部へ帰り着いたのである。

わたしたち一同は、いま上機嫌だった。アラシャンとオルドスの研究が終わったからである。できるだけ詳しく、隣合うアラシャンの一般的性格をきわめ尽くしたので、いまは南山とココ・ノールの新たな仕事のことを考えるのであった。定遠営を出発する前に、バドマジャポフはわたしたちのために送別の宴を張り、それにツィンワンとその若き息子たちも加わった。息子たちが父といっしょのテーブルにつくのは例外と言ってよかった。宴会は四時間以上続き、まったく成功のうちに終わった。客好きの主人は、わたしたちにシナ料理のありとあらゆる最上のものをすすめ、ヨーロッパのブドウ酒を出した。そのうち最もいい種類のシャンパンがいちばんうまかった。すっかり暗くなったとき、一同そろって外へ散歩に出た。近くの丘で花火を打ち上げた。すばらしいこの晩の会の終わりに、わたしはこのツィンワンに天文観測用の望遠鏡を進呈した。ツィンワンは、長いことそれをのぞきながら、恍惚として月と星に見入っていた。

今後の旅の用意をしながら、わたしは暇な時を利用して、ツィンワンに別れの挨拶をしに行った。彼は、息子のアルヤとウ・エの同席するところで、わたしをいつものように親しげに、誠意をもって迎えた。彼がとりわけ聞きたがったのは、探検隊の今後の計画と、わたしたちが彼の領地、彼の首都に帰って来る時期であった。ツィンワンの保護をあてにして、わたしたちはキャンプと気象観測所をここに残しておくことにした。わたしたちは友情をこめて別れ、互いに写真を交換した。翌日、このアラシャの支配者はわたしに、高価なモンゴルふうの鞍をおいた、実に美しい灰色の駿馬を贈ってくれた。わたしは、このぜいたくに慣れた馬が、前途のつらい旅にはほとんど役に立たないと思ったので、残念ながらここに残して行かなければならなかった。若い息子たちは、わたしに大きな喜びをもたらした。というのは、彼らは歴史的に価値のある大きなシナの皿を贈ってくれたからである。これはシナでの発掘の際発見されたものだという。さらに、シナふうの書きもの机用のモダンな筆記用具、定遠営の写真をはったアルバムを贈物としてくれた。

出発の日が来た。仕事の成果を上げるために、わたしたちは三つのグループに分かれた。第一グループはナパルコフで、歩兵サナコーエフとコサックのマダーエフを連れて、定遠営のオアシスを離れた。このグループの任務は、ティアオ・ツゥイの河谷をグユアンツォ町まで調査し、蘭州をへて西寧へ進むことであった。西寧で、このグループはわたしたちがココ・ノールから帰るのを待つのである。このグループは、地形測量の仕事のほか、人類学的特徴を記述し、昆虫を採集するという任務をもらった。

さらに三日たって、つまり七月一五日、わたしたちはチェルノフを送り出した。彼のお供は、標本作製員アルヤ・マダイエフと歩兵のデミデンコである。すでにペテルスブルクでも決まっていたのだが、この地質学者は、ソゴ・ホト（ツェンファン）への砂漠経由の新しい道を利用し、涼州からココ・ノールへの方角に南山を横断するはずであった。ココ・ノールでわたしたちは再会するつもりでいた。

さてわたしと主力隊商の番である。わたしたちはまず、荒涼たる砂漠へ再びもぐらなければならなかった。この砂漠は、北方、耕地と農耕に従事するシナ人のいる東南山山脈の前方地帯からはじまっているのである。砂漠にいるあいだは、南西の方角をとり、わたしが前回行った探検で開拓したルートを、ツァギュンシテッペまで進まなければならない。ここから平番の町をへて、南山山脈を横断、西寧河谷へはいり、谷をさかのぼって西寧にいたり、さらにシャラ・ホトゥール峠を越えて、ココ・ノール盆地にはいろうというのであった。

8　南山山脈東部を越えて――
甘粛省

定遠営を去る前に、わたしはもう心の中で、ココ・ノール、南山山脈東部、大通山のことばかり考えていた。ココ・ノールへわたしを誘うのはその《心》――クイスー島――であり、南山へ誘うのは、その豊かな動植物であり、大通山へ誘うのは巨岩であり、泡を吹いているような土地の起伏であった。プルジェワルスキーとはじめて探検したときすでに、大通山はその未開の美しさでもってわたしを感動させ、わたしのうちに旅の情熱をあおったのである。

わたしたちが仲間のチェルノフとナパルコフを送り出してまもなく、三〇匹の元気潑剌とした、よく餌を食わされたラクダがわたしたちのところに連れて来られた。これらは契約に従って、主力隊商をココ・ノールへ運び、西寧へまた連れ戻すことになっていた。

ラクダの責任をおっている第一御者は、優秀なアラシャ・モンゴル人で、旅のはじめにすぐ、重い探検隊の荷物をウルガから定遠営へ安全に輸送した男である。今度はこのラクダの所有主ラマ僧イシ自身もやって来て、わたしたちと知り合いになり、南のほうへいっしょについて来ることになった。彼はアラシャ侯国のいちばん金持であった。彼がその家畜を率いて遊牧している地域は、シャルツァン・スメ僧院の近く、定遠営の北西、約二五〇キロのあたりだった。

ラマ・イシは、その高い背丈、スポーツマンのような体格、その豪華な衣服によって、彼を見るすべての人々に、いかにも富豪にふさわしい印象を残した。わたし個人としては、そのふるまい、とくにその落ち着き、信頼性によって彼が気に入った。彼は一度約束したら必ずそれを守った。別れる際、アラシャのツィンワンのお気に入りであるこのモンゴルの富豪は、わたしから帰り途に彼の領地に一、二日とどまるように約束をとりつけ、

「わたしのラクダが、あなたをあなたのお国の境界まで運ぶことができるように希望します」と言った。

わたしたちに残念だったことは、三日間小止みなく雨が降り続いたことだった。そのため、七月一九日まで引き止められてしまった。遠くで、ときどき雷の音が聞こえた。空気には湿気が充満していた。気温は一五度Cまで下がった。濃い、灰色のときには鉛色の雲が山々をおおい、一部は近くの平野まで隠した。七月一八日、これまで穏やかに、その広い、石の多い河床を流れていた小川は、午後二時ごろ、恐ろしい急流に変わり、黄色な、濁った高波をたててはげしく流れはじめた。橋はこの自然の暴力に抗しきれず壊れてしまった。同様にときどきけわしい岸の下がけずりとられて、地響きを立てて土が流れの中に落ちた。何ものも荒れ狂う奔流を止めうるものはなかった。しばしば小さな動物さえ引きさらわれて行った。このたえまのない豪雨と水とは、定遠営の町にみじめな、荒廃した表情を与えた。道は恐ろしく泥んこになり、粘土塀、いや、家々の壁さえくずれ落ちた。

七月一九日、日曜、ようやくラクダに荷を積み、騒々しく入り乱れて町を出発し、たちまち砂漠の深い静寂の中にはいり込んだ。バイシンテ泉まで第一日にすぐ達したが、ここまで南モンゴルのこのロシヤ人の移住者バドマジャポフはわたしたちのお供をした。それから彼は、わたしたちとながの別れを告げ、旅の平安と成功とを祈ってくれた。

洗い清められた大気は異常なほど澄みきっていて、一方の側にアラシャンの緑、片側に、はるか西のほう、遠い地平線までのびている砂漠がはっきりと見分けられた。南西へと走るわたしたちの道は、砂漠の湾曲部を通って砂の海の東の支脈を横切っていた。この砂の海は、黄河の左岸、起伏の多い丘のふもとまでのびていた。

まずわたしたちは、アラシャンの前部の山の縁に沿って進んだが、まもなく車の通る道を離れ、隊商路を西寧の方角へ曲がる、イヘ・ゴルの河床沿いに旅をした。この岸にバルン・ヒト僧院がある。わたしたちは興味をもって、この前の洪水の跡である礫岩の流れや地すべりを観察した。キャラバンは、わたしとわたしの協力者の乗る四匹の馬のほかは、ラクダで構成されていた。ラクダは、太陽の熱で熱くなっている砂の表面を威勢よく歩いて行った。この表面は、その前の雨ののち緑におおわれていたものなのである。概して単調だが、ときどき人の住んでいるところがあって、単調さが破られた。東のほう、山に向かって、少数のシナ婦人の姿が現われたり、西のほうに、フェルトのユルトが見えたりする。あたりにはいつも、羊やラクダのわずかな群れが草を食っている。ときどき牛の群れもいる。

夏の砂漠の旅は、疲れるくらい単調でつらい。夜のほうがまだましな感じだ。しかし陽の光がきらめくかきらめかないかに、もうほんとうの暑熱となり、あらゆるエネルギーが消耗してしまう。ほめたたえられている《砂漠の船》——ラクダでさえ、暑いときにはつらそうに足を引きずって行く。時計に目をやることが頻繁になり、ますます真剣に遠くを見つめ、キャラバンに泉のそばで憩いの場所を提供する小さな緑でもないかと捜すのである。砂漠では距離にだまされる。バイシンテ休憩地から、わたしたちははっきりと、道ばたのオボ、ボムボトの全体の輪郭を見分けていた。シャンギュン・ダライの山の背はすぐ近くのように思えた。しかし丘の隆起は次から次に現われ、わたしたちの目の前にあるのはいつも新たな広漠たる砂漠なのである。そこには礫岩や褐色の砂岩がむき出していたが、あこがれの地点のほうは、いっこうに近くならないのである。タルバガイに一泊し、さらに四五キロ以上もつらい旅をしてはじめて、シャンギュン・ダライに達した。ここでわたしたちはすばらしい泉に出会い、心ゆくまで休息した。

砂漠の旅のはじめの半分ぐらい、焼けるような暑さがわたしたちにつきまとった。そしてわたしたちに砂漠のすべての《魅力》をたっぷり味わわせたのである。砂は七〇度Cにまで上り、薄い長靴の底を通して足裏を焼いた。あわれにも、犬はわたしたちよりずっと苦しんだ。曹長イヴァノフは彼らのことにひどく気をつかって、ほとんど三〇分ごとに小鉢から水を与えていたが。犬はこのことをちゃんと知っていて、時間がくると、呼ばれないでも第一隊のところに走って来て、イヴァノフの顔を懇願するように見上げるのである。そのうちわたしたちは、バルハンがだんだん高く隆起して行く地方に達した。ラクダは息をすることもむずかしくなった。この大きなラクダの列はあるいはバルハンに上ったり、あるいは下ったりした。砂地の上をラクダはその広い蹠で柔らかく踏むのだが、その独特のぴしゃぴしゃいう音はほとんど聞こえない。その苦しげな、早い呼吸の音で消されてしまうのである。

高いバルハンの頂上に達すると、いつも同じ景色が展開する。いたるところ砂、砂、そして砂である。口はずっと前からからからである。砂漠の空気が極度に乾燥しているからである。

七月二二日、陰気な青ざめたような朝、わたしたちはとくに早起きした。月はまだ中天高くかかっていた。暖かい空気の中に、幾千という昆虫がぶんぶんと騒いでいて、コウモリがすばやく飛びかっていた。わたしたちは、デレステンホトゥル山を越えなければならなかった。この山はたしか、ローツュシャン、つまり《らばの山》に属していた。峠への上り道は六キロ。頂上から埃につつまれた谷を見下ろした。遠くにツォクトォ・クレ僧院の白い建物が見えてきた。飛砂が僧院を四方八方からとりまいている。西方、南方に、一条の沼のような水が光っているのは、雨もよいの天気のためにすぎなかった。この水の回りを砂漠に典型的な、緑のハルプシュトロイヘルンがとりまいて茂っていた。

わたしたちは、僧院の前、バイン・フドゥクのそばに停止した。深い井戸の中に頭を垂れて、そののどのかわきを癒やそうとしていたがむだであった。近所を家畜の群れを連れたモンゴル人が徘徊していた。彼らこそその唯一の生命の泉であるバイン・フドゥクを清潔に維持しなかった張本人だと、残念ながらわたしたちは確認しないわけにはいかなかった。水が恐ろしくくさいのである。なぜなら、泉は家畜の糞によってすっかりよごされていたからである。

砂の平原はだんだん印象的になっていった。南北の方向に走っているバルハンの列は、いまはもう、南の地平線全体をさえぎっていた。ラクダはゆっくりと、ゆるんだ土を踏んで歩いていたが、もう一つ小さな勾配を越えなければならなかった。ところどころで、小道が堅い土の上についていることがあった。ここでは、薄い色の礫岩が地表に現われているためで、前進が幾らからくであった。淡黄色の飛砂がでしゃばっていないことはめったになく、ただたまに、あわれな、強い塩気のある水たまりのある小さな低地が飛砂を押しのけて出てくるのである。低地の回りには、カルムック・シュトロイヘルンや草がはえて縁どっていた。

これらの盆地の一つ、シリギン・ドロン、《干上がった七つの湖》というところで、わたしたちはまる一日休息した。暑さとかわきのため消耗して、わたしたちはむさぼるように熟したカルムック・イチゴを食べ、小さな湖の一つで、繰り返し水浴びして涼を求めたがむだであった。

砂漠の後半、テンゲリ（ピンファンへの旅の途中、セルケー砂漠とテンゲリ砂漠のはずれの地域を横断した。興味があったのは、バイトゥングツュ村から連れて来た道案内のものは、この砂漠の名を知らなかったことである）を横断するとき、小雨にあった。北から暗い、おびやかすような雲がむくむくとわいてくる。雨が音たてて降ってくる。空気が心地よくさわやかになる。南西へ進めば進むほど、行手に横たわる丘が大きくなってくる。ずっと南東のほうに、低い山の連なりがそびえている。その一つをわたしたちはホンゴールと名づけた。頂上を飾っているのは、色さまざまな礫岩でできたオボであり、それに仏教の祈禱の文句、いわゆるマニを書いた板が打ちつけてある。渓谷の中を、ほとんど見えない遊牧民の小さな小道がうねうねと続いている。ときにはまた、案内者の言葉によれば、その道の一つは東のシナの町デレスン・ホトから西の塩性のくぼ地ツァガン・ダバッスゥへ通じていることもある。道の両側に、家畜——ラクダ、馬、羊——の死骸が横たわっているのをしばしば見ることができた。これらの動物は、はげしい雨が降ってとつぜん気温が低下したために死んだのである。わたしが数多く観察したところでは、モンゴル人たちもその家畜も、焼けるような暑熱にはよく耐えることができるが、寒さとか湿気にはすぐ病気になるのである。水がなく、テンゲリは不毛の砂漠なのだが、遊牧民はいたるところで、少なくもわたしたちの通ったところでは、ラクダや馬を飼っていた。この事実は、この前の旅から得たわたしの確信を強めるのに充分であった。それは、モンゴルの砂漠では、完全に水のない広い区間というのは全然存在しないということである。

さてわたしたちは、飛砂だけで限られた地域の南の境界へと近づいていた。テンゲリの最後の、きわめて堂々とした支脈はわたしたちの背後にあった。わたしたちは危険を脱したのである。さらに、ほとんど毎日降り続いた雨のおかげで、わたしたちは体力を失わずに済んだ。シリギン・ドロンを南西に三〇キロ進んだところの、砂質の粘土の、ハルミクのはえた丘のあいだで、テントを張らずにわたしたちは夜をあかし、それからイヘトゥングン・フドゥク泉まで行き、そこで次にひかえている旅のために水の蓄えについて気を配らなければならなかった。そのほかここで、毒の強いステップ・マムシの一匹を捕獲した。このホーニン・モゴイ、あるいはモンゴル人の呼ぶ羊蛇はしばしば動物にかみつく。とくに羊にかみつく。かまれたところは一週間半から二週間痛み、次にはれる。泉から遠くないところ、けわしい砂の傾斜地に沿ってすばらしい牧草の谷があって、モンゴル人の家畜の群れが草をはんでいた。

夕方、太陽は沈むちょっと前にもう一度、雲の背後から姿を現わし、バルハンの斜面や背を絵のように美しく照らした。そしてそこを、長い行列をつくったキャラバンがゆっくりと歩いて行った。小高い地点に上るたびにながめても、見えるのは砂漠の黄色と大空の混じりけのない青だけであった。夕やみが大地に下り、夕焼けの弱い反照が輝きはじめると、わたしたちは砂漠を去って、ウラン・サイの最初の平坦な地域にキャンプを張った。地形の起伏がとつぜん変わった。わたしたちの目前にイヘ・ウリュン丘陵が浮かび上がった。西のほうにはアルガリンテの山なみが、そして東と南東のほうには、黄河の谷とわたしたちを隔てている山塊が迫っていた。キャラバンはとある川の広い河床を下って行った。川はうねりながら、ドロネ・ゴルの開けた砂質の粘土の平原を流れていたが、そこにはまだこの前の洪水のあとが認められた。

ツァー・ドロンまで、そしてさらにその先まで、わたしたちは旅を続けるあいだこの鞍のようなドロネ・オボの頂上を基準にして自分たちの位置を決めた。快い、曇った天気が再び力を消耗させる例の暑熱と変わった。わたしたちは、あこがれに似た気持で、マチャンシャンの多くを約束するシルエットをながめた。マチャンシャンは、もっと巨大なルークンシャンの下の部分を隠していた。わたしたちは、寧夏への大きな道へはいる前に、まず、古いスブルガンを一つ調査した。約四メートルの高さで、モンゴルふうの建築だった。これは仏教の聖者、パンチェン・ボグドを敬って建てられたものであったが、モンゴル人がわたしに伝えてくれたように、ひょっとすると、あるダライ・ラマ（たぶん三代目のダライ・ラマ。一五四三年—一五八八年。モンゴルで没し「大ラマ・生ける仏陀」と言われた）のためにも建てられたようである。

このラマは、伝承によれば、この道路をつくったのである。この高貴の巡礼を記念して、そのお墓の近くの砂漠にもそれにふさわしい名前、つまりテンゲリ、《天上的なもの》という名が与えられたと語りつがれている。わたしたちの道の北東にあるユンパンシュイの集落から遠くないところに、シナ人の農耕地がぽつぽつと見えてきた。仕事好きの百姓たちは、雨もよいの天気を利用して、山に続いている砂漠でまだ鍬《くゎ》のはいったことのない地域を掘り返し耕すのに懸命だった。

自然の国境と並んで、協定によるモンゴル・シナ国境も走っていて、二つの記念碑ふうのしるしがつけられていた。七月二七日、わたしたちはこの国境を越え、トゥヤンロバ村の廃墟のそばにキャンプを張った。日が沈むと、空気は目立って涼しくなり、北西風が吹きはじめた。そしてはげしい突風が、わたしたちの天幕をひっくり返した。冷たい雨が沛然と降りはじめたが、わたしたちにははい込むところがなかった。嵐の中で、天幕をまた建てるのは不可能だった。わたしたちは天幕の麻の布の中にくるまり、眠り込もうと努めたがだめだった。膚まで浸み込んでくる、冷たい雨がいっさいの眠けを追い払ってしまうのであった。

トゥヤンロバ村は、塩分を含む砂地の平原の北東隅にあって、西のほう、塩水湖ヤンツェのそばまでおよんでいる。乾いた気候と特徴ある砂漠の植物は、ラクダにとって、特別の好条件を備えている。だから回りの村、たとえばバイトゥンツェに住むシナ人はとくにラクダの飼育に従事している。

夜、はげしい雨が降ったが、お昼ごろはからりと晴れ上がった。遠く、二五キロ離れたところ、マチャンシャン山のふもとに、高いポプラと国境の町サヤンツュンの建物が浮かび上がっていた。ここで昔は、アラシャンから蘭州に行く商品は税を取られたのである。

今日、サヤンツュンは死滅した町のように見える。その住民はひどく貧しく、食いものにさえことかいている。わたしたちは、町の付近でわずか一と束のタマネギしか買うことができなかった。町のシナ人官吏は、その下に軍事部をおいていたが、わたしの使者を非常に愛想よく迎え、探検隊に自由に通過する許可を与えた。すでにあたりはまっ暗になっていたので、シナやロシヤの町などで、外国の隊商のあとにくっついて来るのが普通の、もの見高い群衆には、今度はとり囲まれないで済んだ。

　サヤンツュンから、シャラ・ホト峠《パス》に位置するシャラ・ホト町までの全地域には、農耕に従事する人たちが住んでいる。それからココ・ノール盆地がはじまり、遊牧民にいい生活条件が与えられる。これに反して農耕をする人たちは黄河盆地にひしめき合っている。

　マチャンシャン山脈は、あまり愉快でない印象を与えた。いかにも巨大な黄土の層におおわれてはいるが、ほんのわずかの植物しかはえていず、砂漠そっくりであった。いたるところに水の欠乏が認められた。わたしたちはゆっくりと、けわしい、ときどき狭くなる溪谷を上り、底石、あるいは砂質粘土の露出しているところを通った。また、万里の長城という、この歴史的な建造物のほとんど認めがたい廃墟を越え、ダシャホ川のそば、ワンツュツュン集落の近くで一夜を明かした。

　山中にはいるにつれて、わたしたちは大小の川のすばらしい、冷たい水を存分飲むことができた。砂漠やその哀れな、塩辛い泉のことなど忘れてしまった。はるか西へ広がっている砂漠からわずか数キロ離れたところに草原が緑に光り、シナ人のファンゼが密集していた。文化と砂漠、生と死とがここでは肩を接していて、旅人をびっくりさせた。

　マチャンシャンの南方の前山地帯から、わたしたちは遠くをながめやった。眼前には広い谷ゴージャ・ウォプ・タンがあり、その谷は南のほうは巨大なルークシャンに、西のほうは隣合う山脈の支脈によって限られていた。東のほうは、黄河左岸の山のあいだで行き止まりになっていた。小さな文化の中心地点――クワングチェンとユンタイチェンの町――も、ルークシャンの溪谷の出口にある小さな集落も、距離はずいぶんあったが、はっきりと見分けられた。谷のいたるところに、黄土に埋もれた古い家、見捨てられた畑、そのほかこの周辺にもっぱら農耕に従事していた人々が密集していたことを示す遺跡があった。いまはしかしこの地方は荒廃していた。少数の貧しい、きたならしくルンペン化した住民が、これ以上ないくらいの悲惨な印象を与えた。モンゴル人の話によれば、盗みをしたり強盗をはたらいたりすることもあえて辞さないという。

　ゴーシャ・ウォプ・タンにかつて脈打っていた活気あ

る生活は、とうの昔に死に絶えたのである。平和な、繁栄せる谷に対してはげしい一撃となったのは、トゥンガン族の反乱で、これがシナ人の農民を破滅させたのである。続いてきた恒常的な旱魃と水飢饉とが、残っていた住民たちのやる気を徹底的に打ち砕いてしまった。

貴重な水分が蒸発しないように、シナ人たちは実に奇妙な処置を講じていた。それは耕した畑を、小さな、こぶし大の石でおおうのである。石は畑のはしで掘り出したものである。おおうことによって、ここに深い凹みと地下坑道ができる。石は雨水の蒸発が早くなることを妨げ、土の中の温度を幾らか低下させる。穀物を収穫したあと、石は畑の上におく。石に幾らか水分を保護させるのである。水分はそのときある程度この石の近くの土にも移る。

山ネズミが道をさっと横切り、急いで穴の中へ姿を消す。小さなトビネズミがいかにも特徴のあるそのピーピーいう声を聞かせる。地平線にしばしば、足も軽やかなカモシカが現われる。この連中は朝、普通いっしょにふざけ合ってころがり回るが、日中暑くなるとじっと横になっている。道路ぎわの集落の一つで、シナ人がすっかり慣らしたカモシカの夫婦を見せてくれたが、これは生まれてすぐ養って牛の乳で育てたものである。この優雅な動物は少しも人おじしないで、ファンゼの近くを去らなかった。親切なシナ人の話によると、野生のプルジェワルスキー・ヤギは、とくに朝がたは非常に憶病であるが、日中になると猟師も近づくことができるということである。

七月三〇日、ルークシャンの北麓に着いた。クワングチェンの町がやや南東に見えたが、寄ることはしなかった。ルークシャン山脈は北西から南西へと走り、かなり平たい山脈という印象を与えるが、北の方角にはけわしい断崖をなして切れ、その支脈とともに、はるかゴーシャ・ウォプ・タン溪谷の中へはいり込んでいた。南の方角へは穏やかな傾斜をなして、まもなくスンシャンチェン高原となってしまう。ルークシャンのいちばん高い部分は、わたしの考えでは、ほぼアラシャンのスムブール尾根の高さに匹敵する。尾根や峠やその周辺を例外として、この山脈の北壁はモミの森でおおわれ、森の中には、牧草地やスイカズラ類、甘草、キイチゴ類、スグリなどがはいり込んで育っていた。しかしこのうちの灌木類には、非常にまれにしか出会わなかった。森林地帯の上部は、アルプス高原性の緑色の草地だった。

冬に山は深い雪におおわれ、いまその残雪が西の尾根に輝いていた。猟師の話によれば、ルークシャンにはジャコウジカ、シカ、オオカミ、キツネなどが棲息しているというが、わたしたちはその一匹にすらお目にかかることはできなかった。ただモルモットだけが、遊び戯れながらわたしたちを喜ばせてくれた。モルモットはしばしばイヌワシの餌食になった。イヌワシは、うむことなくその王国の上空を旋回しているのである。

ゴリュンドゥン峠《パス》への大きな道は活気があった。北壁の渓谷の一つに、幾つかのシナ人の部落が寄りそうように集まっていた。それぞれは八軒から一〇軒の家でできていた。シナ人たちは農耕に従事していたが、ときには家畜を飼っていた。主として羊であった。

ルークシャンの頂上から、心から満足の気持で、踏破して来たアラシャン砂漠をこれを最後に振り返ってみた。砂漠はいつものように、黄灰色の砂塵のヴェールに包まれていた。眼前には、澄みきった空気の中、はるか遠くに巨大なる南山山系とその支脈が見えた。西北西、つまりツォルテンタン僧院のある方向をながめると、南山の山容はとくに堂々として、複雑であるように見えた。僧院は、すばらしいテトゥン・ゴル川の左岸の岩に寄りかかるように立っていた。

砂漠を出ると、消耗性の暑気も消えうせてしまった。もう砂塵もなかった。わたしたちは再び安眠することができ、健康な食欲が戻ってきた。

わたしたちは、プルジェワルスキーがチャグリン草原と名づけた丘の多い高原牧草地帯へ足を踏み入れた。そして海抜二六七〇メートルのところにあるスンシャンチェンの町へ向かって歩いた。この町は実に小さいが、粘土でできた二重の城壁に囲まれていた。その北と南に二本の澄んだ急流が流れていて、あたりのすばらしい牧草地を潤していた。ここには、無数の羊、牛、馬の群れが草をはんでいたが、その大部分はタングート族のゲゲン・ニュアンチックのものであった。この男は堡塁の南西隅に美しい寺院を建立した。

チャグリン草原はいい牧草地であるように見えるが、水は少なく、旱魃の年には定住している住民にも、遊牧民にも充分な生活の基礎を与えられない。一九〇八年はとくに降水量が多い年であった。草原地帯の多くは、ここに多様な動物が住んでいること、住民も多いことを暗示していた。重畳たる丘の背からながめるたびに新たな集落の群れが見えたが、その多くはトゥンガン族に破壊されていた。しかしまた復旧されて人の住んでいるのもたくさんあった。羊や馬の群れが草原をさまよっていた。けれど家畜と並んで、野生の動物もよく見られた。たとえばカモシカである。彼らは、全然恐れる必要のない土地の人とわたしたちとを区別することができ、わたしたちのほうをこわがった。羊を飼っているのは、普通シナ人だった。彼らは、たくさんの犬を従えていた。馬は敏捷な若いタングート人に見守られていたが、彼らはほとんどいつも活発な駿馬にまたがってとばしていた。鞍の上に堂々とまたがった彼らは、また自分たちの馬と、模範的に手を入れた武器が自慢で、それをいつも背中に背負っていた。たえずわたしたちのキャラバンと並んで馬を進めながら、わたしたちと知己になりたがり、自分たちの知らないロシヤ人のことを案内人に尋ねるのだった。

南西に進めば進むほど、南山の巨大な岩壁がはっきりとそびえて見えた。平番《ピンファン》の谷とわたしたちを隔てているのは、わずか一連の高山だけで、それをわたしたちは二日歩いて踏破した。わたしたちはフィグ溪谷で夜を明かし、それからまる一日、山の中を歩いた。この山の下部の特徴的なのは、巨大な黄土層があることだった。水不足のため、ところどころ大きな平地が燃えるような太陽の熱のため焼けただれていた。フィンフリン峠の周辺の植物、動物相は南山のそれに似ている。北方からこの峠へ上るのはけわしい。総計八キロである。これに反し南への下りはゆるやかで、二三キロにわたっている。

平番溪谷は、そこここに耕地、集落、家畜の群れがあったりして、心をひく魅力に満ちたながめを見せてくれる。チャグリン・ゴル水系によって潤される。この水系の下流は平番川とよばれる。シナ人が、ここに植林しようと努力していることは確かである。ポプラや柳の巨木がこのあたりの景色に生気を与えているからである。

チャグリン・ゴル、すなわち平番川はその源を、万年雪におおわれたクリァン峰、リァンチウ峰にもっている。（この二つの名をここの住民は知っていない。平番川―あるいは同じことだが、チャグリン・ゴルはどこから流れてくるかとわたしが聞くと、北西部にあるそれはマヤ・スジュエー・シャンにあると答えた）この両峰は、南山の、北に向かう突出部にある。南山はここでは、どこも中断したところのない、巨大な壁のような山脈の東の部分で、チベットから南ゴビ、タリム盆地へとのびている高原地帯全体の枠をなしている。コンロン山系に属するこの巨大な枠は、それぞれの地域でいろいろな名前を持ち、自然・地理学的に差がある。土地の高低は全体として、あるいは全範囲にわたって等しい。中央アジアのそのほかの幾つかの山脈と同じく——ただ、もっと規模は大きいが——南山は、海抜がより低い側に向かっては、山の高低は荒々しい展開を見せている。しかしこれに反して、チベット高原のほうへ傾斜していく側の山容は、はるかに荒々しさが少ない。

わたしたちがツァギュン・ゴルを越えたところの右岸の赤い粘土は、水中にけわしく落ち込んでいたが、そこの山の上に絵のように美しく、二つのシナのパゴダ、すなわち寺が高くそびえていた。タンタン廟とルンワン廟である。後者、水神を祭った寺は、あらゆる生命の源、すなわち雨を得んがために、年々とくに熱烈に祈願が行なわれるという。わたしたちは苦労もなく川を越え、平番の南の城壁のすぐ下にキャンプを張った。

平番は、約三〇〇年前に建てられ、煉瓦でつくられた堅固な城壁によって囲まれている。城壁の隅々には、丸い塔と大きな側面射撃用のでっぱりがあって、一つ一つの正面のまん中には、飾りのついた、美しい亭《ちん》が上にのっていた。住民は商人、農民、役所の官吏からなり、歩兵、騎兵、砲兵から編成されている守備隊が駐屯している。公称、総数五〇〇人となっているが、実際はわずかその半分であった。駐屯軍は、いろいろな系統の武器で装備されていた。砲兵は、五台の銅砲さえ持っていた。これは二頭の馬で引くのである。兵隊たちは勤務のないときには、自宅で生活し、自分自身の仕事に従事しているが、命令が出ればすぐ兵営に出頭しなければならない。平番の住民のたしかな話によれば、当局が金を送ってくれないので、ここの守備隊にはあらゆるものが欠乏しているということだった。

このシナの町での休養日は、穏やかに過ぎた。午前中は手紙を書くことで過ごした。午後、わたしはチェトゥイルキンと水浴に行った。シナ人の子供たちといっしょだったが、子供たちははじめびっくりして逃げ出そうとした。けれどまた戻って来た。わたしたちが泳いだのはチャグリン・ゴルの一支流の澄んだ水の中である。金持のロシヤのキャラバンの来たことをかぎつけた商人たちが、終日、わたしたちのキャンプをとりまいて、穀物や野菜、材木、さらにブルハンまで売りつけようとした。シナやモンゴルの神を黄金で描いたものに、ひどく高い金を要求した。とくに古い宗派《赤派》の小立像は高かった。この小立像は、モンゴル侯国のアラシャのバルン・ヒト、ツン・ヒトの寺院から盗んできたものだといわれる。

八月四日、暑くむしむしする朝、わたしたちは平番を去り、西寧に向かったが、その際、西のほうに回り道をして低い峠を捜した。一般的な言いかただが、わたしにははじめての南山東部は、その西の部分とはまったく違った特徴を示していると言っていい。つまり西では中央だけでなく、周辺の山脈の中にも、水晶のように透明な岩が露出し、とがった頂上をつくっていて、絵のように美しく重畳としてそびえている。しかし東の部分は、ラクダの隊商、あるいは馬やラバで引いたシナ式の荷馬車でさえも峠に達することができるのである。いたるところ黄土が優勢で、それが大小の層をなして、とくにハンハイ沈積物を隠していたり、それよりは小範囲に、石灰岩や珪質板石をおおっていたりしている。車の通る道は深く黄土の表面の中に切れ込んでいて、まぎれもなく溝をつくっていた。その中へ落ちるとこんどは出ることが非常にむずかしく、ときには不可能でさえあった。植物は南山東部、とくに北大通山脈の中では乏しかった。わたしたちは森にもやぶにも、いや、アルプスふうの草原にさえ出会わなかった。出会わないかとずっとあこがれていたのであるが。絶えることなく流れる河川がないので、ここの住民はもっぱら泉を使っていた。泉は二〇メートルないし三〇メートルの深さで、巻揚げ機で〇・五度Cの冷たい水を汲み上げるのである。家畜はその渇きを、せきとめたきたない池の水で癒やした。池はわざわざそのために掘ったものである。

平番から西寧への道は、とてもにぎわっていた。粘土塀、石塀に囲まれた集落、耕地、牧場がほとんど切れ目なく続いていた。数しれぬ旅行客のおかげで、道路沿いの村々には、ちゃんとした旅館ができていた。とくにシンジャンフォリン峠《パス》のシンヅアン部落、《新しい休憩地》の設備の整った宿はいまでもよく覚えている。あたりの山の上は、目の届くかぎり畑が広がっていて、そこではすでに取り入れが行なわれていた。主に小麦や大麦であった。そのあいだに絵のように美しく、ナンナン廟の小寺院があった。約七〇〇年前、聖僧ホシェンの手で建てられたもので、豊饒の神に捧げられている（この神、クワン・シー・ユイン・プツセにこの人たちは種まきの前に祈る）。北大通山連峰の上の峠から、南大通山連峰の柔らかな輪郭がのぞまれた。そのうしろに南山が切れ目のない壁のように連なり、西寧川の右岸へのびていた。

この八月四日の午後、旅の途中に、とつぜんはげしいあられが襲った。それはすぐ雨に変わった。溪谷では、たちまち濁った黄色い水流ができたが、雨がこやみになり、まもなくすっかり上がると、水流もまた再び水がひいてしまった。

途中、とくにタングート人やシナ人に会ったが、彼らは妻子を連れて平番へ日雇い仕事に行くところだった。彼らは困窮に迫られて、つらい暑さの中を数十キロも黄土の埃にまみれて旅をし、わずか数ツォヒの金をもらって穀物の刈り入れをするのである。これときわだった対照をなすのが、裕福なシナ人の往復する豪奢な馬車で、彼らは商売のために旅に出、大いにもったいぶっているのである。旅をしながらシナ人は歌を歌うのが好きである。一度ならずわたしは、彼らの高音の特異な節まわしに、うっとりと耳をすませたものであった。

タンファンサ部落のすぐうしろで、遠くにすでに、テトゥン・ゴル谷の好ましい耕作地帯を見分けることができた。それは山の斜面のあいだに横たわり、ここでは北北西から南南東の方角へのびていた。

大通川のところどころは、わたしになじみ深かった。わたしはその水源を知っていたし、その中流、ツォルテンタン地方を知っていた。この地方では、川は黒々とした岩のあいだを荒々しく流れ、巨大な鋼鉄のヘビのように狭い岩の溪谷の中に姿を消していた。プルジェワルスキーは書いている。（『野生のラクダの国にて』一九五四年ライプチヒ版五二頁）「わたしは、大通川のこの中流地域より魅力のある土地を知らない。急流をなして流れ、深い溪谷の中へもぐり込んでいる小川のある広大な、すばらしい森。豊饒なアルプスふうの草原。それは夏になると色はなやかな花の毛氈でおおわれる。草原のそばには、とりつくしまもない、けわしい岩があったり、山のいちばん高いところにむき出しの礫岩がころがっていたりする。それに加えて深く下のほうに、うねってはげしく流れている大通川があり、垂直に切り立った巨岩のあいだを泡を立てて流れている――すべてが集まって、一つの実に美しく堂々たる景色をなしていて、ちょっと口で描写することもできない。旅人がもし、ゴビ砂漠の疲労させる、単調な、生気のない平原を越えて来た場合には、このすばらしい自然の心を奪う魅力をよりいっそう強く感ずることであろう。」

いまわたしは、わたしの巨大で荒々しい友人である大通川を、べつの風景の中においてながめているのである。岸の高いところから、その曲がりくねった、あるいは広く、あるいは狭い流れをながめることができる。ところどころで川は幾つかの支流に分かれている。河床そのものは、八〇メートルないし一〇〇メートルの幅に達する。ときに二〇〇メートルになることもある。そして〇・五キロないし一キロの幅の谷の中をうねって流れる。ここでも大通川は驚くべき速さで流れる。波を起こし、浅瀬をつくる。わたしはその轟々たる音に耳をすますのが好きだった。澄んだ、きれいな水を通して川底までのぞき込むことができる。底には丸くなった色さまざまな小石が敷き詰められていた。しかしその岸は、本来の美しさを奪われてしまっていた。つまり、柔らかな丸味を帯びた段丘には穀物が植えられ、いたるところに人間のいることが感じられた。人間はこのただ一つの水脈のほうに引きつけられていた。この水脈から、灌漑疎水によってオアシス全体の水がまかなわれているのである。

七月には川の幅は中位になり、水量も中位になる。谷ではげしい集中豪雨の跡に出くわしたが、豪雨の時期はもう過ぎ去っていた。だから渡河もむずかしいことはなかった。パバツォアンの渡し場はシナ政府の所有であった。シナ人の家族が管理していたが、彼らは数世紀来この職業で生活していて、この方法でいわば税金を稼いでいた。平底の、小さい渡し船は、車蓋をつけた曳船のように見えた。荷をつけた三頭までのラクダと、六人から一〇人の人間を同時に運搬することができるが、ラクダ一匹には七フュン（約一〇コペイク）の料金が必要であった。手すりはなかったが、わたしたちは貴重な荷物を下ろしただけで、あとの荷物は全部わたしたちのおとなしいラクダを信頼してまかせることにした。二時間後、探検隊は無事、右岸に運ばれ、そこでキャンプを張った。わたしたちはこれを機会に、すぐ何度も澄んだ川の中で水浴した。これは全員にとって実にさわやかな水浴だった。夕方、わたしはパバッォアンの地理学的位置を測定した。北緯三六・二九・一三度。東経一〇二・四八・〇〇度だった。

川の近くの山はその頂上をオボで飾っていたが、熱い太陽で焼けただれ、ほんのわずかしか植物はえていなかった。むろん川の上流遠く、ランチェン・アルプスは黒ずんでいて、その中腹は森でおおわれていた。さらに東のほうに向かって、山はだんだん低くなっていったが、山脈の西の部分は、処女地の美しさでそびえる堂々たる頂上を見せていた。大通山の谷はここに人が住むことを可能にしているが、同時にまた多種多様な植物、動物相を示してもいる。

わたしたちが大通山を去ると、新鮮で冷ややかな空気もまた去った。またもやわたしたちを取りまいたのは、乾いた、ぐったりさせるような灼熱であった。山中の異常に細かな黄土の砂塵が、その炎熱をいっそう耐えがたくしていた。

南大通山脈はその中央部では粘板岩、珪質板岩からできていて、その端の部分は赤い粘土、礫岩に変わっている。この礫岩は豊饒な黄土におおわれているので、しばしば、けわしい山の斜面、峠、高原さえも、独自の巨大な耕地に変ずることができるのである。ビングゥリン峠《パス》は、その近在の山々同様自然の植物に乏しいが、そこからは、すばらしいアルプスふう草原と黒々とした森とをもった遠くの南山山脈が、とくにはっきりとながめられた。円錐形の頂上の一つには、円蓋のように、タングート族によって建てられた大きなオボがそびえていた。上述の峠の周囲は、ここの住民たちのあいだでは物騒だと思われていた。遅くなって越える旅人はここでいろいろな危険にさらされる。武器を持って襲われることさえまれではない。わたしたちはやむをえず、ビングゥ村の宿で一泊しなければならなかったが、やはり盗賊に脅かされた。彼らはここでもまた塀をこわしたのである。しかしわたしたちの場合、賊どもはすぐその意図を放棄してしまった。というのは、わたしどもロシヤ人の強さ、装備についてうわさが流れ、彼らをびっくりさせてしまったからである。彼らはその商売を、自分たちにもっと好都合な村でやるほうを選んだのである。

南大通山脈から西寧川の谷へ下りて行くには、黄土層を通り、うねうねとした渓谷に似た地溝の中の道をとる。この道は、けわしい個所はジグザグになったり、曲がりくねったりして下っている。この狭い、危険な個所の一つで、わたしたちは「幸運にも」一人のシナ人の官吏に出会った。彼はその家族とともに寧夏へ行くところだった。しかし慎重な措置をとったおかげで、万事はうまくいき、わたしたちはつつがなくこのシナ人のばかでかい車の列をやり過ごすことができた。

八月八日、大通山脈の最後の支脈を越えることができた。そしてロワチェン町の近くで、西寧川の広がった谷にはいった。この川の源流は、北西、ココ・ノールと黄河とのあいだの分水嶺であって、それから南東の方角に流れ、大通川とチャギン・ゴル（平番川）を合した後、黄河にそそぐ。この全行程において、流れはきわめて急で、その川幅は一定しないが、それはところどころで、片麻岩やすきとおった板岩からなる岸によって、二〇メートルから四〇メートルもせばめられているからである。そして西寧川が狭い渓谷から現われてくると、谷は二、三メートル広くなる。いや、四メートルぐらいも広くなる。その際、川は黄土でおおわれた砂岩を露出する。この開けた地味豊かな地方には、幾つかのきわめて重要な部落がある。テンカール、西寧、ニュアンボシュアン（ニイエンポー）、ロワチェンの町々である。西寧川はテトゥン同様、谷となり、泡をかんではげしく流れている。しかしその水は澄明というわけでなく、洗い流される赤い粘土のために色がついている。黄土の川底にもかかわらず、岸には乏しい植物があるだけである。数しれぬシナ人の村落の回りに、植林された木や灌木の茂みが見られた。

小さな、見ばえのしない《カラスの町》ロワチェンは、森のない、平闊な盆地の中の島のような町である。盆地の大いさは長さ約四〇キロ、幅三ないし四キロである。南の川の山麓は、ここでは段丘を従えているが、段丘は谷の沖積層の上に約四〇メートルの高さにそびえ、黄土の混じった川石から成っている。G・N・ポターニンの意見に従えば、この段丘はロワチェン谷全体と同様、昔は水底にあって、ここには大きな湖があり、川が流れ込んでいたと考えないわけにはいかないと言う。町の近く、ほかでもなく河床の中央に、六メートルの高さの、嶮峻な岩が水中からそびえている。そしてその岩頂に魅力ある小さなシナの寺が一つ建てられている。

いたるところ、活発な生活が展開している。穀物畑、ケシの畑には農民がいっぱい蠢めいている。蘭州から西寧への道路では、朝早くから夜遅くまで、商人の隊商が川に沿って進んでいた。溝のような道路には、馬やラバのまき上げるもうもうたる砂塵が立ちこめていた。彼らによって荷車はあえぎながら進み、シナ人やタングート族のあいだで非常に好まれる鈴がさえた音で響いていた。長い車の列のそばを、タングート族の騎馬のものが元気よく駆け過ぎたが、彼らはその、いわゆるクムブム馬を誇りにしていた。このすばらしい駿馬は大きくはなく、短い首は比較的太く、背や尻は丸々とした形をしていた。しかしひづめは——競走馬に似て——高く、細く、この地方のほかのすべての馬の同類から比べると強力である。

比較的小さな川の支流では、たえず水車が音を立てて回り、運ばれて来る畑の収穫物をその場で処理していた。この支流の岸には水車の近くでは柳やポプラが植えられ、堤防には川石が盛り上げてあった。こういう水車の技術的な設備はひどく原始的である。二つの水車石が重ねてあり、下のは固定してあるか、上の石は水平におかれた輪で動かされる。輪の上に、三〇度の角度で水が強い力で落ちる。水車の内部では、堺に沿い、輪と向かい合って二つの、細い棒がとりつけられている。棒は二本の溝の中の粉を、それぞれの篩《ふるい》へ導いていく。それをそこに立っている所有者がふるうのである。ふるう際に、二つの篩は互いにぶつかり、その細い棒にあたる。こうすると、粉は同時にぬかからもわかれ、粉とぬかとはそれぞれべつべつの袋の中に集められる。

西へ向かうわたしたちの旅の次の文化の中心地は、ニャンボスヤンの町であった。強力な堡塁壁によってとりまかれていた。建物はすべてきたならしく古く見えた。ファンゼの城壁のうしろに行くとようやく、サイプレス、クリ、その他の木々が庭の緑のように楽しいながめがえられた。堡塁の門のそばに、かごが幾つかぶら下げてあった。これの中にはシナの町では犯罪者の首を入れておくのが普通だが、今度はそうではなくて、有名な、前任の町の有力者たちの履き古した靴が見物に供されていた。ニャンボスヤンには、あまり多くの住民はいない。ここに生活しているのは、シナ人のほかはトゥンガン族で、「古トゥンガン」あるいは「ロ・ホイ・ホイ」と呼ばれていた。この町の商業はまったく言うに足りなかった。

　わたしたちは町の南東一キロ、スマホー岸に停止した。通訳のポリュトフを町長のところに派遣して挨拶を伝え、わたしたちに案内人を世話してほしいと頼んだ。使者はまもなくいい返事を持って戻って来て、シナ人の町長の名刺をわたしに手渡した。

　この地方では、西寧川の右岸は浸食がひどく、溪谷が長くのびていた。その入口には草木が繁茂し、たいていたくさんの人が住んでいた。この溪谷の一つ、ラバゴゥにはこの地方としても非常に大きな、約二ヘクタールの広さの池があった。もう一つの溪谷、ガンサ・ゴゥにタングート族の寺チュンタンスュがあった。これは約五〇〇人、いや、六〇〇〇人ぐらいのラマ僧さえ収容することができた。この寺の近く、ロワスヤ溪谷では金が見つかるが、沖積層の漂砂金鉱床から採取できるのである。

　ニャンボスヤンから、道は川の左岸の岩の下を通り、狭い小道をつくっているだけなので、水位が高い場合には水の中に落ちる危険を冒さなければならない。七月に降った豪雨はきわめておもしろくない影響をおよぼしていて、わたしたちのキャラバンはさんざん苦心したあげく、この狭いところを通過することができた。つまりその際わたしたちは、ラクダを一匹一匹、岩壁に沿って向こう側へ引っぱって行かなければならなかったのである。

　西寧川が狭い溪谷にはいる直前、左岸ののしかかるような岩の下の道の修繕が行なわれていた。人々はいかにも勤勉に働いていたが、やりかたはおそろしく原始的で、むだな労力を払っていた。上から大きな石を投げ落とすのだが、道の上に落ちて、その穴をふさぐことはめったになく、たいていはごろごろと大きな音を立てて、川の中へ落ちて消えてしまうのである。

　北のほうのながめは高い岸によってさえぎられていた。黄土におおわれた赤い礫岩の斜面は、ときどき柱に支えられた古い城の廃墟を思い出させた。すでに一〇キロの遠方から、わたしたちは、垂直に突き立った暗紅色の岩を観察することができたが、そのふもとに古い仏教の寺院マルツァン・ルハ、あるいはシナふうにペイマシ（白馬寺）という寺が白い点のように光っていた。寺は礫岩の巨岩のでっぱりに建っていた。その細い、四階建ての、普通一般の様式で建てられた本堂はけわしい斜面の下に隠れていたから、山崩れの恐ろしい危険から聖処が守られているのは、まったくの偶然にすぎないように思われた。本堂の上や両側では、山壁は白く塗られていた。

わたしは急傾斜の小道を寺院まで上ってみた。そして岩に刻まれた、きわめておもしろい仏像を写真にとった。ドアのすぐそばで、高齢のラマ僧にわたしは迎えられた。僧はていねいに、建物の内部にはいるように勧めた。僧房の窓から、広い河谷と南山の支脈に属する南方の山々への眺望が得られた。山々のふもとに、小さなタングート族の集落が寄り添うように固まっていた。そこの住民たちは農耕に従事しているふうだった。というのは、村の中心の広場に穀物小屋が建てられていたからである。大通りには、隊商や車が、欠くことのできぬ鈴を鳴らしながらひきもきらず往復していた。

赤い礫岩の壁はマルツァン岩が現われてとつぜんきれてしまった。そしてかなり広いオルゴリン溪谷に場所を譲ったが、そこにはオルゴリン川が流れていた。その水源は西寧川の北一〇キロのところ、溪谷の左端に《黄色い牛乳》、つまり黄教に属するタングート族の大きな堂堂たる僧院アイグマンシがあった。

西寧から東一〇キロのところは岩によって狭くなっていたが、狭くなっているいちばんおしまいの個所は片麻岩とすきとおるような板岩から成っていた。溪谷の内部では、かなり堅固なシナふうの橋が川にかかっていたが、むろんこれはただ荷を運ぶ牛馬や官吏の軽い車だけしか通るに適してなかった。こういう橋の構造はきわめて簡単だった。両岸のどっしりした石の柱の上に、角材でできた橋板を一つ一つ渡してあるだけである。第一の角材の列の上に、第二の角材をずっと高く、川をまたぐようにおくのである。そして第三、第四と続いておき、両岸の距離が角材一本の長さになるまで縮めるのである。それから水面六メートルまでのところにある橋の中央が、堅固な横材ではめ込まれるが、その横材はとくに小さな枠とくさびによって基部に固定されるのである。橋全体には横板がはめ込まれる。ラクダがこの橋を渡るとき、橋のつぎ目はみんなみしみしと音を立て、しない、ゆれる。にもかかわらず、なかなかの重荷にも耐えられるのである。

西寧まで、右の川岸をずっと進んだ。まもなくわたしたちには、この省都の堡塁の塔が見えてきた。西寧に近づけば近づくほど道路はにぎやかになった。岸の高い丘に特異な塔が姿を現わした。伝えるところによれば、これはかつて無線電信の一種として使われていたのである。事が起こった場合、この塔に火が点ぜられ、それによって合図を塔から塔へと送るのだが、とくにモンゴル人やチベット人の好戦的な軍隊が国内に侵入したとき、この方法でシナの政府に情報を伝えたと言われる。

9　西寧の町と近くのクムブム寺

ココ・ノール遊牧民だけでなく、遠い北東チベットも治めているシナの高級官吏巡撫（コズロフは鎮在 Tsing-tsai に当たる文字をあてているが西寧府の最高官は巡撫である）の居処のある省首都西寧については、わたしの先達によって一度ならず書かれたことがあり、わたし自身も筆をとったことがある。だからここでは、ほんの軽くふれることにしたいと思う。町はいま大きくなりつつあるところで、住民も西寧全州の数がふえているのに歩調を合わせ、だんだん増加している。上部西寧川の低地はきわめて豊饒で、西シナの隣接諸地域の穀倉の役をしている。大部分の穀物隊商は西寧から蘭州、つまり副王の居城へと旅する。

西寧は単に穀物売買だけでなく、遊牧民との交換取引きの中心地でもある。遊牧民はその原料を提供して、日日の必要品、ときにはまたぜいたく品も買いつける。草原や山々の野生児たちはぱっと晴れやかな色のものを着るのが好きで、好んで赤、黄色、紺、空色の絹地、木綿地、いろいろな銀の飾りを買い求める。シナ人は生まれつきの商人で、どんな注文にもすぐ応ずることができる。それぞれの商店は自分のお客をもっている。モンゴル人、タングート人、チベット人の顧客を。彼らはこの町に滞在中、巧妙な商人からさんざん歓待される。奇妙に聞こえるかもしれないが、貧しく、滅びつつある遊牧民たちもシナ人の商人にとっては金持で、堅実な遊牧民と同様に儲けさせてくれる存在である。金持のほうはその資本の大部分をその倉の中にしまい込んでいるが、貧しい連中はその最後の財産まで売り飛ばしてしまう。その中には幾つかの珍しい高価な品物、とくに貴重な毛皮などがあったりする。そしてそれをくだらぬものと引替えにするのである。西寧では、シナ人と並んで、移住してきたカシュガルのサルト人（トルコ語を話すイラン人種）も小売商を営んでいる。彼らは主として生糸、珍しい絨毯、あるいは美しい、色はなやかなフェルトの掛けものなどを売る。

ときには、巧妙なサルト族はタングート族にベルダン銃を売りつけ、あつかましくも一〇〇ルーブル、一五〇ルーブル、いや、二〇〇ルーブルの代金を要求したりする。

わたしたちのキャラバンは西寧の東、二・五キロ、西寧の郊外町ツァウドヤツァイにキャンプを張った。そこは沼地に隣合った、まだ耕されてない土地だった。すぐ近くの住民は、わたしたちにとても親切だった。いや、西寧の町そのものが、わたしたちに異常に気を配ってくれた。わたしはキャンプへ早く到着したのを機に、すぐ町へ行って、すでに午後三時には、シナ人の商会の昔の知人ツァンタイマオのもとで休息したのである。

この商会の代表者は、教養のあるシナ人ハブール・ハブールだったが、きわめて丁重にわたしを迎え、まもなくわたしたちは愉快な会話に夢中になってしまった。わたしたちは昔を回想し、未来を夢みた。同じ日わたしの通訳パリュートフは、西寧の巡撫と四人の町の最高官吏、ダオタイ（道台）、チェンタイ（鎮台）、フタイ（府台）、セタイ（官名不明）にわたしの名刺を差し出してあった。

八月一三日一〇時、わたしは礼服を着こみ、一頭立ての、しめきった馬車に乗って、前夜約束しておいた訪問に出かけた。最初に巡撫を訪ねた。背の高いエネルギッシュな老人で、いかにも頑健そうな印象を与えた。シナのアンバン（按辧、マンチュー語で高位高官の人、知事などを意味する）のところで普通になっている精確さでもってわたしを迎えた。まず、ツゥングリ・ヤーメン、北京の外務省の保護依頼状の中に上げてあるわたしの隊員のことを尋ね、続いて、探検隊の今後の計画・目的としているココ・ノール探検に話を移した。彼は言った。「心からお願いしたいのですが、あんまり奥深くこの未開の地域にはいり込まないようにしてください。そしてココ・ノールにも長く滞在しないでいただきたい。ここには敵意を抱いた、始末におえぬタングート族がいますから。」

彼が援助を約束してくれたのでお礼を言うと、今度はいつ西寧に帰って来るかと興味深げに尋ねた。一か月、あるいは一か月半以内には帰れないだろう、また、わたしの仕事の計画の中に、このアルプス性の低地の奥の探検も含まれていたこと、わたしはそのためボートで行くつもりだと語ると、彼はびっくりして飛び上がった。しかしまもなく彼は心を落ち着け、用心深い微笑を隠しながら鋭く言った。「ココ・ノール湖の水は特別な特性を持っていることを、あなたはどうやらご存知ないようですな。あの湖では水だけでなく、木や材木類さえ沈むから、あなたの計画は不首尾に終わるでしょう——ボートも沈むでしょう。あなたは帰ろうにも帰る手段がなくなるでしょう。」わたしは好意にあふれたこの老人に、わたしの探検隊の名において感謝の意を表し、自分たちの行動は、ただいつも祖国と地理学に奉仕するという義務と願いに基づいて行なうでしょうと答えた。

西寧の省長ダオタイは、巡撫よりも高齢であったが、巡撫と同じく、口をきわめてわたしのプランに異議を唱えた。

守備隊長チェンタイは、快活で、美男子の大尉だったが、わたしを応接室で少し待たせたことをひどく申しわけながっていた。彼は、わたしがいつ来るのか知らなかったと言って、自分のあわてぶりを弁解した。この高官が大の馬好きであり、すぐれた射撃手であることがわかった。いろいろな武器に興味を持っていた。わたしが中央アジア探検家の一人であることは、外務省の役人をしている兄からもう聞き知っていた。

もう一人、軍人でない役人、いちばん若い裁判官セタイを訪問したあと、わたしはフタイを訪ねて、この高官巡りを終えた。フタイはわたしをとても歓迎してくれた。「九時からずっと待っていましたよ」と彼は言った。「もうしんぼうしきれなくなりました。」タングート族やわたしの旅の冒険の話をしているうちに、フタイとわたしは互いに好感をいだいてきて、そう言ってよければ、互いに友人の交わりを結んだのである。

八月一四日、わたしは西寧に別れを告げ、東の郊外市区へと戻った。ここでわたしは、巡撫がわたしたちの通信を伝えてやろうと約束した好意に甘えて、すぐ故国あての郵便を二つ三つ書き終えた。

西寧での滞在は、はげしい雷雨でもって終わりを告げた。わたしたちのキャンプは水浸しになった。とくに凹地にあった《将校テント》は一般の同情を買った。この種の思いがけない突発事件は、ありがたくないものの一つである。

キャラバンの出発は八月一五日と決められた。その主力隊は、直線コースをとって西寧川のシナ人の住む谷を通り、テンカールへ進むことになっていたが、わたしはコサック兵を一人連れて、まずクムブム寺院を訪ねることにした。

最後の数日間の雨で生じた泥のため、西寧からの道路はとてもひどく、わたしたちの旅を阻害した。南門を通り町を出てからやっと、わたしはほっと息をついた。わたしはキャラバンを、西寧川の支流ナンチャン川にかかる橋まで連れて行き、それからラクダに乗り、ナンチャン川の谷を上り、南南西へと向かった。道はだんだん、曲がりくねった溪谷の中へはいって行った。回りの山々の頂上には、オボがずらりと並んでいた。それらはいわば、仏教の聖地への道しるべとなっていた。丘の平たい斜面では、明るい緑のまっただ中に成熟した穀物が光っていた。野らでは畑仕事が最好調だった。そこでは、見たところ、地味豊かなナンチャン川溪谷の全住民が集まっているようである。村々に残っているのは、老人と子供たちだけだった。名もない、貧しい町ジュジャツァイを過ぎてすぐ、わたしたちは山の支脈を越え、低い峠に上った。すると目の前にクムブム寺院が見えた——《マイトレアの世界》つまり《一〇万の像の寺》である。

クムブムは、海抜二七〇〇メートル。西寧から四〇キロの山中にある。この山は、ナンチュアンコウの溪谷の西のほうのしめくくりになっていた。寺院が建てられた場所がどうして選ばれたかは、この地方の歴史的過去から説明される。それは偉大な仏教の改革者、黄教の創設者ツォンカパの生誕と生涯と密接に結びついている。この尊敬されている聖者について、寺の記録の中には無数の伝承が保管されているが、わたしはここに二つだけ上げておきたいと思う。これは、私見によれば、とくに注目に値するように思う。

第一の伝説は、次のようである。「いまクムブムの建てられてある山のふもとに、一四世紀中期、チベットのロムボ・モケがその妻シンツァ・ツィオとともに住んでいた。二人ともアムドの出だった。ロスエールへ流れる小川から遠くないところに、一つの泉があった。そのそばに、この敬虔な夫婦によって建てられた回転礼拝器があった。夫婦には自分の農地というものがなく、数匹の家畜がいるだけであった。子供もなかった。二人は仏陀に、慰めとして一人でも子供を授かりたいと熱心に祈願したが効顕がなかったのである。あるとき、シンツァ・ツィオが泉のそばに立っていると、水が涸れるという事件が起こった。と、底の水鏡に、自分の知らない男の顔が写っているのが見えた。この瞬間から彼女は妊娠した。そして同じ年一三五七年、彼女は健康で力強い男の子を生んだ。男の子は長い髪をし白髭をたくわえていた。彼女はその児をツォンカパと名づけた。これは二人がそのふもとに住んでいた、野生のタマネギの山の名である。

ツォンカパが三歳のとき、母親はその髪の毛を切り、何げなくテントのうしろの土の上に捨てた。その場所からまもなく、きゃしゃな植物がはえてきたが、だんだん大きくなると強い木となり、その葉の上には「オム・マニ・パドメ・フム」の字が見えるようになった。

ツォンカパはごく幼いころから、注目すべき頭脳とすばらしい能力を示した。少年になると早くも一人だちして、孤独のうちに引きこもっているのが好きだった。そして断食をし、冥想にふけるのを愛した。あるとき少年は、鼻の長いラマ僧と知り合った。その僧は西からやって来たという（フクの意見によれば、このヨーロッパ人は明らかにカトリックの宣教師である。ほかの学者の説によれば、ネストリウス（景教派）の一人で、マルコ・ポーロの証言では、ちょうど西寧に定住していたという。これに対しフィルヒナーは、鼻の長い異人という言葉から何も推量すべきではない。伝承のこの個々の特徴は、チベット歴史によって確認されないからだと言っている）。このラマ僧は、深い宗教的・哲学的知識を有し、思慮深い、有能なこの少年に献身したので、少年はまもなく彼の弟子とも友人ともなった。僧はツォンカパに、彼の宗教的信念の根本理念を伝え、西方の宗教儀式の奥儀を伝授した。それからまもなくこの未知の人は亡くなった。この日から、激励を受けた少年は、西方への旅を志し、彼の忘れがたい師の故国で自分の信念をもっと強固にしようとした。

その長い旅の途中、まったく偶然に、ツォンカパはラサにやって来た。ここで精霊が現われ、この町にとどまり、新しい教えを説くように勧めた。と言うのは、その教えがこの町から全土へ広がるように運命づけられているからだと言う。彼の教えは、ダライ・ラマの宮廷にさえ反響を見いだした。そしてようやくラサにおいても、反対者が現われるようになった。日に日にその影響力の大きく強くなるこの旅僧ツォンカパの手から自由になることが決議された。この目的のため、ダライ・ラマは自ら一介の坊主の衣を着け、ツォンカパのもとに出かけた。個人的に話し合いながら、巧妙に質問をしかけ、この宗教改革者を矛盾に陥れ、一般の笑いものにしようと考えたのである。

ツォンカパは、この見知らぬラマ僧を非常に冷たく迎えた。僧のほうなど一顧もせず、そのテントのまん中にすわり、その熱烈な祈りを続けた。ダライ・ラマは彼に話しかけようとし、いろいろな質問をしかけたが、偉大なるこの師は聞いていないように見え、しきりに数珠をもみ続けていた。と、とつぜん、ダライ・ラマは自分の首をつかんだ。不愉快な小さな虫が刺したのを感じたからである。すぐそれをつかまえ、うっかり指で押しつぶした。この瞬間、ツォンカパは頭を上げ、この坊主を脅かすように見詰めた。彼は坊主がダライ・ラマであることにずっと前から気がついていた。彼は声を上げ、仏教の禁令では、たとえそれがどんな種類のものであれ、生きものを殺すことは、輪廻転生の信仰の名において禁ぜられていると言って、その罪を責めた。『この行ないでもって、貴僧は自分に判決を下されたのじゃ』とこの宗教改革者は言葉を結んだ。恥と屈辱にいたたまれず、ダライ・ラマは出口のほうへ行ったが、彼の帽子が、出て行くときカーテンの端にひっかかって、下に落ちた。このことはチベット人のあいだでは、これまでの古い信仰が仆れ、ツォンカパの説く新しい、真の教義の時代が来たことを意味した。かくて次のことが生じた。ダライ・ラマの頭から落ちた赤い帽子に、ゲリュグ・パ、改革された宗教のシンボル、黄色い帽子（すなわち黄帽派のこと）がとって代わったのである。」

もう一つの伝説は、アメリカ探検隊員W・W・ロックヒル（一八五四―一九一四年）の手で記述されたもので、ツォンカパの過去は幾らか違ったふうに描かれている。「一三六〇年、クムブムの近く、アムドのツォン地方に、シン・サ・フゥという名の女が一人の男の子を生んだ。それをツォンカパと名づけた。後年、この子はティ・リンポチェ、つまり貴重な人と言われた。七歳になったとき、母親は子供の髪を切って、お寺で得度させた。テントのうしろに捨てた子供の髪の毛から、まもなく木が生え、有名な聖樹となった。一六歳になってから、この青年は仏教に専念し、一七歳で先生の勧めに従い、ラサへおもむき、ここでその知識を完成した。ツォンカパがラサで研究に没頭したのは、無数の仏教宗派の教義であって、ときどきそれを解釈してみせた。彼の見解と判断は、たくさんの弟子をひきつけた。僧侶階級の組織と規律についての彼の批判的な評価は、とくに大かたの賛同を勝ち得た。

チベットの王に支持、激励を受け、ツォンカパは短期間にゲリュグ・パ宗団をつくり、ラサから遠くないところに《幸福の寺》ガルダンドムバを建設した。新しい宗団はだんだん強力となり、チベットだけでなく、モンゴルにも信者を獲得した。だから、このころすでに、ツォンカパの誕生の地の近くにクムバ寺院、つまり、一〇万のブルハン、あるいは像という寺が建てられたのもまったく信ずるに足ることである。この名前はきっと、聖樹の葉に現われた無数の像がもとであろうと思われる。」

クフブム寺の門

シナ人は、この寺をいつも《ダゴバ寺院》と呼んでいる。この名は一七三〇年のカトリック宣教師オラッツィオ・デラ・ペンナの書いたものの中にはじめて出てくる。ロシヤの旅行者の中では、D・N・ポターニンが一八八五年冬、クムブムに滞在していたほか、G・J・グルム・グルジマイロが、その探検の途中、ツォンカパの故国にちょっと立ち寄っているし、仏教の巡礼者G・Z・ツィビコフとB・B・バラディン——トランス・バイカルのブリアート人——がこの聖地を訪れている。
クムブム、あるいはグムブムは、アムド山地の最も有名で、最もにぎわっている寺の一つで、約五〇〇年前、ボグド・ゲゲンが基礎をおいた。ボグドはこの聖地の基礎石をおいたあと、チベットのツゥへの霊場参拝に出かけ、二度と戻らなかった。クムブムの教区はゲゲン・アッチャの指導のもとにはいった。この人は、いま一五代目の当主のうちに生まれ変わっている。

その後の発展の理由、クムブム寺院の繁栄の理由は、その地理的に恵まれた位置のうちに求めることができる。この位置のために、寺は北西甘粛省全体の政治的・文化的中心へと押し上げられたのである。その聖地は多くの信者をひきつけているが、そのため寺は金持となり、ウルガ、カシュガル、北京の方向へ向から隊商でこの州を通り抜けるものは、みなここに集まるようになったのである。

《黄色い帽子》宗団の信者は、ツォンカパをたいへんに尊崇している。仏教の北方の変種であるラマ教が信じられているところなら世界中どこでも――チベット、モンゴル・ゴビ、トランス・バルカン、アストラハンの草原、天山の草原のどこでも――ツォンカパは新しい宗教の主であり、創始者としてのみならず、強力で、完全で、慈悲深い菩薩第三の仏陀として、尊敬されている。幾らか信心のあるラマ教徒なら誰でも、ツォンカパに捧げた賛美歌を暗唱している。それは最初の言葉をとって《ミグツセマ》と呼ばれる。信者すべてにとって、ツォンカパはいたるところに現前する、目に見える完全さの模範であり、苦しむ人類が憩いを見いだすことのできる信頼すべき守護仏であり、慰藉者である。これが、なぜツォンカパが、彫刻、聖画の形で、チベット人やモンゴル人の寺やスブルガン、家庭にいっぱい飾られているかという理由である。それゆえ、彼らは胸にもその像をかけている。人生のつらい瞬間に、単純なチベット人、モンゴル人は、何はさておいても《彼らの》ラマ、つまり、聖ツォンカパにすがるのである。一日に何度モンゴル人たちは、冥想の時間に「ラマ・ツゥンヒュウ!」と呼びかけることだろう! 論戦に慣れた、学のある坊さんにとって、ツォンカパの作品は思想、形式、言語の完全さの模範である。冬のはじめ、ほぼ一二月の最初の数日、ラマ教徒はこの師ツォンカパの命日を祭る。広いラマ教の世界のどこでも、家の内外で、この夜は油燈に火が点ぜられる。どこかアルタイ山脈の隅っこの見捨てられたような貧乏たらしいユルトでさえ明るい灯をともして、荒涼たる地方の死の静寂の中に、凍りつくような寒さの戸外へ、偉大なる仏聖徒の名誉と思い出の光を投げかけるのである。この仏聖徒こそ、これら《下層階級》の人々の思想をとらえただけでなく、その心をもっと強くつかんだ人なのである。

クムブムは、寺をいわば古代ローマの劇場式にとりまいた山にへばりついたように建っている。その歴史的な寺は、黄金塗りの屋根、白いスブルガン、坊主たちの家を含めて、山のけわしい斜面のそばに絵のように美しく固まっている。山には深い乾谷が幾つも切れ込んでいる。その谷の底には、澄んだ、清らかな水のある泉が湧き、その近くにすらりとしたポプラがはえてい、そのすっくとのびた梢はこの溪谷のはしまで届いている。クムブムに属するすべての建物の大部分は、古代的な印象を与える。幾つかの寺アルトュン・スメの階段の上の木の表面にくぼみが見られた。これは祈る人たちがたこだらけの手足で床にふれたり、たえずひざまずいたりするためにできたもので――すべてがここにその跡を残したのである。

しかし寺の聖物のうちで、そのもとの形が保存されているのは、たった一つ黄金色の屋根をした寺だけで、ほかのすべての建物は、トゥンガン族の反乱のあいだに多かれ少なかれ損傷をこうむってしまった。

クムブムの一二の本堂は、溪谷のはしに長く連なって、寺の構内の北の部分をなしている。それには二つの種類がある。一つは普通の寺で、ラカンといい、上の位のゲゲンたちの座所であり、祈禱所としてのみ使われている。他はドゥカンという寺院学校、つまり学院であり、そこにラマ僧が集まって仏教のいろいろな領域を研究することになっている。クムブムには四つの学院がある。科学のと、医学のと、冥想の学部のと、タントラの神秘的・科学的文学の研究のとの四つである。

科学の学院では（W・フィルヒナーの著書『クムブム寺の歴史について』一九〇六年ベルリン版八八―九四ページ）、毎朝、ラマ僧全員の出席のもとに、経典の読講が行なわれ、続いて宗教討論会が催される。授業のはじまりの合図は、聖なるホラ貝の響きである。それが鳴りやむと、仏僧たちは経典を持って広間にはいる。上席の両側に四列になって、中年のラマ僧が席をとる。これに対し、若い僧やそのほかの聴衆は、天気がどんなに悪くても、広間の前の中庭に集まる。ラマ僧たちが経典を持って中にはいると、みんな黄色い帽子をかぶる。得度していないものも読講を受けられるが、積極的に参加することは許されていない。沈黙が数分続き、最上座のすぐ次の弟子が大声で、経典を読みはじめる。そして聴衆全部が低い声でそれについて読む。そのあいだ、中年のラマ僧、高位顕官らが読経者の回りに席を占め、読んだところを解釈する。そのあとしばらく静寂が訪れる。続いて弟子の一人が立ち、かぶりものと長い上衣をとり、中年のラマ僧の一人に近づき、何ごとか熱心に証明しようとしはじめる。そうしながら彼ははげしく両手でジェスチュアをする。ラマ僧は答えたり、質問をしたりする。こんなふうに活発な討論が燃え上がる。論争が済むと、勝ったほうは負けたものの肩にのせてもらい、中庭を一巡する権利を獲得する。科学院のラマ僧たちは、クムブム生活で非常にたいせつな役割を演じている。彼らの意見は、管理上の問題においてさえ決定的に働く。怒れる神々と、神の前で罪ありとされ神からいろいろな不幸の罪を受ける人間たちとを和解させるのが、ラマ僧たちの義務である。この和解の儀式には、数人のラマ僧が寺に集まり、深い穴を掘る。そして償いの祈禱文を読み、お金や衣料やそのほか、償いをする人の喜捨するものを穴の中に投げ込む。しかしこれで充分というわけではない。罪ある人のほとんどすべての財産、ラクダ、馬、羊などは、隣の遊牧民、シナ人に分けてやる。この連中はこの種の贈物をひたすら待っている。二、三日後、ラマ僧たちは地中に埋めた寄進物を再び掘り出す。そしてお金のほかはみな焼いてしまう。お金は本堂のものとなる。

学問の学院の建物の部屋の一つに、歴史的に価値のある品物を集めたかなりのものが保管されている。いちばん重要なのは、血で描かれたツォンカパの自画像である。これはこの偉大な宗教改革者がラサからアムドへ、母親への贈物として送ってきたものである。伝説によれば、ツォンカパの母親がこの貴い贈物を受け取った瞬間、像は彼女の手の中で生命を得て、ツォンカパは元気でラサに滞在していますと言ったそうである。

クムブムのツォンカパ像は、幾つかの典型的な特徴を示している。まずこの宗教改革者の像の両側には蓮の花が咲いている。蓮は仏教の象徴である。左手には花と並んで、剣がおいてあり、右手に本がある。ツォンカパは両手を胸のところに保ち、手の平を内側に向けている。

さらに学院の収集品(上述の歴史的な貴重品のほか、ツォンカパの帽子、パンチェン・エルデニの車、ボグド・カンの鞍、ダライ・ラマの衣料品などがある)の中に、もう一つおもしろい像、陶土製の小さな彫像が保存されている。メテ・フーツェ

（たぶん、家畜の守神マイトレア〈弥勒〉のこと）を表わしたものである。伝説によれば、この像ができ上がるとまもなく奇跡が起こって、その頭に髪がはえてきたそうである。

第二の重要な部門は医学である。ここでは、多少ともはやっているいろいろな病気の処置が研究されている。毎年夏の終わり、新米の医学生が付近の山中にはいる。そこで師の指導のもとで、薬草を集める。若い連中には食料が渡され、斧や、鉄のとがりのついた杖が準備される。この山の中で彼らは終日その仕事で過ごし、夕方になってやっとキャンプに戻って来る。一週間、この仕事に励み、次の五日間は植物を整理し分類しなければならない。これはあとで寺の所有品となる。二週間のこの遠出が済むと、学生たちはお茶とお菓子でものものしく歓待される。集めた薬草の一部は寺の薬局におさめられ、そこで乾燥され、ひいて粉にされる。この薬は、赤い小さな紙の袋に保存され、それぞれ名前がつけられる。しかしそれ以上粉末の化学的処理は行なわれない。誰か病気になると、ラマ僧たちはまず教科書を調べ、その症例にあった薬を飲み、しんぼう強く治るのを待つのである。

医学部の指導教授の地位はとくに敬意をもって見られ、先生のうちの最も高徳の、最も功績ある人が占める。しかしわたしには、ここの社会的地位やつながりが決定的役割を演じているように思えた。この指導教授の選挙は、きわめて儀式ばって行なわれる。英国の研究旅行家リーンハルトは、これについて書いている。寺の中庭の壁という壁には、色はなやかな、シナふうの空想画がかけられる。中央に細長いテーブルがおかれる。その上にはいろいろな食事といろいろな大きさ、形の金属の食器が並べられる。入れものには、米、ツァンバ、小麦粉、パン、バターなどがいっぱい入れてある。これらすべての供えものは、医学部部長の新しい後継者のために、神に捧げられたものである。

物見高い群衆がその供物机の回りをとりまき、神のための、うまそうな食べ物をうらやましそうにながめていると、とつぜん、戸から五〇人のラマ僧のおごそかな列がやって来る。みんな、赤や黄色の衣をつけている。手には聖なる鈴を持っている。彼らはずっとはいり込み、席に着く。続いて威儀を正し、落ち着いた足どりで、一種の医学の仏陀と言える当日祝福される教授がはいって来て、赤、黄の布のかけてある木製の特別席へつく。このラマ僧は、絢爛たる礼服をつけ、刺繡のある高い帽子をかぶっている。二つともおごそかな周囲にぴったりと調和している。

儀式は、六〇個の鈴の、耳も聾せんばかりの音響でもってはじまる。ヘブライの神秘教みたいな呪文を唱え歌うラマ僧たちの低い声が反響する。医学教授の最上座のすぐ前に、大きな投票箱がおかれ、その底には明るい火が炎を上げている。投票箱からいい匂いの香煙が立ち上がっている。合図が与えられると、数人のラマ僧が席を立って、大きなサジで供物の一部を投票箱の中に入れる。それは新しく選ばれた人のために燃やされるのである。

最後にラマ僧たちは、聖油を少し火の中に注ぎ、再び自席へ戻る。そして祈禱を歌い続ける。

観想の学院、ティンコでは、この科に該当する文献をラマ僧たちは研究する。さらに死者の魂のための法要や葬式そのものを行なうのが任務である。

ラマ僧の第四の学院はツゥパ、つまりタントラの神秘的文献の研究である。非常にきびしい規則がある。研究員は禁欲生活を送り、その罪ある肉体を苦行浄化し痛めつける。ツゥパの規約によれば、ラマ僧は頭のところまで足を縮め、からだを折り曲げなければ眠ることを許されない。グループをつくって往来を行くことも許されない。だからただよちよちとガチョウのように歩くことしかできず、互いに仲間の運動をそっくりまねしなければならない。したがってその仲間の一人が必要があって立ち止まると、ほかのものもみな同じように立ち止まるのである。

クムブムのいちばん古い寺は、チャム・イン・グム・スクである。これは創立者ボグド・ゲゲンの指揮のもとに建てられたものである。もう一つの寺、ツォクチェン・ドゥカンは五〇〇〇人までの信者を収容できるが、本堂内の空気が濁っているのでひどくびっくりした。たぶん、一度も空気を入れ換えしたことがないのであろう。どうして五分間以上中にいられるのか、ただただ不思議なばかりである。ツォクチェン・ドゥカンの背後、山の近くに、黄金色の屋根をもち、うわ薬をかけた煉瓦でつくった壁のある豪奢な寺がそびえている。これがアルトュン・スメである。伝承によれば、その中央の黄金を塗ったスブルガンの下に、ツォンカパの遺骨が眠っていると言うことである。寺の塀に沿って、金属と陶土でできたブルハンができていて、黄金を塗り、豊かに彩色が施されている。その上にいろいろな神の赤や黄金の像がかけられている。寺の図書館は、黄金色の屋根をもっているが、数しれぬ書物のほかに、ツォンカパの書いたものも所有している。それは一六巻あって、ツゥンブムという名がつけられ、シナ紙、チベットふう版型で出版されたものである。これはこの宗教改革者の主要著作の一つで、その宗教哲学的内容――「いかに完全に達しうるか」という内容――からみて、ゴウタマ・ブッダの比喩に比肩しうる作品だと言われる。

クムブム寺を訪ねていると、たくさんの人々が群がっていた。アルトュン・スメの前には、ラマ僧の大群がひしめき、階段の席をとり深く頭を下げることのできる順番を待っていた。ここでも階段がくぼんでいるのがはっきり見えた。これも祈る人の手やひざが材木の中に残していった跡である。

アルトュン・スメのすぐ近くに、チュフルン寺がある。ツォンカパの大きな、黄金色の像によって有名である。神殿の中央の台座に、ツォンカパが腰を下ろしているところを表わしている。ここで述べておかなければならないことは、このクムブムに、仏教の改革者ツォンカパの大小の像を飾ってない寺、建物は一つもないということである。彼を表わした小さな像、お守り、ガ・ウに入れたブルハンなどをどの僧侶も胸にかけて歩いているのである。

渓谷のはしから数歩下りると、絵のように美しい寺、シャブデン・ラカン、ナイチュン・ツァン・ハンを見ることができる。最も尊崇されているこの第一の聖処には、ウラン・ツァン・ダンの木がある。この木は仏教徒の信仰によれば、彼を得度させるとき、ツォンカパの母親がその髪の毛を切り、投げ捨てた場所にはえてきたものと言われる。伝説のほかの版によれば、ここにツォンカパの胞衣《えな》が埋められているとされている。ウラン・ツァン・ダンはほぼリラの灌木のようで、一二メートルから一五メートル四方の中庭の中央にはえている。煉瓦で囲んだ花壇のまん中からのっきり出ている。中庭の四方には、さらに幾つかの花壇があって、聖樹を分けたのがはえていた。僧たちは、もし信仰厚く、仏陀のお気に召した人間なら、このリラの木の水気の多い、生き生きした葉の上に、神秘に満ちた神のしるしを見ることができるだろうと確言している。だから葉は一枚一枚、貴重なる聖遺物と見なされ、巡礼者の信ずるところによれば、病気をなおす力があるとされている。わたしはウラン・ツァン・ダンを四方八方から注意深く観察したが、どこにも葉の上にしるしらしいものを発見できなかった。しかし、こう言ってよろしければ、わたしは自分の学問的好奇心に抵抗することができず、ツォンカパの木の小枝を折りとり、用心深くそれをノートブックにはさんだ。あとで調べてもらおうと思ったのである。（これはアラシャにもある種の木で Syringa serata という）わたしの《犯罪》は、番人のはげしい反対に遭遇したが、西寧からついてきた通訳がこの目ざといラマ僧をすぐなだめてくれ、わたしの言いつけで銀貨一枚をやった。

シャブデン・ラカン寺の内部には、普通のブルハンのほかに、剝製の野生の動物、たとえばトラ、ヒョウ、クマ、野生の羊、カモシカなどがあるのでびっくりしてしまう。この非常にいい剝製の動物の皮は、ここのタングート族から猟の戦利品として供えられたものである。

隣の寺、ナイチュン・ツァン・ハンは暗赤色の壁、黄金色の屋根飾りなどがあって、もっと絢爛としている。寺には、シナ文字で書いた額がかかっている。曰く。「荘厳な徳は輝かしく統治する」。ナイチュン・ツァン・ハンには、八つのまっ白なスブルガンがあって、なぜかとくに目につくようである。

この墓所の建立には、次のように報ぜられている。甘粛省のシナ人は、かつて寺の所有であった土地を犠牲にしても、その領土を広げようとしていた。この僧院のラマ僧たちは、その八人のゲゲンを先頭にし、ココ・ノール遊牧民に支持されて、この地方に対する自分たちの権利を守った。おしまいにはシナ政府までこの争いに介入し、僧侶たちは反乱を計画しているという報道が政府に届いていると言った。それに対し、ボグド・ハンは軍の一部をクムブムに派遣した。軍は、その残虐さのために当時悪名高かったネン・グン・ワン王子の指揮下にあった。クムブムに到着すると、厳格で断固たる王子は事態の調査を命じた。そしてその争いの首魁は八人のゲゲンであると確信した。王子は八人に自分のところに来るように命じ、言った。『貴下たちはゲゲンは、過去、現在、未来に何が起こるか、すべてご存じなくらい賢明であられるから、いつ貴下たちの死が来るだろうか、わしに言ってみては如何？』八人の高僧たちはびっくりして、自分たちを待っている苛酷な運命を理解した。そこで八人は言った。『明日でございます』『いや、貴下たちはまちがっておられる。今日さっそく死んでいただきたい』と、ネン・グン・ワン王子は脅迫的に叫び、部下に命じてすぐ首をはねさせた。

ゲゲンの亡骸は焼却されたが、寺のラマ僧たちは処刑された場所に八つのスブルガン、つまり記念の墓地を建てた。クムブム降伏の後、ネン・グン・ワン王子はドゥン・チェグ谷、つまり《東の車谷》といういまの谷の南、約一〇キロ、当時はまだ存在しなかった町クエイテのある谷へ出かけた。そこのチェ・マ・チャ・ツォン寺で、王子はすべてのラマ僧に自分のところに来るように呼びかけ、みんな処刑しようとした。しかしラマ僧たちは急遽武器をとった。続いて戦いが起こり、この狡猾な王子は打ち殺された。その軍隊はそれから四散したと言われる。

ネン・グン・ワン王子の死骸はあとで煉瓦造りの墓穴におさめられた。王子につき従っていた兵隊たちはその上に寺を建てたが、その後ここも多くの巡礼者の訪れるところとなっている。巡礼者は、ネン・グン・ワンの像につばを吐きかけ、死者を嘲り、こんなやりかたで、シナ人に対する憎悪、死んだ王子に対する軽蔑を表現するのである。

シャブデン・ラカン寺には、バルコニーが建て増しされている。ナイチュン・ツァン・ハン寺も同様であるが。ラカン寺のほうには、モリカモシカの皮と、野生のヤクの剝製が二匹あって、何か憤怒に満ちた印象を与える。巨大なヤクの頭は垂れ、尻尾はつっ立ち、その姿勢全体は、どんな敵にも角をもって突きかからんとしているところを表わしているからである。

クムブムの第一の聖処と相対して、溪谷の向こう側の斜面に、小さな森と牧草地の一区劃が柵をして囲ってあった。ここは僧たちが散歩をする場所なのである。旧習によれば、僧たちは散歩をしながら、仏教の教義についての自分たちの知識を互いに検討し合い、この目的のため公開討論会をやるのだそうである。遠くから見ると、こういう集まりは一種独特の感銘を与える。若い僧の何百という異様なわめき声が聞こえる。これは歌いながら、仲間の質問に答えているのである。ときには一人一人の声、荒々しい叫び声も響いてくる。これらは一般の秩序を乱しはしないだろうが、よそのものには非常に奇妙に見えるのである。わたしは、何が行なわれているのか全然知らずに、はじめてこの討論会の庭に近づいたとき、その異常な騒ぎで不安になり、何か僧侶に不幸が起こったのではないかとさえ思った。

大小の寺のほかに、このクムブムには、仏教徒から厚く信仰されているスブルガンがある。その一つは、菩薩・アジュシ、つまり《生命を施すもの》を祭った寺である。

寺のすべての建物は、ラマ僧房も含めて模範的に整然としていた。美しい、堅固な建物が幾つかある。その二、三、たとえば大きな厨房には、ほんとうの意味の快適さのはじまりと言ったものがうかがわれた。巨大な中央炉には、純銅の釜が三つ設けられていて、各々は高さ一五メートル、直径二メートルあった。下からわらか小柴でわかされる。こんなふうに大本堂の僧侶全部あるいは巡礼用の茶、また食事がきわめて合理的に用意されるのである（周知のごとく中央アジア住民の一般的飲料は牛乳入りのタン茶。一般的食物はツァムバ。つまりいった小麦、大麦の粉で、熱い茶、バター、脂などといっしょにまぜて濃い粥とするか団子にして食べる）。山の高いところに位置していることが、クムブムを清潔に保っていくうえに大いに寄与しているのである。というのは、あらゆる汚物は雨水で溪谷の川の中へ洗い流され、山のふもとまで運ばれて行くからである。寺に特別の魅力と一種の快適さを与えているのは、空地という空地に仕事好きのラマ僧が植え、手入れをしている木、小さな牧草地、花などである。

クムブムには、六三人のゲゲンがいる。彼らは約三五〇〇にのぼるラマ僧（フークは二倍多い数をあげている）を監督している。ラマ僧は三つの種族に分かれる。モンゴル人、タングート人、チベット人である。寺の最高権力はアチャ・ゲゲンが握っている。彼を支持するため、教団の最も声望のある、最も賢明な団員の中から二人が選ばれている。書記と《ゲツクイ》がそれで、後者が世俗のことを管理する。権力の行使と世俗の官庁との交渉のいっさいは三人の役人の仕事で、ダ・ラマ、サン・ラマ、エムチ・ラマという。

世俗の力の代表者、三人の役人、ゲツクイは特別の建物の中に事務所をもっている。寺院管理事務所で、ここでは《ルチワ》と言っている。下の溪谷のはずれにある。

寺の秩序維持に当たるゲツクイは、月に二度すべての通りを巡回して歩き、監査を行なう。その場合たいていい助手がお供する。助手たちは四角い、色のついた棒を手に持ち、それを非常に器用にあやつることができ、まちがったことをしているラマ僧の背中や肩や両手の上を打ちすえるのである。さらに多くの寺では、戸のそばに、クムブムの僧への警告・脅しのために鞭が下げてある。鞭はしっかりした、黒い皮ひもでできていて、木の握りに固定してある。おそらく、この印象強烈な鞭を見るだけで、若い僧への教育効果は絶大であろう。とにかく、クムブムのラマ僧はきちんとした厳格な生活を送っていて、めったなことで誘惑に負けてしまうことはないと言ってもよさそうだ。あらゆる種類の誘惑の場所の一つは、近くのシナ人の部落である。ロセールと言って約二〇〇メートル下ったところにある。その家々は醜く、せせこましく建てこんでいる。ラマ僧はロセールに立ち入ることは禁ぜられている。にもかかわらず、ときどきこの村で僧が楽しそうにやっているのに出会うことがある。

日々の法事といろいろな学問研究は、クムブムでは非常に良心的に行なわれている。すべてに、主席管理人のしっかりした手で維持されている一定の秩序の、きびしい保持が看取される。

仏教徒によって高い尊崇を受けている宗教的中心地クムブムは、決まった祭日には、中央アジア全体から押しかける巡礼者をその構内へ集める。ここでは南モンゴル、ココ・ノールの住民にも会うことができるだけでなく、北モンゴル、チベットからの巡礼者も見ることができる。聖都ラサへ行く途中の巡礼のキャラバンは、ツォンカパの名と結びついているこの聖地をまず訪れることを義務だと考えている。自由に客を泊めるこの寺で二、三か月休息して、ようやく彼らはそのつらい旅を続けるのである。

クムブム寺は年々豊かになってゆく。牛、ヤク、羊、馬の無数の群れは、近在の遊牧民がたくさん喜捨をするので、たえずその数が増大している。そのうえ彼らは諸寺に、金、銀、金襴《らん》、絹地、じゃ香を寄進する。ツァムバ、小麦粉、バター、塩などのたくさんの食料品にいたっては言うもさらなりである。これらは教団へ贈物として支給される。こういう比較的大きな供物のほかに、クムブムはアムド、カムのすべての寺と同じく、毎年たくさんの寄付金を受ける。何十人という僧がきちんと近在の遊牧民の地域に出かけ、喜捨を乞う。その際、土地の人にハダク、ブルハン、その他いろいろなくだらぬものを分け与え、その代わり《自然の恵み》を受け取るのである。遊牧民はもともと客が大好きで、物乞いをするラマ僧から何か取り上げたり、またそうすることで、中央アジアに行なわれている家長専制主義的秩序の規範を破ろうなどと考えているものは一人もいない。

クムブムでは祭りは頻繁に祝われる。この祭りの期間はさまざまである。二月には仏教徒は《新年》を、あるいは「不信仰に対する真の宗教の勝利」を祝う。この祭りには踊り、音楽、芝居、花火が催される。俗人も出家もここでは敬虔と放縦のかぎりを競い合う。新年のお祝いの終わり、モンゴル、チベットのあらゆる地方から無数の巡礼がクムブムに到着する。彼らは《花祭》または《聖油祭》に参加しようという人たちである。寺はたちまち巡礼で満ちあふれる。場所がないため、やむなくクムブムの郊外、近くの丘の斜面にキャンプを張らなくてはならないこともある。寺の周囲は、二、三日もするとまったく寺とわからぬくらいになり、巨大な遊牧民のキャンプに似てくる。見えるものと言えば、ほとんどタングート族やチベット人の黒いテントだけである。馬のいななき、ラクダの叫び、ヤクのうなり声、犬のほえ声、人間のがやがや言う声が入り混じって、どう言い現わしていいかわからぬくらいの騒ぎである。それがラッパや鐘の音、僧のリズミカルな読経の声でいっそうすさまじいものになる。

クムブムの次の祭りは「仏陀シャキャムニ（釈尊）顕現の祭り」で、四月中旬から五月中旬までまる一か月続く。この祭りに特徴的なことは、道という道を練り歩き、仏陀の像を引き回す無数の行列である。

秋がはじまると、第四番目の祭り、《水の祭り》がはじまる。これは罪をあがない、水浴したり水を飲んだりして救済されることを意味する。この祭りは約三週間続く。

一〇月二五日、《提灯祭り》が、そして同時に偉大なるツォンカパの亡くなった日、《遷化の祭り》がはじまる。夜、あらゆる仏像が明るく照らされる。平屋根の上にさえ提灯がともされ、寺全体は遠くから見ると、星を散りばめた空のように見える。この火の光、輝きでラマ僧たちは来年のできごとを予言すると言われる。

しかし民衆に人気のある祭りの一つは、《帽子祭り》である。寺門はわずか二日、ときには三日間だけしか婦人のためにあけられないのであるが（婦人は一年に二度しか寺にはいることはできない。この日と三月一日である。しかし事実はこの禁令は、黄金色の屋根の寺にだけきびしく守られている）。この二、三日のあいだは、男ならみんな、寺の塀内で出会った婦人の頭飾りをとっていい権利が与えられる。婦人は、慣習に従って、翌日の晩、自ら男のところへそれを取りに行かなければならない。

前に書いた大きな祭りのほかに、クムブムにはさらにたくさんの宗教的行事がとり行なわれる。わたしはここでそのうちの二つだけ、「すべての世界の旅人の幸福のための儀式」と「ラマ僧の夜の祈り」について述べておきたい。「すべての世界の旅人の幸福のための儀式」は毎月の二五日だが、クムブムのラマ僧は近くの山に集まって、祈りを唱える。済んでから無数の紙人形を空に投げる。これは乗馬を表わしていて、風に乗って四方八方に飛ばされるのである。仏陀の意志によって、馬は荒野にさまよう疲れきった旅人のもとに達し、たちまち姿を変じて生きた馬となり旅人を死から救うのである。

きわめて特異な、感銘の深い儀式は、「ラマ僧の祈り」だと言わなければならない。この日の晩、九時から一〇時のあいだ、眠っている寺のおごそかなしじまがとつぜん破られる。高々とラッパが鳴り渡り、聖なるホラ貝が訴えるように吼え、鐘が響き、鈴が鳴る。すると、寺のものは老いも若きもその居間の屋根に集まる。屋根屋根で火が点ぜられる。濃い煙がもうもうと空に立ち上る。ラマ僧たちは、敬虔な姿勢で立ち、あるいは坐し、頭を垂れ、切れ目なくオム・マニ・パドメ・フムと永遠の祈りをささやくのである。平信徒は身じろぎもせずフルデという、回転礼拝器（いわゆるマニ車のこと）を回す。長い棹に固定した無数の赤い提灯がゆらゆらとゆらぎ、祈っているこの不思議な群れを神秘的に照らし出す。

真夜中過ぎると、夜の儀式の静寂はとつぜん、ほとんど動物的な感じのする、みんなの咆吼ととって代わる。これは局外者を何とも言えない恐怖の感情で満たす。同じ瞬間、大小の提灯は消え、今度は再び静寂ともっと深い闇があたりを支配することになる。

この不思議な儀式の意味は、悪霊をできるだけ遠くに追いやることにある。悪霊は以前は、坊さんにいろいろな害を与えたということである。たとえば病気、伝染病、そのほかたくさんの苦しみをまき散らしたという。ラマ僧たちは、多年、その不幸に対して手をこまぬいていたが、かなり最近、仏陀の信心深い一人の奉仕者がこの儀式を案出し、悪霊を退散させることになったのだと言われる。

10　テンカールの町とココ・ノールへの旅

八月一九日朝、わたしたちはクムブム寺を去り、テンカールへの方角へ旅を進めた。わたしは特別の注意と好奇心でもって、遠く南に横たわる山々をながめた。これは黄河からわたしたちを隔てている山々である。そのアルプスふうの地域はわたしを強くひきつけた。このほとんど未知の山々へちょっとはいってみることを、ココ・ノールやチベットの旅のために断念せねばならないのは、自然研究者としてつらかった。わたしたちの騎馬旅行の後半を、西寧川に沿って走る大きな道を進むことによって征服した。崩れ落ちた半月橋の近くで停止。わたしはそばを通り過ぎる旅人や車の長い列を興味深くながめ、シナ人とタングート人の混血らしい、いわゆるテンカール・ワ、つまりダルデン人をもの珍しげに観察した。とにかく彼らは、特別の民族を形成しているのだ。

このダルデン人という種族はプルジェワルスキーが名づけたのであるが、ポターニンはシロンゴーレンと呼び、蘭州市の上部、黄河の両岸に住んでいる。つまりサンチュワンと呼ばれ、北のほう西寧川までのびている地方である。ダルデン人は定住性種族で、大麦、小麦、ソバを栽培している。その畑は個人の財産で、運河によって人工的に灌漑され、黄土、糞尿、灰、その他ありとあらゆるものを、きわめて細心に交ぜ合わしたものを肥料としている。ダルデン人の家屋は独立してぽつんと建っているが、ときには大きな集落をなしていることもある。粘土煉瓦で建てられ、庭にとりまかれている。庭は高い塀をめぐらしているので、小さな堡塁のように見える。ダルデン人の言葉はモンゴル語に非常によく似ているが、幾つか典型的な特殊性ももっていて、シナ語、タングート語の多くを単語としてとり入れている。宗教的にはこの種族は統一していない。ダルデン人の中には仏教徒もいれば、イスラム教徒もおり、ブラフマン教徒さえいる。容貌は堂々として実にりっぱである。そのタイプはわたしたちの南方人を思い出させる。彼らの清潔な衣服は、ある種の優雅さと独自の裁ちかたによって他から区別される。全体的に非常にいい感じを与える。わたしが愛想よく「デム!」、つまり「今日は」と挨拶すると、いつも微笑とばか丁寧な慇懃さでもって答える。

気まぐれな川を上流へとさかのぼればのぼるほど、川には水が少なくなった。すっかり浅くなったが、流れの速さは衰えなかった。相変わらず澄んだ速い流れで、谷の狭いところでは渦をつくってごうごうと音を立てる急流になっていた。川の数個所で岸が水のためにけずりとられ、べつのところでは、芝や、ときには穀物のはえた上の地層さえもいっしょに押し流されていた。土地の人人は、この破壊のためひどい目に会っていた。彼らは道路を修復したり、けずりとられた岸を石で補強したり、懸命に、いっしょに流された穂を泥の中から引き出したりしていた。

わたしたちは急いで進んだ。いたるところに集落や畑があり、見るもの、考えるべきものがたくさんあった。西寧からさらに約一〇キロ進んだとき、フェルガーナのアンディジャーン町から来たという、感じのいい商人に出会った。彼は栄養のいい白馬にまたがって町のほうへ急いでいた。この若者はわたしにいかにも丁寧に挨拶し、わたしたちのキャラバンの主力部隊は無事テンカールに到着しましたと教えてくれた。さて、西寧川の狭い渓谷に、また絵のように美しい土地が姿を現わした。ここはわたしのかつてのチベット旅行のときからよく覚えていた。川のはげしく泡立ち、湧き上がる水の上に、高い、軽やかな橋が一つかかっていた。それを越えると、対岸には美しいシラカバの森が続いていて、丘のけわしい斜面をおおっていた。南のほうから、澄んだ小川が川にそそぐことが多くなったが、北のほうでは森はだんだんと高くなるのであった。

ようやくテンカールの塔が幾つも見えてきた。つい先ほど起こった西風はそのうちしだいに強くなった。厚い雲がわたしたちのほうに群がりよって来、はじめ軽く降っていた雨はほんとうの豪雨と変わった。そしてキャンプを張るまでやまなかった。わたしたちは躊躇なくテントにもぐり込み、テントの下のところに深い溝を掘り、流されないようにしなければならなかった。

キャラバンの主力部隊で、わたしたちは心からなる出迎えを受けた。すべての状態は最上で、ラクダも歩きにくいつるつるする道をみごとに克服し、わずか三日で、たいせつな荷物をつつがなく西寧から目的地まで運んで来たのであった。

テンカールの町は西寧川の左岸にある。西寧川は町の上部ではテンカール川という。町そのものはゆるやかな丸味を帯びた丘に囲まれている。丘は赤い水平層の、黄土におおわれた砂岩よりなっている。

夏の終わりごろ、山々の緑、成熟した穀物畑はあたり一帯の景色に活気を与え、シナの市場のひき起こすきたならしさ、埃と雑踏といった悪い印象を幾らか消してくれる。住民の言葉によれば、要塞都市テンカールは、約二五〇年前、清王朝のときできたという。昔は、堡塁の施設、地方政庁がチェンハイブという一劃にあった。清朝の順治帝のときようやく二〇キロ西の今日のテンカールに移された。皇帝はその息子の一人を初代総督に任命した。

現在テンカールは、甘粛から南チベットに行く道沿いの重要な商業都市である。この道路は隊商やラサ巡礼者によって利用されている。町のたった一本の商業道路で、商品交換のためここに集まるいろいろな国籍を代表する人々に出会う。近在のタングート族の遊牧民、さらにモンゴル人、チベット人（ラサからの商人にも）ダルデン人はいろいろな原料を提供する。たとえば羊毛、皮革、バター、塩、いや、火薬までも。これらすべてと茶、金属商品、布地、ロシヤ革、ぜいたく品、主として婦人の化粧品とが交換される。色はなやかに着飾った人々の雑踏の中に、ココ・ノール・タングート人の独特の衣装がしばしば目をひきつけるが、その婦人たちはとくに、そのきわめて珍しい背中の飾りによって人目をひく。この飾りは二列あるいは三列に配列したリボンで、それに貨幣、貝、銀のガ・ウ、ガラス玉、サンゴなどをどっさり飾ってある。わたしの仲間たちは、タングートの騎馬の男を相変わらず賛嘆の目をもって見ていた。彼らはしばしば完全武装をし、ギャロップで通りを駆けていた。この誇り高く、傲慢な草原の住民たちは何ものも、なんびとをも恐れていなかった。反対に、ここのシナ人たちは彼らに不安を感じへり下っていた。お祭り気分の人混みのまっただ中で、よく陰気な目つきをした罪人にも出会った。彼らは重い鉄の鎖につながれていた。わたしの観察したかぎりでは、彼らはもの乞いはせず、もっぱら人々の自由な喜捨によって生きていた。仏教徒の犯罪者は自分の犯した罪をまったくそのまま自覚し、普通犯した罪に対する罰について文句を言わずに耐えているものである。数人の罪人は人々に対して、自分がひどく大きな罪を犯したことを感じ、罪の償いが済んだあとでも鎖をはずさず、むしろ、自分はまだ充分罰を受けていないと主張するのである。

探検隊の到着を公式に知らされた町の指揮官は、わたしたちをきわめて慇懃に迎え入れた。わたしたちの志気は上々だった。わたしたちは、この交易の中心地の特異な生活を観察し、人類学的資料を集めるのに時のすべてを過ごした。ある日まる一日、テントの布からつくった折りたたみのできるボートをためしてみた。この小さな舟は、あとでココ・ノールでわたしたちに大いに役立ってくれたが、はじめは少し水洩りがし、ついで、ベテラン歩兵イヴァノフの言いかたを借りれば、「水がすごく湧き出て」きた。それでわたしたちはテンカール川で、楽しく下流へ泳ぐことになった。

商人たちは、わたしたちロシヤ人はブルハンやガ・ウ、またここでできる品物などに興味を持っていることを知ると、すぐキャンプへやって来て、ここで小さなマーケットを開いた。無数の価値ある仏教の文化財を手に入れ、また、日々の必要品、とくにココ・ノール・タングート族の衣類や飾りを買ったので、人類学的収集品は豊富になった。

どうしても出発しなければならぬ時がきた。しかし天気はわたしたちの望みどおりではなく、毎日雨が降った。テンカール川は数個所で決壊し、わたしたちのキャンプもまさに洪水の危機に見舞われた。残念なことにこの洪水で人の犠牲も出た。あるとき、暗い雨もよいの晩、テンカール川の方角から遠い叫び声が聞こえた。川波がごうごういっているので、何が起こったのか、わたしたちには確かめるすべがなかった。次の朝になってやっとわかったことは、三人のシナ人の筏《いかだ》乗りが泡立つ川で溺死したということである。彼らは水流にさらわれようとする木を岸にひっぱり寄せようとしていたのである。

ラクダは水気にとくに敏感である。そのためわたしたちのこの《砂漠の舟》も病気になってしまった。彼らの足はふくれ、わたしたちには今後の旅について心配の種が幾つもできた。わたしは、この忠実なラクダの嘆かわしい状態に対応して、探検隊の荷物を積み変えること、つまり重い荷物や、なくても済ませられるものはみんな、テンカールに残しておく決心をした。八月二四日、テンカール町の司令官に預り証のサインをしてもらい、八つの重い荷物を引き渡した。これでいまはより早く軽快に行動できることになった。

出発直前、巡撫の命令で好意的にわたしたちに配属された四人の騎兵と一人のタングート語の通訳とがわたしたち一行に加わった。この人たちは、あとで土地の人と交渉する際に大いに役立った。わたしたちの運命を案ずる巡撫は、タングート族に特別の回状を送ってあった。それには、わたしがどんな重要人物か、わたしの任務がどんな意味をもっているかが書いてあった。さらに西寧の例の高官は今年も恒例のココ・ノールへの視察旅行を行なって、そこの神々に水をどっさりいただけるよう祈願をこらしたが、その機会に親しくタングート族の酋長と話し合いロシヤ探検隊にはそそうのないようにと命令した。これらの処置のおかげで、土地の人々はわたしたちに大いに敬意を表してくれたのである。

テンカールからココ・ノールへは道は二本走っている。南の道はシャラ・ホトゥル峠《パス》を越えるもので、北のはダツァンスメを通っている。前者は普通南岸へ行こうとする旅行者に利用されている。わたしもこの道をとったが、いずれにせよ、西寧の最高官庁の役人も、毎年の出張旅行にはこのコースをとるのである。

ものすごいぬかるみのため、オアシスの境界線まで、わたしたちのキャラバンは苦心惨憺して進んだ。しかしテンカール川の溪谷めいた谷を上流に上れば上るほど、石と砂の地面は乾いてきた。山の川は澄きとおった水を運んでいた。それは音を立て、水しぶきを上げて石の上を流れていた。谷の中の広い個所では穀物畑がのびていた。その水気を帯びた穂は実と雨のために重くなって、ところどころで地面に横たわっていた。取り入れのまっ最中だった。

道は奇妙な細いヘビのようにうねり、しばしばこちらの岸から向こう岸へと移り、ときには川の中へ姿を没した。渡し場があって渡河は可能だったが、橋があったのは町を出てからすぐで、そしてそれきりだった。水は深くなかったので、渡河がむずかしいところは一個所もなかった。しかしわたしたちにありがたくなかったのは、渓谷の細い、けわしい岩壁のところで、思いがけずタングート族の隊商に出会うことであった。完全武装したタングート族は、塩や原料品をココ・ノールの西、ダバスン・ゴビから運び出すのである。たいてい五ないし七人の騎馬のものがキャラバンにつき添っていた。キャラバンは五〇ないし七〇頭の運搬動物からなっていたが、充分太ったりっぱなヤクかハイニュク（牛とヤクとの交配牛）である。土地の人はこの二つの動物の長所をよく知っていて、こんな混成のキャラバンを組むのである。

こんなふうに出会ったとき不祥事を避けるために、わたしたちは数個所でタングート人を引き止め、自分たちのキャラバンが通過できるように、ときには彼らを断崖のほうへ押しまくらなければならなかった。

テンカールを出発して二日め、わたしたちは文明の最後の痕跡をもあとにしてしまった。いまから遊牧民の世界にはいるのである。行く手には山々がそびえていたが、これは、久しくあこがれていた魅惑的に美しいココ・ノールを旅人の目から隠している最後の障害物であった。

わたしたちは澄んだ、清潔な空気を快く吸い込んだ。空気は地平線をいっそう広大に、空をいっそう青く、明るく見せていた。広がり、静寂、孤独はわたしたちの考えかたに、いわば新たな飛躍とより大きな深みを与えてくれたが、これはわたしたち人間が、無垢の自然に近づくきわめてまれな幸福な瞬間に味わうものである。わたしたちの回りには生命が躍動していた。低地には黄金色の花の絨毯が広げられ、その上にチョウが舞い、ハチ類がうなっていた。草原には無数のフエウサギやモルモットが姿を現わしていた。

かなり高い山から、いまははっきりと南方と北方の山脈が浮き上がって見えた。わたしたちの視線はながめているうちに、何となく、今後仕事を集中しなければならぬ南方の山のほうにひきつけられるのだった。

八月二七日、シャラ・ホトゥル峠に続く山頂から、わたしたちはようやくすばらしいココ・ノールの青い水面をながめやることができた。ココ・ノールは遠く西のほうで、同じように青い空ととけ合っているように見えた。南西には、高くない丘がひしめき合い、ココ・ノール盆地を縁どっていた。その中で、セルチムの、あたりを

ココ・ノールのタングート族と羊の群れ

圧する山頂をもつ岩の連なりがそびえていた。そして降ったばかりの雪に埋もれて銀色に光っていた。草原におおわれた丘陵の上に、同様に南の方角に、誇らしげな南ココ・ノール山脈が鋭い輪郭を見せてそびえていたが、同じように厚い雪のくすんだ白さにおおわれていた。不思議なくらい澄んだ大気はおごそかに静まり返っていた。太陽はじりじりと焼きつけ、空の輝くばかりの青さを背景にして、そこここに鳥の世界の支配者ヒマラヤワシ、ハゲタカ、ヒゲハゲタカがくっきりと浮かんでいた。ヒゲハゲタカは、めったにわたしたちのほうに飛んで来なかった。わたしたちはその優雅な飛翔、その大いさに感嘆した。それが羽を動かさず、山に沿って空中を遊弋しているのは壮大なながめだった。

シャラ・ホトゥル峠は海抜三五四〇メートル。その北に、タングート人のあいだでナ・マルゲと呼ばれる、高い礫岩におおわれた山頂がそびえている。南のほうの地平線は、一部、ソル・ゲによってさえぎられている。近くの他を圧する丘陵の背に祈禱のオボがあって、そこに昔タングート人が集まり、ココ・ノールの青い水を前にして勤行をとり行なったと言われる。今日では信者は、べつの場所、最近建てられたシナのお寺でココ・ノールの守護神に祈る。寺は昔の堡塁の廃墟のそばに建立されたものである。峠を越えているあいだ、食料品や什器をこのお寺に運んで行く、ここの大きなキャラバンに出会った。わたしたちの問いに答えて土地の人々は、西寧から高官が来るので待っているのだと教えてくれたが、この役人たちは毎年、バン・シダ・チェン、つまり巡撫を連れ、先に立ってこの聖湖へ巡礼の旅を行なうのである。

わたしたち探検隊がココ・ノールに近づけば近づくほど、タングート族の塩を積んだキャラバンと会うことが頻繁になった。土地の人々の騎馬隊が首長に率いられ、高官を迎えるために東へ馬をとばして行った。タングート人の首長の中に、その誇らしげな態度、堂々たる、いかにも首長らしい容貌のために、何かチャムルらしいのが目についた。アイマク・チャムルの首長であって、その遊牧範囲はアルプス性の湖の南東岸、それに続く山の中であった。彼は、わたしたちの通訳から、これがロシヤ探検隊であることを聞くと、わたしのところにやって来て挨拶し、もうわたしたちの到着については手紙で報告を受けているし、どんな手助けでもせよ、敬意をもって応待せよと言いつかっていると伝えた。南の山々からココ・ノールへ流れ込んでいる無数の大小の川に沿って、いたるところに遊牧民のテントが広がっていた。ヤクが、その巨大な角で柔らかい土塊を突き崩しているのもしばしば見ることができた。遠くには、羊の大群が草をはんでいた。

アラ・ゴルを越えたあと、土地の人に高く評価されている牧草地をすぐ通り抜け、湖水の青々とした広がりを目にして、解放されたようにほっとため息をついた。最初のキャンプは、ツォング・ツェラの南東岸に張った。魅力にあふれたあたりの景色は、わたしに深い印象を残した。はじめてわたしたちは、恐ろしい、泡だつ湖と呼ばれる、紺青色の、測り知れない太洋の水ぎわに到達したのである。ここでわたしたちは、湖の夕べや朝がたの色調を知ったし、ここであるいはやさしい、あるいは意地の悪い波の言葉を理解することを学んだのである。

11　ココ・ノール

モンゴル人が言うココ・ノールは《青い湖》、タングート人はムツォ・クムブム、シナ人はチンハイ――《青海》と呼んでいる。仏教徒のあいだでは神聖な湖と見なされている。大昔から湖は遊牧民の心をとらえ数しれぬ伝説にとりまかれている。

その一つをプルジェワルスキーは、その旅行記の中に上げている。わたしたちもココ・ノール到着直後、次のような話を聞くことができた。「ずっと、ずっと大昔のこと。ココ・ノールの谷にもっぱらモンゴル人が住んでいたころ、今日ココ・ノールが広がっている場所には二つの小さな池があった。住民たちはしかし、この池の水を清潔に保っておくことに気をつかわず、池はだんだんよごれてきた。あるときこんなことさえあった。一人の女がこの池にいとも平気に小用を足したのである。これには、水竜ハイ・チ・ルン（海棲竜）もがまんできなかった。彼は池の底の洞穴からはい出し、うなりながら水面に姿を現わしたので、地底にあった水門は破れ、水はあふれ、周囲一〇〇キロにわたって水浸しとなった。びっくりした住民と近在のシナ人たちは、ル・バン・エ、つまり大工の守り神に守護を乞い願った。ル・バン・エは水竜と戦いをはじめる前に、まず自分の力をためしてみなければならない、と返事をしただけであった。そこでル・バン・エは土を入れたかごを三つ持って来させ、それにどんどんふえるように命じた。すると、いまだかつて見たことのない奇跡が起こった。土はたちまち大きくなり、水面を突き出るほどになった。ル・バン・エはこうして自分の力に自信を持ったので、命令的にハイ・チ・ルンを呼び寄せ、その地中の洞穴に戻るように命じた。水竜は姿を消した。しかしル・バン・エは山を湖中に持ってはいり、それで怒りたける好敵手がはい出した洞穴の入口をふさいでしまった。このときから小さな池のその場所に、たえず波の騒ぐ、果てのない湖ができ、その中央に島を見ることができるようになったという。」

ドイツのアジア研究家フッテラーも、ココ・ノールに滞在したことがあるが、またべつの伝説を上げている。「ココ・ノール地方の仏教徒の住民は、この湖の起源を超自然的なものに求めている。遠い昔、仏陀をたたえてラサに寺が建立された。しかしこれが、まさに落成というときになるといつも崩壊するのである。予言をするラマ僧の説明では、遠い東方にいる聖者だけがこの現象の原因を知っているので、この寺の建立は、その秘密をその聖者から聞かないうちは不可能であると言うことだった。ラマ僧が一人派遣されて、多年にわたり旅をし、あらゆる仏寺、聖地を尋ね歩き、ようやくシナとチベットの国境の草原で一人の盲目の敬虔な男を見つけた。老人は偶然、物語ってかの寺の秘密を知っていると告げた。つまり寺が建てられた場所の地中に湖水があると言うのだ。しかしこの湖水は、あるチベットのラマ僧がこの秘密を知れば、たちまち消え、この老人の住む地方が、代わりに洪水になるだろうと言うのであった。そのチベットのラマ僧は逃げ出した。果たせるかな、その晩大地が口を開き、震るい動き、超自然的な雷鳴とともに水があふれ出てきて、平地全体に氾濫したという。そこで神は大きな奇跡の島を差しつかわされた。島は南山山脈から引きちぎってきた大きな岩塊で水の出口を閉じたのである。この岩が今日なお、島として湖中に見えるのである。」

プルジェワルスキーがココ・ノールを見た最初の探検家として次のように言ってから、すでに三五年以上が過ぎた。「わたしの生涯の夢が実現された！　探検隊のあこがれの目的地に到達した！　ついこのあいだ夢見たことが、いまや現実となったのだ。まことにこの成果は、多くのつらい苦しみと引き換えに勝ち得られたものであるが、いまはこれまで味わったすべてのつらさを忘れてしまった。感動に胸もいっぱいで、わたしはいま仲間とともにこの巨大な湖の岸に立ち、群青色の波の壮麗ながめに心を奪われている。」

このすばらしいアルプス性の湖ココ・ノールは大きな草原の低地にあって、北と南は、人の住まぬ荘厳な山の連なりが枠のように囲んでいる。そのほかの側は、もっと低い山や支脈が湖に続いている。それでも湖の高さは海抜三〇〇〇メートル以上なのである。湖は大きな、かなり深い塩性湖で、周囲約三七五キロである。（濃紺のココ・ノールは海抜三二三〇メートル。北緯三七度、東経一〇〇度である）その岸はたいてい低く、砂と小砂利からできている。ときにはそれは細長い岬、あるいはけわしい斜面によって中断されているが、そういうもので昔、湖がもっと高いところにあったことがはっきりとわかるのである。クイスー島はココ・ノール湖を、かってに北と、南の、つまり探検のよく行き届いた南半分とに分割しているが、一方、その子午線は湖を東半分と西半分とに分割している。盆地の南の部分は砂地で、次に泥土質となり、それからゆるやかに傾斜している。中央に向かってだんだん低くなっているわけで、盆地の低いところには亀裂ができている。亀裂はクイスー島の南端に沿って走っている。ここから地面はさらに湖の南岸からよりもけわしい角度で下りとなる。湖の西半分はもっと広く、プルジェワルスキーの見解では、同時により深いとも言う。東半分は著しく平たいのであるが。飛砂のいっぱいある東岸の近くに、三つの砂山がそびえている。さらにここには小さな湖カラ・ノールがある。これはかつてココ・ノール湖とくっついていたが、いまは砂丘で分かたれているだけである。この事実から推して、このあたりに強い西風が砂塵を運んできて、湖をしだいに浅くしていると考えてもまちがいではない。この推移は、盆地が年々小さくなることと密接に結びついていて、湖や島の岸の長さを調べると、はっきりと確認できる。ココ・ノールには島は総計五つある（これはカイスー島。ドイツ語でへその意味。さらにツァガンカダ島。つまり白い岩の島。そして上述した三つの砂の島）。

W・A・オブルチェフの説明によれば、湖がいま干上りつつあることは、黄土におおわれていない、下の段丘の存在、さらに岬や岸に沿う小さな湖の形成によって証明されるという。島はだんだん湖から大きく顔を出し、岸の沼地もだんだん大きくなっている。

したがって湖がこんなふうに浅くなる理由は、次の点に求められる。それは湖がたえず（と言うのが大げさなら）ほとんど始終砂塵によって埋められるということ、そのくせほんのわずかしか水が流れ込まないためである。プルジェワルスキーが正しく記述しているように「湖の広い表面にわたって起こる夏の蒸発は、水の減少をきたしているが、これを水の流入がカバーできないのである。」ココ・ノール湖全体に総計約七〇の川が流れ入っているが、そのうちの二つ——西のブハイン・ゴルと北のハルゲン・ゴル（バレマ）――が比較的大きなものに数えられる。そのほかのは、しばしば涸れていて、わずか雨期に水を通すだけである。

北ココ・ノール山脈はまたの名、アマ・スルグーであるが、北方かなり遠いところにあって、そこまでの空間は広々とした草原である。南から南ココ・ノール山脈がかなり間近に迫っているので、ここではわずかに狭い急傾斜の岸の線があるだけである。アラ・ゴル川の流れ込むところに三つの淡水湖がある。

ココ・ノール草原の塩性土、空気の乾燥、そしてたえざる西からの強風などが原因で、ここには木や灌木類はほとんど大きく育つことがない。湖水は風を起こすのに、全体として非常に有利にできている。風は北、あるいは南の山脈から吹き下ろしてくるか、はげしく西の方角から吹くかである。

ココ・ノールの澄んだ、きれいな水はそこに含まれる炭酸塩のため、ほとんど飲料としては用いられないが、無数の魚を宿している。しかしすべて Schizopygopsis 類に属する。これがまた三種類に分かれる。すなわち Schizopygopsis przewalski, Schizopygopsis Cepfocephalus, Schizopygopsis gracilis である。

ひまなとき、わたしたちは魚とりに夢中になった。川の合流口で、ときどき小さな引き網でこの種の魚を一五〇匹ぐらいもとった。一匹は一・五から二キロの重さがあった。このような魚の豊かさのため、オジロワシ (Haliaëtus albicilla. Haliaëtus leucoryphus)、カモメ (Larus ichthyaëtus)、ペリカン (Phalacrocorax carbo) などをひきつけている。ワシはたいてい数時間、岸の斜面に止まってじっとねらっている。このココ・ノールに非常に多い、黒い尻尾のオジロワシは獲物を見つけると、さっとそれにとびかかり、つかみ、特有の叫び声を発して、子供たちを食事に呼び寄せる。一家全部が集まると、魚はまったくあきれるくらいのスピードで飲みこまれてしまう。アジサシと同様、カモメも機会を逃さず、ワシが互いに喧嘩をしているとそのうまい食事を少々失敬する。白い尻尾のアジサシと黒い尻尾のアジサシが喧嘩すると、白い尻尾のほうがほとんどいつも勝利者になる。

しかし野獲や鳥にとってだけココ・ノール草原が楽園なのではなく、人間もここで住み心地よく感じている。

欲の少ない遊牧民がここでとりわけ珍重しているのは、冬でも雪のない、すばらしい牧草地である。ここは海面から高いところにあるので、夏の炎熱はないし、うるさい虫も住んでいない。だから、この魅力あるココ・ノールは昔から遊牧民たちの、つまり北のモンゴル人、南のタングート人たちの争奪の的であった。弱いモンゴル人は精悍なタングート人に一歩をゆずらなければならなかった——事実、モンゴル人たちは畑まで明け渡してしまった。

タングート人はだいたいきわめて好戦的な民族で、略奪、暴行、盗みを好む。シナ人は、この誇り高いタングート人を上のほうから見下し、全然友好的な気持をいだいていない。しかし最近、両者の関係はきわめて良好になった。タングート人の隣人としてのシナ人は、タングート語を学び、その風習の幾つかを取り入れた。両民族の若者が互いに結婚するという例もいまではそう珍しいものでなくなったが、シナ人のほうはこんな結婚を歓迎していない。彼らの見解によれば、こういう結合は幸福な家庭生活を築きえないというのである。事実、たいていそれが当たっていることを認めなければならない。シナ人を父とし、タングート人を母とする子供は、たいてい母のほうから盗みの性癖を受け継ぎ、安定した勤勉な生活を送ることはほとんどできないからである。

一般的に言えることは、タングートの少女はきわめて自由に育てられ、すでに早い時期に独立の生活を営むということである。一〇歳、一一歳の娘はもう母親の家事を手伝うことはしない。彼女らは遅くまで眠り、すでに支度のできた食事をとり、それから一日じゅう草原の羊の群れのところに出かける。そこで彼女らはまったく気ままに暮らし、ほかの子供たちとふざけあい、これ以上ないくらいにのん気に時間を過ごす。一四歳、一五歳になると、もうほんとうに母親代わりとなり、家政全体をまかせられる。ただ裁縫だけは男の仕事である。女は夜明けとともに起き、火をつけ、油を暖め、それで顔や手をこする。水で顔を洗うのはみだらなことだと見なされている。そういうぜいたくをあえてする女は、その白い顔で男たちを誘惑したいと思っているのだ、と言われている。さて、娘はそれから茶、《シ・マ》をわかし、乳をしぼり、家畜を連れて野原へ出て行く。ここでこの自然児たちはまた、その初恋を経験する。むろんごく秘密のうちに、またアイマク（モンゴル語で種族、民族を意味する。現在では政治的な管理単位のこと）に見つからずに。

若い男の子《シ・リ》が、すぐれた射手であり、勇敢な騎手であり、精力的に才気喚発にしゃべることができ、盗み略奪に長じていれば、いくら貧乏でも、娘たちに気にいられる可能性が大きい。男女の結びつきかたは次のようである。若い男はその狙っている少女のそばに馬で行き、一見何でもないような顔をしてアルガル（リュモ）を投げつける（アルガルは中央アジアの遊牧民が燃料として使う乾燥した動物の糞）。少女がその男に何も関心のない場合は、まるで気がつかなかったようなふりをする。しかし反対に、その申し出に応じようとするときには、彼女のほうもそのアルガルを拾って、男の子に投げ返すのである。それは愛情のしるしとみなされ、若いタングートの男に感動をもって受け取られるのである。すぐ彼は少女のところに駆けより接吻する。花婿の最初の贈物は指輪である。花嫁のほうは、絹に縫いとりをしたタバコ入れを贈る。

出会ってから数日して、若い二人の両親はこのことを知らされ、正式の求婚がはじまる。花婿《ス・マ・ム・ハ》の父は息子の同意のもとに、花嫁《ナ・マ・ス・マ》の両親の家へ二人の老人を送り込む。老人たちは結婚の下準備の役目で、どれだけの値段で花嫁を買うことができるかを聞き出す。この使者が所期の結果を果たさないで帰って来ると、第二、第三の使者が派遣される。

媒酌人の出迎えは、きわめてものものしく行なわれる。あらかじめ決めた時刻に、花嫁の両親はこの歓迎すべき客に挨拶するために出かけ、自分のテントへ導き入れる。そして炉の右の最上席へつくように頼む。そのほかの客は風習どおりに席についてもらう。女は左、男は右というふうに。客には簡単な食事が出される。ヤギの後部肉の全部、つまりヤギで最上の、いちばんうまい部分である。客は自分のナイフを使う。それはいつも携行しているのである。そしていっさいの儀式めいたものもなく食事がはじまり、食事をしながらすぐ花嫁の購売価格が討議される。

媒酌人が出て行くと、宴会のあいだテントを出ていた花嫁が戻って来て、両親の手を借りてキツネの皮でつくった特別高い帽子をつくる。これには絹のふさが飾りとしてつけてある。

さてこれで娘は正式に婚約者と見なされ、帽子をつけたあと、その女の友だちといっしょに親戚や友人のあいだを別れを告げに回る。この訪問に三日かかる。この三日間ラマ僧は花婿、花嫁のテントでたえずお経を読んでいる。きめられた日に、花婿の両親は数人の近所の人たちと花嫁を受け取りに行く。花嫁のほうも女の仲人、女友達がお供する。花婿のテントで、花嫁のもてなしがある。それから花嫁の付添いの少女が花嫁のまげを編みはじめる。その際、娘のときから飾りに使っている小さな白い貝のほかに、さらに四つの大きな貝を気づかれないように編み込む。これが結婚した女のしるしなのである。この儀式には、花嫁の女友だちしか加われないが、これが済むと少女は再び自分のテントに戻る。そのほか若夫婦を祝うために贈物を持ってやって来た客はすべて祝宴に参加する。そのときはいつものように、ヤギのあぶり肉、しかも最上の、お尻の肉が主な料理として出される。主賓の一人が順々に、一座を回って、居並ぶ人々にお給仕をし、特別の飲物、アッサンシニーを分ける。誰もが一と瓶もらうと、それを口にあてて一と息に飲んでしまう。

食事のあと、お客は女も含めて馬に乗り、一種の競馬大会を催す。それぞれが自分の馬の速さを自慢するのである。

こうしているうち一日がいつのまにか過ぎ去る。遠くから来た客は花婿の家にとどまって夜を明かすが、近くのものはそれぞれのテントへ帰る。若い花嫁はみんなといっしょのテントで、入口に近くやすむ。しかし花婿は戸外の空の下で夜を明かし、家畜の番をするのである。

真夜中、あたりがしんと静まりかえると、花婿は用心深く、めでたいテントに近づき、二、三度ノックし、帳《とばり》を上げる。すでに合図を待っていた花嫁は、寝ている人人のあいだを身をかがめて通り抜け、外に出る。夜が明けると、若い夫婦は別れ、女は出て来たときと同じように、見つからないようにテントに戻る。朝、若夫婦は寺で会い、手を握り合って、ラマ僧の前にひざまずく。僧は二人を聖なる本をもって祝福する。それから僧はさらに二人に許しの言葉をかけて送り出す、これで二人は仲よく夫婦として退出させられたのである。

若妻が妊娠すると、すべての人から非常に注意深く扱われる。妻によってその権威の認められている家族の長は、彼女に乗馬を禁じ、出産前の数週間、いっさいの危険に近づかないように警告する。とにかく湖や川に近づくことも禁ぜられるのだ。タングート人は、水から不幸が来ることがあると信じている。水の深いところに女が何か恐ろしいものを見ると、その恐怖が病気の原因になるというのである。

出産中、いつもガルマという老助産婦が居合わせるが、お産が重いときには、もう一人ラマ僧が呼び寄せられる。僧は水の中をのぞきこみながら、こんな場合にふさわしい祈禱を唱える。さらに妊婦の手足を洗ってやったりもする。ガルマは生まれた子を腕にかかえお湯の中で洗う。冬は羊の毛皮にくるむ。母に乳が出ないとき、この小さな子、《スヤ・ギ》は牛乳で育てられる。晩は羊の皮にくるみ、わたしたちの国で使われるオムツの代わりに、尻の下に灰を入れた、小さな皮をあてがっておく。

生まれて五日目、一五日目、ときには二〇日目、赤ん坊は名前をもらう。その際、父かたあるいは母かたの、年とった尊敬されている親戚が第一の名前を与える。第二の名は、ここに居合わせたラマ僧から、最後の第三の名は両親が与える。知人、親戚がこの幸福な夫婦におめでとうを言い、いろいろな贈物を贈る。あるものはヤギ肉、あるものは布地を持って来る。というのは、から手で顔を出すことは礼儀に反するからである。

男の子はすでに五歳、あるいは六歳で馬に乗ることを学び、家畜の番のため牧草地へやられる。一四、あるいは一五歳になると、父親から刀(シャンロン)、槍(ニュン・ドゥン)、銃(ブウ)を贈られる。

タングート人なら貧乏人でも金持でも、結婚式前に子供が生まれることがよくある。こんな場合、娘の両親がその子供を引き取る。彼らはそういうことを全然恥ずかしいことだと思わない。反対である。このできごとをアイマク全部に通知し、「わたしたちは金持になりました(ヴー・ツウ・レ)。神はわたしたちに孫あるいは孫娘を贈ってくれました(ノル・ジュ・シャ・ツィ)」と言う。娘が子供の父とあとで結婚すると、子供はむろん二人に引き取られる。しかし別の男と結婚しても、祖父母のほうは孫を手離すわけではなく、自分の子供として育てるのである。

ココ・ノール・タングート人の多くはあまり長命でない。七五歳、八〇歳に達しうるものはまれである。老いた家長が死期、つまりシー・スンの近づいたことを感ずると、生きているうちに財産を子供たちに配分する。その際みな同じだけもらう。さらに家畜の中から、いちばん強い、いちばん愛していた雄牛が選び出され、これが死者の亡骸を運ぶように決められる。

タングート人は死骸をくくるのが習慣である。一本で首の回り、二本目は膝の回り、そしてできるだけ強くちぢめた足と頭とをひっぱる。さてそれから、身内のものは近所の人に死を知らせる。死骸のそばに、ほとんどアイマク全員が集まる。タングート人はそれぞれ、小さな布地の一片を手にし、それを注意深く死骸の上におく。だんだんと白い布の下に死骸は隠れてしまう。親戚たちはそれを喜ぶ。これはタングート人のあいだで、よいしるしだと見なされているからである。この独特の儀式が済むと、タングート人は杖を死骸にまきつけた縄のあいだにさしこみ、かついで外に出る。それから例の雄牛に積み込まれ、山に運ばれる。それからは鳥の食うのにまかせるのである。

この儀式のあいだじゅう、こんな場合欠くべからざるラマ僧が出席している。彼らは祈りながら、どの日にどこで、この死骸をさらしたらいいかを本で研究する。彼ら自身は死骸について行かない。死んだ家族の貧富の程度に応じて決まった額の報酬、つまり一匹あるいは数匹のヤギを受け取ると、僧は帰ってしまう。葬式の後、追悼会、いわゆるチュ・ドイ・ゴクがとり行なわれる。これは続く二、三年間、死者の命日にそれぞれ繰り返し行なわれる。

最後の二、三日間、わたしたちはココ・ノール湖岸を歩いてみた。この湖の美しさにはすっかり魅せられてしまった。わたしは八月二八日のとくに美しい晩のことをいまなおはっきり覚えている。太陽はその歩みをほとんど終えていた。水平線に傾きかけながら、その光の一部を山に、一部をわたしたちの目にもあざやかに見える水平線にそそいでいた。水平線は絵のように美しく水面に反映している。柔らかな羽毛のような雲が、黄金の鷲ペンそっくりに、ゆっくりと南へ進んで行く。山々はしんと静まりかえっている。ココ・ノールも穏やかである。もうものの立ち騒ぐ声は聞こえず、波も岸へ荒々しく打ち返しもしない。ただ岸辺と戯れるかのようにぴちゃぴちゃ言っているだけである。湖の巨大な広がり、水平線に消えて行く水の面、水の色調、塩風、深さ、高い波頭、ときどきくる強い寄波――すべてこれらの要素が、海辺にいる感じで、内陸湖のそばにいるようには思わせない。ココ・ノールで泳ぐのはすばらしい。わたしたちは、毎日数度泳ぎに行った。水温は一五ないし一六度Cを保っている。塩分の強い水のためほとんど沈むことがないので、遠く沖のほうまで泳いで行って、あとは波にからだをまかせておくことができる。するとまた自然に岸に運ばれて来る。水はたいへん澄んでいるので、砂底や魚が、深さ四メートルから六メートルならはっきりと見分けられる。

キャンプでは朝非常に早く起床した。セルチム山脈はまだまどろみ、靄に包まれていた。その上におおいのように、小さな層雲、あるいは積雲がかかり、尾根近くにたなびいている。湖からガチョウのがあがあいう声が聞こえる。シギがいろいろな声音で鳴いている。遠くでオジロワシが叫びを響かせている。濡れた草原の上に、ヒバリが目ざめ、空高く歓呼の声を上げながら上って行く。わたしたちは、柔らかな踏み固められた道を前進する。一時間後、最初のはげしい突風が起こり、続いて第二、第三のが来る。ココ・ノールは眉をしかめる。

わたしたちは南岸沿いに進む。とある傾斜した草地から、紺青の水面が前よりも大きく見える。前は水平線のうしろに隠れていたのである。ようやくクイスー島が姿を現わす。タングート人はツホ・ルティゲ・シェと呼んでいる。何とよくわたしたちは、この島のことを考え、あこがれたことだろう！　巨大な軍艦のように、ココ・ノール湖の濃紺の波の上に突き出て、わたしたちを神秘に満ちた眼差しでいざなうのである。空気が冷えているときには、望遠鏡で容易に島の細かいところを見ることができる。わたしたちも丘の背、オボ、隠遁僧の寺などを見つけた。

八月三〇日、島にすぐ向かい合う南岸、ウルトというところにキャンプを張った。そしてここに約三週間過ごした。わたしたちは広闊と自由とを満喫した。遊牧民のところから五キロ、あるいはそれ以上進んでいたのである。わたしたちのキャンプは、湖から約七五〇メートルの場所で、南六、七キロのところに山がのびていた。セルチム山脈の西の部分である。山から小川が、ゆるやかな傾斜の谷を通り湖にそそいでいた。その川は、二つ目の岸の堤の近くで、ほとんど孤立した、周囲二キロの湖水に似た池をつくっていた。この川の三つめの岸の堤の上、ほとんど大地と変わらぬ高さのところに、わたしたちはキャンプをつくったのである。ここからは四方八方が実によく見えた。活発な、澄んだ川はうねりながら、わたしたちのキャンプの回りを気まぐれな音をたてて流れ、三方面からとりまいていた。浅いところでは、竿や網で小さな魚をとることができた。ガチョウとカモが川にやって来るが、その近くの小さな池にはもっと多く、始終飛んで来た。ココ・ノール湖それ自身の砂地の岸には、大なり小なりの群れをなしてペリカン、カモメが棲息し、単独ではオジロワシが棲んでいる。これらは黒い点のように見える。

ホシュン・ツァムルの住民はだんだんわたしたちになじんできた。わたしたちは全期間を通じて、アイマクの首長ツァムル自身の来るのを待っていたが、どうやらだめなように思えた。彼は巡撫の応待に当たらねばならないうえに、二つのホシュン、つまりツァムルとゴミとのあいだの裁判をひかえていた。これには彼は絶対に出席しなければならなかった。

次のような事件が起こっていたのだ。アイマク・ゴミの領界はクムブム寺のうしろまで及んでいて、《西寧のアルプス》に沿ってすばらしい牧草地を所有していた。このホシュンのタングート族は半ば不定住な種族で、豊かな穀物、牧草の収穫のあった数年、自分たちに属する牧草地を必ずしも常時利用することができなかった。一九〇八年夏のはじめ、ツァムルの人々はその黒いテントと家畜とを連れて隣の領地へ行き、そこのよその牧草地で甘い汁を吸ったのである。ゴミはそれを聞くと、武装兵を集合し、この招かれざる客を攻撃し、まもなくココ・ノール湖畔へ追い返した。しかしツァムルも勢いを立て直し、軍勢を補充し、一致団結して押し返して来た。ほんとうの戦争が起こって、交互に勝ったり負けたりして数日が過ぎた。そのときツァムル首長は奇計を考えだした。彼はセルチム山脈の北西の前部の山に、自分の一族のテントを目をひくように立てさせて敵をあざむいたのだ。ゴミは罠にかかった。彼らはその兵士に、誰もいないからのテントを攻撃させたところ、ツァムルは側面から思いがけなく攻撃を開始し、敵の主力を粉砕してしまった。ツィンツァイのココ・ノール訪問を機に、この問題が解決されることになっていたのである。

誇り高きツァムルを襲った重大な不幸は、その息子の病気であった。この若者は父の馬を盗んだ親戚の一人をこらしめ、居合わせた人の前で恥ずかしめたことがあった。怒ったその泥棒は、かっとなって武器をとり、息子の足を傷つけたという。いま病気の息子は痛みがひどく、医師の治療を必要としているそうだ。

ココ・ノールへ着いたとき、わたしたちは折りたたみのボートを荷物から出し、注意深く組み立て、試乗してみた。そのとき五キロ、あるいはそれ以上岸から離れることができた。このボート旅行はどんな天気のときにもやってみた。そしてだいたいに満足すべき結果を得た。ボートは浮袋のように波の上に浮かび、舵のまにまに、すぐ望みの方向に走ってくれた。この特性はプラスだと思ったが、マイナスだと思ったのは次の点である。それは舵があんまり軽すぎて、オール受けが第一日目からすり切れたことである。オール受けそのものもしっかり固定していず、舷は堅くなかったので、ばらばらに離れてしまった。だから波がたえずボートの中にはいってきて、舟底はいつも水浸しだった。それでもっとちゃんと作るべきだということになった。でなければ、自分たちのボートを半分しか信用できず、クイスー島に行く試みを完遂することは不可能なのである。舷側は菱形の木枠で堅くした。これでボート全体に骨ができ、オール受けもしっかりと固定させることができた。オールには皮を打ちつけた。

試運転のあとは、食料品や測量器具、そのほかの機械のすえつけの心配をしなければならなかった。さらに、誰がこの旅に参加するかをはっきりさせなければならなかった。出発地点は、ウルトーのキャンプから七キロ西、岸のオボから四キロのところがとくに好都合に思えた。このオボは、霊場参拝の遊牧民が冬、氷の上をクイスー島へ渡る際に道しるべの役をしているのである。ココ・ノールでの滞在の第一週は、こんな仕事のためあっと言うまに過ぎ去った。

わたしがある日、西岸沿いの小さな遠足から帰って来ると、キャンプが異様に活気づいているのに気がついた。地質学者チェルノフが、その独自の特別探検から戻ったのである。彼はこの旅で約九〇〇キロ踏破したのだ。定遠営から、まず彼は西北西へ進み、ついで南西へ方角を換え、オアシス、ソゴ・ホト（鎮番）に達した。

それから南、ある川を上流に進み、涼州に到着。ここで一週間休息し、その後の南山への旅のために新たな荷物運搬のラクダと案内人とを求めた。涼州と大通間でチェルノフはそれまでヨーロッパ人の誰一人はいったことのない地方を探検、そこで幾つかの氷河を発見することができた。氷河は南山の最高の連山の上で、北の急勾配の渓谷の中に割り込んでいた。しかしそれ以上彼は、南西の方向、ココ・ノール盆地までは進まなかったが、そのわけは何と言っても、案内者がココ・ノールのタングート人を非常にこわがっていたためである。チェルノフはムバイシンとテンカールのほうへ方向転換し、それから隊商路を進んで、わたしたちに追い着いたのである。

　帰って第一日目は、彼は見てきたものを記録したり、集めたものを整理したりするのに費やした。しかしわたしたちを相変わらず夢中にさせていたのはココ・ノール湖であった。その気まぐれな性質、その水面の変わりやすさはいつもどこでも同じと言うわけではなかった。だからたとえば、ココ・ノールの南東の湾は静かで、空の輝かしい青色にきらめいているかと思うと、湖の北の部分はすでにエメラルド色の波がおどっているというぐあいだった。と、同時に北西からは泡だつ波頭をもった黒い高波が押し寄せてくる。凪から嵐への移り変わりは、ココ・ノールでは比較的早く行なわれるが、多少ともはげしい嵐が吹いたあとではきわめてゆっくりと静かになるのである。

　ココ・ノールは静かであろうが荒れていようが——とにかくいつも同じように豪壮ですばらしかった。数時間岸辺にすわり、視線を無限の水のかなたにさまよわせていてもあきてしまったということは一度もなかった。また、クリミヤの南岸を思わせる単調な波の寄せては返す音に耳を傾けていても、けっして退屈ということを知らなかった。

　クイスー島への第一回の舟旅は、わたし自身が下士官ポリュトフを連れて敢行しようと思った。誰にもこの計画にはたいへん苦労がいるだろうこと、ひょっとすると生死を賭けたはげしい戦い、きびしい試練を乗り越えなければならないことがわかっていた。あらゆる場合に備えて覚悟を決めておかなければならなかった。わたしは生涯にはじめて遺書をつくったが、何よりも、探検隊の今後の運命について考えると、かぎりなく心配になるのだった。

九月一一日晩、ようやく準備が整ったわたしとポリュトフとは出発地点にわたった。ココ・ノールは波一つなく静まりかえっていた。太陽は晴れ上がった水平線のうしろに沈んだ。計器の調子もいい。夕闇が落ちてきた。夕焼けが西の空で燃え尽きるやいなや、はやくも月が上ってきて、ココ・ノールの水面はえも言われぬ美しい光の中に浮かび上がった。わたしは自分自身に腹を立てた。なぜ一日早く島へ出発し、島でこの今日のいい天気を満喫しなかっただろうかと。

夜の二時、岸にはげしい波が打ち寄せてきて、わたしは起こされた。わたしたちの出発するはずの夜明けには、波の動きはいっそう悪くなった。わたしはあきらめて、天気のよくなるのを待つよりほかはなかった。お昼ごろ幾らか穏やかになった。わたしたちは何度も岸を離れようとしたが、やはりうまくゆかなかった。

わたしは本部キャンプへ戻った。そして仲間のチェルノフとチェトゥイルキンに提案して、出発地点に行き、ココ・ノールの様子がよくなるまでしんぼう強く待つように言った。二人はわたしより運がよかった。わたしたち全員がはげしく夢見たことが、彼ら二人に成功したのである。すなわち二人は、研究者の目をもってこのアルプス高山性の湖の奥深くまで見たのである。

わたしはチェルノフに別れを告げたとき、その心配そうな顔からはっきりと次のような言葉を読み取った。

「万一の場合には……あなたにおまかせします。」

クイスー島への心もおどる旅の報告は、彼自らに語ってもらおうと思う。

「歩兵デミデンコとシナ兵一人を供にして、わたしはボートのおいてある場所へ行った。ここで九月一二日の晩、航行の最後の準備にあたった。ボートといっしょに持って行く計器をためすために、試乗してみた。ボートの操縦は軽く良好だったが、中の場所がきわめて限られているので、漕いでいるあいだ互いにじゃまになって、船尾の舵は使うことができなかった。わたしたちは装備を徹底的に点検した。島に人がいるのかどうか、残念ながらはっきり聞くことはできなかった。ここのタングート人は、昨年の冬、二人の僧がクイスー島にいると聞いたと話してくれたが、その隠遁者が夏もそこに残っているかは知らないそうである。

島で僧に会うことが確実ならば、もっと軽装備で出発できたかもしれない。その場合、食料品も持って行く必要はないだろう。日没後、旅行用の丸い菓子やあぶり肉の貯えをいっしょに用意した。しかし、わたしたちの心を最も多くとらえた問題は、いつ出発すべきかということだった。一番のチャンスを選択しなければならなかった。結局、真夜中か、正午に出ることに決めたが、その際、無水銀気圧計で位置を測定することにした。航行のはじめ、天気がもし悪くなれば、また引き返して最も都合のいい時を待つことにした。

出発地点にやってきた日の晩は静かだった。一日じゅう下っていたバロメーターが上がりはじめた。潟一つで湖から隔てられているわたしたちのところには、打ち寄せる波の音はほとんど聞き取れなかった。たぶん、夜、出発できるだろうと思った。しかしそのとき、ココ・ノールの向こうに早くもいなずまが光った。はじめてわたしたちは落ち着きを失った。月が上った。月にわたしたちは望みを託した。というのは満月だったからで、短い日中は月の明るい光でずっと長くなるからである。しかしまもなく、南ココ・ノール山脈の上に羊雲がぽっかり現われ、月を隠した。山から風が吹いてきた。夜に出発することができるかもしれぬという希望は薄くなりはじめた。

わたしたちは横になったが、たえず立ち上がって、天気や湖がちょっとでも変わらないかとながめた。真夜中、不安はいっそう強まった。東から打ち寄せる小さな波音が聞こえたからである。わたしたちの元気はしぼみ、航行を延期しようと決心した。

夜の二時から九時ごろまで、ときどき小やみになりながら雨が降った。朝、湖の動きはかなり強かったが、波頭が白く泡だつということはほとんどなかった。お昼まで何一つ状況は変わらなかった。わたしたちは出発する決意を固めた。急いで荷物をかき集め、ボートに乗った。中があんまり狭いのでコンパスを持って行くことは断念した。お互いに足がじゃまになってしかたなかったが、足のあいだに、道具類を入れた長く細い木箱をおいた。測深計をその箱の上におき、そのそばに茶の貯えを入れたゴム袋をおいた。この袋がいちばんじゃま物で、とくに漕ぐのにじゃまになるし、ボートが少し傾く原因にもなった。しかしわたしたちは、それをおいて行く決心がつかなかった。島に水があるか疑問だったからである。上衣として、わずか一枚の、暖かなジャケツを持って行くことにした。仲間があまり言うので、ボートのへさきを強い波から守るために幌を一つ携行した。

一時一五分、岸を離れたが、北北東から弱い風が吹いていた。空は四分の三が雲でおおわれている。まもなく岸が背後になり、そこに立っているデミデンコの姿がだんだん小さくなった。

一時間たつと、気圧計はすでに一・五だけ目盛りが下がっていた。しかし航行を続ける決心をする。天気が変わる前に岸に着く希望が出てきたからである。はじめ島は梯形のように見えたが、一時間半から二時間たつと、岸から見たと同じ形をとった。つまりはっきりと、円錐形の丘が見えてきたのである。

四時半、最初の水深測量を行なう。三一メートルとである。測鉛は水底から薄い、灰色の泥をつけて上がってくる。バロメーターはさらに下がったが、わたしたちは航行を続ける。計算によれば、もう半分は来ているはずである。島の輪郭は大きくなったように見えないが、前よりはっきり浮かび上がった。島は茶色の色あいを帯びているが、一個所、小さい点のようなところがある。岸のけわしい岩が浮かび上がってくる。

そのうち左のほうから、雲が西の水平線の上に広がる。そのうしろに太陽がゆっくりと沈んで行く。五時、この雲のまん中に虹色の一点が見える。思わずわたしたちの視線はそちらのほうに引き寄せられたが、実は危険は右のほうから忍び寄っていたのである。水深および水底の状態は変わらない。島の頂上に、はっきりと一群のオボが見えてくる。航行の単調さが、ときどきばしゃっとはねる大きな魚によって破られることがある。あるときはペリカンがわたしたちの回りを泳いだり、またあるときは、カモメが波の上にとまっていたりした。

太陽はすっかり隠れてしまった。まもなく薄暗くなりはじめる。ココ・ノールの東岸沿いに、細く長いバンド型の雲が進んでいたが、とつぜん起こった北東風とともに、直接わたしたちのほうへ突進してきた。島はぼんやりした点と化す。

七時二〇分、風がとつぜん強まり、すぐまた泡だつ波がまき起こる。わたしたちは最後の席の交替を行なう。怒りたける大自然との戦いがはじまる。わたしたちの一人は、ふくらますことのできるゴムの枕を取り出す。泡だつ高波は塔のような高さだ。ほとんど真横からボートにぶつかってくる。ボートはあるいは波頭の上をすべるかと思うと、たちまち波頭のあいだ深く落ち込む。泡を頭から浴びる。ついに雨となる。闇がわたしたちをとりまく。と、とつぜん、島がわたしたちの視界から消える――これがどのくらい続いたか、言うことはむずかしい。波もまた見えなくなる。ボートのすぐそばに、いきなり白い波頭が立つと思うと、その泡を頭から浴びせられることもしばしばである。コンパスを守ろうとしたが、うまくゆかない。ずっと前からわたしたちは水浸しなのである。

この困難な状況下で、わたしたちの耳を射るピーピーというシュラムロイファーの鳴き声が幾らか慰めを与えてくれた。本能的にわたしたちは、島のすぐ近くにいるにちがいないという感じを持った。島は闇の中にただぼんやりと見えるだけであるが。雨が沛然と降っている。寄せ波の遠い響きが聞こえる。比較的穏やかな波の水域にようやく到着することに成功した後、晩の八時半、接岸することができる。

足を下ろしたこの岸の土は、いかにもなつかしい感じがした。持って来たものを浜に下ろし、その上にボートを引っぱり上げた。それからすぐあたりを探りに出かけた。

浜は砂利でおおわれていた。ゆるやかな上り傾斜で、草のはえている平地へ続いているが、とつぜんけわしい斜面のそばでそれは終わっていた。島の南端に到着したことは明らかだった。東のほうでは、岸はすぐ突き出て、砂利州となっているし、西は岩の断崖がすぐ湖の中に切れ込んでいる。この断崖に近づくと、壁にとり巻かれた洞窟があった。物音をいっさいたてないように気を配りながら、順々に狭い入口から中へはいる。と、興奮した仲間が急に叫び声を上げる。彼は片手にろうそく、片手にピストルを持って先に立っていたのである。「人間の骸骨だ！」しかしそれは、壁によりかけられていたヤギの骸骨にすぎないことがわかる。皮はなくなり、肉は堅く石のようになっていた。入口の隅に、乾いた馬糞があって、そのそばに一種の暖炉がつくられていた。この宿の主が用心深い人間であることはすべての兆候からはっきりしていたが、肝心の主人はどこにもいなかった。

ただ蚊だけが静寂を乱していた。わたしたちが洞窟にはいったとき、一羽の鳥がばたばたと飛び出して行った。

また洞窟を出て、数歩、断崖に沿って進むと、垣根がしてあるところを見つけた。その中に羊がひしめいていた。垣根の外に、岩壁によりかかっている建物が一つ見えた。わたしたちが調べた洞窟よりは大きく、見たところ人が住んでいるらしかった。用心深くボートに戻り、少々食事をすることにした。しかしわたしたちの貯蔵品はすっかり水浸しになり、あまり食欲をそそらなかった。丸菓子はばらばらにこわれていたし、塩も砂糖もとけてしまっていた。箱の中のものはみんなくっついていた。わたしたち自身も着ているものはびしょびしょで、同様に不愉快千万であった。内ポケットに入れておいた無水銀気圧計を慎重に隠したが、そのカバーにも水が通っていた。

わたしたちは卵と肉を一ときれ食べ、冷たい茶にコニャックを入れて元気をつけた。それからボートの底に横になり、眠ろうと試みた。しかし悪寒がはい上がってきて、思いは何となくお客のためにつくられたような洞窟に立ち帰るのだった。たしかに、持ち主の知らないうちに占拠するのはけっこうなことではなかったが、いまのわたしたちの状況ではほかに手がなかった。

わたしたちは、閉じられてないあの住居のいっさいの快適さを味わわせていただくことにした。しかし火をつけることはなかなか容易でなかった。ふいごの代わりに自分の肺を用いなければならなかった。仲間の努力が実り、火が燃えだす前に、彼の目は煙でひどく痛んだ。その代わり彼は、最初にそのずぶ濡れの服を火に乾かす権利を得た。

ろうそくの明りで、わたしたちは自分の住居を少し詳しく調べることができた。入口から土地は少々下りになっている。全体の建物の骨格には岩のかたまりが使われていて、その上に屋根がおいてある。さらに幾つか壁を追加してあった。壁は焼いてない粘土、それにときに石がまぜてあることもあった。炉と向かい合う壁にすわる場所がこしらえてあった。一方の側に、低い壁でさえぎられた特別室があった。壁には凹みがつくってあった。

わたしたちは楽しくなって、ロビンソン・クルーソーの運命に比較できる、自分たちの境遇について冗談口をたたいた。東、南西の水平線には雲がかかっていた。いなずまが光った。わたしたちの地下室では、雷鳴はきわめて奇妙に反響した。真夜中ごろわたしたちの服が少し乾いた。わたしたちはもう一度外に出てあたりを調べた。

そのとき月も雲の中から現われた。その光に、島へ向けて出発するとき大きな望みをかけたものであった。わたしたちはすぐ、クイスー島の山頂の表面を調べてみることにした。

数歩歩き出すと、わたしたちの目の前を逃げて行く馬が見えた。斜面を少し上ると、大きな、半ばこわれたスブルガンに出会った。斜面はきびしく、溪谷が切れ込んでいる。ようやく小さな広場に着いたが、そこが島全体を見下ろしていた。広場の端に建物が一つ、さらに、見たところつい最近建てられたらしい小さな寺に気がついた。階段を上りきると入口があった。帳《とばり》がドアの役をしていた。寺の中をのぞきこみ、マッチの火をつけると、壁には無数のブルハンが描かれているのが見えた。さらに二つの洞窟に会う。できるだけ音を立てないようにして奥へはいってみる。しかし二つとも完全にからである。

広場の隅の一つに、すべての上に高くオボが一つ突き立っている。島全体は月の光をくまなく浴びているが、その大きさがどのくらいなのか、正確なイメージが得られない。島の輪郭が湖と融け合っているからである。ココ・ノールのほうから、波の鈍いざわめきが響いてくる。波は暗い遠方から、長い鎖をなして寄せて来、岸で砕け散るのである。南には特異な蜃気楼が認められた。南岸は見たところ非常に近いようである。黒々としたけわしい斜面らしい形であった。そのすぐ上に、山脈がそびえているらしかったが、その高さは南ココ・ノール山脈の二倍はあった。

わたしたちは口では言い現わせない美しいながめを満喫し、また自分たちの洞窟に戻って来た。わたしたちの興奮はおさまり、疲れた五体は休息を欲していたのである。夜の二時、きわめて寝心地の悪い地面に結局横になった。太陽が上る直前まで、少しまどろんだ。そしてボートに行った。静寂が領していた。湖はぴちゃぴちゃ低く音を立てていた。ポターニン山脈は、まっ白な雲のかたまりに包まれている。その上の青空にはもう一つ雲の帯がたなびいている。朝の七時の水温は湖で一・八度C、そとではわずか六・四度C。

人の住んでいる洞窟から煙が立ち上っている。わたしたちは、その所有主が姿を現わすのを待っていた。彼が、ボートのわたしたちを遠くで見ていたとすれば、わたしたちがとつぜん彼の住居に現われるよりは、その驚きかたは少ないであろう。しかし時間が過ぎて行くが、静寂を破るものは何もなかった。わたしたちは決心して、こちらから訪ねてみることにした。

羊はまだ囲いの中にいた。洞窟から単調なつぶやきが聞こえてきた。どうやら中で祈っているのは一人だけらしかった。洞窟の入口でモンゴル語で挨拶した。返事として祈禱の声が大きくなっただけで、誰も出て来ない。家にはいってみると、隠遁者は一段と高いところにすわり、本を前に広げていた。その前には幾つかの皿や鉢があった。

僧はわたしたちを見ると、びっくりして飛び上がった。両手が震え、目が大きく見開いた。それから挨拶のハダクを受け取ると、急いでこの思いがけない客に、その床にすわるようにと毛皮を広げた。魔法のようにとつぜんわたしたちの前に、このラマ僧が持っていたありとあらゆる食べものが並べられた。そうしながらも彼は、ずっと祈禱の文句かまじないの文句らしいものをつぶやき、手で首をなぜ、つくり笑いをしていた。それから大きな鋳鉄の壺を取って急いで洞窟を出ると、ヤギの乳をしぼって持って来た。このときわたしたちも、彼がたえずもぐもぐ言っている言葉が何であるかわかった。それはテル・サンダ・ダ、テル・サンダ・ダ、テル・サンダ・ダ、テル・サンダ・ダというので、あとで翻訳してもらったところでは「どうしたらいいだろう？　どうしたらいいだろう？」というのだった。

乳をしぼったあと、火にやかんをかけた。そしてわたしたちが普通の人間なみにものを食うのを見ると、少し安心したらしく、前よりは多く微笑したが、ほとんどまばたきもしないで目をそらさなかった。そして数珠を急いでもみながら、唇を常に動かしていた。

ごちそうは主として乳でつくったものだった。すっぱい乳、ツウラという乾いたチーズ、バターなど。さらに僧は碾いた大麦（ツアムバ）とヤギの乳を持っていた。巡礼からの喜捨らしかった。ヤギの腿肉も出されたが、これはわたしたちの小屋で見つかったヤギ肉同様、石のように堅かった。お茶とそのほかの料理はあきらめたが、すっぱい乳には敬意を表して飲んだ。と言うのは、これは非常にいい味で、ほかの料理よりはうまくつくられていたからである。わたしたちが食べているあいだ、僧はあらためて祈禱のためすわりこんだ。僧は小皿から砂粒を吹き払い、銅製の皿から水を注ぎ入れ、注意深くきれいにした。こういう什器のほかに、壁にかかっているのはツァツァという小さな土製のブルハンと、画かれたブルハンであった。ラマ僧は、非常に長い細い本を読んでいた。この本はめくらないでいい本である。

隠遁僧が祈りを終えると、わたしたちは彼に合図をしてついて来るように言った。そしてボートのところへ連れて行った。僧はボートやそのほかのわたしたちの持物を点検した。そしてすっかり安心してしまった。どうやら僧は、見知らぬ男たちがどこから、どういうふうにして、島を訪問するのにまったくふさわしくないこの季節に自分の王国にやって来たのか理解したらしかった。僧に贈物をした。それは小型ナイフとかの罐詰だったが、わたしたちのあいだにはすでに堅い友情関係ができ上がっていた。僧はわたしたちについて来るように言い、島にはまだほかに二人、彼のような住民がいることを手まねで教えてくれた。

わたしたちは、岩のすぐ下を岸に沿い、僧の住居の上を西のほうへ歩いて行ったが、まもなくもっと堅固に建てられた建物が見えてきた。しかしそれも洞窟タイプの建物だった。わたしたちの案内者の呼ぶ声に応じて、あるじがわたしたちを迎えた。隣人たちのあいだに活発な会話が展開した。はじめのわたしたちの知人は、すでに解説者の役割を引き受けていた。新しい島の住人は、わたしたちを驚いて見つめた。そして自分の住居とそのそばの小さな寺とを示した。それらを見学したあと、わたしたちは連れだって三人目の隠遁僧のところに出かけた。

僧たちは高齢だったが、まだ全然老いぼれていなかった。最初のが明らかにいちばん若く、頭をてらてらに剃り、仏陀の平凡なる召使いという外貌だった。これに反してほかの二人は、もうとうの昔に容姿などに気をつかうのをやめてしまっていた。長くのびた髪は四方八方に垂れ下がり、独特の頭の飾りとなっていた。見たところ、みんなタングート人らしく、はじめの二人は普通の褐色を帯びたタイプだったが、三番目の僧は皮膚も髪も少し淡褐色だった。この三番目の僧の容貌は野生人を思わせ、落ち着きのない目つきで、出ばった歯をしていた。

はじめの僧は、わたしたちが石に興味を持っているのを見てとると、自分について来るように合図した。わたしたちは岩だらけの急勾配を上り、それに沿って歩いて行った。岸はいまは北西へ、続いて北へ曲がっていた。

足もとに、すばらしく美しい景色が繰り広げられた。岸はあまり切り刻まれていなかったが、八ないし一〇メートルの高さの花崗岩の岩で断ち切られていた。大きな岩塊がゆるんで落ち、岩のふもとをおおい、さらにエメラルド緑《グリーン》の湖底にころがり込んでいた。波が石にぴちゃぴちゃとあたっている。石のあいだに、半メートルまでの魚が泳いでいた。魚の大群は切れめのない生きた縁飾りのように、岩の縁の線に群がっていた。岩の上にペリカンの群れがとまっていた。わたしたちが近づくと、ペリカンは水の上に下り、岸から少し離れ、すでにカモメが波の上でゆらゆらやっている沖のほうへ泳いで行った。ついに岩は少し低くなり、岸からしりぞいてしまった。ラマ僧はわたしたちをちょっとした出っぱりへ案内した。それは赤みがかった黄色の、粗い粒子の花崗岩からできていて、その花崗岩には、もっと粗い粒子のペグマタイトの筋がはいっていた。ペグマタイトの基本的母体は白石英とバラ色の長石からできていた。その粒子は直径数デシメートルにおよぶ。この母体の中に、直径三センチまでの銀白色の雲母片と黒い柱状結晶の電気石が中間層として介在している。大きな粒子と雲母の輝きがわたしたちの案内者を魅惑していたのであった。

湖岸を表面から調査した後、わたしたちは、北の岬と本島とを分離している狭い、低い地峡に行った。地峡のうしろに、また鋸状の花崗岩の岩山がそびえていて、湖のほうに断ち切れていた。上は水上一二メートルの高さの台地をつくっている。島のこの北西岬は地峡といっしょになって、手斧状に湖の中に突き立っていた。北から、おびやかすような波が打ち寄せてくる。ここであと二人の隠遁僧がわたしたちといっしょになった。それで岸めぐりはやめることにした。地峡から、岸はまず東へ向かっているが、しだいに南へ湾曲する。岩が水辺まで近づいていることはまれである。普通、岩と湖のあいだには花崗岩のかたまりのころがっている、細い草原の帯がある。どこにも木も灌木も見えない。中央台地から岸の草原の帯まで傾斜している島の斜面のどこにも草はえていない。僧たちは、見たところ互いに自分の所感を伝え合っているらしい。石のあいだをさっと飛び回る二匹のキツネをわたしたちが見ていると、僧たちは、自分たちの王国にはあんなのが八匹いると説明してくれた。

南東側では、島は低い、とがった角の出っぱりとなって終わり、さらに出っぱりは短い砂州になって突き出ていた。この出っぱりの急斜面のふもとに、U字形の潟があった。そこをカモメが泳いでいた。南岸の砂利堤防の上に、ペリカンとガチョウがほとんど切れ目のない列をつくって並んでいた。

わたしたちはボートやそのほかの器具を再び念入りに点検した。僧たちはすべてを感心して見ていた。とくに望遠鏡が彼らをおもしろがらせた。例の第一番目のラマ僧はもうすっかりわたしたちに慣れてしまった。とめどもなしにおしゃべりしながら、しつこく自分のところに来いと言って聞かなかった。ほかの僧にも同様に、わたしたちは持って来たハダクとナイフを進呈した。

わたしたちは、わが隣人にすっぱい乳を頼むと言ったあと、この一日一晩の印象に疲れ果て、ボートのそばで寝こんだ。午後三時、湖を騒がせる西風で目をさました。はやくも白い波頭が立って、荒れ狂いながら岸に打ち寄せていた。砂塵がもうもうと近づいてくる。湖の南岸は視界から消えてしまった。数メートルの波が、わたしたちの浜に突きかかってくる。波のいたるところに、ペリカンやカモメが揺れていて、まるで嵐になったのをうれしがっているようであった。

わたしたちは島を地誌的に写生した。方角はコンパスに従って測り、距離は歩測した。南岸、西岸の長さは地峡まで一・五キロ、北岸、東岸の長さは一・七キロ。だから全島の岸の線は三・八キロ、長いほうの直径は一・六五キロ、幅は中央で五、六〇メートル。

わたしたちはのろしを三発携行して来た。それで仲間に情報を送るのである。晩の九時に打ち上げる約束をして来た。第一発はクイスー島へ到着した日の晩、二発目は島を出る前の晩。三発目は、島を出る最初の試みが失敗した場合、あるいは何らかの理由で冬まで島にとどまらなければならない場合に使うはずだった。そのときは二つを続けざまに打ち上げるのである。前夜の八時半にわたしたちは到着したのだが、のろしは打ち上げなかった。打ち上げ用の筒を忘れて来たからである。しかしそのうち、わたしの創意にあふれた仲間は、持って来た木箱でのろし筒をこしらえてしまった。そしていま合図を送った。はげしい風のため、のろしはひどくはずれた方角に飛んだ。真夜中まで、わたしたちは洞窟にすわって、ろうそくの光で日誌をしたためた。

九月一五日早朝、わたしたちの知人となった僧が相ついで訪問して来た。そして自分のところへ来いと言う。誰をも傷つけたくないので、わたしたちは三人のところで代わりがわりに食事をした。ホストたちは好みを知ってしまい、わたしたちがその一人のところに伺候すると、すぐ大きな木の椀にすっぱい乳を持って現われるのであった。

島に滞在中、寸暇を利用して、わたしたちはここに住むものの性質と生活をそのこまごましたところまで調べようとした。ある手ぬかりを、わたしは今日にいたるまで残念に思っている。つまり、出発のとき写真機を島まで携行する決心がつかなかったことである。

けわしい岸の勾配の土は黄土から成り、これは薄い層となって、島の母岩の花崗岩の上にかかっていた。東と南の勾配は渓谷によって鋸にひかれたように切り刻まれていた。その幾つかは、とくに南のほうでは、深く花崗岩塊の中に切れ込んでいた。西および南では、花崗岩は八ないし一〇メートルの裂けた岩となって、湖畔に断崖をつくって断ち切れていた。例外はただ、島の最南端と北の細い地峡である。ここに比較的ゆるやかに傾斜する、平坦な岸が見え、舟で接岸可能である。わたしたちが暗闇の中を、ほかでもなくこの接岸しやすい岸に着いたことは、何と言っても幸運だったのである！　岩のところならば、上陸は昼でもむずかしかっただろう。

わたしたちの興味をとくにそそったのは、無数の魚は何を食って生きているのだろうかという問題だった。わたしたちは次のような観察結果を得た。水の底の石には、水草が実に豊かに一面に付着している。それは水面から約三五センチのところではじまっている。魚はたえずその口を水草の中に突っ込み、ときには逆立ちしていることもある。見たところ何か餌を、この五センチの厚さの水草の絨毯の中に求めているのである。島の北の砂礫におおわれた平滑な岸では、砂礫はたえず動くから水草は何もはえていない。だからそこにはまた魚もいないのである。

ペリカンが水の上に下りると、魚はすぐそのうしろを泳いでついて行く。多分、ペリカンが吐き出す不消化物を狙うのだろう。魚はとても大きいので、ペリカンをこわがる必要がないのである。わたしたちはたった一度だけ、ペリカンが魚をつかまえようと試みたのを目撃した。明らかに魚はペリカンに大きすぎたらしい。とすると、鳥のほうは何を食って生きているのか、わたしたちにはけんとうがつかなかった。ペリカンは島のいたるところに巣をつくっている。岩間のどこにでも、彼らの平ったい巣が見つかる。ときには卵が一つその中にあったりするが、殻だけというのが多い。ところどころで、鳥そのものの残骸に出会ったが、これは多分キツネの餌食になったものらしかった。島にはカモメ、コガモ、ガチョウ、ヒバリ、スズメ科の小鳥、セキレイ、ジョウビタキは数が少なかった。わたしの洞窟にはツバメチドリが巣をつくっていたが、すぐ隣家の僧に慣れた。猛禽類はタカを一羽見ただけである。一度フクロウの叫び声を聞いた。

　わたしたちは僧から、水中で魚より大きな動物がいるのを見たことがあるかと聞き出そうとしたが、彼らは否定した。オブルチェフの意見では、湖に何かひれ足類（オットセイ、アザラシの類）がいるということだが、ここでは確かめることができなかった。齧歯類はこの島で全然見かけなかった。ココ・ノール低地のほかの斜面にはよく見かけるフエウサギの穴もなかった。たぶんキツネがこういう齧歯類を根だやしにしたのであろう。

　小動物にはめったに会わなかった。ときどき蚊や甲虫を見ただけである。島で出会った最初の植物はネギ類で、その強い匂いで注意をひきつけられたのである。一般に島の植物相はココ・ノール沿岸のそれに類似している。

　到着した翌日はやくも、湖から突き出ている岩が西南西の方角に見えた。明らかにクイスーのほうよりも南岸に近いところにある三つの小さな突峰岩であった。ラマ僧の説明では、島のほうからは三つしか見えないが、ほんとうは九つなのだという。名はドシェ・ム・チャハ。不毛で、上ることもできないという。その白い色はたぶん鳥の糞化石によるものであろう。

　まったく思いがけなかったのは、西南西の方角に開けた景色だった。約二〇キロのところに、第二のもっと大きな島があるように見えるのだ。ゆるやかな北勾配とけわしい南勾配をもち、頂上は波形の平地である。この岩塊の近くには、水平線上にココ・ノールの本来の岸も見えなければ、何か山らしきものも見えないのだ。ラマ僧がこの島らしきものについて語ったとき、わたしたちの驚きはいっそう大きくなった。彼は湖の輪郭を描いてみせ、そのまん中にクイスー島、つまり土地の人の言うツォルニンを描き、西岸にもっと大きな島を描いてみせた。彼の説明では、冬には食料と水の貯えを背にして、このツェルバレという島に行くと言うのだ。そこは住む人もなく水もなく燃料もない。僧の推定では、島までの距離はココ・ノールの南岸にいたる距離と等しいと言う。湖の西岸についてのこの相矛盾する報告を、どう説明したらいいだろう？　話は、その岩塊の南岸近くに低い赤い線が認められたので、いっそうややこしくなった。その線は島とは関係がないと考えないわけにはいかなかった。そして事実、ラマ僧もこれを裏書きしてくれた（あとで聞いたことでは、ラマ僧の書いた画は正しくないとのことである。ココ・ノールの南岸のタングート人の言うのは、ツェルバレは半島にすぎず、岸とは長い、細い砂州によって結びついているという）。

この矛盾をいまははっきりさせることは、非常に誘惑的な仕事だった。わたしたちはまだ五、六日余裕があった。しかし、湖の状況はあまり信頼がおけないように思えた。朝は静かだった。南のほうには山々がほこりのような靄の中に浮かんでいた。北ではほとんど姿は現わさなかった。しかし四時になると西風が起こり、強い波のうねりを呼び起こすのである。

湖の動きが弱い日は、わたしの仲間は一日じゅう魚釣りをやることができた。わたしたちは、三人の隠遁僧のいるところでそれを焼いて食べた。僧たちはわたしたちから一刻も目を離さないのである。そして好奇心の強い隣の僧は、二人に隠れて、彼にははじめてのこの食事を味わってみる決心をした。たくさんは食べなかったが、不快そうな感じではなかった。

九月一六日、風と波があらためて西南西から起こり、岸はもはや見えず、山々は砂塵に隠された。ただツェルバレ島だけが、少し明瞭に浮かび出ていた。翌日は、決定どおりに言えば、ツェルバレ島へ行ってみる最後のチャンスのはずだった。しかし天気はよくならないので、もう帰ることだけを考えればよかった。

それでわたしは、クイスー島の地質構造を調べる充分な時間を持った。島は地質学的にだけでなく、考古学的にも興味があった。

島の構造は花崗岩と片麻岩であるが、それが実に複雑に入り混じっていた。いちばん支配的なのは、粗粒の黒雲母花崗岩で、色は黄色と赤味がかった黄色である。いろいろな岩脈がいたるところ交錯している。それはたいてい石英粒子、正長石、白雲母、電気石からなるペグマタイトの岩脈であり、〇・五メートルから一メートルの厚さで、北のほうに向かって陥没しているのが多い。

地表の石の中では、とくに黄土について述べておかなければならない。これは薄い層をなして島全体をおおっている。典型的な吹きだまりの黄土層で、その最大の厚さ――一メートル以上のが――中央台地の上にあった。黄土の中に陸地の軟体動物の殻が見つかった。これは、いまでも黄土の中の石の下に生きているのと似ていた。

クイスー島の成立は、要約すると次のように言うことができる。島は大きな花崗岩塊によって形成され、花崗岩塊は片麻岩の地層の中に侵入したのである。はげしい風化の結果、片麻岩のほうはほんのわずかしか残らず、今日では表面には圧倒的に花崗岩のほうが見られるのである。

山岳誌的な点では、島はたぶん非常に古い、かつては巨大だったがすでにほとんど完全に風化した山の残りだと言っていい。この古い山々の中に、わたしたちはツェルバレも、ココ・ノールの西岸のドシュミト山脈も、ココ・ノールの東の風化した山脈、北のアラ・ゴルも加えたいのだ。ここでわたしの推定の根拠をなす証拠を持ち出すことはしないが、ただ次のことは言っておきたい。南山山脈の全山系のこの連峰が、ポターニンと南ココ・ノール山脈の中に割り込んできたということである。そして明らかに、フムボルト連山の東の続きを形成し、この二つはブヒンダバン連山で結ばれているのである。将来ココ・ノールを研究する人には、いずれにしても、上述の連山がいつ二つの部分に分かれたのかという、むずかしい問題を解く仕事が残されている。わたしは解くことは可能だと考えている。この場合、湖を詳しく測量すれば、水中の山脈がわかるにちがいないと思う。それは西北西からクイスー島をへて、東南東に走っているものである。

プルジェワルスキーはその著『モンゴルとタングート

族の国』の中で、ココ・ノール湖とクイスー島の成立についての伝説を詳しく紹介している。ここでその物語の該当部分を繰り返すのは、島の成立についていま述べた見解と関連して興味があることと思う。それによれば、たいへん昔の話だが、ココ・ノールのあったところに広い平地が広がっていた。当時、湖はチベットの地域内、いまのラサにあった。平地に住む昔の住民が秘密をもらした罪によって、神は腹を立て、その指示で平地は水浸しとなり、無数の人間や動物が溺死した。水は大地の開口部からあふれて出た。ようやく神の怒りは静まった。神の命で、南山の巨大な島が大きな岩をくわえて来て、その開いた口をふさいだ。この岩がクイスー島――《へそ》である。

わたしたちは西岸で偶然洞窟を発見した。それは三番目の僧の住居のうしろ、高い崖の下にあったが、北からしかはいれなかったが、それでも岩のあいだを通り抜け、そこに散らばっている岩塊の上をはって進まなければならなかった。洞窟の中に一種の寺が建てられていた。後の壁に像がかけられ、さらにツァツァとスブルガンの模型が飾ってあった。洞窟の中には一本の綱が張りわたしてあり、それにヤギの肩胛骨に文字を書き込んだのが数多くぶら下がっていた。洞窟の近くにツァツァのある石の箱があった。

最初の僧の洞窟から、東岸西岸沿いに、細い、ところどころ中断された岸の線が岩壁にまつわりつきながらのびていた。岩壁のふもとはたいてい、水面上の三・三メートルの等高線と一致していた。この線が、ココ・ノール湖の昔の、もっと高い水位の証拠と見なしていいことはたしかである。その時代はココ・ノールの湖側は四方八方がけわしい断崖だったことは明らかである。地峡も水中にあったし、北西岬は独立した小島をつくっていた。おもしろいのは、わたしがココ・ノールの南岸に確認した段丘の一つが、同じように三・三メートルの高さだということである。湖面が今日の水位に沈下する際、島の西岸、南岸には、地峡と南東の島のみさきを例外として、湖岸線ができなかったのである。たぶん、西岸の寄せ波が最も強かったのであろう。寄せ波の強さは西風が支配的だということ、おそらくはまた、島の水面下の傾斜が西および南ではけわしいということと関係がある。

水面上二五・四メートルと四四・五メートルの高さの

ところに、さらに区切りがところどころに見つかる。わたしはその中に同様に水面下段丘の残滓を見る。いかにもそのふもとでは、この区切ができたことを説明できる砕石は発見できなかったが、その代わり疑いもなくココ・ノールの岸には同じ高さの段丘があった。

上部台地の内側に向かってやや高くなっている縁は、湖面上八〇メートルの高さである。ひどく切り刻まれ、崖堆でおおわれているが、そのいちばん高いところは島の最高所をなして、オボの大きいのが立っている。

クイスー島にいつから人が住んだかは過去の闇に隠されている。伝承に従えば、すでに西暦前二一三年から六六三年までココ・ノール地方を支配した吐谷渾（モンゴル人の血の優勢な混血民族 Sianbien 子孫（中国史伝によれば吐谷渾は遼東鮮卑の部人という）で、三一二年アムド、ココ・ノールを統一、王国を建てた。六六三年まで続く。チベット人によって滅ぼされ、一部はその配下になり一部は南山の北へ逃げた）が島を使用して、純血種の馬を育てたということである。だから昔は島の領域はもっと大きかったかもしれないという問題に、地質学的観点からも光を当てることは興味がある。ちょっと聞いただけでは、湖が次の時代に乾いたという事実はそのことに矛盾するように見えるが、にもかかわらず、島の表面積が昔はもっと大きかったというのはありうることだろう。クイスー島の上の区切りが形成されたはるか昔、つまりおそらく先史時代と思われる昔のことは考えないで、ここではただ、現代にすぐ先立つ時代、湖面が最後の一ないし一・五メートルだけ沈んだ時代のことを観察してみたいのである。この時代はおそらく非常に長く続いたので、島の全周囲は北と東の湖岸線がわずかだけのびたにしても、風化作用の結果著しく小さくなったかもしれない。波の動きを観察していると、それがとくに西岸を破壊しているのがなかんずく西へけわしく切れている北西岬でわかるのである。さらにクイスー島とドシュルミト山脈、それに接続する半島がいっせいに生成したことを考慮に入れると、次のような見解に到達するのである。すなわち、島の領域は昔はとくに西のほうに向かって少し大きかったのではないか。クイスーの近くの湖底の起伏を研究すれば、おそらくこのことを立証する材料が提供されるかもしれない。現在島は、北北西から南南東へと長くのびているが、これは島で優勢な、地質構造学上の方向と矛盾する。この不均衡は、たぶん主として同様に寄せ波のしわざに帰せられるのではないか。おそらくは部分的には歴史がはじまってからの時代に生じたものであろう。中央台地は北西から南東へと走っているが、これはたぶん島全体がこの方向を示した時代に生じたものではないのではあるまいか？

つまり、はじめて人が住んだ時代は、斜面が直接湖の中に断崖となって切れていなかった時代だと考えることができる。当時、住むのにいちばんいい場所は島の上部だったのだ。きわめて徐々に、おそらく数世紀をへるうちに、その縁に、多くの移住者の仕事によって堡塁壁の一種が建てられたのであろう。土木工事の大きな数は、いかにも数多くの労働力のあったことを語っているが、台地のつつましい広さを見ると、かなり大きい共同社会が台地の上に存在したという考えかたはできないのである。堡塁堤の建設は、おそらくは防衛目的のためではないのだろう。なぜなら島の天然の位置は、それだけで最上の守りだからである。

九月一七日夜、波の動きがやや静まったが、朝になるとまた白い波頭が立ちはじめた。ツェルバレへ渡ろうという考えをわたしたちは放棄してしまった。そして次の日、好天であるかぎり、再びクイスーを出発することとし、申し合わせどおりのろしを打ち上げた。九月一八日早朝、天気はまったくおもしろくなかった。夜のうち風の方向が変わっていた。強い東北東の風が吹いていた。白い波頭が湖面を走っていた。わたしたちは出発を少し待つことにした。僧たちも同じように興奮していた。みな祈禱を唱え、わたしたちのすぐうしろについて来た。誰もがわたしたちに旅の食べもの、ツウラとバターを持って来た。わたしたちはそれを断わることができなかった。一〇時ごろ、湖は少しおさまった。半時間後、わたしたちは出発した。出発の瞬間になって、わたしたちといちばん親しかった隣の僧の姿が見えなかった。わたしたちは、彼に別れを言うことができないで島を去った。ほかの二人の僧はボートのあったところにすわって、たぶん、わたしたちが波の影に消えてしまうまで見送っていたのではなかったかと思う。ここに来るときに、南ココ・ノール山脈に切れ目のあるのに気がついていたが、今度はそれを基準に方向を定めた。しかしこれは実にむずかしかった。なぜなら砂塵のヴェールが山を隠していたからである。岸はもはや見えなかった。

島から八〇〇メートルのところで水深は二五メートルだった。一五分後三七・五メートル。風はだんだん東へ変わった。波は横からぶつかってきて、わたしたちを西へ押し流した。山々の上に雲がそびえ立っていた。半道ほど過ぎたとき、黄色い岸の断崖が水の中からにょっきり顔を出していた。すでに暗くなりはじめた六時四五分、浜に着いた。測り知れない喜びにわれを忘れた。わたしたちは心から抱き合った。

砂利質のみさきのうしろに潟が広がっていた。しかしわたしたちは、しっかりした大地をほんの一分でもかってにまた去る気になれなかった。ボートを陸に引っぱり上げ、それにおおいをかけ、岸に沿って左へ進んだ。すでにまっ暗になってしまったが、ようやくキャンプの明りを見つけることができた。探検隊員だけではなく、モンゴル人もシナ人もみんなすっかり感激して迎えてくれた。シナ人たちは、航行がうまくいったことをてんで信じようとしなかった。みんなクイスー島の秘密をひどく知りたがった——。」

チェルノフとチェトゥイルキンがクイスー島に行っているあいだ、わたしは南ココ・ノール山脈を一〇〇キロ奥へ小探検を試み、そこの動物を調べようと思った。標本作製官マダーエフと西寧の通訳、ツァムルー案内人、ラマ僧ラプセンがわたしと同行した。

朝の一〇時、わたしたちは馬で出発した。ゆるやかに傾斜した斜面をだんだん高く上った。ときがたつほどに、ココ・ノール湖の全景がだんだん大きくながめ渡された。クイスー島はたいへん大きく見え、その丘陵も前よりはっきりと姿を現わしてきた。北西岬はくっきりと浮き上がっていた。

カモシカ狩りをしているタングート人によく出会った。ようやくハティ・ドウルフン峠に達した。アルプス高山性草原には、無数のフエウサギの穴があった。わたしたちは、クマがフエウサギの穴だけでなく、モルモットの穴も掘りおこしている個所をたくさん発見した。チベット・グマは好んでこの二種類の動物を追い回すのである。遠くにときどき、アダ・カモシカが姿をみせたが、その優雅さ、敏捷さにはわたしは繰り返し感嘆した。アダが、ゆるやかに波打っているところを走っているのは、早くころがってたえず飛び上がる大きなボールを思い出させた。

台地には丘がいっぱいあり、シリク（モト・シリクとも言い、木のような草の意。モンゴル人はチベット・スゲをそう呼ぶ。非常に堅く、弾力性があるからである）のはえた草原はしめっぽく、そのチベット種のスゲはチベット高原を思い出させるのであったが、小道はそこから北と南へ通じていた。そしてうねった小川のように、遠くに消えていた。南には谷が広がっていた。ダバッスンノル谷の東の続きである。聖山ハトゥ・ラプツィは、キャンプからすでにそのほかの山々の上に一段と高くそびえ立っている姿がながめられたが、ここに来るとくにはっきりとそばだって見えた。牧草地や牧畜に適した灌木地、あるいは遊牧民のまあたらしいキャンプ跡などが山の谷のあちこちにはっきりと見分けられた。

　この小探検を終えるまで、一度もクマには会わなかった。この地方はクマの住むのには適していたし、案内人もここには数多く出没すると保証していたのであるが。

　キャンプ本部へ帰ると、歩兵イヴァノフがうれしそうにわたしたちを出迎え、顔を輝かしながら、「昨日（九月一四日）クイスー島にのろしが上がりました！」と報告した。それでわたしたちは、例の《クルミの殻》（ボートのこと）が仲間をつつがなく島に運んだのだなと思った。「小さな火のヘビのようにのろしは光りました。それで元気がでました」とイヴァノフは何度も繰り返した。「やれやれだ」とわたしは言った。「今度は次の知らせを待とう。」それから三晩引き続いてわたしは、天文学用の器械のそばに、仲間たちにとり巻かれ、いや、西寧のシナ人、アラシャのモンゴル人案内者にもとり巻かれて立っていた。視線をクイスー島の方向、あやめもわかぬ闇の中にこらしたまま祈るように立ちつくした。九時、ほとんどおごそかなくらい静かだった。すべては沈黙し、ただわたしの手の中で時計だけがチクタクいっているのが聞こえた。最後の晩、九月一七日、正九時、夜陰が火線によって引き裂かれた。それは一瞬光った。たちまち墓場の静かさは晴れやかな声によって破られた。とくに第一発目ののろしの光るのを見なかったシナ人やモンゴル人の声はひときわ高かった。

　次の日、晩の九時ごろ、わたしたちの希望がもうなくなりはじめた時刻に、テントに近づいて来るわたしの仲間の声を聞いた。わたしたちの喜びはとどまるところを知らなかった。

　わたしたちのいちばん身近な協力者が帰ったあと、わたしたちは出発することとし、湖岸に沿って東へ行軍を開始した。タングート人の遊牧民のそばを通過するたびに、ほんのときたまだが、彼らの陰鬱な顔を見た。彼らはこっそりと、その黒い《バナガ》（テント）からわたしたちを見送っていた。犬がたけり狂って、わたしたちのラクダに飛びかかり、この招かれざる客を追い払おうとした。この人たちといっしょにいるとどうもおもしろくもなくのんびりとできなかった。

　タングート族のキャンプのある地域を去ったとき、わたしたちは思わずほっとし、上機嫌で半島、すなわちツォノ・シャハルールみさき、つまり《狼群のみさき》で停止した。これははるか湖の中に突き出した細い砂州で終わっていた。一方の側にココ・ノールの深い湾が広がり、他方の側に、小さな沼のように見える淡水潟があった。ここには数しれぬガチョウ、カモ、ハレルダ、沼の走禽類の小さな群れがいた。九月二一日朝、わたしは仲間と馬に乗って出かけ、前部の山、その続き、砂州などを調べようとした。砂と粘土からなる高いみさき、ツォノ・シャハルールは、湖の中に行くにしたがいだんだん細くなり、ついには一〇メートルの幅になり、けわしい崖となって切れていた。砂と砂利の浅瀬に移行しているが、それはたっぷり一キロの長さに、弓形にのびていた。

　北、すなわち緑っぽい色調をもった湖の沖から、真珠母貝色の泡に包まれた高波が打ち寄せていた。べつの側の濃紺の表面はほとんど動かず、無数の鳥でにぎわっていた。水鳥の秋の移動がたけなわなのであった。

　《オオカミの群れ》みさきでの二日間、チェトゥイルキンは通訳のポリュトフと二回、小旅行を試み、湖の深さを測定した。一回目は砂州から七キロ北、ココ・ノール湖上へ出たのであるが、充分満足すべき結果を得た。第二回目は南東へ、湾を越えて測量した。湾は一方は前部の山、他方は隣合うココ・ノール湖岸によって形成されている。そしてこの航行は難破でもって終わった。ボートの鉄製の横の連結部がこわれ、舷側がばらばらになってしまったのだ。オール受けは言うことをきかず、ボートはすぐ横に傾いた。同乗者は急いでボートを岸へ走らせた。これが、その任務を果したわたしたちの舟の最後だった。

　ココ・ノールを航行するにはちゃんとしたボート、もっといいのは海洋用のカッターを持たなければならない。このことを言っておくのはわたしたちの義務であるだろう。わたしたちがやったようなこんな原始的な乗りものであえて出かけることなどどなたにもお勧めできない。

ココ・ノールでのわたしたちの仕事は終わった。わたしは、自分たち探検隊の第二の任務が力のおよぶかぎり果たされたと思い、西寧へ帰る指令を出した。

一種の悲しみの感情をもって、わたしたちはこの気まぐれな、アルプス型の湖を去った。湖はわたしたちに、たくさんの美しい忘れがたい思い出を贈ってくれた。この永遠に生きている青い《海》は、そのひそかな、やむことなきささやきでもってわたしたちの心に長く刻みつけられ、その限りない広さでわたしたちを魅惑したのである。さようなら、誇り高き湖よ！　おまえに口がきけたら、わたしたちにその波乱多き過去の幾つもの秘密を物語ってくれることだろう。数百年、数千年以来、おまえは素朴な自然民族を守ってくれた。おまえの岸では戦いが行なわれたであろうし、血がおまえの波を染め、ある民族は他の民族から土地を奪ったことであろう。そしてただおまえの心だけ——つまりクイスーだけ——は、いっさいの戦いから無事であったのである。

わたしたちがココ・ノールに別れを告げたとき、ココ・ノールは穏やかで、大空の濃い青を壮麗に映し出していた。

12　西寧から貴徳へ

長い行列をつくって、わたしたちのキャラバンは東のほうへ動きだした。遊牧民たちは今度は、特別の敬意と興味をもってわたしたちを見た。そしてわたしたちのクイスー島への旅のことを詳しく尋ね、荒れ狂う《海》のまっただ中で孤独の生活を送っている隠遁僧の話に、注意深く耳を傾けた。タングート人は微笑し、びっくりして頭を振り、わたしたちの大胆さに対する特別の賞賛のしるしに、おや指を上にあげた。

秋はとうの昔にやって来ていた。穏やかな晴れた夜々には、寒暖計はもうマイナス六度Cに下がり、朝、大地は銀色の霜におおわれた。テントにも氷が張った。水温はまだ比較的高かった。午後一時、寒暖計は約一二度Cを示した。

渡り鳥は寒い時節の近づくのを感じ取り、南へ飛んで行った。毎日ツル、ガチョウ、カモの大群が整然とわたしたちの頭上を過ぎて行く。

ある草原を通ったが、ここには夏生い茂った草が風に揺れていた。しかしもうこの土地を思い出すこともできなかった。牧草はすっかり食い尽くされていた。いたるところに羊、ヤク、馬の群れ、土地の人々の黒い《バナガ》が点々と見え、タングート人のキャンプ風景を完全に飾っていた。

シャラ・ホトゥル峠《パス》から、これを最後に、遠い青いココ・ノール湖とゼルチムとになつかしい視線を投げた。わたしたちの眼前には、なじみの山岳地帯が広がっていたし、遠くには四角な穀物畑があった。わたしは土地の人から、近くの側谷の上のほうに石炭層があることを聞き、仲間の地質学者にそこを調べてみるように提案した。わたしたちはそのあと、西寧で再会するつもりだった。

テンカールの谷に下りて行くにつれて、気温は目に見えて下がった。雨はやんだ。乾燥した晴れた秋らしい天気がはじまった。木々の葉がすがれてきて落ちた。相変わらず数しれぬツルの群れが谷を越えて行った。この鳥の独特の鳴き声は、途方もなく高い空から、奇妙な旋律的な笛のようにわたしたちの耳に響いてきた。晴れた日には、ぎらぎら輝く日の光の中をいろいろな昆虫がしだいに頻繁に姿を現わすようになった。大気はときにはそのぶんぶん言う音ですっかりいっぱいになることがある。西寧の近くで、柳の茂みにスズメバチの大群がいるのを見たが、これはむろんきわめておとなしかった。

テンカールには一日だけ滞在、早くも九月二九日西寧に到着した。ここで甘粛省への旅を成功裏に終えたナパルコフ大尉に会った。ナパルコフはその調査旅行の範囲を、はじめ予定したよりは広げた。その際彼は、ルートをわたしたちの先人がまだ行ったことのない地方を通るように選んだ。それによって甘粛のまったく未知の地方を調査し、このため九つの町の名をはじめて地図に記入することができた。

わたしたちは郵便小包を二つ受け取ったので、まずはともあれ手紙を読む仕事にとりかかった。故国からの便りは、あるものには喜びを、あるものには悲しみを与えた。チェルノフは家族からの便りで打ちのめされ、勇気を失い、もうこれ以上探検隊にとどまることは不可能だと考え、ロシヤに帰らねばならぬとわたしに正式に申し出た。わたしはもちろん、この同僚をその意志に反してひき止めることは不当だと考えた。わたしたちは、彼が収集品の一部と個人的な荷物を全部、七つにまとめて持って帰ることを決定した。

西寧の官辺筋は、またもやきわめて親切かつ友好的な態度を示してくれた。わたしたちにはすばらしい家が用立てられた。それは町の中心地のすぐ近くにあった。わたしたちがココ・ノールへ旅をし、この湖で仕事をしたという話、あるいはあの土地の人々の態度がわたしたちに対しおとなしかったという報告がうわさ話となって町中に広まり、いろいろな話題の種になった。なかでもみな驚いたのは、わたしたちの誰一人溺死しなかったということである。巡撫および西寧のそのほかの役人たちは、わたしたちともっぱらこの島への探検を話題とした。彼らはつなぎ合わされ、そして分解したボートを関心もあらわに見学し、堅いたこのできたチェルノフとチェトゥイルキンの両手を見たがった。最後に巡撫は言った。「あなたがたロシヤ人ははじめてココ・ノールへ旅をし、青海《チンハイ》がどのくらい深いか、はじめてわたしたちに話してくれました。そしてあなたがたは、クイスー島を訪れた最初の外国人でもあります。これらのことをすべて、わたしはただちに北京へ報告いたしましょう。」

わたしたち相互の良好な関係を曇らさないために、また、西寧の役所を訪問するたびに残して行くいい印象を消さないためにも、わたしは巡撫が以前、ココ・ノールでは石だけでなく木だって沈むと断言したことを思い出させるのはよけいなことだと考えた――事実がすべて証明していたからである。

わたしたちの西寧での滞在期間は知らないうちに過ぎていった。商売熱心な商人たちはわたしたちにブルハンやいろいろな人類学的におもしろいものを持って来たが、ある日生きている野生ネコさえ売り込みに来た。これはあとで、わたしたちの自然科学の収集品の中に加えられた。わたしたちには、探検の最後の段階に対する合理的なプランを立てることがなかなかできなかった。遠い豊かな四川がわたしたちの心を誘うと同時に、クムブムに来るらしいダライ・ラマと再会したいという望みも動いて、クムブム寺の領内にとどまっていたい気持もあるのだった。

一〇月一〇日、ラクダのキャラバンはチェルノフを先頭に西寧を出発、アラシャの方向に向かった。彼を助けるため、わたしはコサック人バドマジャポフとソドボイエフをつけてやった。バドマジャポフはアラシャからまたわが探検隊へ復帰するはずであり、ソドボイエフはチェルノフにお供してウルガへ行き、それからまたアラシャのわたしたちの基地へ出頭することになった。

キャラバンの主力隊は一〇月一三日、巡撫の居城を出発した。キャラバンの構成は、山岳地帯の旅に非常によく適合したラバから成り、元気よく南南西へと進んだ。道は穀物畑や集落を通ってだんだんと上りになった。トゥンガン族に破壊された村シン・ジュンで一泊したが、ここにはまたトゥンガン・ダルデン族が住んでいた。南にそびえる雪におおわれた山頂を黄金色に照らし出した太陽の最初の光とともに、わたしたちは出発した。

このアルプスふうの連山は、わたしたちの行く手を横切って、鋸状の城壁のようにそびえ、いたるところにけわしい岩壁を見せていた。二つの勾配は苦労してやっと上ることができた。北側を上るのがむずかしかったのは、単にけわしいだけでなく、凍結していて深い雪におおわれているからであったが、南側のは石の多い、乾いた小路がついているだけであった。こちらには雪はまったくなかった。まもなく、山のふもとから下降している起伏の多い草原地帯へ出た。ラッチイ・リン峠《パス》からじかに流れ出ている川の河床に着く前に、わたしたちは休息をとった。クムブム、クウイテー、西寧からの道路が一つに合する地点で。峠に近づけば近づくほど、溪谷はせばまって行った。また嶮阻にもなり、岩がちとなった。川も前より強く立ち騒いでいた。

わたしたちの前後に、ヘビのように、仏教徒の巡礼のほとんど密集体形と言える列が動いていた。クムブムへお祭りのために急いでいるのである。色はなやかに着飾った若いタングート人は、楽しげなグループをつくって集まり、活発におしゃべりしながら、太ったお年寄り連中を追い越した。老人たちは不機嫌そうに数珠をまさぐり、たえず「オム・マニ・パドメ・フム」と唱えていた。すべてこれらのむてっぽうな土地の騎手たちは、わたしたちのほうに好奇心と羨望に満ちた視線をそそぎ、わたしたちのすばらしい武装にものほしげな目をそそぐのであった。

ラッチイ・リン峠の高さは三五二〇メートル。北と南に、けわしい溪谷、峡谷が走り、その斜面は草の絨毯でおおわれている。はるか下の谷底は、密生した欧州グミ、その他の灌木で暗くなっている。無数の鳥の群れの宿となっているのだろう。

山の背の両側で、一〇名の兵士から成る特別の警戒部隊に出会った。彼らは旅行する官吏、国有輸送隊、郵便などにお供するのである。ときに、山の最も奥地のどこかで悪事を働く泥棒・盗賊を追跡することもある。

峠の頂上から、澄んだ大気の中に南への広い眺望が得られた。そちらには溪谷と谷の入り組んだ、目の細かな迷路のような山脈がのびていた。いちばん遠くの山脈は、空の青さととけあっていた。中ほどで山脈はいきなり切れていた。断崖は横谷をつくり、ところどころに黒く青い口が開いている——それが黄河の巨大な溪谷である。黄河はその曲がりくねった河床を黄土層の中に切れ込んでいるのだ。黄土の岩枝ははるか山の谷の中にまで達し、しばしば深い細長い回廊をなし、そこを夏の雨期には濁った急流が流れるのである。

南斜面、とくに上の山相は恐ろしいくらいのけわしさであるが、わたしたちは無事下りることができた。下に下りれば下りるほど、農耕に従うタングート人のためにあたりは活気づいていた。わたしたちは澄んだ川ガ・シャについて行った。ガ・シャは左からすぐ黄河にそそいでいた。谷底には水車小屋がひしめき、左右の高い段丘の上には仏教の寺が幾つもあり、その明るく白い壁と金を塗った屋根が輝いていた。

わたしたちの探検隊の冬の東部、あこがれのオアシス、貴徳はなかなか現われず、その回りの山々のうしろに隠れていた。黄河の谷の中にはいってやっと、右岸に、南南西に連なる、黄金色のうっそうたるポプラの森が見えてきた。その陰に、貴徳の灰黄色の粘土造りの家が隠れているのであった。

わたしたちは疲れきって、へんぴな広々とした草地にキャンプを張った。その近くに丘があって、貧しいシナ人の黄土の穴住居があった。貴徳近辺では、黄河の流れはかなり急である。深い、砂と小石の曲がりくねった本河床だけでは充分場所がないので、黄河の流れは幾つかの支流に分かれ、その渡河点では水は馬の下腹部にまで達した。川の澄んだ流れは、比較的高い温度、つまり一三度Cにおよんでいる。太陽に暖められた大気中に、相変わらずチョウ、ハエ、甲虫が見られる。わずかに木から落ちる葉、南をさして飛んで行く渡り鳥、たとえばトビ類、ツグミ類などが冬の寒さの近づくのを告げているだけである。

黄河を渡るのは、平底の大きないかだで行なう。渡河点の近くには人がたくさん集まっている。いかだが着くか着かないかに、馬、ラバ、人間がいっせいに岸へ押しかける。うれしそうな叫び、金切り声、怒鳴り声が聞こえる。雑踏の中を、ナシやいろんながらくたを売る商人がうろうろと走り回っている。

ティン・グワンは、探検隊の輸送がスムーズに行くようにあらかじめ配慮してくれてあった。で、わたしたちの数多くの荷物は苦労もなく広々としたいかだにのせられ、二度往復して右岸へ運ばれた。

渡河地点では黄河は約五〇〇メートルの砂利の河床をもっているが、水の流れているのはせいぜい三〇〇メートルである。谷の主な方向は、すでに述べたごとく西から東である。いかだが岸を離れると、たいてい流れの力にまかせる。するとたちまち下流へ押しやられる。だが川は曲がっているので、いかだはだんだん向こう岸に着くというしかけになっている。船頭は舵の代わりをしている幅広の櫂をけんめいに動かす。笑ったり、冗談を言ったり、歌ったりしながら岸に時間どおりに着き、ボートを強い綱で器用に杭にゆわえつける。

右岸では町の役人さんがわたしたちを迎え、キャンプ場に決められたヴュツィ廟寺までお供をしてくれた（この寺はまたナン・ハイ・ツァン、すなわち《海辺の南の宿》の意）。はじめ、市内にいないかと勧められたが、そういう種類の宿泊はわたしの性に合わなかった。だからわたしは、このオアシスの南の丘に絵のように美しく、ひとつぽつんと建っているシナの寺院を選んだ。ここからは貴徳の町や秋らしく色づいた菜園、近くの山々へのながめを満喫できるのである。山は巨大な黄河によってのこぎりの目のような出入りができていた。木々は日に日に落葉がはげしくなっていたので、黄河の明るい帯はとくにはっきりと浮かび上がっていた。

朝晩、オアシスの道やあたりの谷の中に奇妙な人影が右往左往するのが見えた。望遠鏡で見ると、それはかがんで落ちている葉や動物の糞を袋に集めている女たちだった。両方ともこのあたりでは燃料となる。一般にこのあたりの女たちには、いっさいのつらい苦しい仕事が課されている。

オアシスを通って行くタングート人の長いキャラバンの列はほとんど切れるということがない。なぜならここはラウラン、ラルチャゴムバ、西寧へ行く道が交錯するところだからである。

オアシス、貴徳は海抜二二六八メートル。城壁に囲まれた小さな州都市貴徳鎮と、右から黄河に流れ込む二本の川の岸にある牧草地、耕地、菜園などをもった数百のファンゼからできている。オアシスの面積は総計約二平方キロ。二本の川のあいだに丘が北から南へとのび、その端は町から二キロのところだが、大きな寺やパゴダがその頂上にある。

約三〇〇年前に建てられた町、貴徳鎮とその堡塁壁はトゥンガン族に破壊され、のち再建された。残念なことに、歴史的におもしろい古い貴徳については、いまは信ずるに足る文書は何一つ残っていない。と言うのは、シナ人たちの話によれば、現存する記録はもっともらしく飾ったものだということだからだ。

現在貴徳の人口は九五〇〇から一万。四分の三は土着のシナ人、わずか四分の一がハラ・タングート人に属する。反乱以来、ここにはもうトゥンガンはほとんどいない。町に残っているのは二家族だけである。

城壁の中には、ヤーメン（衙門）すなわち官庁の建物の近くに数人の商人と職人が定住している。市場は市外に集中していて、数本の道路があり、シナ人の粘土のファンゼ、もの売り小屋がひしめいている。店を出す権利として、毎年、七ないし八両の銀を商人はヤーメンに納める。中ぐらいの商人は一ないし三両、小売商にはそういう税は課されていない。店に主にあるのは穀物、茶、布地、そのほかの日用必需品である。これらのものを遊牧民の持って来る羊毛、皮、羊皮、バター、牛などの原料と交換する。町に滞在する権利を、遊牧民は家畜一頭につき七〇ツォヒ支払って獲得する。

町から少し離れたところに、野菜や農耕、牧畜に従事するシナ人、定住しているタングート人が山のほうに向から土地で生活している。菜園には主としてタマネギ、大根、ニンジン、玉菜、エンドウ、隠元豆、馬鈴薯、キウリ、マクワウリ、スイカが栽培されていた。畑には大麦と小麦の二種類、大小のエンドウ、キビ、ケシなどが成長していた。貴徳は地価がたいへん高い。一ムー、すなわち七〇〇平方メートルが約一〇ないし二〇両《リァン》銀もする。さらに一ムーから、二ないし二・五キロの穀物をヤーメンに納めなければならない。

裕福なシナ人は一二〇ムーの土地を持ち、中農は八〇ムー、貧農は八ないし一〇ムーである。シナ人は一般的に非常に土地に愛着している。土地をとても注意深く耕し、平均して種の八倍あるいはそれ以上に達する収穫を上げる。貴徳の灌漑されてない畑にはじめて農夫が現われるのは、二月二〇日と二二日のあいだである。約二週間後に、すでに畝がつくられ、水が通される。灌漑用水の組織は、シナ人のあいだでは完全の域にまで開発されている。この用水に沿ってポプラがはえている。ときにはまた、ハルミュクの叢林、柳のヤブ、欧州グミに出会うこともあったが、それらにオアシスの上部、黄河渓谷ではヘビノボラズ、はるか下流のほうでは、実にりっぱなタマリスクが加わった。オアシスそのものの菜園では、しばしばリラ、イヌイバラに出会った。

オアシスを灌漑している澄みきった、速い流れの川岸には、いたるところに模範的な水車の群れが目についた。

　オアシスに植えられた果樹――ナシ、アンズ、甘桜桃――の収穫は西寧、クムブム、いや、蘭州にまで売られ、非常に高く評価されているという。

　貴徳の住民で家畜を養っているものは、主として牛、羊、ヤギ、ロバ、ラバ、馬である。町ではたくさんの住民が豚を飼っている。ニワトリも百姓家には必ず見られる。

　貴徳のシナ人は、陽気というよりも気むずかしいと言われている。歌を歌っているのなどめったにお目にかからない。歌っていても若者ぐらいである。男たちは大部分ひどいなまけ者で、だらしなく、遅鈍であり、女たちはこれに反してきわめて働き者である。家の仕事、畑仕事を全部するのは女である。秋に、枯れ葉を集め、さらに苦心惨憺して畑に水をやっている何百人という女たちの姿をわたしたちは見かけた。女性でも代表的な地位にある女性は、軽やかで優雅な歩きぶりで、非常に愛想がいいが、見知らぬ人とのおしゃべりは好まない。シナ婦人にはかなり誇りの高さがある。彼らに自殺が行なわれる例はとても多い。ちょっと何か侮辱されたり、誇りを傷つけられたりするだけで、それがすぐ自殺の原因になる。だから貴徳にある日、次のようなことがあった。つい最近結婚したばかりの、まだ非常に若い婦人が、夏のある日隠元豆を植えた畑に沿って歩いていた。うまそうな実がなっているし、誰もあたりに見ているものがないので、彼女は籠いっぱいにそれを集め、帰宅しようとした。この瞬間、背後に恐ろしい男の叫びが響いた。男はこの不運な婦人の盗みをこらしめるため、顔をなぐった。婦人はかわいそうにもその夫のもとに帰ると、まがまがしきその隠元豆を投げ出したあと行くえ知れずになった。誰一人彼女の姿を見たものがなかった。彼女はそのつらい苦しみのあまり黄河の急流に身を投げ、その生涯にけりをつけたのである。

　このシナ人の衣服はひどく見すぼらしい。民族的なあの紺が優勢である。シナ婦人は普通黒のズボン――おしゃれな婦人は紫――をはき、短く赤い毛の上着をつけている。上着には綿がはいり、色さまざまな縁飾りがつけてある。赤い上着の上に、しばしばもう一枚、薄く長い、紺のハラート（中央アジアや東欧のタタール人に見られる寝衣に似た上っ張り。絹や木綿でつくり、簡単なバンドをつけてしめる）をはおっている。寒い季節には、さらに黒の広ズボンをはく。女の靴は男のそれと全然区別がない。なぜなら貴徳の女たちは纏足《てんそく》をしないからである。ただ少数の、とくにおしゃれな女だけが、普通のサンダルにもう一つ小さなかかとを打ったのをはいている。彼女たちは土の上に、ほとんど目に見えない、子供の足跡に似た優雅な足跡を残す。これは昔の小さな足、《黄金のユリ》（シナ婦人の纏足のこと）の象徴だということである。

　貴徳のシナ人はタングート人の隣に住んでいるので、結婚は互いに行なわれている。小さいときからタングート語を習う。さらにたいてい仏教に帰依している。ヴュ・ツィ・ミャオに滞在しているあいだ、わたしは一度ならず、シナ人がどんなにうやうやしく仏跡に近づくかを目撃する機会があった。

　ここの住民は死者を畑の隅に埋葬する。そしてそこにあとでイバラ、ハルミュクなどの灌木を植える。

　これに反してタングート人はほとんど自国語をしゃべるだけである。彼らは貴徳の最長老チャン・フウに統治されている。彼はベイ・フウという四人の補佐をもっている。農耕と牧畜のほかに、彼らはまた船頭をやる。これは彼らにとって、特別の務めとなっている。シナ官辺筋の指示があれば、タングート人は言われただけの船頭の数をそろえて出頭し、高官を望みのところに運ばなければならない。この務めは現物租税の代わりだと見なされている。

13　貴徳のオアシスでの三か月

穏やかで静かなオアシス貴徳で、わたしたちは冬を越すつもりだった。たちまちわたしたちは、土地の人々の信頼をかち得た。シナ人だけでなく、近在のタングート人も、退屈すると蓄音器（モンゴル人と反対に貴徳の住民にはかなりまじめな音楽が気にいった。一般に彼らはモンゴル人よりは高く発展した文化的民族だという印象を与える。蓄音器にも常に異常な敬意を示した。上流夫人が子供の手をとって、演奏が済むと蓄音器に深々とお辞儀をし、お祈りするように手を合わすのを見るとおかしかった）に耳を傾けたり、ロシヤ人の旅行者の生活ぶりを見物したり、さらに医学的な助言さえ受けるためによくわたしたちを訪ねて来たりした。土地の人々のあいだで瀕発しているのは、皮膚たむし、湿疹、目の炎症、さらに甲状腺腫などである。

ロシヤ人に対する貴徳の住民の特別の愛想のよさは、この地方で非常に尊敬されているゲゲンがのたもうたと言う予言が原因だったらしい。この老僧はあらゆる仏教徒に告げて、もし北方から《背の高い人》がこのオアシスに到着した場合にのみ、一九〇九年はいい年で、豊作になるだろうと言ったのだ。偶然、探検隊の到着がこの予言とぴったりと符合し、いたるところ住民のあいだに大きな喜びをひき起こしたのである。

貴徳の官辺筋、ティン・グワン（ティンはタングート語で、首長を意味する）、セ・タイ（軍司令官）らが喜んでキャンプにわたしたちを訪問し、わたしたちはいつもコニャック、自家製ウオトカ、タバコなどでもてなした。話のあいだ、ティン・グワンは、土地の長老たちはすべてロシヤ探検隊がこのオアシスにいることに満足を表明している、なぜならみなさんは住民に損傷を与えず、むしろ利益をもたらしたという意見だから、と話してくれた。セ・タイはさらに、ロシヤの旅行者はすべてすばらしい人にちがいない、自分は以前アジア研究家と会う幸福をもったと語った。セ・タイの言うのはグルム・グルジマイロ兄弟のことで、シナ人はこの名前を「ゴロ・モロ」と発音し、土地の人はとても尊敬している。

わたしたちの生活はまもなくいつもの調子に戻った。

わたしは天文学、気象学の観測をし、写真をとり、日記をつけ、探検の第二段階の報告、ココ・ノールの旅の記録を完成した。

隊の動物学的収集を豊かにするため、わたしはオアシスやその近辺へ一日旅行を試みたほか、さらに足をのばして山の中へもはいってみた。ドシャハル山の嶮阻な斜面での狩りの一つで、わたしの仲間はたくさんの獲物を持ち帰った。オオヤマネコ一つがいと数羽のおもしろい鳥類である。ここの住民はわたしたちにいつも友好的で、愛想よい態度を示した。山でわたしの仲間と会ったタングートの一首長などは、自分を訪問するようにと招待したくらいだった。

貴徳のオアシスの西の端、町から約一キロのところに、大きなスブルガンがあったが、その歴史はきわめて興味があった。伝承によれば、貴徳は昔々、毎年大きな不幸に見舞われていた。黄河の急流が岸を越え、町を水浸しにし、住民に大損害を与えるのだった。ある日、モンゴルのゲゲン、ミネゲ・トュトュアン・ゲルンがやって来て、自分は貴徳を救うために神から差しつかわされたものだと全住民に告げた。

この不思議なゲゲンはスブルガンの寺を建て、その基礎に、火、水、つまり火事、洪水から守ってくれるすばらしい貴重な品物を埋めた。そのとき以来、貴徳は発展成長し、もはや憂いを知らないのだと言われる。

一〇月のはじめの二〇日間ほど、天気は陰鬱で、わたしたちの気分も鬱陶しかった。毎日木々の葉は落ちるばかりで、ポプラや柳はすでにまっ裸で立っていた。ただ果樹だけがその緑の衣を、黄金色がかった赤色のものと変えた。優勢な北東の寒風が細かい黄塵で空を満たし、黒雲は沛然たる雨をもたらし、山には雪が降った。雨が降ると空気は清まり、遠くまでながめわたせた。気温は朝七時で〇・四度C、さらに零下〇・二度Cにさえ達したが、その代わり日中は六度、ときには一〇度Cにもなった。こうなると小川の氷もとけ、再びハエ、トンボ、チョウが姿を現わしてくる。

こういう晴れた日には、貴徳の家々の戸はすべて広くあけられ、住民は甲虫のようにそのねぐらから出て来て、日なたぼっこをする。小さな手仕事をもって戸外で時間を過ごしながらおしゃべりをしている。

一〇月の最後の一〇日間、すばらしく晴れ上がった穏やかな天気が続いた。太陽は大気を快く暖めたので、今年の伝統的な仏教のお祭りはとくにりっぱに祝われた。

　西寧から旅の演劇の一行が着いて、数日にわたって始終上演していた。官辺筋の指示で、わたしたちには大きな劇場の特別ロッジが与えられた。劇場は貴徳のシナ人の本寺の庭にあった。

　お客は、その中にたくさんの女子供もいたが、庭の中にいっぱいになり、隣合うすべての平屋根の上にも満ちあふれた。上演中もかってに席を移動してよかった。焼き菓子、ナシ、カボチャの種をもった商人たちもそれで商売をしてさしつかえなかった。のべつまくなしに音楽は鳴りっぱなしであるが、これもべつにお客の一部の幸福な居眠りを妨げるほどではない。貴徳のモダンな婦人の中には、数人の優雅な着こなしの、薄く化粧をしたシナ婦人も目立ったが、彼らは教養のある、裕福な階級に属していた（彼女たちは足の代わりに《黄金のユリ》を、もっている）。さらにタングート族の王侯もいれば、美しい娘を連れた母親もいた。タングート婦人の色はなやかな独特の衣装は、その飾り——背に垂らしている、銀とさんごをつけた長いバンドとともに、わたしの注意をひいた。

　わたしたちは上演中簡単な食事をとり、ロッジから下りて寺を見物に行った。銀貨で数両《リアン》寄進しようと思ったのである。ここでティン・グアンとその全部の官吏に出会ったところ、みんなからりっぱなシナ料理のごちそうにあずかった。その際シナ人たちは、大勢の人の中に立っているのはロシヤ人の沽券にかかわるし、ロシヤ人が立っていれば、自分たち官吏もあえてすわることはできないだろうと言った。食事はきわめてうまそうにできているので、わたしたちはもう遠慮をかなぐり捨てて、このシナ料理を楽しんだのであった。

　貴徳から西寧、ツォイブセンへ向かって出発する数日前、わたしは二度、ティン・グアンのところで食事する機会に恵まれた。ティン・グアンは、このときはいつもよりずっと率直で友好的だった。

　結局において、貴徳で過ごした月はわたしたちにかなり長く思われた。つまり、旅の途中慣れっこになった、熱っぽい活動の魅力がここには欠けていたのである。比較的貧しく、寒々とした冬の自然はたくさんの観察の材料を提供してくれなかったし、人類学的・動物学的収集品はほとんどふえなかった。一度ならずわたしたちは、ダライ・ラマに会うために甘粛省北西部に残るべきだったとか、冬を遠い、すばらしい南方で過ごすことができなかったとか思って後悔した。わたしとしては、ウルガでダライ・ラマと結んだ交友を新たにするためには、このアムドで再会することがたいせつだった。わたしは近い将来、いつダライ・ラマともう一度会うことができるか、はっきりさせたかったのであった。

タングート族の婦人の背中の飾り

一一月初め、わたしは仏教寺院クムブムとツォイブセンへの小旅行の準備をした。わたしたちはダライ・ラマへの贈物を持参し、クムブムのチベットの上級機関の役人に渡そうと思った。一一月一五日、コサック下士官ポリュノフとシナ人通訳をお供に、小さなキャラバンを組んでわたしは貴徳を出発、通り慣れた道をクムブムの方向に向かった。

黄河ではボートがもうわたしたちを待っていたが、渡るとき実にいやな場面に遭遇してしまった。それはここの法律の番人が、ナシを売るかわいそうな女を情容赦もなくなぐったのである。なぜこの貧しい、弱いタングート婦人がこんなにきびしく罰せられるのか、その理由がわたしにはわからなかったが、犠牲者に力を貸してやり、この《秩序の番人》を幾らか押えつけることが必要だとわたしには思えた。わたしがあいだにはいると、居合わせた人々のあいだに声高く声援が起こった――で、職務熱心な警官はこそこそと逃げてしまった。

クムブムまでの旅は順調にいった。一一月一七日、夕方、寺に着いた。ここはすべてが興奮のるつぼにあった。ツォンカパを祭る秋祭りがたけなわなのであった。往来には祭りらしく着飾った人波がうごめいていた。商人の小屋が広場、大きなスブルガンの近くの丘の傾斜などにびっしり建てこんで大市をつくっていた。ラマ僧、平信徒らが並んであてもなくぶらついたり、珍しい、風変わりな芝居を楽しんでいたりした。ところどころに北京あたりからこの遠い地方に来た軽業師が客演を見せて、刀をつけた輪を幾つもくぐり抜けたりしていた。そのそばには機関車みたいな、何か巨大な乗物があった。それを動かすと、その奥にある器械が、ものすごく野蛮な、大きな音楽を奏でるのである。クマの踊りもやっていた。

祭りの最高潮の日は、仏教改革者ツォンカパの魂が地上の生命から永遠に不死の状態へ移られた日である。一一月一八日夜、合図のラッパとともに、クムブム全部がラッパとホラ貝の響きで反響する。この音楽は幾千の寺の屋根屋根に上り低く読経するラマ僧の声ととけ合う。クムブム寺の玄関では、魔法によってともされたように数百の油燈に火がつけられる。アムフイ劇場式に山の傾斜面に建てられた寺は、火の明るい輝きを浴びて燃え上がる。ほんとうに感銘深い景観である。八時と九時のあいだにすべての物音は沈黙し、寺は再びひっそりとなる。

クムブムで過ごした二日間は、実にいろいろ多彩なことがあった。わたしはこの前のように、寺の前庭のチャヤク・ラマのところに泊まっていた。クムブムでなかでもうれしかったのは、昔なじみと再会したことである。クルリク・バイセのモンゴル人、ツァイダムのモンゴル人などに。ツァイダムの連中の中には、以前の探検のとき案内人だったり御者だったりしたものもいた。彼らはすべて、ロシヤ人には驚くほど愛想がよかった。そして、国ではわたしたちのことをみなよく覚えていて、また来られるのを待ちこがれていると話してくれた。

一一月一九日早朝、わたしたちの小さな一隊はすでに西寧への旅に出ていた。川に沿って進んだが、その上流はモシャ・グー・スヤ、下流の西寧橋の近くはナン・チャン・グーという名であった。午前一〇時ころ、遠くに西寧の建物のシルエットが浮き出していた。そして半時間後、町へはいっていた。

翌日わたしは、シナの官辺筋に儀礼的な訪問をしなけ

ツォイブセン・ヒト寺の主，ロウセン・トブデン

ればならなかった。巡撫は非常に愛想よくわたしの郵便の輸送を引き受けてくれた。そして話しているうち、北京からわたしたちに関する通知を受け取ったと語った。わたしの驚いたことには、この書類は北京のロシヤ大使がシナの外務省に通告した文書を含んでいて、「探検隊員コズロフは、もしシナ人がこのルートを何かの理由で不快と見なし、危険がないことはないと考える場合、南方、四川へは行かないであろう」とあった。

一一月二一日、晴れたひどく寒い朝、わたしたちは西寧を再び去って、北北東、ツォイブセン・ヒト寺院の方角へ旅した。西寧川の右岸に沿ったほこりっぽい道を石炭を積んだ車が行く。近くの山で掘ったものである。車の列の上に、もうもうたる黄土の濃い砂塵がたちこめ、それが旅するものの上にふりそそぎ、鼻粘膜や目を刺激する。

シン・チェンという小さな町で一泊。峠の頂上からモミのいっぱいはえたツォイブセンの丘をながめわたす。谷の下で、わたしの古い友人のゲゲンの挨拶をラマ僧が伝えてくれ、ハダクを手渡す。寺の内庭にはいると、ラマ僧たちが一種の出迎えの列をつくり、わたしたちに敬意を表してくれる。わたしたちはあらゆる儀式に顧慮を払いながら、実に気持のいい宿に行く。そこでテーブルに食事や飲みものを並べ、すぐくつろぐことにする。

ツォイブセン・フトゥフトゥは、わたしを親友のように迎えてくれた。わたしは旅の疲れが少し回復し、ラマ僧にいただいた元気の出るものを食べたあと、この寺院の主の奥の部屋へはいった。そこへは普通よその人ははいることは許されないのである。ロウセン・トブデンはにこやかにわたしを迎え、ロシヤ式に片手をわたしに差し出した。わたしは仏教の習慣に従いハダクを渡した。トブデンは年をとり、太ってしまっていた。ただ目だけが昔のとおりに輝き、知性とエネルギーにあふれていた。彼が笑うと、声は青年のように晴れやかだった。自慢そうに彼はわたしに、ヨーロッパふうにしつらえた新しい部屋を示した。カーテンを掛けた窓には、綿をあいだに詰めた二重枠がつけられていた。壁にはありとあらゆる時計が下がっていた。その中にはカッコウ時計もあった。絵もあった。ロシヤ地理学協会とプルジェワルスキーからの贈物は、心をうたれるくらい注意深く保管されてあった。いたるところにブルハン、フルデ、ガ・ウ、豪華な金や赤のチベットの本があった。窓という窓から寺や近くの山や丘をすばらしくながめわたせた。家の一方の側に、木陰の多い庭があり、それを築山、花壇、さらにヨーロッパふうに軽快な感じに刈った樹冠が飾っていた。わたしたちには話題がたくさんあった。というのは、わたしたちのあいだには遠慮というのが必要でなかったからである。

ロシヤ地理学協会の贈物に対する返礼として、フトゥフトゥはわたしに、ブロンズ製の値うちのあるマンジュシリ（曼殊室利、文殊菩薩のこと）、つまりダイヤモンドの玉座にすわる、冠をいただいた仏陀像と、チベットの本、すばらしいフルデを手渡した。さらにロシヤ科学アカデミーに、《ボド》（ピッパラ樹すなわち菩提樹のこと）という木の葉を一枚持って行ってくれと言った。この木はインドにはえていたもので、この木の下でゴウタマ（シャカムニ）は瞑想にふけったと伝説は物語っている。葉の上にはっきりと、坐した仏陀を黄金で線描してあるのが見えた。

一一月二七日、わたしたちの一隊は再び西寧に近づいた。ツォイブセンで過ごした短い期間の暖かい、心暖まる思い出を携えて。三日後、貴徳に着いたが、すべては最上の状態にあった。天気は比較的暖かだった。一二月中旬にやっと少々冬らしくなった。夜の寒さはマイナス一三度Cまで下がり、冷たい北東風が吹いた。オアシスは荒涼たる、灰黄色の色あいとなり、凍りついたようだった。すべての住民はその家の中に引きこもり、動物の世界までしんと静まりかえっていた。

わたしたち探検隊には、少し前から一人のまったく奇妙な隊員がふえた。それはオアシスで銀貨五ルーブルで買った一羽のハゲタカであった。この羽のある巨人はすぐわたしたちのところで慣れてしまった。彼の好物はヤギの肺で、さらにがつがつと骨にも飛びかかり、その一つはしゃぶっていただけだったが、もう一つの骨は丸ごとすぐ飲み込んでしまった。この人気者が食事するのを見るのは楽しみだった。四方八方からカラスのあらゆる種類がはせ集まって来て、ひょこひょこ飛び回り、もの欲しげに一と切れかっぱらおうとするのである。巨大なハゲタカが怒った目をこの小さな泥棒たちに向けただけで、もう連中はできるだけ早くぱっと飛び散ってしまおうとした。夜は、このハゲタカは閉めきったテントに入れられたが、日中は普通戸外の崖などにすわっていた。そして羨しそうな目で、空を遊弋する自由な仲間たちを追っていた。しかしときにはこの囚われ人も内心の喜びにとらえられるらしく、興奮してその場で羽ばたき、巨大な二メートルにおよぶ羽を広げることがあった。二、三度すでに、このハゲタカはこっそりとわたしたちのところを逃げ出し、近在の丘の頂上、シナ人のバゴダの近くに上ったりした。そこから彼は、ゆるやかに傾斜している斜面を一メートル、あるいはそれ以上飛んだ。わたしたちの犬は、ハゲタカが何をしようとしているのかすぐには理解しなかった。それで飛びかかろうとした。しかしいけないと言われると、犬は落ち着いて、敬意を表する距離を保ちながら鳥の回りをうろついた。あとで旅に出たとき、犬はこのハゲタカと無二の親友になった。

一二月二〇日朝、まったく思いがけなく、バドマジャポフ兄弟がわたしたちのキャンプに到着した。みんな興奮してしまい、新たな生活がはじまるかに見えた。最も重要な手紙は地理学協会の報告だった。科学アカデミーおよびペテルスブルクのすべての専門家たちは、わたしたちがハラ・ホトで行なった発見を非常に高く評価していると書いてあった。「みなさん――専門家たち――が送られた発掘資料から判断できたかぎりでは、貴下によって発見された古都の廃墟は、タングート族の一種族西夏の首都の残骸であります。この種族は一一世紀から一四世紀にかけてその勢力は絶頂に達したものです。成功した発見の重要性にかんがみ、地理学協会評議会はわたしに全権をゆだね、貴下に次のことを提案せよとのことであります。すなわち、四川へは行かず、ゴビ砂漠を引き帰して、死の町ハラ・ホトの探索を継続していただけませんか。」そして手紙の末尾は「今後の発掘には、惜しみなく労力、時、資材を投入してください」とあった。

わたしたちの現在の志気、精神状態を考慮すると、もともと予定していたヌゴロク地域へ奥深くはいるルートをここで短縮できることをわたしは喜んだ。さらに手紙の内容は、すべての点で巡撫の希望にかなっていた。彼の背には、わたしたちの運命についての責任が重くのしかかっていたのである。盗賊に似た種族の中をわたしたちが旅をするのは、彼の内心の確信によれば非常に危険なのであった。

一二月三〇日、貴徳から一五キロ離れたラルチャ・ゴムバ寺院への道の途中にあるチグ温泉への小旅行に出かけた。西へ進む途中、ムドシク谷を横切り、まもなく南西へ曲がり、ラーネン・シャツォン部落を通り過ぎた。ルァン・ツォン・グー溪谷にはいったとき、湯気を上げている小川の濃紺の帯が見えた。とあるオボの近くで、しゅっしゅっといいながら、粘土と砂利の沖積層の下の水が地表にあふれでているのである。水はしだいに冷え、さらに北の方向に流れているが、一定のリズムで流れるその独特の鈍い音は、重苦しいため息のように、一〇〇メートルから一四〇メートル離れたところでも聞えるのである。この山の水は、エメラルド色の緑の野を約三、四キロにわたって流れている。水温は水源のところで八五度Cであった。

いちばん熱い水源のそばにもう一つ小さな温泉がわき出ていて、かなりたくさんの病人が集まって治療していた。けわしい岸のふもとに、大きな石板でつくった原始的な湯槽が一二ほどおいてある。リューマチとかその他いろいろのかぜなどの病気で苦しんでいる土地の人たちが、近くの岸の段丘に滞在し、二、三週間天幕生活をするのが常である。この人たちは毎日一時間、野天のこの浴槽につかり、熱い泉湯を飲む。しかし気温はけっこう低いので、はいる人は普通何か衣服で浴槽をおおってはいるのである。

本部キャンプの生活はまったく単調そのものだった。ツォイブセンの友人たちはたった一度しか、わたしたちを訪問しなかった。彼らは二日貴徳に滞在、それからゲゲンへの新たな贈物を持って帰宅した。今度はゲゲンにわたしは、双眼写真鏡、金襴一巻、美しいナイフ、写真一とそろいを贈った。写真には彼の寺、僧などが写っていた。

一月中旬、わたしたちは冬のキャンプに別れを告げ、さらにアムドのラルチャ・ゴムバ、ラウランなどの寺を調査に行こうと思った。しかしダライ・ラマへの贈物はどうしたらいいだろう？　一二月二一日、チベットのこの統治者は公式に北京を離れ甘粛に向かったことを発表している。それからまもなくウ・タイ寺から、二〇〇頭のラクダで輸送されるダライ・ラマの荷物が到着し、さらにチベットの役人も姿を現わした——何か大事件が切迫している感じである。

住民はこの仏教の最高位者をべつに何の感動もなく待っていた。こういう高官の訪問にはいつも莫大な出費がついて回るからである。甘粛の副王はさらにダライ・ラマの旅のルートを北か南へ移すように、けんめいに努力さえしていたが、見たところ成果はないらしかった。

充分考えぬいたあげく、わたしたちは全権を託したものをクムブムに派遣し、贈物を取り返して来ることにした。その際この全権はラマ僧たちに向かって、わたしたちが機会を与えられればすぐ親しくダライ・ラマに贈物を差し上げることを保証することにした。ダライ・ラマの役人たちは、全権ポリュトフに、《おもしろい貴重品》のはいった箱をおもしろくなさそうに返したという。そしてその際彼らは、探検隊の予定進路を注意深くノートしたそうである。

その年の最後の数日、実にいやな天気が続いた。寒く、身に浸むような北東風はやむことがなかった。遠くは黄塵におおわれていた。故国では雪が冬に特別の魅力を与えるものだが、ここではまったくそれが降らなかった。大晦日（旧暦による）は星の明るい夜だった。これでやっと、新しい年がはじまったのだという感じを味わうために、パゴダの近くの隣の丘の頂上から二発ののろしを打ち上げた。その黄金の火の箭は空高く上がり、まばゆい光を発して闇を引き裂いた。丘の下や近くの山の中では、目の鋭い遊牧民のあいだに、この印象深い光景は明るい感動と喜びとをひき起こした。

ラルチャ・ゴムバへの旅の準備は長びいた。タングート人といっしょに仕事をすることは、ほんとうにめんどうくさいことがわかった。だいじょうぶだと言いながら、彼らの連れて来たのは悪い、元気のないヤクだった。しかもほんの少ししか連れて来なかった。黄河付近の山の迷路へはいろうというわたしたちの探検隊の成果は、あやしくなってきた。

わたしたちはいろいろ考慮した結果、キャラバンを分割することにした。重い荷物はナパルコフ大尉が監督して、直接貴徳からラウランへ行く大きな道を進ませることにした。ナパルコフは、荷物を夏河で確実に保管し、それから渭源へ行き、動物学的研究に当たる任務を受けた。そのほかの軽い、必要なものだけをつけたヤクは、わたしが自分の研究旅行に連れて行くことになった。わたしたちの任務はラウランの北西部、西部、南西部地方の研究であった。

14　アムドの奥地山岳地帯への旅

「死の町ハラ・ホトの研究に全力を傾注せられたし」という地理学協会の提案は、わたしたちの計画を変更した。もともとわたしたちは、冬中貴徳にいて、春が本格的にはじまるまで待つつもりでいた。そして四川へ行くはずだった。ここの豊饒な自然は、すでに、わたしの師プルジェワルスキーをその第四回めの中央アジア滞在中、ひきつけていたのだった。当時彼は、ビ・チウの吻合点のそばの《青い海》(ヤン・ツズィ・ツジャン)へ到達したとき、この川をラクダで渡ることは不可能だと確信せざるをえなかった。彼は川について下流へ行くこともできなかった。近くの山の、険阻で暗い岩が谷をせばめていたからである。中央アジアの最初のこの研究者は、黄河上流の湖の谷を訪ねるだけに満足し、ツァイダムに帰らざるをえなかった。ツァイダムは、彼にとってはチベットの北の辺境地区探検の基地の役をしていた。プルジェワルスキーのあと、その後継者ロボロフスキーの探検隊が四川へ出発したことは知られている。しかし彼はアムネマチン山中で病気になり、同じようにツァイダムへの帰途につかなければならなかった。わたしのモンゴル、カムへの旅は、地学的にも自然科学的にもきわめて大きな成果を上げ、当時のわたしのルートの東にある地域に行けば、もっと多くの発見が期待できるのではないかという確信を植えつけた。それで今度はロボロフスキー同様に四川、しかもカムへ向かう境界地域へ行きたいとわたしは思ったのである。こうしてわたしは自分たちの仕事の領域をポターニンのそれと結びつけ、それでもってわたしたちの師の遺志を実現しようとした。

しかしそこに行くことは、わたしたちの誰にもできなかった。何か神秘的な力が、成果の期待できる四川へはいることを許さないように見えた。わたしたちは、竹やぶを進み、そこでタキンやタケグマを狩り出し、あるいはその近くの山中でのすばらしいキジを捕獲することを夢見ていた——すべては無に帰してしまった。そこへの旅は相変わらず夢にとどまってしまった。

わたしたちは四川へはいることは断念したが、帰りの旅でハラ・ホトへは春になってから行けばよかったのである。だからまた二か月以上余裕があった。したがってこの期間を少なくともアムドの南の探検に利用しないとしたら、許しがたいことになるだろう。この小旅行はまたこれ以上長く延期することは許されなかった。で、わたしたちはすぐ出発の準備にとりかかった。

アムドの山岳地帯、チベットの北東隅はココ・ノール湖の南、一方は四川の境界、他方は甘粛の境界のあたりまで広がっていた。一般的に言って、アムドの山岳地帯の高低は、チベットの最も地形のゆるやかな地方と同じである。この地方は、広いチベットの東部、南部にあり、高さはわずか三六〇〇メートルから四〇〇〇メートルにしか達していないし、耕作に使われている谷はもっと低い。主脈はだいたいにおいて西から東へ走っている。チベットにおけると同様、ここの谷の上のほうは、堅いチベット・アシのはえた特徴のある草原が広がっている。動物で最もしばしば出会うのはアダ・山カモシカ、鳥では大きなチベット・ヒバリである。この鳥は晴れた日、その旋律的な歌でこの地方の静寂と単調さを破る。これに反しずっと下のほうの谷には灌木が生い茂り、泡だつ澄んだ川がそのあいだを流れている。その岸に小さな鳴禽類が生息している。植物にはチベットのすべての植物が含まれる。矮少な灌木からはじまってアルプス性の草や花にいたるすべてである。動物もチベットとまったく同じである。ただしここでは野生のヤクやオロンゴ・カモシカには出会うことはない。数多い遊牧民に追い払われてしまったのである。

アムドの全住民は好戦的なチベットの種族だが、男女合わせて約五〇万と言われる。その一部は定住し、その部落と耕地は海抜二五〇〇メートルから二八〇〇メートルまでの谷のふもとにある。そのほかは遊牧民で、そのバナガとともに、アルプス性高地の牧草地を渡り歩いている。

アムドの種族は東チベット人と同様、政治的な点では中立で、シナに服しているが名目的なものにすぎない。シナ人はアムド族の内政には少しも介入せず、ときどき役人を軍隊に守らせて派遣するだけである。それは税金

アムドのタングート族の少女

を取りたてたり、アムドの住民間、あるいはそれとシナ人のあいだに勃発した紛争を仲裁するためである。

アムドの遊牧民の主な仕事は、彼らがその首長の指揮のもとで行なう略奪だと言われている。

わたしたちがお目にかかったアムドの住民たちと、この前の探検でわたしの知っている東チベット人とのあいだには外から見て何の区別もない。同様に中背で、同じように種族的な、ずんぐりした体格であり、同じような大きな黒い目を持ち、平たいが、ときには貴族的な感じのする鼻、そして同じような中ぐらいの耳をそなえている。

遊牧民となっているアムド住民の衣服、住居も東チベット人のそれに似ている。差異は、両民族をもっと詳しく研究しなければわからないくらいである。

アムドの住民においても、男たちは機会があればグループをつくってぶらぶらし、むだ話をしているのが常である。せいぜい狩りに出かけるか、上述したように略奪に出かけるかである。家庭での仕事、たとえば家畜の世話、燃料集め、水くみ、要するにあらゆる仕事は実際的には女たちの肩にかかっている。女が一日中、たえまなく苦しんでいるのに、男は何もしないでぶらぶらし、女を手伝うのは、女がただ肉体的に仕事をしえないときだけである。アムドの女たちは、まったく男同様、巧みに馬に乗る。馬の群れから任意の馬をとらえ、たてがみをつかみ、鞍もおかない背にすばやく飛び乗ると、思い思いの方向に大胆に飛ばせて行く――こんなことは、アムドではどんな少女だってやってのけるのである。娘たちは一般的に非常に自主性があり、自由で、自分の思いのままに一人、ときには数人の男を同時に所有する。

ラウランの近くのタングート人のあいだでは、結婚は若い男が自分の両親のうちから女の両親の家へ永遠に逃げ込んだ場合に成立したと見なされる。男は女が気に入り、結婚したいと願う場合、自分の衣服の何か一つを女のもとに残しておく。女は若い男のそういう申し出を受けると、男の衣服を自分のとまとめてかたづけておかなければならない。これに反し拒絶する場合、男の衣服を戸外に出しておく。両親には娘の決心を左右する力は全然ない。若者は自分の衣服が外に出されているか——出されているときは恥ずかしいことだが、それを引き取らなければならない——女が注意深くかたづけたかで、事の成否を知ることができる。成功の場合、若者は両親の家を去り、それとともに両親とのきずなをいっさい断ってしまう。その際せいぜい自分の戦闘用の馬を持って行くだけであるが、花嫁の前には鉄砲と刀を持って現われなければならない。それで夫は、妻とその両親にとっていわば一種の長期逗留客なのである。夫と妻とが財産に関してはほとんど関係がないというのが、原則的にタングート族の家族生活、一般にすべてのチベット種族に共通する風習である。妻はもっぱら彼女のものである家政のすべてを切り盛りしなければならない。夫の所有物は馬と鉄砲と刀、槍、つまり略奪に出かける際の武器だけにすぎない。

女たちがガラス玉や銀の飾りを誇るように、男たちも——たぶん、もっとはげしく——自分の武器を誇りとする。とくに銃と刀を。銀や色の美しい石でそれらを飾るために大金を投ずる。中央アジア全体におけると同様、アムドでも首長あるいは指揮をとる資格のある男の価値を判断する基準は、第一にその戦士らしい容貌、大胆さ、勇気である。かんの強い飾りをたくさんつけた馬は、すでに遠くから道路ぎわに住む住民やキャラバンの注意をひきつける。

色はなやかな、濃紺、赤、黄色の服を着、ときには胸にヒョウの皮の飾りをつけた衣装は、アムドの騎手たちには非常によく似合うし、とくに単純な民衆にうやうやしくお辞儀される役人にはぴったりである。

最近、ヨーロッパ製の武器が非常に目につくが、それはだんだんこのアムドの住民の中に浸透していくようである。旅の途中、またわたしたちのキャンプで観察した多くの男たちは、しばしば手入れのよく行き届いた連発銃で武装していた。そしてとくに谷で狩りをするとき、精確に射撃できるように、銃には支桿がつけてあった。こういう支桿は、中央アジアの人々の原始的な燧石銃の場合は普通である。アムドの人々は自慢そうにその連発銃を見せびらかし、わたしたちにもロシヤの銃を見せないかと言う。ヨーロッパ式銃の分解、組立てをタングート人は非常によく習得している。巧妙に落ち着いて、銃であらゆる曲射ちをやって見せる。彼らはテントの前にすわっているときには、退屈のあまり銃を手にとり、みがき、なで、まるで母親がかわいい子を愛撫するようにかわいがる。弾薬の使いかたはきわめてけちけちしている。

アムドの連中がわたしたちのキャラバン、荷物、同質の武器をどんな羨望の思いでながめていたかを確かめるのはむずかしい。わたしの確信によれば、わたしたちの銃の卓越した特性をタングート人たちは、すでに自分たちのヨーロッパ製の武器と比べて知っていたので、それをものにしたいという欲望のあまりわたしたちを襲う気になっていたと思う。シナ人たちが、わたしがアムドに行こうと言うのにはげしく反対したのはむりではなかったのだ。シナ人はとにかくこの遊牧民の殺人、略奪の熱情をよく知悉していたのである。アムドでわたしたちに降りかかるかもしれないいっさいの不祥事、不愉快な事件に対して、わたしが自ら責任を負うことをあらためて一札入れて保証してはじめて、シナ人たちは賛意を表したのだった。

アムドが仏教の歴史において、きわめて高い位置を占めているのは当然である。ここは偉大なる仏教の宣布者、師の故郷なのである。仏教の改革者、優勢な宗派《ゲルグパ》の創始者ツォンカパの名はその知識を完全にするためにアムドからチベットへ、ラサ、あるいはタシ・ルンポへ行く仏教徒にだけ知られているのではない。

アムドのいたるところ、とにかく美しく、魅力があり、同時に快適でもあるという場所ならどこにでも寺や僧院が建てられ、僧院のそばには種族の指導者の行政庁その親近のものの家が建てられている。僧院の近くには、しばしばシナ商人の住居がある。彼らはこういう大きな中心地の特別のコロニーに住みついているのである。

アムドの大僧院はクムブムとラウランである。その広い寺内、数多くの建物の中には数千のラマ僧が住み、彼らは主としてツォンカパの教え、いわゆる黄教の教えを説いている。

まずわたしたちは、タングート侯国ルッツァを訪ね、その好戦的な指導者ルホムボと知り合いになりたいと思った。

一二匹の荷馬、同数の騎馬からなるわたしの小さなキャラバンは、一月一九日冬のキャンプに別れを告げ、まっすぐラネンシャツォン川の渓谷に向けて急いだ。ここでは有名な灰黄色の岩壁がわたしたちをとり巻いていた。温泉ツィグは、その温度は相変わらず高かったが(八五度C)、今度はひっそりとさびれていた。第一夜は、人の背丈ほどのデレズンのまん中のラネンシャツォン部落とラネン・ゴムバ寺のあいだの美しい場所で、夏テントを張って過ごした。

夜明けとともに、さらに南へ進み、広い黄河谷の底から近くの高原に達した。右から黄河にはいる大小の川の表面は、たくさんの氷の滝をつくっているので、わたしたちはこれらの障害を回り道をし、非常に険阻な粘土、あるいは黄土の勾配をよじのぼらなければならなかったが、ようやくナラ峠へ達した。そこから靄の中にもはっきりと、深い渓谷が浮き上がって見えた。これは巨大な黄河が貴徳の下のほうで山塊に切り込んでつくった谷である。遠くのほうには、南ココ・ノール山脈のいわば東の続きをなしているアルプスふうの連峰がのぞまれた。連峰の西の部分は、タングート人の言によればツォルゴーと言った。黒い堤防のようにツォルゴー山脈の前、それから西へとのびている山々はアムネ・ウォユエンと名づけられている。南方には、堂々たるドシャハルがそびえている。

山頂には雪が輝いていた。近くの山々の段丘には、わずかばかりの穀物畑と並んで、遊牧性のタングート人のバナガがところどころに散在していたが、はるか上の黄色くなったり氷の張ったりしているアルプス性草原には、馬、羊、黒い家畜としてのヤクの群れが草をはんでいた。

タングート人のきたない、古ぼけたテントの内部は普通仕切りがしてある。右は男たちの部屋、左は女たちの部屋。中央に炉がある。端にはテントの壁に沿って、チュラ（乾いたチーズ）や穀物、その他の貯えを入れた袋が並べてある。そこには荷鞍もある。土の上にじかに、ねばねばするフェルトのおおい、羊の皮が広げてある。それは住んでいる人たちのベッドの代用品である。裕福なタングート人のテントのそばにはしばしば囲いがしてある。羊の囲いで、恐ろしい犬がきびしく番をしている。

わたしたちは、ツィンチュ川をゆっくりと上り、まもなくココ・ノール草原に似た牧草地に出た。すばらしい牧草のはえた無限の丘の連なりが、北西から南東へのびている。ところどころで、それと交叉する鎌型砂丘《バルハン》の長い列にぶつかる。バルハンは北西から、ほとんどドシュパル山脈の近くではじまるマゲタン砂漠に接近している。それは主として北東・南西の方向をもっている。そのゆるんだ険阻な傾斜は南東を示し、平坦な側は風の方角を示している。砂は山のそばにゆっくりと近づき、高原の丘陵性の起伏をだんだんと平らにしている。砂はところによって三〇メートルの高さに達する。

オアシス貴徳から三本の道がルッツァ侯国へはいっている。東のは山越えの道、西のは荒涼たる砂漠メゲタンを通り、わたしたちのとった中央道はゆるやかな丘、谷のあいだをうねうねと走り、黄河の右の無数の支流のそばを通っている。支流はこの時節ほとんど水はないが、山には氷の隆起が見えた。この道は幅約六五キロの小さな砂漠を横切っている。タングート人の話によれば、夏この砂漠を旅するのはことのほかつらく疲労がはなはだしいという。熱された砂が空気の温度を非常に高くするからである。

南に東に進めば進むほど、山が道近くに迫ってくる。丘の頂上から新しい谷や川をながめ、新たな眺望を楽しんだ。ツァナガ川を渡り、そこから西にツァチャン・ケの黒い山脈を見、それから急いでルトュガ・ニガ峠に上った。南東のドシャカールの銀白色の頂上、南のドシュパル山脈がだんだんはっきりと浮かび上がってきた。峠を下りて峨々たる突出部を迂回し、起伏の多い草原地帯を越えてゴムュン・グシュン川に達した。この川は、黄河溪谷の狭く深い谷を通って流れていた。

わたしたちは南西の方角を維持し、タングート人のテントのそばにいつものようにキャンプを張った。馬に乗った一群のものが、わたしたちについて来て、がんこなヤクを駆り立ててくれる――ヤクはわたしたちの新しい運搬動物で、疲れた馬やラバの代わりに使っているのである。

未知未開の国の奥深くはいればはいるほど、土地の人々はがんこかつ厚かましくなる。稀薄な空気がわたしたちを疲れさせる。仏教の新年祭の前の晩、貴徳のティン・グァンの指示でわたしたちのお供をして来た案内人が、もう金は前払いしてあるのに、家へ帰りたいと言い出す。そして自分たちにヤクの調達をまかしてもらいたいとわたしに頼む。わたしの仲間やシナ人の通訳は、新たなヤクを近在のタングート人から借りようとするがうまくゆかない。タングート人はその際わたしたちにさんざんいやな思いをさせたが、ついに案内人はわたしたちの運命をわたしたち自身に委ね、逐電してしまう。夜、曇って静まりかえっている。ときどき、主人の眠りを守っている荒々しいタングート犬の高い吠え声が響くだけである。わたしたちは衣服も脱がず、銃を腕にかけ、半分まどろんだだけである。すべてを二人の見張りの注意力にまかせながら。

仏教の新年の朝、遊牧民のキャンプから、祈禱をうながすホラ貝、その他の楽器の音が響いてくる。バナガのそばで火がたかれる。男も女も祈禱を唱え、唱えながら大地に深々と頭を下げ、顔を東の方角、三つの聖なる処女峰アムネ・ドシャギル、ギガ・アムネ・コンシム、ドシャハルのほうに向けている。

ムドルツィ・ニガ峠の付近で、予備の馬を連れて旅をしている土地の騎馬隊に会う。そのタングート人は重々しい顔つきで、わたしたちが何ものであるかと尋ね、それからちょっとわきへ寄って、わたしたちキャラバンをやり過ごす。そうしながらみんな、わたしたちの動物を一四一四、精細に点検している。

トゥン・ヌチ地方でテントを張ったとき、すでに暗くなった。再びタングート遊牧民と並んでキャンプする。バナガの全員が、アルガルや乳、その他を売りたいと言う口実で、わたしたちのキャンプにやって来る。わたしたちはこの地の風習にさからいたくなかったが、この陰気で不潔な連中をたいしてうれしくもない顔で迎え、たえず伝統的な茶をごちそうすることにした。

天気はそのうち実に快適になってきた。一日じゅう暖かく、穏やかだった。空気は相変わらず清澄だった。夜だけ、約二〇度Cの気温のときには、山から吹き下ろしてくる軽いそよ風を感じた。わたしたちの旅は順調で、まもなくタングート侯国ルッツァに着くのではないかと思った。ここで貴徳以来、最初の休日を設けるつもりだった。

約一〇〇のバナガから成るルッツァの首長のキャンプは、シャニュク地方（この地方でしばしば丘、川、谷などをモンゴル語で言うのはとにかく興味があった。だからツァガン・トロゴイ丘、カラ・ゴルの山、シャニュク地方などというのに出会う。そのくせモンゴル人はすでに約一六〇年前未開のヌゴロ・カム人、その他チベットの山地の盗賊種族から追い払われたのである）の水のない河床モン・ツウの南の谷にある。この谷は実にすばらしい牧草地を提供している。わたしたちは一日中、この谷に沿って進んだが、進みながら黒いテントの特定の一団を目標にした。

タングートの領主は自分の領地を四つのホシュンに分け、一つのホシュンは二五〇人までの住民を含み、バイセ（タングート族での一位階を示す）によって統治される。

わたしたちが上述の地方に到達したとき、はなやかな祭りの衣装をつけた一群の土地の人に出会った。彼らは刀を下げ、鉄砲さえ持っていた。首長のキャンプのすぐ前で、まずわたしたちを迎えたのは首長の息子、美しい青年であった。彼はおつきのものを従えて馬を先に進め、うやうやしくわたしの馬の手綱をとった。次にルホムボ自身も出て来た。彼をこのあたりの住民は「ラッチァ」と呼んでいる。彼は数人の婦人を従えていたが、それはみな、リボンやトルコ玉、貝などを飾った、色はなやかな毛皮服をまとっていた。七三歳であったが、この精力的で頑丈なルホムボは、戦いで鍛えられた、強い戦士の印象を与えた。なんなら盗賊の印象と言ってもいい。彼の頭には幾つかの深い傷あとが見られた。また毛皮をときどき右手で押し返すとき、からだにもそれが見られた。習慣どおり挨拶して、わたしたちは広々とした、比較的清潔なテントへはいったが、そこにはすでに見慣れた簡単な料理が並べてあった――茶に、つい今しがたヤギの脂で焼いたばかりの菓子が添えてあった。注意深く絨毯を広げたバナガの半分は男の席に決められていたが、そこにわたしたちは序列に従ってすわった。わたしは炉のすぐそば、主人と向かい合ってすわった。主人は愛想よく、この地の飲物をやってみるように勧め、遠慮なくどんどん食べてくれと言った。若い息子はたえず釜を暖炉からとり上げ、わたしに茶をつぎ、パンを勧めた。

わたしたちは食事を食べ終えたあと、キャンプ場を捜そうと思った。老首長と息子はわたしたちに加わり、わたしを助けてくれた。わたしたちはとある広々としたところに停止した。ここはこの領主のキャンプから約二〇〇メートル離れたところにあって、谷を横切って走っている長く低い、丘の背によって隔てられていた。そうしているうちキャラバンも到着した。最も緊急の仕事、つまり荷下ろしとキャンプの設営を済ませたあと、二人のこの首長はわたしの全隊員をお茶に招待したいが、と言い出した。すべては上乗に進行しているように見えた。わたしたちが西寧の官辺筋から公用のシナ人通訳を連れて来ているのでなおさらだった。通訳はあらゆる種類の書類をもらって来ていたが、それによれば、わたしたちにはアムドの住民たちからの支持が保証されていたのである。

歓迎宴が終わると、身分の高いタングート人たちはわたしたちのキャンプにやって来て、文字どおりキャンプを包囲した。この客たちはみんな、大酒豪の実力を示し、ちっとも遠慮せずに、わたしに次から次と度の強いアルコールをからになったグラスにつがせた。アルコールは、わたしたちがわざわざ自分たちの貯えから出さなければならなかった。というのは、トカゲやヘビ、その他をアルコール漬にするために、わたしたちはいつもアルコールを携行していたのである。このアルコールは首長たちにはおおいに気に入った。賞賛のしるしに、彼らはおや指を上に向けた。はじめわたしは、タングート人にコニャックを飲ませようと試みた――しかしだめだった。コニャックは彼らの意見によれば、「婦女子の飲物」であった！　しかし商売上の取引きとなると、ルホムボは残念ながら少しも譲歩の意志をみせなかった。わたしがいかに抗弁しても、キャラバンが彼の領地を通過するために、貢物として最上の鉄砲を一つよこせと言って聞かなかった。ヤクと案内人にも、特別のきわめて高額の支払いを要求した。わたしがピストルを差し出すと、彼はこれをばかにして、「子供の武器」だと言った。

タングート人たちは相当のアルコールを飲んだので、すっかり酔っ払ってしまった。わたしはこうなると、ほとんど避けられなくなるありとあらゆるやっかいな事態を予想したが、そのとき思いがけなく、首長の奥さんがわたしを困惑から助け出してくれた。この小さな、弱々しい婦人はまったくタイミングよくはいって来て、もうぐでんぐでんになっている夫をぞうさなく連れ出した。彼はまだ歩きながらわたしに怒鳴っていた。「明日、商売ときみたちの今後の旅行の話をつけよう。今日は贈物を待っているぞ。」贈物は一部もう渡してあったのである。で、残りをすぐわたしは届けさせた。

交渉は二日間続いたが、いっこうにらちがあかなかった。わたしたちのすべての提案も新たな贈物もヤクや案内人に対するきわめて高い支払いもルホムボを満足させなかった。彼は自分の「きみたちの銃と一箱の弾薬をよこせ。でなければ、わしの領地から叩きだす！」という言葉を固執した。結局わたしは憂鬱な気分でこの妥協案に同意したが、この老領主は「こんどは息子がきみたちのところに来て、その武器をもう一度見ることにする。わたしはテントへ帰る」と言った。息子が現われた。威張って傲然とコサックのテントにはいり、ここでわたしたちの連発銃をもう一度念入りに調べた。とどのつまり彼は同じような傲慢さで「きみたちの銃はよくない。何の役にも立たん！」――そして行ってしまった。

これまでキャンプには大ぜいの訪問者がすわり込み、ずうずうしくもわたしたちのテントにさえはいり込む者もいたのだが、いまは人影もなくなった。残っていたのは、ルッツァからの二、三の連中で、こいつらときたら人のものも自分のものも見境がつかず、わたしたちの見ている前で、医薬品の中から包帯を全部とガーゼを盗んでしまった。

老領主は今度は長老会議を召集した。老練な、海千山千の盗賊どもである。あとでわかったことだが、彼らはわたしたちを全滅させ、わたしたちの武器その他あらゆるものを頂戴しようと決議したのである。こんな裏切り的な襲撃があろうとは、わたしたちは全然考えていなかった。ましてルホムボが、会議において、その息子やほかの若いタングート人の提案をいれ、わたしたちを深夜襲撃し、一つかみのわれわれロシヤ人を叩き殺そうとしたことなど思ってもみなかった。彼らはきわめて値うちのある所持品をとろうとしたくせに、いつも首長のテントで眠るシナ人の通訳に対しては――失敗に終わった攻撃のあと、わたしたちにわかったことだが――攻撃したのはホシュンの住民ではなく、隣のアイマクの連中だと説明しようとした。彼らの言うには、この連中は不倶戴天の敵で、殺された一族の復讐のためルッツァの住民を襲ったのだが、偶然、ロシヤ人に攻撃をしかけることになったのだと言う。

一九〇九年一月二四日の夜、わたしたちはみんな、ひどく神経がたかぶっていた。領主のキャンプの前から、あやしげな馬のひづめの音が聞こえていた。隣の丘の頂上に、敏捷な騎手たちが駆け上がり、夜のしじまの中で、高い、よくふるえる声で互いに何か呼びかわしていた。何か凶事が起こるような気がして、わたしたちは衣服を脱がず、銃を腕にし武装をすっかり整えたまま眠ることにした。

翌日、タングート人とのわたしたちの関係はいっそう悪化した。彼らと平和裏につきあうことは明らかに不可能だった。何を提案しても満足しないのである。彼らの要求する、恥ずかしげもなく高い値段に同意を示すとすぐ、今度は新たな絶対にのめない要求を考え出してくるのである。

西寧からの通訳から聞いたところでは、領主は、明日、最後に提示した条件でヤクを世話することに同意したという。それは一頭につき天文学的な数字の値段であり、一五人の案内者の一人一人にもそれを払うという条件である。わたしたちには実際には案内人は一人きりしか必要でなかったが、彼らは絶対に一五人だと押しつけてくる。彼らの意見では、一人二人は生きて無事に帰れない場合があるからだという。銃と弾薬についてはもう何も言わなかった。

夕方の薄明はすぐ退いて、暗い、雲の多い夜が地上に下りてきた。この一月二五日の夜は、わたしたちにとくに思い出深いものとなった。首長のキャンプは、異様なくらい静かだった。今度はわたしたちは何の準備もせず、のんきに眠れるような気がしていた。服も脱いで、銃はそばにおいたままにしていたのだ。わたしは長いあいだ眠れなかった。犬どもの高い、怒った吠え声は一瞬も止まなかった。緊張して、わたしは戸外に耳を澄ませた。わたしの思いは遠く故郷をさまよっていた。と、まさに眠りこもうとした瞬間、とつじょ一発の銃声がわたしたち全員を叩き起こした。夜の一二時半だった。目ざとい歩哨のサナコーエフがすぐ叫んだ。「襲撃だ！　起床！」そして遠ざかって行く二人の騎馬のものに発砲した。はじめの一発を撃ったタングートの斥候である。

一、二分後、わたしたち全員はテントから飛び出し、銃を構えたが、もう誰も見えず、スピードを出して去って行く馬の高いひづめの音が聞こえるだけであった。わたしたちが衣服をつけ、ちゃんと武装して、戦闘隊形をとるかとらないかに、斥候の逃げて行った西のほうからまた馬のひづめの音が聞こえ、だんだんそれは高くなった。同時に黒い点が認められたが、近づくにしたがってそれは大きくなった。それから一つかみのロシヤ人と数百の荒っぽい遊牧民の群れとのあいだで何が起こったか、暗い一月の夜闇がただ一人の目撃者である。遊牧民の槍で武装した軍勢は、馬を駆って、異邦人の小さなキャンプに襲いかかったのである。四、五〇〇歩のところで、わたしたちは攻撃者に銃火を浴びせた。わたしたちの八丁の銃から間断なく、弾丸は夜闇に炸裂した。盗賊どもはわたしたちの銃火に抗しきれず、約一〇〇歩――もっと近かったかもしれない――のところまで駆けて来たが、それから鋭く北へ方向転換し、すぐ窪みの中に姿を消した。しかし乾ききった凍った大地を蹴るひづめの音がなお長く、静寂の中に鈍く響いていた。すべてがあっと言うまの、嵐のようなできごとだったので、はじめは神秘な妄想、ものすごいつむじ風、ごうごうと吹き過ぎたハリケーンのように思えた。盗賊たちの槍と刀からわたしたちを救ったのは、ただわたしたちの戦意だった。もし盗賊たちがわたしたちの歩哨を襲うはずの斥候を送らず、歩哨がわたしたちを叩き起こさなかったら、彼らの計画はたぶん成功したにちがいない！ しかし運命の決定は違っていた。どうしてわたしは自分の幸運の星を信じないでおられようか！

　すべてが終わったあと、わたしたちが何となく瞑想にふけっていると、首長のキャンプからルホムボとその息子の叫ぶ声が響いてきた。「何が起こったのだ！ おれたちの隣の敵（ルホムボの敵はコードヤ・ドッオーネン、つまりルッツァの北西、メゲタン砂漠の向こう、黄河の右岸のホシュンの住民であった）どもが、ロシヤ人を打ち殺したのか！ 何てすごい撃ち合いなのだ！」などなど。あとで通訳はそう翻訳してくれた。通訳は恐怖のあまり、すっかり度を失っていた。急いで好奇心を押えるために、領主は息子をわたしたちのキャンプに送ってよこした。彼はわたしたちがみな元気でけがもせず、新たな攻撃にも立ち向かおうと意気さかんなのを見て、ひどくびっくりしてしまった。そのとき平原のほうに再び荒々しい叫びと遠い銃声が響きわたった。危険が迫っていた。わたしたちはなお長く武装を解かなかった。わたしたちは、このタングート人をもはや全然信用しなかった。そしてわたしたちにとって災いとなったかもしれぬこの晩以来、冬の旅のあいだを通じて夜は衣服をつけたまま、かたわらに銃と弾薬をおいて眠った。

タングート人は、わたしたちをわざわざ避けているように思えた。野次馬ももう全然寄りつかなくなった。で、ようやくこのうるさく口をぽかんとあけて見物する連中から解放された。ただ、ずっと前に友人になっていた非常に感じのいいラマ僧だけが、ひどく興奮してわたしたちのところに走って来たが、同情とわたしたちの勝利に対する喜びをどう言い表わしていいのかわからぬふうであった。ほとんど感動を押えきれないように、この若いタングートの僧はわたしの手をつかみ、それをしっかり自分の胸に押しつけた。この独特の共感の表現は、わたしを心から感動させた。一月二六日朝、わたしは勇敢な仲間を下士官あるいは曹長へ進級させた。わたしはみんなに、思いがけなくも自分たちの陥った状況を説明した。ルホムボが姿を現わして、わたしたち全員が勇敢に攻撃を撃退したことを賞賛した。わたしは領主に、貴下の部下たちがひょっとして、われわれとのこんな悪質な冗談を考え出したのではないか、と軽蔑的に尋ねた。これに対し老人は誇らしげに「もし襲撃にあえて参加して、けがでもしたという部下がいたら、わしが自分の手でうち殺すなり、刺殺するなりするだろう」と答えた。ルホムボはかんかんになっていた。するとこの頑丈な老人の両眼から、怒りのために火花がとぶほどだった。彼は神経質に気をつけの姿勢をとり、キツネの皮でできたその首長の帽子を機械的にとってお辞儀をした。だんだんと彼は、右肩の袖さえまくり上げて、瘢痕となった傷のある背をあらわにした。この老戦士はいろいろなことを体験してきたのだ！　いまわたしは確信した。ルホムボはいままで何人《なんぴと》に対しても、何かつまらぬものを贈ったことさえなく、ただすべての人から好きなだけ奪いとってきたのである。ところがおそらく今はじめて、この領主には自分の無力が意識されたのではないかと。

いっそう大きな疑惑をかけられるのを避け、死者やけが人があったかどうかをわたしたちにさとられないために――わたしたちはそれについては、その後二、三日旅をしたあとでやっと聞き知ったが——領主は探検隊とかかわり合うことを急いでやめようとし、息子をお供の指揮官に任命した。出発前、ルホムボはわたしとお供のチェトゥイルキンを、熱のない調子で別れのお茶に招待した。わたしたちにはこの招きはいっこうにうれしくなかったが、断わるのがいいとも思えなかった。領主のテントにすわって彼とおしゃべりしながら、わたしたちはタングート人たちに鋭い注意を払っていた。彼らはたしかに、いつでもテントの壁に並べてある武器をつかんで、この二人の無用心なロシヤ人を倒すことができたのである。茶も菓子も、同様に非常に用心深く味わった。このあたりでよく使われる毒を恐れたからである。わたしたちがこの盗賊ホシュンの狡猾な領主のそばで送らなければならなかった最後の数時間が、どんなに耐えがたく長かったかは、容易に想像がつくであろう。こんなわたしと領主とのあいだにぴんと張り詰めた緊張にはおかまいなく、領主の奥さんはわたしにこぼれるような愛想をふりまき、遠慮なくわたしたちから砂糖を少しねだった。

ルッツァの住民はわたしの希望どおり探検隊についてラルチァ・ゴムバ寺院へ行くことをきっぱりと拒否した。拒否の理由は、深い雪が道を閉ざしていると言うのだった。しかし真相は、彼らと同様盗賊であるヌゴロクが、すでに昔から《老ぼれオオカミ》ルホムボを《昔の罪》のために襲うとおどかしていたので、それを恐れていたのであった！　領主は息子に命令書を持たせた。それによると息子は、老領主の義兄弟のところへ大きく回り道をしてわたしたちを案内し、この義兄弟へ命令書を渡すはずであった。義兄弟はこの命令に従って、わたしたちを同様に回り道をして案内し、ラルチァ・ゴムバ、ラウランの寺のある地域へ連れて行くのである。

ルッツァの領主が、親戚や知人の首長たちに儲けさせるために考え出したこの長い回り道は、わたしたちにとってまた利点でもあった。なぜならそれによって、わたしたちはとくにおもしろい、まだ探検されてないアムドの山岳地を知ることができたからである。むろんこの探検は、肉体的・精神的・物質的には非常に高いものにはついた。ラウラン寺に到着するまで、わたしたちは衣服をつけたまま、銃を離さずに眠った。夜は歩哨を強化した。わたしたちは小人数だったから、それぞれが夜、

五、六時間、寒中に見張りに立ち、翌日旅をし、観測を行ない、標本を集めた（迷信深いタングート人は、わたしたちが彼らの国について何か知ろうとしたり、山を研究し、石の標本を割ったりするのを自分たちの不幸だと考えていた。彼らは、わたしたちが自分たちの《自然の宝》をとろうとしているのだと信じた。だからはげしくわたしたちに抗議した。わたしたちは、ごく隠密にこれを行なった）。すべてを海抜三〇〇〇メートルから四〇〇〇メートルのところでやったのである。わたしたちの神経は極度に張りつめていた。

あれから多くの歳月がたったが、アムドへの冬の旅のことは、今日でも、つい今しがた行なわれたかのように覚えている。その恐ろしさが、今なおはっきりと感じられ、この陰惨で、客あしらいの悪い国への旅をいわばあらためて味わいなおすことができるのである。

一月二六日、やっとシャヌュグを出発。この日はわたしたち全員にとって喜びの日となった。すでに早朝からキャンプに追い立てられて来た輸送用のヤクの出発準備はまもなく完了した。領主に別れを告げ、南南西、アムネリュチョン峠へ向かう。その頂上には、リボンや木綿糸で飾ったオボの一群が絵のように美しく立っていた。ここで四人のタングート人がうやうやしくいつもの祈祷を行なっていた。

南西へ下りて行くと、道は小さな山の背を回り、バツィン川を横切り、広がっている草の多いバー谷の中に消えていた。谷の回りは高い山々だった。かなり遠く南のほうに、二つの山脈、セルツィム・ネガとラプミュン・ネガの雪の頂上が輝きながら、東西の方角にのびていた。この岩の壁のうしろに隠れて、アムドの最も未開の、最もはいり込みにくいところに、ヌゴロクという盗賊の種族に見張られながら、神秘に満ちた寺ラルチァ・ゴムバがあった。わたしの聞いたところでは、この寺は広い丘の上にあり、そのふもとを黄河が三方から洗っているということである。しかしわたしたちは、ラルチァ・ゴムバに到達することができなかった。

わたしたちの道の右にのびている山脈の支脈のあいだの盆地には、きわめて裕福な住民が数多くの羊、ヤク、馬の群れといっしょに住んでいて、人口はかなり稠密だった。上述の谷の牧草のよく茂った地形は、わたしにしきりにココ・ノール草原を思い出させた。ここでもモルモット、フエウサギの穴に出会った。ウサギ、さらに用心深いキツネまでしばしば道路ぎわに姿を見せた。鳥の略奪者はここでも齧歯類の小動物を追いかけていた。生存競争、そして弱者を圧迫しようとする強者のたえざ

南西アムドのバー谷

る努力――つまり動物界を支配している原則――は、この野生の、特異な人間の社会にも非常に強度に通用していた。ほとんど毎日、わたしたちは、武装したヌゴロク族の一団がいろいろな方向に馬を飛ばしながら、あるいは甲の、あるいは乙の敵に仕返しに行く姿を見ることができた。その日わたしは一五人の、よく武装した盗賊に出会ったが、彼らは、最近自分たちのホシュンの馬泥棒を殺したべつの盗賊を襲うために、ルッツァ領国から東へと馬を急がせているのであった。

シャヌュクを出て第一日め、はげしい南西風にたえずつきまとわれたが、風は砂塵をまき上げ、だんだんと嵐になっていった。たちまちすべての動物の世界は死に絶えてしまったかのようであった。草原の住人たちはすべてその穴へ隠れた。苦心惨憺して、わたしたちはなお数キロ進んだが、いつもより早く停止することに決めた。しかもルホムボの息子、ルアン・グ・シェンのキャンプから遠くないバツィ・トゥ地方である。

比較的暖かで、穏やかな日中は夜になるといつも、冷たい、耐えがたい天気に変わった。精神的にも肉体的にも休息をもたらさない夜である。深夜でも見張りに立たなければならないし、こごえた手に銃を託し、ほんのかすかなざわめきにも耳を澄ませるのである。

バー谷の南で道は二つに分かれる。残念ながらわたしたちは、自然科学的にも人類学的にも非常に興味のあるラルチャ・ゴムバ寺院を訪ねることはあきらめ、南東、そして東、北東へと走っているラウラン寺への道を選んだが、それでもって盗賊どもの手にかかることをいち早く免れたのではないかと思った。

一月二七日、探検隊は若き盗賊ルアン・グ・シェンの親切な援助によって、つつがなくルホムボの義兄弟ホル・ホン・シェンのホシュンに到着した。親戚たちは急いで言葉を交していた。結果は、この新しい知己がルアン・グ・シェンよりはもっと高い、ばかばかしいくらいの支払いをヤクや案内人に要求するということになった。ルアン・グ・シェンは、すでにわたしたちから三倍の値段をだましとっていたのである。わたしたちは従うよりしかたがなかった。ほかに手がなかったのである。ルホムボの義兄弟はわたしたちのキャンプを訪問したがり、たえずいろいろな施しものをせびり、わたしたちとその日のできごとをしゃべるのだった。しかしわたしたちの誰一人、自分のテントには入れなかった。ある日、彼は雑談してうっかり次のようなことをしゃべってしまった。ルッツァの領主は、わたしたちを裏切って襲撃した計画の立案に力こぶを入れていたが、最強、最上のタングート勢がこの戦闘でひどい損害を受けてしまったようだ、と語ったのである。ホル・ホン・シェンはそう言って「きみたちロシヤ人が、この血なまぐさい戦闘を引き起こしたのでないのはとにかくいいことだった。でなければ、きみたちはわれわれ全部を相手にしなければならないところだ」と説明し、しばらく沈黙したあと、「きみたちにお願いするが、わしのタングート人はかまわないでほしい。われわれはきみたちに何も悪いことはしないだろう。きみたちは武器を使う前に、きみたちの相手は誰なのか、常に聞いてからにしてほしい。あやしいものには『アロー』と呼びかけるだけでいい。これは友だちという意味だ。もし相手がきみたちの呼びかけを繰り返したなら、安心して道を続けていい。しかし黙っていたら、躊躇なく撃ってくれ！」とつけ加えた。これはきびしく、短いが、まったくもっとも千万な教訓で、わたしたちはその後、ある種の義侠心によって人にすぐれた

黄河上流のラルチャ寺

アムド出身の幾人かの首長のことを回想するときにはすぐ、一度ならずこの言葉を思い出したものである。

一日一日と過ぎ去り、わたしたちはだんだん深く荒蕪の、荒涼とした迷路のような山中にはいったが、そこから脱け出る道は見たところないように思えた。けわしく南に傾斜しているドシェム・ラプツィ峠から、隣の名もない山の背後に、もう前から見えていた、鈍い銀と雪の白さで輝いているセルツィム・ネガとラプミュン・ネガの両山脈がながめられた。わたしたちの足下に、ルカ・チュン・ツゥ川がきらめき、その澄んだ水は、石の多い河床を急な滝をつくりながら、南東から北西へと流れていた。わたしたちはこの川の谷について約一〇キロ、南東に向けて上り、それからその支流の一つの近くで曲がり、ヴシィルンという三八〇〇メートルの高さの谷で停止した。とある側谷で、あるゲゲンに属する小さな寺を発見した。このゲゲンは、数人のラマ僧と巡礼をお供としてこの近在を遍歴していた。

主としてタングート人や少数のヌゴロク人のグループから成る住民は、豊かな装備を持ったヨーロッパ人と接触する場合、相変わらず盗賊の本能がとつじょとして噴き出してくるようだ。土地の連中は、ありとあらゆる方法でわたしたちの銀をまき上げただけでなく、何とかべつの方法でもわたしたちをだまそうとした。彼らは、ラウランへ行くもっと快適な、短い道を秘密にしておき、疲れたキャラバンにジグザグコースをとらせ、ときにはまったくよけいな回り道さえさせたのである。シナ人の通訳は生まれつき憶病で、わたしのきびしい、決然とした言葉を土地の連中に翻訳する勇気がなかった。連中はわたしたちの御しやすさを弱さだと解釈し、日に日に厚かましくなった。わたしの勘忍袋はついに破裂した。しかしわたしたちに約束の国を意味するラウランまでの距離のちぢまりかたには遅々たるものがあった。わたしたちが南へ進む速度がのろのろしていることの最上の証明は、上述の山脈、セルツィム・ネガとラプミュン・ネガであって、後者は今度はタングート人によってツサ・スラと呼ばれていた。峠を越えるたびに、この峨々たる山脈はだんだんはっきりと浮かび上がってきた。そして四一八五メートルの高さのプトュク・ツォリ峠に上ったとき、そのアルプス性の連山とわたしたちを隔てているのは、わずか幅一、二キロの谷だけとなった。ツサ・スラは、木々のない岩々と断崖とで、その輪郭をはっきり見分けられた。ところどころ深い雪でおおわれていた。上部の生気のない単調な風景は、さらに行くと、下のほうのアルプス性高原がとって代わった。下は音を立てて流れている急な小川が多く、それらはかなり重要な川クハ・ツゥに流れ集まっている。丘のいっぱいある谷底には、アダ・カモシカが草を食っていた。谷はチベットの高原をしきりに思い出させた。ただチベットのほうは、家畜用ヤクの代わりに、ヤクと同類の野生のヤクがうろついていた。南のほうでは夏には、チベットグマもまれではないそうだ。

わたしたちが牧草のはえたゆるやかな台地ツシャンデル――もともと台地性の峠に過ぎないのだが――を越え、ハミュル峠の頂上に上ると、遠い東北東に二つの山脈がのぞまれた。これがわたしたちに、ラウランへのほんとうの方角を教えた。

寒く、気持のよくない土地アリュタワでは、夕闇が早くきて、わたしたちを驚かせた。ここはハミュルから二キロ離れたところである。近くにタングート人のキャンプがあった。人間がいると、中央アジアではどこでもそうだが、いつも無数のカラスが集まりバナガの上を旋回している。夕方雪が降ってきたが、まもなく約七センチの高さに積もり、あたりの景色を一変させてしまう。

何か本能的なもので、土地の人々はわたしたちの到着をかぎつけたものらしい。と言うのは、連中はすぐわたしたちのテントへやって来て、相も変わらぬ質問と臆面もない好奇心でわたしたちの神経を悩ませたからである。女たちは土地の風習に従って、背中に垂れ下がる長いリボンで飾っている。彼女たちは乳飲み子は腕にだいているが、ちょっと大きな子供は、わたしたちのところに走って来て、いとも当然のようにテントの中へもぐり込み、砂糖をねだったり、すきあらば、手当たりしだい何でも盗もうとする。そしてたとえばわたしからは馬の鞭をかっぱらい、わたしの仲間の幾人かからはあぶみを切り取り、シナ人たちから馬の勒《ろく》を盗んだ。しかしシナ人がかんかんに怒って、泥棒の一人を鞭でおどかしていると、どこからかとつぜん武装して馬に乗った男が現われ——あとで、その泥棒の父親であることがわかったが——鞍には棍棒をつけ、ののしりながら刀でおどかした。彼の仲間の思慮のあるシナ人たちが、やっと苦労してこの親爺をなだめ、駆けつけて来たその親爺のかみさんが、二、三度棍棒で夫の頭を叩いて、この荒れていた盗賊を正気に返らせた。

厚顔無恥と傲慢さが、すべてのタングート人の目からあふれていて、わたしたちを極度に怒らせた。常に彼らは、わたしたちに突っかかり、言いがかりをつけようとしていた。こういう態度はわたしたちの心の中に、この盗賊どもときびしく決着をつけたいと言う願いを呼び起こした。彼らの首謀者は、かなり貫録のあるラマ僧だったが、偉大な徳行などですぐれているどころか、普通の坊主同様、一般の人間は目もくれず、何にもまして酒といい武器を愛している男だった。

わたしたちはこの無頼漢どもの趣味や性格を考慮し、適当な贈物で彼らの心を獲得しようと努力した。たとえばダライ・ラマの美しい珍しい肖像や、わたしたちには一種のお墨付の役をしている巡撫の書類を見せたりした。しかし幾ら努力しても効果がなかった。ここでも案内人は二人か三人でいいというのに、一五人もの大人数を押しつけてきて、その一人一人に一日一銀両《リアン》、払わなければならなかった。こういう理不尽さを彼らは次のようにきわめて単純素朴に理由づけた。つまり盗賊どもの言うには、自分たちは最近隣のホシュンの住民を襲い、数人を殺害し、馬の一団を追っ払った。いまは復讐がこわいので、一人で旅行しないで、少なくとも一〇人のグループで出かけようと決心している、云々。

二月一日の朝は鉛色で霧がかかったように明けた。わたしたちのキャラバンは、シリクの乾ききった、いや、凍ったと言ったほうがいい堅い沼沢地を苦労しながら進んだ。荒涼たる景色の単調さは、かわいらしいアダ・カモシカによってわずかに生気を与えられていた。カモシカはそこここに見られ、その軽快な走りかたによってわたしたちを楽しませた。

山のふもとを回ったとき、タングート人の騎馬隊がキャラバンに向かい合うようにやって来た。わたしたちを認めると、向きを変えたが、その際巧妙に近くの土手を利用して身を隠した。それからまた近づいて来たが、ひそかに襲ってやろうと考えているふうだった。

わたしたちについて来た例のラマ僧がこわがって、あの盗賊どもにすぐ射撃を開始すべきだとせっついた。わたしたちも彼らの怪しげな意図を察知していたので、それほど長くはためらわなかった。チェトゥイルキンとポリュトフがすぐ近くの土手に駆け上がり、八〇〇歩の距離に近づいたとき、おのおのが三発撃った。そして馬一頭を倒し、二人のタングート人を負傷させた。

数分後、騎馬隊はわたしたちに追い着いた。タングート人はわたしたちと交渉しようと言い、わたしたちがまったく罪のない彼らの仲間を傷つけたとはげしく非難した。例の背信的なラマ僧は、わたしたちに無頼漢を撃てと言ったことを否定した。わたしたちはあらゆる努力を払って、この事件を平和裏に解決したいと思った。結局、死んだ馬の代わりにわたしたちの最上の馬を二匹与え、けがした男には相当の弁償金を支払った。交渉は二、三度、タングート人たちの怒りに満ちた言葉で中断した。彼らはたえず実力で争おうとおどかした。

わたしたち一同の気持は重かった。天気も、すべての点でわたしたちの気分にふさわしかった。鋭い風がわたしたちの髄まで浸み込み、雪は顔を鞭打つように降りそそいだ。

この土地の案内人はだんだんはっきりと、その盗賊の本性をあらわにするようになった。わたしのうしろから近づいて来たそのうちの二人は、数度、槍でわたしをねらい、陰険にもわたしに一撃を加えるべく、ただ好機を待っているだけだった。さいわいなことに曹長デミデンコがいいときに危険に気がつき、不祥事の起こらないように用心してくれた。

暗くなって、ネルュク・トン地方のデグ・サッチァ谷の、美しい泉のそばで停止した。わたしたちの回りに雪嵐がほえていた。濡れたアルガル——唯一の燃料——は燃えようとしなかった。わたしたちは、元気を与えてくれる火をあきらめなければならなかった。

遠くの山の斜面に馬に乗った男が一人現われた。彼は長いあいだじっと立ったままわたしたちを見つめていた。それから山陰に姿を消したが、その姿は鉛色の空を背景に奇妙にきわだっていた。「あれは人間じゃないよ。大きなオオカミさ」と、望遠鏡をのぞいていたわたしの仲間の一人がつぶやいた。みんな自分たちの錯覚を笑った。神経の興奮のため、わたしたちはおちおち眠られなかったが、そもそも全体の状況は、わたしたちに落ち着きを見いださせるようなものではなかった。わたしたちの敵、つまりよそものに敵意を隠そうとしないタングート人たちが、夜、わたしたちのキャンプのそばに眠るので、わたしたちもやむをえず起きていなければならなくなる。仲間でいちばん疲れているものだけが眠ったが、はげしい疲労のためいっさいの感覚が鈍麻してしまった場合にのみ眠った。死の亡霊は一度ならずわたしたちの頭上をさまよったが、そのうちその恐怖も自ら消えてしまい、完全な無関心に席を譲った。しかしわたしたちの昔からの仲間、月はこんな物騒な夜でもわたしたちを見捨てなかった。月の光のおかげと、わたしたちがキャンプのために常に、広々とした土地を選んだおかげで、三人の歩哨はどんな襲撃をも時期を失わずに阻止できる自信を持ったのである。

次の朝明るくなってやっと、わたしたちはデグ・サッチァ谷をはっきりとながめわたすことができた。凍ってない泉からは、もうもうと水蒸気が立ち上っていたが、一般的に空気はいつもより澄んでいて、その日もいい天気となることを約束していた。丘は七キロから一〇キロ北、南へひき下がり、堆土のいっぱいはえたシリークに場所を譲っていた。この地方は草がはえているだけで、木のみならず、灌木さえ全然見当たらなかった。

ブデ・チュあるいはルセ・チュという川に沿って、わたしたちはカミュル峠から歩いて来たのだが、川はここで谷の南端のほうへ向かい、そのゆっくりした流れのため無数の湾曲部を形成していた。幅四〇メートルまでの長方形の槽状の河床の底は柔らかな黒い土から成っていた。約一メートルの高さのけわしい岸がある。ルセト地方では、このブデ・チュ川が丘陵を東へ向かって突破し、それから向きを変えて、隣のナトン谷へはいり、同じような堆土を示している。

陽は高く上れば上るほど、じりじりと焼きつける。木陰でも気温はマイナス九・四度Cを越えないのだが、そのくせ熱い陽の光はたくさんの昆虫の目をさまさせた。まもなくキャラバンに群がるハエを見ることができた。大気はしんと静かである。東も西も、目の届くかぎり、人間の住んでいる気配などまったくなく、起伏の多い大地が広がっていた。遠くのシリークに、ときどき黒い点として家畜が見えた。彼らはアダ・カモシカといっしょに実に仲好く草を食っていた。この群れがまもなく遊牧民に出会うぞという、たった一つのしるしだった。

道は土手を鋭角に曲がる。果たせるかな、土手のうしろにはすぐ、土手を防壁にして数群のタングート人のバナガが見えてくる。この地方はサゴリュゲと言う。

停止して、キャラバンの牛をつなぎ合わせるとまもなく、その盗賊部落からも急いで、数十人が完全武装で馬を飛ばして来る。右のほうに、一団の首領がすばらしい馬にまたがっているのが目だつ。明らかに老練な騎手である。まったく思いがけなく攻撃がはじまる。次の瞬間、事態をすぐ理解したわたしたちの隊の土地の案内人が数人、流血を避けるために、わたしたちとタングート人とのあいだにはいる。攻撃してきた連中は思わず立ち止まる。馬の手綱を引き、槍を傲然と上げたまま、一列に並んで待っている。

わたしが、おまえたちは何者だと尋ねると、ここに集まっている騎手はあるゲゲンの護衛のものだと返事をした。彼らがいま来たのは、ただわたしたちの目的を尋ねるためにすぎないと言う。わたしにはこういう怪しい連中の言葉は信用できず、最長老のものを二、三人出して、われわれと取引きしようと提案した。わたしの提案はすぐ受け入れられた。約二五〇のテントを数える、大きなホシュン、チェマの指導者はクガルマという名の男で、シナ人タイプで、大きな目をもち、白馬にまたがって自らわたしたちのところに近づいて来た。お供には、堂々とした息子と親しい顧問を連れていた。わたしたちはテントに招じ入れ、アルコールをもてなしたが、みんなこれをひどくうまがった（アムドの住民がみな大酒飲みなのは興味がある——男や女だけでなく、子供もそうである。両親は強い酒を子供たちに「ただ味わうため」に与える）。わたしたちは彼らに贈物を渡した。老クガルマには金襴を、息子には猟刀を贈り、顧問たちには火薬のはいった赤い瓶をやった。ここにいない老クガルマの妻に、ヤギ茶を渡してくれるように頼んだ。しかし贈物によっても食事を供しても、わたしたちは彼らの盗賊的態度をやめさせることはできなかった。彼らはなるほど贈物はほめ、わたしにはまじめそうに友情を誓ったりしたが、結局、食料品、動物、案内人にはこれまでのタングート人以上の恥ずかしげもない法外な代金を徴収した。あとでわかったが、このあたりも、アムドの山岳地帯のいずことも変わらず、ホシュン同志はそれぞれ、たえざる相互の略奪、殺人のため天をともにいただかざる敵意のうちに生きているのだった。こういうタングート人同志の《善隣》関係が、むろんまたわたしたちの旅のルートにも損な影響を与え、わたしたちは始終ルートを変更しなければならなかった。

　しかしそれでも言っておかねばならないのは、すべてのタングートの首領の中で、この新しい知己クガルマは最後まで感じのいい首領だった。彼はその領土を通ってわたしたちを案内し、次のタングート人のキャンプ、グァンスュー・ドゥンチュブの近くまで連れて行ってくれた。彼は自分の個人的な有利さをまったく無視するわけではないが、にもかかわらずわたしたちには好意的な態度をとり、お金の件を除いては、いたるところで喜んで譲歩した。この老武者クガルマは生まれつき賢く、おもしろくしゃべるすべを心得ていたので、晩わたしたちは、一度となく長いおしゃべりに我を忘れた。わたしたちの武装はこの勢力あるタングート人をいつも魅惑した。しばしば彼は、その比較的確実な命中率を誇り、そのあとでわたしたちにも技術を見せてくれるように頼んだ。

　わたしたちはこういう希望にはいつでも応じた。と言うのは、確かな射撃手であるという評判はわたしたちの安全性を最も保証してくれたからである。

　わたしたちの小さな部隊は、一部は徒歩で、一部は馬あるいはヤクで、毅然として進んで行った。先頭はその荷を互いにぶっつけあいながら、まっ黒なヤクが鼻をならして歩いている。キャラバンのすぐ横に、武装した盗賊どもがすばらしい逸物にまたがり、その騎馬術を誇示している。この護衛はいっこうに油断がならないが、一見わたしたちを守っているかのようである。あやしい場所に来ると、彼らは近くの丘に駆けて行き、鋭く遠くをうかがい、危険を警告するが、わたしたちは彼らこそそんなことをして、場合によってはもっと危険な罠にわたしたちを誘い込むのではないかと恐れなければならぬ。ときどきその一隊は、まったくやぶから棒に駆けだし、一定の距離を走り、停止すると、今度は相談して茶を飲みはじめる。するとあたりはしんとなる。とつぜんしかし、この深い静寂を破る叫び声が起こる。これは何も知らないものをうすきみの悪い恐怖に陥れる。若い者など思わず鞍の上でちぢみ上がり、武器に手をのばす。しかしこれは盲めっぽうの警報にすぎなくて、タングート人はただ茶をわかして、熱い湯を四方八方にまき散らしただけである。その際彼らは山の神に祈りの言葉を叫びかけ、今後の旅に神の恵みを乞い願うのである。

しかし夜はほんとうに身の毛もよだつ思いである。何度タングート人はわたしたちを襲い、一種のバーソロミューの夜を再現しようとしたことであろう！（フランス革命の初期、バーソロミュー監獄で行なわれた大虐殺のこと）夜番のとき、わたし自身しばしば、強力な盗賊団が遠くで数時間もわたしたちのキャンプを見つめているのに気がついたものだ。彼らは、まるで攻撃する決心がつかないかのように見張り番をうかがっていた。そして盗賊どもは、わたしたちの歩哨を長いあいだ緊張させ注意深くさせておきながら、とつぜん、鞍に飛び乗り、いなずまのように早く闇の中に消えてしまうのである。

二月三日、正午少し過ぎ出発。海抜の高いところにある広いナトン谷に沿って進む。遠く北東、南西には雪におおわれた堂々たる山がそびえている。谷底は、これまでのようにチベットの谷に特徴的な沼と丘とに占められている。

サゴリュゲから北、七キロ北東で、キャラバンはコ・ノールから、ラウランの南スン・パン・ティンにいたる大きな道路を横切った。わたしたちは独特な曲がりかたをしている凍った川を渡り、ドシャシイ・ラプツィ丘のそばのルセ・チュ川の岸にキャンプを張った。この日はわずか約一七キロ走破しただけだった。

すでに書いたごとく、わたしたちはラウラン寺が早く姿を現わさないものかと、いらいらしながら待ち受けていた。時は刻々と過ぎ、丘は次々にわたしたちの目の前にそびえるが、峠の頂上からはいつも新たな山、谷、川が見えてくるばかりだった。まったくきりがないように思えた。キャラバンはルセ・チュ川の流れにつかず離れずで進んでいたが、それが小さな支流チュンチュといっしょになったところでやっと、この親しんだ、また学問的見地からも興味のある川と名残りを惜しんで別れ、東のほうへ旅を続けた。次の丘からようやく、雪の吹きだまりのある山脈が望まれたが、これがわたしたちとラウランとを隔てている山脈だった。

わたしたちが南西から、ホシュン、グァン・スュ・ドゥンチュブに近づいたとき、《友人》クガルマは、その親戚——このホシュンの首領——と個人的に交渉するため、馬を先に飛ばして行った。しかしキャラバンはとどまってフルマルで一夜を明かした。

ラウラン寺までもうわずか四日の旅で、一部、ツセ・コグ山脈、そしてキッセル・ラ峠のあるもう一つ、名前のない山脈を越え、一部、ゆるやかな谷のある地域を通るのだった。この谷の大小の川は黄河にそそいでいた。

もう何と久しく太陽を見ないで来たことだろう! 毎日毎日が陰気で、雲が多かった。薄く靄のかかったような大気のため、これはと思う地域でごく普通の地学的観測を行なうことさえできなかった。わたしたちの仕事はもっぱら日記をつけること、道路の記載、気象学、天文学的観測に限られた。収集品も、地学に関するものを除いて、集まりが悪かった。これは自然がまだ深い眠りにあったせいでもある。ただ四つ足の、あるいは羽のある盗賊たちだけが、この荒れた山々で張りきっていた。夜になると、飢えたオオカミがしばしばキャンプの回りをうろつき、わたしたちは鉄砲で追い払わなければならなかった。雪の輝く山頂には、ほとんど毎日、いろいろな種類のタカ、イヌワシを見ることができた。

夜、この気候に全然ふさわしくないわたしたちの夏のキャンプは、実に住み心地が悪かった。みんな快適で暖かいユルトをあこがれながら思い出したが、誰も運命に不服は言わなかった。わたしたちの隊にいるこの土地出身の同行者は、わたしたち自身と同じような人間なのだが、忍耐と粘り強さの驚くべき模範を示すのであった。つまり、露天で平気の平左で夜を明かすからであった。アムド高地のこの鍛えられた住民たちは、はげしい寒さのときにさえ、興奮した口論のさい衣服が運動のじゃまになるので、右肩をむき出すという習慣をやめなかった。

わたしたちの道連れ、つまり自ら断言したところによれば、わたしたちの忠実な友人であるそうだが、このクガルマはグァン・スュ・ドゥンチュブと連絡をつけたあと引き返してしまった。別れぎわに彼は、探検隊が無事かつよけいな回り道もしないでクルマル（クガルマの説明によると、ルホムボは探検隊を回り道をしてラウラン（夏河）に連れて行けと命じたという。つまりコーシュン、グァン・スューを通らず、ワン・ツセ・インを越えて行けというふうに。しかし彼はわたしたちに親切にしたいと思いルホムボ領主の命令に従わなかったのだという）に到達した報酬として、もう一つ何か贈物をしてくれと懇願した。わたしたちはこのずるいタングート人を満足させた後、ここのホシュンの首領と交渉をはじめた。グァン・スュは非常に慇懃だった。出会ったとき、この堂々とりっぱな首領は繰り返し深く頭を下げ、おや指を上に向けて両手を上げた。しかしこんなに慇懃でも、探検隊をすぐラウラン寺へ連れて行ってくれと言うわたしたちのつつましい頼みはあっさり拒否してしまった。ドゥンチュブの告白によれば、ほかでもなくこの仏教の中心地に、ある商会があって、そこの所属員の一人を彼は自らの手で殺したというのである。こういう事情を考慮して、この盗賊はただ、ラウランから約一日の旅のところを放浪しているあるバイセのところまでわたしたちを連れて行くことを承諾しただけだった。

二月七日早朝出発。たくさんのタングート人が、キャラバンのすばやい整列をながめていた。キャラバンは元気よく山に沿って進み、だんだんとツセ・コグの中に奥深くはいって行った。わたしたちは北東の方角を堅持した。

サネガ・ネガという名のツセ・コグの山の背は、地平線が低い丘の一列によって隠されているので、少しも広広としたながめを与えてくれなかった。峠の上にはきびしい刺すような風が吹いていた。下りは、雪の吹きだまりのできた、険阻な岩の溪谷を通って下りた。踏み固められた道は、山脈の北東と南西のあいだにある遊牧民のキャンプが、たえず人馬の往来を保っていることを証していた。ところどころに遊牧民の新しい足跡を認めた。平たい、雪のない牧草地には黒い地点があって、草が踏みつけられていて、もとタングート人のテントがあったのである。いたるところにアルガルが散らばり、ときには動物の骨にも出会った。一度わたしは石の道具さえ見つけた。手の握りのついた一種のハンマーで、土の中にくさびを打ち込むために使うものである。

　はじめの二日、わたしたちはかなり入り組んだ山地を通った。遊牧民たちは、相変わらず好戦的だった。わたしたちは用心しなければならなかった。二月八日、キッセル・ラ峠の下でのんびりとお茶を飲んで休んでいると、静寂を破ってとつぜん奇妙な、震え声の音が響いた。近くの山をながめると、一群の騎馬のタングート人が戦闘準備を整えて立っているのが認められた。わたしたちの牛追いたちはすぐ燧石銃を手にとった。しかしヴァン・スュは流血をやめさせようとして、間髪を入れず「待て！　仲間だぞ！」と叫んだ。この簡単な叫びはききめを現わした。盗賊どもはすぐ好戦的な態度をやめ、火縄銃を肩にかけ、たちまち山腹のうしろに姿を消した。

　次のキャンプ地はサマリン・グドで、三つの溪谷が一つになり、広々とした谷の平地をなしていたが、ここでまたタングート人とほんとうに激烈な口論をすることになった。今度の相手は案内人で、わたしたちが借りている牛の代金をすぐ払えと、まったくずうずうしく挑戦的に要求するのである。わたしたちがこの詐欺師どもにヤムブ（五〇両の重さ《二・九キロ》の銀の延棒。これに政府印、銀行印がおしてある）の大きなのを一枚払うと、ようやくわたしたちのキャラバンに平和が訪れた。

　わたしたちはチェルナール・ガンディ川に達し、ラウランに着くまでこの川を離れなかった。ラウランでは、水量豊富な支流がはいっているので川幅は広がり、名前もサンチュと言った。近くの山はこれまでよりは柔らかな形となり、川には氷がなく、水のせせらぎの音もきわだって楽しげに聞こえた。北西には近くの山々より一段と高く、聖山ラルチァ・ラプツィの二つの尖った峰、と一つの平たい峰がそびえていた。この山は、夏には無数の仏教徒の巡礼の目標だった。タングート人たちは、もし神に祈りを聞いてもらおうと思ったら、「三つの峰に上ってオボ詣りをしなければならない」と主張していた。

二月一〇日、ようやくラウラン寺を眼のあたり見ることができた。この寺に近づけば近づくほど、ドゥンチュブは不機嫌になった。この日の朝、彼は非常に気まぐれになり、わたしたちをこれ以上案内しないと言い出した。幾ら説き聞かせても、おどかしてもだめであった。しかし、わたしにはいよいよきびしく断固たる態度で、容赦なく扱う時期がきたということが明らかになった。わたしはドゥンチュブに来るように命じ、やにわにそのえり首をつかみ、ピストルの銃口をそのこめかみに当て、ただちにキャラバンを出発させよと要求した。このホシュンの首領はたちまちおとなしくなった。そして一分もたたぬうちに、部下に荒々しく「急げ、荷を積め！」とどなりつけた。三〇分後、わたしたちはすでに元気よく川に沿って南東へ向かっていた。わたしはシナ人通訳とわたしたちの側の通訳ポリュトフを、荷物を持たせないでラウランへ先発させ、ナパルコフ大尉がすでに発送してあった隊の輸送荷物を捜すように頼んだ。しかしわたしたち本隊は北東へ曲がり、岩の突出部を迂回して、再び山中へもぐった。サンチュ川の右岸を、タングートのキャラバンが上下両方の方角へ動いている。するとまた畑に囲まれた集落が現われてきた。望遠鏡で、村の近くで草をはんでいる牛や羊の群れ、いや、犬やニワトリさえ見分けられた。文明のこのしるしを、わたしたちはこのうえない喜びでもって歓迎した。

ラウランの手前には、左の溪谷の上、岩の上に寄りかかるようにして小さな寺が高くそびえていた。シャムヤンシャドビィ寺で、ここのフトゥフトゥの夏の居城である。寺の回りの溪谷の斜面に、針葉樹の森があり、ジャコウ、キツネ、ウサギ、傲然たるアオキジなどが自由気ままに遊んでいた。狩猟はどんなものでもここでは禁じられている。僧たちは生命の発現せるものはすべて保護し、この静かな隠棲地で、仏陀の宗教の偉大な真理を悟ることを学ぶのである。

すでにわたしたちは、ラウラン寺の建物に達した。何もはえてない山のふもとの左に古いほうの寺、サンチュ川の岸に新しいほうの寺があった。

通訳のポリュトフとここの商業区の長老で、マ・チャン・シャンというトゥンガン人の商人が、わたしたちを寺で迎えた。二人はわたしたちに数多くの故国からの手紙を渡し、それから疲労しているキャラバンを商業地区へ連れて行ってくれた。そこの一戸建てのきれいな家に、わたしたちの荷物が模範的と言っていいくらい整頓されているのを見いだした。客好きで愛想のいいトゥンガン人のあいだで、わたしたちはたえざる精神的・肉体的緊張を経験したあげくなので、はじめてゆっくりした自由な気分を味わった。

　翌朝、わたしたちはアムドからのお供と別れたが、一種満足の気持がないことはなかった。行ってしまったあとはほっとした気分さえ味わった。まったく思いがけなかったが、老戦士ドゥンチュブは別れるとき感動していた。彼はわたしに、記念だと言ってハダクをくれ、そして叫んだ。「わしはきみを尊敬するよ。ペムブ（タングート語で首長、親方の意）。きみはわしを力ずくで、探検隊をラウランへ案内させたのだからな。恐いもの知らずの、精力的首長の命令には誰でも喜んで従うものだ！」

15　アムド山地のラウラン寺

B・B・バラディンの報告するところによれば、一六四八年、今日のラウランの近く、ガングヤ・タン地方のある貧しいタングートの遊牧民の家庭に子供が一人生まれた。この子が後年、今日のラウラン寺を建てただけでなく、クンチェン・シャムヤン・シャドバという名で、チベット近代仏教史を通ずる重要な学者の一人となった人である。

読み書きの基礎を、この子はあるタングートの平信徒のもとで学んだが、青年になるとすぐラサへ出かけた。

ここで青年はツァンニド学校、ブライブン寺のゴマン・ダツァン哲学学校へ入学を許された。この学校でたちまち異常な才能を示し《五代目》の、つまり《大》ダライ・ラマの注意をひいた。ほとんど全生涯を彼はラサで過ごしている。彼は自分の学校のために新しい教科書を発行した。これは、ラマ・クンチェン・ツォインシュンの編集した古い教科書にとって代わった。彼はゴマン・ダツァンの学長に選ばれた。

彼の文学的・科学的活動のために、後年ゴマン・ダツァン学校は、ラサのほかのツァンニド学校の中で一きわ高い地位を獲得することとなった。

その同時代人の中でも、シャムヤン・シャドバは、学ある仏教哲学者、宣布者として比肩する者がなかった。彼の大衆的人気はラサで非常に大きかったので、世間ではクンチェン、シャムヤン・シャドバ・ドルシェという名を与えられた。つまり、知の神マンジュシリから微笑を誘い出す全知のダイアモンドという意味である。彼のほんとうの名前はアグワンツゾンドゥイである。

シャムヤン・シャドバが故郷に帰ったとき、もうすでに老齢であった。彼は今日のラウランの近く、山寺リトド・ゴムバに住み、そこで晩年の日々、隠遁者としてのきびしい生活を送ろうとした。隠遁者となったこの偉大な学者は、山の自然の静寂と偉大さの中で瞑想にふけりながら、自分の知識を一つの体系にまとめ上げた。彼の平和な寺の回りには、タングート族の同胞や首長ホンツォ・ワンに率いられたエレテン（オリュテンともいうモンゴルの一種族。南ゴビ、ナンシャン川にかけて住む）族の少数が田園的な牧畜生活を送った。

一七〇九年、シャムヤン・シャドバはついにその宗教的活動をラウラン寺の建立でもって飾ろうとした。上述のエレテン族領主もこの望みに応じた。領主はラウランが今日占めている土地を提供し、自分のキャンプを移動させただけでなく、この偉大なる学者を助けて精力的に寺の建立にあたった。シャムヤン・シャドバはまず小さな家ラウラン、すなわちラマ僧の家を建てた。後、寺はラウラン・ダシ・クュイルと名づけられた。

一七二二年、シャムヤン・シャドバは没した。ラウランは当時まだ大きな寺には発展していなかった。創設者はただ小さな寺を建てさせたのと、仏教のツァンニド学校、グュド学校と僧の共同生活のための家を数戸つくったにすぎなかった。

ラウランの発展は次の二人に負っている。二代目のシャムヤン・シャドバ、すなわちシグメド・ワムボ（初代の再生者）と言われる実際的な頭をもったたいへん実行力のある人物とその弟子グンタン・ダムビ・ドンメである。後者は、仏教哲学についての精神のこもった著作とラウランのツァンニド学校での教授活動によって、そのほかの寺院の学校の中で、とくにすぐれた名声をこの学校にもたらした。このとき以来、モンゴルのラマ僧がラウランを訪れ、前世紀の後半以来、ブリヤート人も大ぜい訪れるようになったので、いまはこの寺のモンゴル全体およびブリヤート族に対する精神的影響力は、ラサのそれに劣らぬものとなったのである。

ラウラン寺（ラウランはラブランとも言いチベット語で《ゲゲンの部屋》または《ゲゲンの家》を意味する）は海抜三〇四〇メートル。耕地のすぐ近くにあり、アムド高原の宗教的、精神的、学術的中心をなしている。ここには巡礼としてタングート人、ヌゴログ人、チベット人、モンゴル人を見かけるし、いろいろな種類の商人としてトゥンガン人、シナ人が住んでいる。多様な民族の数にふさわしく、衣服の上でも驚くほど多種多様性が観察される。文化的に高いトゥンガン族と結婚して、それではじめて文明と接触したタングート族の婦人はとくにすぐれた衣装をつけている。色はなやかな毛皮、赤い縁飾りのついたすばらしいキツネの皮の帽子、その民族衣装であるリボンのような背中の飾り、それには金や銀の小さなものが散りばめてある。宝石の指輪、大きくどっしりした耳飾りなどが、特異なその衣装を完璧にしていて、これは男たちも無視できないのである。

わたしたちは商業地区に住んでいたので、毎日交易のキャラバンの出入りを観察することができた。それらは工業・金属製品を持って来、たくさんの家畜を連れて来る。逆に蘭州、河州、北京、四川へは羊毛、動物の皮、羊の皮、その他あらゆる種類の薫香を運び出して行く。四川のシナ人たちは、わたしたちに、なかんずく、彼らの遠い南の故郷の豊かな自然についてよく語ってくれ、わたしたちの心に、その約束の国をぜひ一度この目で見たいものだという気持をあおった。寺のすぐ近くや近在の部落に商人が住んでいるということは、巡礼たちの静かな霊場、平和な生活に一種の不協和音をもち来たし、幾つかの誘惑のもとになっている。しかし明らかに、商品の大取引きはアムド全体の経済の中心として、ラウラン（夏河）の名声を確立したのである。住民は富み、寺は繁栄している。

タングート人の文化的要素としてのラマ僧は、ヨーロッパ人に対しては不信の念を持っている。なぜならヨーロッパ人は、彼らの利害にかかわることがあるからである。これに反して一般の民衆のヨーロッパ人を見る目はまったくの無関心で、外国人に対する単純な好奇心だけしか感じさせない。しかし、このあたりにそびえる山の頂に上ることは、上る人にこの地方を支配する権利を与えることになるのだ、と考える一般民衆の根強い信仰がある。だから、普通の人間が禁断の山の峰に上ろうと試みるだけで、それは近隣の住民の上に立ち、これを支配しようという犯罪的な企てだと見なされている。

互いに敵対している種族にあっては、それぞれが敵の種族の領地のいちばん高い山を占拠し、そこに自分たちの軍旗《ルンツァ》を立てようと努める。そして相手がたはまた、その迷信に従って、立てられた敵の旗を取り去ってしまおうと努めるのである。

だから、ヨーロッパ人の旅行者が山頂の測量作業を行なおうと試みることに対し、ここの民族が断固として抗議するのも実はもっとも千万なことなのである。もしその山頂が禁断の山の一つだった場合、彼らがヨーロッパ人に対して敵対的行動に出る可能性はきわめて大きいのである。なぜなら、彼らはヨーロッパ人のそんな行為を、自分たちの独立と自由への侵害だと考えるからである。

現在、ラウラン寺の僧侶の数は約三〇〇〇である。一八人の大ゲゲン、三〇人の小ゲゲンがいる。次位のゲゲンは計算に入れていないが、この人たちは同じく約五〇人に達する。

ラウラン寺のいまの管長シャムヤン・シャドバは、第四代目の生まれ変わりで、信者から高く尊敬され、世俗界にも宗門界にも裁決的な言葉を言うことができる人である。この人はデルゲー侯国で生活していた貧しいチベット人の家庭に生まれた。仏教学のいろいろな領域についてたくさん、短い著作を書いて、禁欲者の模範、瞑想にふける僧の鏡とみなされている。彼はラウラン寺のすばらしくしつらえられた部屋に住むことはまれで、むしろラウラン近辺の豊かな山の世界に散らばっている、その美しい僧房で隠遁的な生活を送ることを好んでいる。

シャムヤン・シャドバのあとの最も重要なゲゲンは、ラウランのグンタン・ツァン、すなわちラサのツォンカパの代理人の一人の生まれ変わりである。この人の次がゴマン・ツァン、すなわちラサのゴマン学校の学長たちの一人の生まれ変わりである。この高齢のゲゲンは、秀でた学者であり説教師とみなされ、シャムヤン・シャドバと並んで大きな声望を得ている。この生まれ変わりの人たちは、ラウランでは、シャムヤン・シャドバの指示で選び出されるのである。

ゲゲン、グンタン・ツァンは、とくに世俗的な仕事において管長の第一助言者を務める。彼はとりわけラウランの親衛隊の指揮をとる。この部隊は、昔から著名な勢力である。親衛隊は五〇〇人の訓練を受けた兵士から成り、ヨーロッパ製鉄砲、刀、槍、自家製の燧石銃、さらに火縄銃など雑然たる装備である。部隊はラウランの近くの部落に駐屯し、《ラウランネルワ》の位階を持つ二人の有能な将校が指揮をとっている。

この《精鋭部隊》のほかに、グンタン・ツァンはさらに予備兵をもっている——近在のタングート人、チベット人、ヌゴログ人から成り、彼らには一旦緩急の際、寺に手助けに駆けつける義務がある。

ラウランで尊い仏教の聖物のすべての貴重品が完全に安全に守られているのは、この防衛処置のおかげである。モンゴル、北東チベットの植民地域においてトゥンガン族の反乱が恐ろしい破壊をほしいままにしていた時期にも、ここの宝には何ごともなかった。寺院の数多くのお堂にはすばらしいブルハンが豊富であるが、それはみごとなチベットのものやインドのものだけでなく、しばしば非常に古い細工物さえも見つかる。

グンタン・ツァンの親切な許可で、わたしたちは興味あるお堂の幾つかを見学した。ラウランの本堂はツォクチェ・ドゥクハンである。一六五の柱によって支えられている。ここにはいわゆる《千のブルハン》の全部がある。そしてロンドゥル・ラマ、すなわち第三代のワンチンダシ・ルンボの黄金の像がある。ラウランの最も重要なラカン、セルドゥン・ツェモ、すなわちマイトレア(弥勒)寺院はシャムヤン・シャドバの生まれ変わりのゲゲンに属し、ラウラン寺の北西端にある。この寺院はシナ建築で、黄金色の屋根がある。その内陣に弥勒の大仏像がある。チベット人、一般にチベット仏教の帰依者は、像の内部に貴重な文化財を保存する習慣がある。すべてのラカンと同様、セルドゥンツェモは壁画を示している。内側の壁には入口の左に、亜麻布に描いた巨大な題銘がぶら下がっている。チベット語で、寺の歴史と聖遺物の説明が書いてある。その際とくに、像の内部に蔵している聖なる文化財が数え上げてある。ここに保管してある聖遺物の最も貴重なものとしては、シュロの葉に書かれたサンスクリット文字があげてあった。これはブッダパリタ師の作で、中心の教義についての哲学だと言われる。マイトレヤ寺のそばの小さな広場で、ブッダやインド、チベットの師の像を前にして、露天でタンニド学校の授業が行なわれている。チョウォ・ラカンの建てられたのは、つい一九〇八年になってからである。そして唯一無二の聖物、黄金のブッダ像を保管する場所となっている。伝承によれば、これは不滅の師自身から由来しているそうである。このブッダは小さなパゴタの中に一段高くすえられている。パゴダは、チョウォ・ラカンの中心、ブルハン・シャキャムニの頭の上にある。この貴重品は久しくインドにあったが、その後ラサで保管され、そこからシャムヤン・シャドバの手でラウランへ運ばれたのである。

そのほかの一八の主な寺の中で、グードバ・ドゥカンのことを述べておかなければならない。すなわちタントゥラの学校、仏教の象徴である。この寺では、アルヤボロ、ツォンカパ、ブッダの像が目に止まる。

さて、マンバ・ドゥカン——医学の学校——ケードル・ドゥカン——象徴の大系、《ヒェワドシュラ》の学校——巨大なチョルテン、あるいはグンタンに続いて、ブッダの心臓を象徴化しているスブルガンがある。その内部には仏像や仏画がいっぱいはいっている。ここにはまた、インド、チベットの書物、写本、さらにその他の聖遺物が蔵されている。

ドシャピュン・バッセン・ドゥカンというのは非常に堂々たる新しい建物の名で、夏にはラマ僧が討論会を行なう庭がとり巻いている。

ドルマ・ラカンはチベットふうの寺で、つい最近建てられたもの、たいへん古い、大きく白いスブルガンと並んで立っている。このスブルガンには、とくに神秘的な意味が与えられている。巡礼、なかでもこれまで悪いことをした人たちはこの回りを数回まわり、きわめて熱心に祈り、深く大地へ頭を下げるのである。

最後にまだ次のような寺がある。宗教的な内容の書物がその中で印刷されるので有名なブルハン。そのインド、チベットの学術文庫のあるために知られているボインセト・ラカン。昔の武器、火器、土地の動物の剝製を蔵している博物館のツォイブセン・トブカン。

シャムヤン・シャドバの私室の近くに、一種の宝物庫が建てられ、この寺院の金、銀、宝石が保管されている。ここにはまたいろいろな聖遺物がある。ダライ・ラマの初代から第七代までの衣装。袈裟。ボグド・ハンの鞭。ラマ僧が民衆のためのおごそかな法要に持ち出す黄金の書物。さらに山中で発見され、仏教徒から同様に聖物として尊敬されている魚の化石。なぜ尊敬されているかと言えば、仏教徒たちは、遊牧民に対して神秘的な化石の成立を説明できないからである。

文化的学問的中心地として、ラウランは中等教育のための四つの学校——グュド、ドゥインコル、ケドル、マンビン——と、高等教育、つまり一種の仏教のアカデミーとしてツァンニド学校を持っている。聴講者は、上述したすべての民族の出身者であり、講師、教授としてチベット人、土地の人が主として活動している。

若いラマ僧学生は、寺院のそばの斜面にある小さな個室の僧房に住んでいる。これは東チベットの隠遁者の庵室に似ている。いまのところ、ラウランのチベット学はとても隆盛とは言えず、むしろ頽勢にあると言ったほうがいい。ここのアカデミーのコースを終えたものは、いまでもみな数年ラサへ行き、そこで知識の欠けたところを補い、より高い学者としての地位を獲得しようとする。

全体として、ラウランは非常に富裕なお寺という印象を受ける。ここで仏教の専門家も信者も、このうえなく美しく珍しいブルハンを発見することができる。明らかにラウラン寺の後援者、帰依者たちは単に誇り高く、戦争好きであるだけでなく、なかなかみえ坊で、野心家なのである。なぜなら彼らは、ラサ、その他チベットの仏教の中心地を訪問した際、必ず自分の故郷のこの寺を飾るのに役立つ奉納物を持って帰るからである。寺院そのものの中の、あるモンゴルの役人、ツィンワンの家にはまた工場もあって、金属のブルハンを鋳造している。しかし土地の人の細工仕事は、チベット、とくにインドの仕事に比べるとはるかに劣っている。

たくさんのラマ僧は、さらに聖画を描く仕事にも従事している。夏には彼ら芸術家が、戸外の静かな場所で熱心に仕事をしているのを見ることができる。

ラウラン寺院は、南モンゴル、北東チベットの仏教徒に大きな魅力をおよぼしているが、また昔からヨーロッパの研究家をもひきつけている。一八八五年、ポターニンがはじめてここを訪ねて以来、フランス、ドイツ、イギリスの研究家がここに滞在した。しかしアムドのこの聖地の最も貴重な、詳しい報告を書いたのは一人のブリヤート人である。すなわちペテルスブルクに学んだB・バラディンである。この若く才能ある仏教徒は大学卒業後、科学アカデミーと地理学協会からすべての点で後援を受けて、ラウランへおもむき、ここにまる一年滞在した(一九〇六年)。彼はこの寺院の宗団の風習、生活様式を詳しく研究し、一九〇八年それについて精細な報告を公けにしている。

すべての仏教の寺院におけると同様に、ラウランにも一年に幾つかの祭りがあって、たくさんの信者を集める。第一代のシャムヤン・シャドバの没した日、ニフドゥン・ツゥ、ツング・ツゥは二月二七日に祭りが行なわれる。四月二八日は春祭りとして有名で、断食、祈禱がある。これに相対するのが一一月七日の秋祭りである。七月二〇日はラウランの創立(一七〇九)の記念日として、同様におごそかな祈願祭、リュチァが行なわれる。一年の第五番目の祭り、モーレン、すなわち《庶民の祭り》でもって一連の祭日は終わりを告げる。

ラウランのニフドゥン・ツゥ、ツング・ツゥが祝われたとき、数千人の巡礼が集まっていた。寺という寺では万般の準備がなされていた。

二月二七日の前日、まだ夜明けの暗がりで、叫び声がわたしたちを眠りから起こした。「早く起きなさい！人間の格好をした悪魔が寺から追い出されるのを見なさい！」大急ぎでとび起き、往来へ出てみると、実に異様な光景が展開していた。道化役《クラウン》のような衣装をつけ化粧をした一人の若いタングート人が、右手に大きな払子《ほっす》を持ち、それを左右に振り動かしながら歩いている。そして並みいる見物人から施物をねだっている。このいわゆる悪魔はモンゴル語でツォリークというが、その顔の右半分は白く、左半分は黒く塗ってある。それに応じて彼の毛皮も、裏皮のほうを外に向けてつけ、白黒二色に染めてある。このツォリークと並んで、たくさんの小さな帽子を入れた袋を背にかつぎ、これを宝角《たからづの》のように四方八方にまいて歩く男が一人ついている。寺に近づくと、居合わせた一人が空に向けて数度発砲する。するとたちまち数千の群衆がいっせいにわめきはじめる。その咆哮は一つの荒々しい訴えの叫びに凝集し、谷の一方から一方へと反響する。この瞬間、寺の上の砂塵の中から、明るい炎が輝き出て、炎は詰物をした、大きなツォリークの人形をなめ尽くす。数分後、このわらの悪魔は燃えきってしまう。奇妙な化粧をした例のラマ僧は逃げ出す。丘に上り、その背後に姿を消す——たちまち静寂が訪れる。かくて仏教徒の信仰に従えば、お寺全体の罪を一身に象徴的に引き受けていた一人の人間の形のうちに、すべての不純、悪、誘惑が聖地から追放されるのである。だから悪魔の役を演じている例のラマ僧は、黒と白に自分を化粧し、無数の罪の力のもとでは、人間の片側、つまり一部（黒い部分）は死滅するが、他の部分はある期間生きていることを誰にでも具象的にわかるようにするのである。ツォリークは寺を永遠に立ち去る義務を負う代わりに、彼の自己犠牲の報償として五〇両の重さの銀を一ヤムブもらう。この追われる悪魔は、同額のお金を、普通、見物人の自発的な喜捨によって得る。

わたしたちは、一九〇七年ラサから受けついだこの独特の儀式に遠くから参加したが、次にもう少し祈禱行列に近づこうと思い、河州から旅行して来たシナの官吏と四人の騎兵にくっついて、僧侶たちの中に混じった。はじめ、わたしたちは非常に愛想よく扱われた。どうやらわたしたちは、ただ好奇心を呼び起こしただけだったらしいが、まもなく興奮した叫び、「オルス、オルス」(モンゴル語でヨーロッパ人のこと。もともとロシヤ人のこと。なぜならロシヤ人はモンゴル人が最初に接触したヨーロッパ人だから)と言うのが聞こえ、どこからか石が飛んできた。そしてたちまち意地の悪い、厚かましい若者たちにとり巻かれた。連中はわれわれの小グループを追い立て、脅迫した。誰かが「叩きつけてしまえ」と叫んだので、興奮が群衆の中に広がった。わたしたちはすぐ事態を察して、急いで横っ飛びに逃げ、溪谷を利用して、けわしい勾配の斜面のふもとに沿って走り、宿に駆け込んだ。

チベット高原のすべての住民同様、アムド山地の住民もまた、たいていいつも完全武装をしている。何か争いになると、すぐ武器に手をかける。いっさいの流血事件を阻止するために、草原や山岳のこの自由なる住人たちは、そのラウラン滞在中は、寺院管理部の命令で武器を身に帯びてはならないのである。

二月二七日、寺院のほうからちょうど日の出の時刻に、巨大な祈禱太鼓、小太鼓、ホラ貝が響いてくる。朝八時すでに、ラウランの通りを、祭礼の堂々たる仏式行列が動きだす。先頭の黄金の金襴の上に黄金のチベットの書物、宝石、その他寺院が誇りとするすべての聖遺物がのせて運ばれる。人波の上を、豪華な天蓋、いろいろな旗が揺れて行く。それらは色はなやかなタングートの衣装、ラマ僧の薄赤い衣と一つになって、色彩豊かな見《み》物《もの》を呈示する。行列は丸い円を描き、それから寺にまた帰る。寺の近くには、赤と黄を市松模様にした布でつくった大きな幟がひるがえっている。祈願法要は、ときどき太鼓やラッパの響きで中断されるが、それが済むと群衆は四散する。

ニフドゥン・ツゥの祭りが済むと、ラウランは日一日と静かになる。アムドからの訪問者も、自分の商用をまだ済ませてないものだけが残っている。

わたしたちは、寺院側から親切な招待を受けた。管長は不在だったので、その代理のゲゲン、グンタン・ツァンがわたしたちを自分のところへ呼んでくれた。この人は生まれはヌゴロク人で、普通、寺院の世俗的な仕事をとりしきっている。感じのいい老人で、六〇歳といぅが、外貌は実に高齢のタイプである。知り合った最初の瞬間からわたしたちは親友となり、仏寺を訪ね、詳しく視察する許しをらくに手に入れた。同じように簡単に、わたしはラウラン付近の森で狩りをする権利も得た。わたしたちはこの老僧に、その希望のものを進呈し、お返しに数個の美しい、金属製のブルハンや手製のブルハン、小さなフルドを一つ、二つの興味あるガ・ウ、二冊の黄金の本を頂戴した。本の一冊は経典《ツェドー》、すなわち延寿の経典を含んでいた。もう一冊は、ずっとすばらしい本だったが、《永世と至福》の経典を含んでいた。二冊とも黄金の文字で書かれ、アユシャのミニアチュアで装飾され、黄色い絹でチベットふうに装丁してあった。

草原や山々に長いこと過ごし自由な放浪生活を楽しんだあげくなので、ラウランの商人の家々での生活は、わたしたちにはもはや気に入らなかった。ここは息詰まるようでほこりっぽかった。数日にわたって、わたしたちは頭痛、咳、胸の圧迫感から逃れられなかった。

新鮮な空気を吸うために、わたしはしばしば近在の山へ行き、あるいは単に、自分の家の平屋根に上り、そこから谷の上流、下流のすばらしい眺望を楽しんだ。山の北斜面には、針葉樹の森が黒々と見えるが、南斜面、とくにその高いところは昨年の草で黄色かった。アムドの住民たちは、いまこの草を鎌で刈り、大きな束にして市場に運び下ろしていた。

天気はわたしたちを、いささかも甘やかしはしなかった。二月のほとんど一か月、風が吹きほこりっぽかった。ただ夜だけ、空は幾らか澄みわたり、ややほっと息がつけるのであった。大気を暗くしているたえざるほこりのカーテンのため、はじめは写真をとることなど全然考えられなかった。

だんだん出発の日が近づいてきた。わたしはキャラバンの主力隊を直接蘭州に送るつもりだったが、自分自身は小部隊を連れてもう少し北西へ小旅行を試み、いまクムブムに滞在しているダライ・ラマを訪問してみようと思った。

二月二八日、わたしはここの貴族夫人――あるチベット役人の未亡人――に別れの訪問をした。同じくグンタン・ツァンに友人として別れを告げた。翌日、わたしはすでにダライ・ラマ訪問の旅に上っていた。

16　ダライ・ラマへの巡礼の旅

中央アジアの地図、とくにアムド高原の地図を一見すると、クムブムとラウランとが北西から南東に引かれた対角線上にあることがわかる。二つは互いに約二六五キロ離れている。二つとも黄河低地に建設され、クムブムは左岸、つまり北の黄河に随伴しこれをとりまく連山の褶《しゅう》曲部にあるし、ラウランは右岸の山の中にある。この山は南から黄河畔まで達している。この二つの町は、互いに宗教的名声と優位とを争い、互いに鋭く観察し合っている二人の兄弟にたとえることができる。

ラウラン滞在中、わたしたちは土地の人々から、仏教界の最高位者ダライ・ラマがクムブム寺に到着し、そこに住居を定めて休息し、夏が来るまで法要を行なうはずだということを聞いた。つまりこのチベットの首長は、北京からラサへの旅にあったのである。

わたしの考えでは、ダライ・ラマを訪ねないこと、すなわちこの人との旧交を暖めないこと、このチベットの支配者がモンゴルやシナに長いあいだ滞在したあとで、面会しないことはけしからんことのように思えた。おまけにわたしには、ダライ・ラマに伝える挨拶がたくさんあった。

わたしのほかには、ただ通訳のポリュトフだけがいっしょにクムブムへ行った。ラウランの商業地区の最長老マ・チャン・シャンは、わたしたちのために三匹の運搬用ラバを借りてくれた。これに二人の騎馬の馬方がついて来た。ポリュトフとわたしは馬であった。つまりわたしたちの小さなキャラバンは、四人と七匹とで成っていた。

二月二八日、クムブムへの出発の前日、わたしたちの宿は朝から晩まで、この町の知人、とくにいろいろな位階のラマ僧の訪問を受けた。しかも土地のラマ僧だけでなく、チベット、モンゴル、さらにトランス・バイカルから到着していたラマ僧までやって来た。すべてこれらのりっぱな人たちは、別れを告げ、旅のつつがないことを祈る言葉を言いにやって来たのである。

ようやくわたしたちは出発の用意ができた。わたしたちの道は黄河畔の町スュン・フゥアをへてクムブム寺へ、そして西寧、蘭州へと通じていた。三月一日、わたしたちの小部隊は出発した。すべてはできるかぎり考えぬかれ、計画されていた。まもなくわたしたちはラウランを去り、北の山の溪谷の一つに姿を消した。砕石地帯を過ぎ、けわしい道を上って峠に達した。マ・チャン・シャンはその護衛と、寺の守備隊の四人の元気のいい騎兵とともにわたしたちのお供をしていた。峠の近くでわたしは、この長老を家に帰ってくれと説得した。翌日は蘭州へ行くわたしたちの主力キャラバン部隊の荷物発送の、新たな仕事がひかえているからである。マ・チャン・シャンはうやうやしい態度で聞き入れ、馬から下りると、小さな絨毯を敷き、わたしにすわるように勧め、北京にある有名な仏陀の《サンダル》像のブロンズの模型を手わたした。この贈物で、彼は旅のはなむけとしたのである。わたしはマ・チャン・シャンには、前日すでに贈物をし、彼がわたしたちのために努力してくれ、広い家を使わせてくれたことに感謝してあった。マ・チャン・シャンはわたしたちには非常に満足しているように見えた。わたしたちはさらに山を上ったが、彼はまだ長く溪谷の道の曲がり角に立って、帽子を振っていた。

ナクツェブ・ラ峠はかなり高かった。嶮阻な上り道をもっていたが、高原への下りのほうは逆に短く、ゆるやかだった。わたしたちは少し休み、それから荷物をまたきちんとなおしてさらに北へ進んだ。北側のアムドには典型的な高原が広がっていたが、これと交叉する山脈があって、西へだんだんと高くなっていた。山々のあいだに、牧草地や川のある谷が広がっており、川はサンチュの盆地へ向かって流れていた。

チベット人の護衛を、わたしたちは峠を越えたあと約五キロのところで帰した。ラウランのその兵隊たちは言いようもなくそれを喜び、すぐ元気はつらつと急いで立ち去った。

御者たちとだけ残されてから、わたしたちは彼らに自分たちの道のこと、近くの町フスュン・フワのことを聞きただした。町は一〇〇キロ離れたところにあった。わたしたちはこの道程《みちのり》を三日で踏破したいと思った。人の住居らしいものは何も見えず、ただ道から離れたところに、あるいは遠く、あるいは近く羊やヤクが草をはんでいることがあった。これらはタングート人のものである。彼らのキャンプは、鋸状にひどく切り刻まれてある土地の奥に隠れていた。

わたしたちの最初のキャンプは、ラウランから約四〇キロ離れた高い山の中、ある冷たい川のそばに張らなければならなかった。そこには去年の枯れた草、矮少な灌木がはえていた。馬方たちは交替で一晩じゅう見張った。ときどき彼らの叫ぶ声が聞こえた。「そこに来るのは誰だ（つながれた馬の場合でも）？ ――おまえが見えるぞ！」こういう罠にかける言葉によって、事実ときどき盗人をつかまえることに成功した。泥棒はこんな場合、普通「仲間だよ。きみのところに行くところだ！」と答えるからである。

翌日、すでに出発の時間にはきちんと旅に出た。馬方たちは鋭く四方八方をながめ回し、注意を鋭敏にするよう、いざという用意をしておくようにやかましくわたしたちに要求した。「あっというまに、タングート人は襲いかかって来ますからね！」彼らを安心させるために、わたしたちはぴったりと寄り添い、銃を肩にかけて進んだ。

前と同じようにわたしたちは、数多くの川のある牧草の豊かな山地を進んだが、だんだんと山の中にはいり込み、無事、セチェン・ラ峠の頂上に着いた。ここから山は、北に向かってけわしく断絶し、深い岩の溪谷によって鋸状に出入りがつけられていた。下れば下るほど灰色の岩塊が無秩序に散らばり、わたしたちの前進をひどく阻害した。けわしい斜面はとにかく非常にやっかいだった。セチェン・ツゥの溪谷で、わたしたちは暗い、底なしの断崖を下った。

約一五キロ進んだとき、溪谷はとつぜん開けた。山は退き、低くなり、と、思いがけなく、小さな寺の回りをとり囲む白い数軒の家とともに、マルトゥン・ゴムバ寺院が浮かび上がってきた。寺院は、かなり急な斜面に絵のように美しく立っていた。斜面にはハコヤナギが密生していた。少し遠くに、寺が見えてきたが、これは川の向こうの左岸にそびえてこの二つの寺院の回りに、耕地が広がっていた。耕地は、シナ人の模範的なまでに耕された畑と比べると、その耕しかたは乱暴で感心しなかった。

セチェン・ゴムバの下手でしばしば部落に出会ったが、ついに谷はせばまり、最後には嶮阻な岸によってすっかり遮断されてしまった。川は再び前より強い落差を示し、滝が幾つもあったが、まだ凍っていた。わたしたちの道は、しばしばこちらの岸から向こう岸へと変わった。

　山のふもとは草木もなく、荒涼としていた。風はたえず大量の砂塵を巻き上げ、地平線を暗くした。セチェン・ツゥは、わたしたちをコン・エメン部落へ導いた。この部落はこの時期には一〇〇以上の粘土の家、約五〇〇のイスラム教徒の住民を数えた――勤勉なトゥンガン人で、サラーレン（サラールの回教徒とも言い、甘粛省に住んでいるトルコ・タタール種族の一つでその言語を保持する）とも言われる。ここには古いイスラム教寺院《モスク》がある。約三〇〇年前に建てられたと言われ、一人のアフン（イスラム僧の中に二つの位階があり、低いのをムラー、高いのをアフンという。アフンはコーランを熱心に学んだ学僧がなり、普通彼の下には数教区が従属している）が管長である。モスクの近くにマサール、イスラム教徒の墓碑がある。美しい彫刻をした窓がついていた。これは二人のイスラム教の宗論家ムラーを記念して建てられたと言う。コン・エメンの近くには、ここの住民の話では金鉱があったそうだが、何かの理由でいまは掘られていないという。

　わたしたちは村の長老の家で泊まった。夜と朝、村の静かさは声高い叫びで破られた。これはムラーが、寺院の高尖塔から祈禱を呼びかける声なのである。「アラー、アクバー！　アラー、アクバー！」

　やっとわたしたちは黄河に、そしてフスュン・フワに到達した。すべてのシナの町同様、ここも城壁に囲まれている。わたしたちの観念で言えば、ここはちゃんとした町などと言うものではなく、小さな村にすぎない。道路が一本と数十軒の家、それにここの住民のための二、三軒の商店があるだけである。

　黄河とその谷は、ここでは貴徳地方をしきりに思い出させる。ここでも谷は約二、三キロの幅で、両側は草木のない灰色の山である。ここでも岸はあるいは低かったり、あるいは高かったりで、とくに川がせばまっているところでは高い。そんなところでは、岸は奇妙な形に洗いくぼめられているが、風によってけずられ、通るためにはほんの狭い山道か、危険きわまる崖縁しか残していない。そこここに幅二〇〇メートルないし三〇〇メートルの小石の河床がある。幅四〇〇メートルのはまれである。いまは春も早いので、川の水位は低く、川幅の広いところでは、石の河床の大部分が乾いていた。夏はべつで、黄河はときには岸から溢れてでる。そんなときの黄河のごうごうと流れる激流はほんとうに壮大で、その灰色の波は「幅も無限、長さも無限」に泡をかみ、威圧的でさえある。

わたしたちはボートで黄河をわたり、約一三キロその左岸を上り、北に向かってゴラッツォン・ホタン谷の中に曲がった。この谷を、三〇軒の農家から成る小部落ロッシュサングュンまで上る。ここで一泊。わたしたちが高く上るほど、黄河の谷はその魅力のすべてをわたしたちに展開してみせた。回りの畑には勤勉なシナ人たちが働いていた。おそらくこの春になってはじめて、鋤をもって野良に出ているのであろう。

翌日の夜はバヤンロンという小さな町で過ごす。山の上に絵のように美しく位置する町で、市門のあたりだけ城壁ができ上がっていた。住民はシナ人、トゥンガン人、タングート人より成り、町の郊外も含めて約一〇〇〇人を数える。クムブム寺までなお三日踏破しなければならなかった。次のキャンプはツァバという町。その次はサワナという部落。ここの住民は上述した種族に、さらにダルデン人が加わる。ダルデン人は、とくに婦人はその特異な衣装によってきわだっている。ラウランとクムブムとのあいだの地形は山がちで、切り込みが多い。ほぼ半道のところに、アルプス性の連山キイチャンシャンが道を横切ってそびえている。これは山塊の東のほうの続きで、ここにラディン・リン峠がある。道は峠《パス》を越え西寧から貴徳へ通じている。谷の中、あるいは山の下部地方には農耕住民が住んでいるが、アルプス性の連山の中には遊牧民が漂泊している。

クムブムにあと一日という日の旅は、わたしたちにはとくに長く感じられた。もっとも道は巡礼者によってにぎわい、また、いま越えて来た山脈の北斜面への眺望は開けていて、いままでよりずっと魅力に満ちた旅ではあったのだが。道ばたの村々にはたくさんの人々が群がっていた。あるものは畑仕事に出かけ、あるものは肩に背袋をかついでクムブムへ、また反対の方角へ急いでいた。

まもなく赤い粘土と砂岩の西寧の谷が見え、最後の山からようやくクムブム寺がながめられた。半時間後、わたしたちはすでに寺のそば、八つの白いスブルガンに到着、わたしにはなじみのゲゲン、ツァヤクの前庭にはいっていた。ここでわたしたちはまるまる二週間、このうえなくりっぱな宿をとることができた。

ダライ・ラマは、寺院の西端、《西山の斜面》にある富裕なチベット人の一軒建ちの家に泊まっていた。ここからはほとんどクムブムの全部と、南の地平線をさえ

ダライ・ラマ

ぎっている遠い山々がながめわたされた。すべての堅固なチベットの家と同様、この家も高い粘土塀をめぐらせ、豪華な入口があって、チベット兵が二人番をしていた。

クムブムへ着いてすぐ、三月七日、わたしはダライ・ラマの執事に面会し、わたしが翌日ダライ・ラマにお目にかかりたいとすぐ伝えてくれるよう頼んだ。

昔ウルガのときと同様、ここでのダライ・ラマとの最初の面会は公的な性格をとった。上品なチベットの役人が三人の従者を連れて、わたしとポリュトフを、ダライ・ラマの住居、ラウレンに案内した。わたしたちはみなゆっくりと徒歩で丘を上った。一五分歩いて目的地に着いた。二人の歩哨のそばを通ると、歩哨はわたしに敬礼した。石を敷き詰めた中庭にはいる。ラウレンのほうに数歩進むとまもなくナムガンという名の若い男が広い階段を下りて来て出迎えた。彼は髪を短く刈り、赤い衣をつけていた。優雅にお辞儀をすると、家の中へはいるようにと言った。

見たところここでわたしたちは待つらしかった。と言うのは、小さなテーブルの上にパン、菓子、ビスケッ

ト、砂糖、その他シナの菓子類といった簡単な食事が用意されていたからである。わたしたちが位階に従ってそのテーブルのおのおのの前に腰を下ろすと、すぐ茶が運ばれてきた。これらによって腹ごしらえをしたあと、さらに幾つかの部屋を通り、ようやくダライ・ラマ自身の接見室へはいった。ここでもこのチベットの支配者の部屋は、仏教の祈禱室を思い起こさせた。玉座に似た最上席に、このチベット最高位の僧が礼服をつけてすわっていた。わたしたちは近づいてお辞儀をし、ハダクを交換した。するとダライ・ラマは微笑し、ヨーロッパふうにわたしに手を差し出した。お互いに挨拶を交わし、旅のことを尋ね合った後、わたしは自分の探検を話題にした。ダライ・ラマは、わたしたちの昨年のココ・ノールへの旅に非常に興味を示したが、ハラ・ホトの廃墟やそこでわたしたちが発見したものにはいっそう関心をもっているかに見えた。

「われわれの会うのはこれで二度目ですな」と、ダライ・ラマは言った。「はじめて会ったのは、約四年前ウルガでした。次はいつ、どこで会うことになるでしょう？　わたしは、あなたがラサのわたしのところに来るように希望します。ラサでは探検家のあなたには幾つかの興味のある学術的価値のあるものが見つかるでしょう。どうかおいでになりませんか？　大旅行でしょうが、それに要する時間をあなたは後悔なさらないにちがいない。あなたはすでにたくさんの国を訪れたことがあるし、たくさんのものを見、たくさんのことを書かれました。だが、重大なことがまだ目の前にひかえています――ラサであなたを待っています。おいでになれば、ラサ周辺を徹底的に知る機会があるでしょう。あそこには、まだ未開の、人跡未踏の地方があります。このことは同様に、自然にも住民にもあてはまります。そういう旅行をしたあと、あなたに会って、地図とか収集品、写真などを見せてもらい、また、親しくあなたの旅の報告を聞くことができたら、それはわたしにもおもしろいし、興味があることでしょう。わたしは、ヨーロッパ人旅行者がチベットについて書いたものを、チベット語に翻訳させたいという大きな望みを持っています。そのときにはあなたの生き生きした報告をわたしの秘書たちは第一に取り上げ、中央チベットに関する歴史的・地学的仕事からはじめるでしょう。」

最後にダライ・ラマは、「出発を急がないでくださいよ。誰も出発するようにせきたてはしませんからね。二、三日早く出発するかどうかは、まったくあなたしだいなんですからね。毎日お会いしましょう。あなたと相談したいことがたくさんありますから。」

わたしたちは会話のあいだ、大きな銀の薬罐から注がれる茶を飲んだ。すべてに快い自然さが感じられた。それをまた会おうというお互いの希望によって表わすことができた。

翌朝、わたしはまたダライ・ラマのところに行った。いっさいの堅苦しさはもう消えてしまった。わたしはこのチベットの支配者の、きわめて素朴な、非常に感じのいい面を知ることができた。わたしには、ダライ・ラマの館にはいることが許され、その執務室を見学し、その大臣や親近者と話すことができた。

ダライ・ラマの幾つかの小部屋に、ときどきヨーロッパの品物が見られた。たとえば部屋の一つの壁に、七つのいい望遠鏡がかかっていたり、他の部屋に、わたしたちの知っているダライ・ラマの秘書ナムガンが使っているほぼ同数のカメラがあったりした。だいたいダライ・ラマは写真に非常に関心を持っていて、ナムガンにいろいろな写真の技術を教えてやってくれと頼んだ。たとえば撮影、現像、焼きつけ。それに大小いろいろ簡単なのや複雑なのや、いろいろな機械の操作など。

写真の授業が済むと、わたしはたいていダライ・ラマの親近者とおしゃべりしたり、ダライ・ラマ自身に招かれたりした。ときには数時間すわり込んでいたこともあった。あるときダライ・ラマは、わたしがよくロシヤから手紙をもらうかどうか、最後のはいつだったか、ヨーロッパに何か変わったことはないかと尋ねた。たまたまわたしはクムブムに到着した日に、西寧の官辺筋の仲介でたくさんの手紙と新聞を受け取っていた。その中に最大のニュースとして、メッシーナの地震のことが出ていた。そしてその中でイタリア人がロシヤの船員を賞賛して、彼らは自己を犠牲にしてメッシーナ市民の生命財産を救ったと書いてあった。この自然の災害の生き生きした描写は、このチベットの支配者の心を揺り動かした。

この会話のあと、ダライ・ラマはわたしをその図書室へ案内し、大きなドイツの地図を見せ、地震のあったのはどこか教えてくれと言った。わたしが地図帳をめくっていると、たくさんの個所にインクで、いや、チベットでは墨であるが、メモが書き込んであった。地理的な名前を翻訳したものらしかった。地震の個所にも、それに応じたメモが書き込まれた。

ときどきわたしは、ナムガンといっしょにクムブムの周辺を散歩した。いちばん高いところに上り、いろいろな写真をとった。ラウレンに帰ってから、わたしたちは現像、焼付けの作業に没頭した。ある日テラスに並べたポジ・フィルムを見ていたとき、偶然うしろの寺の門のほうに目をやると、ちょうどダライ・ラマが祈っている人々を祝福しているところだった。この祝福は、順々に近づいてくるチベット人やモンゴル人の頭を小さな祈禱の旗で触れてやるだけのことだった。ダライ・ラマがいるということは、とにかく大ぜいの信者をクムブムへ誘い寄せていた。ダライ・ラマがその家の屋根、あるいはテラスを散歩していると、すべての召使いも通行人も立ち止まって見物することは許されず、できるだけ気づかれないように遠ざかるのである。お別れに際して、ダライ・ラマは次のように言った。「来てくれてありがとう。あなたの話を聞くことができ、わたしのたくさんの質問に返事をもらって感謝しています。あなたの偉大なる、豊かなお国に対してわたしの賛嘆と感謝を言わせていただきます。ロシヤがチベットとこのうえなき友好関係を維持し、わたしの国の山々、無数の住民をもっともっと知っていただくために、将来とも探検家をわたしのところへ派遣せられんことを希望します。」

公式のおごそかな別れの接見のあと、わたしはナムガンの、なじみの建物に招待された。ここでいつものお茶をごちそうになっていると、とつぜん、まったく思いがけなく――少なくともわたしには――ダライ・ラマが、きわめて素朴かつこだわりのない態度で姿を現わした。これは最近慣れてしまったやりかただった。わたしたちは心から挨拶を交わし、向かい合ってすわった。ダライ・ラマはあらためて話題をロシヤに戻し、その技術、機械、工作機械に感嘆し、また――わたしたちから贈物としてもらった――《ナガン》拳銃をはじめとして、ロシヤ軍隊の武器を、自国製の遠距離要塞砲、艦砲にいたるまでほめ上げた。それから彼は言った。「わたしに、ロシヤで最上の黄色い布を持って来ることをどうか忘れないでください。あなたのその礼服と似たようなのをね。」わたしは返事の代わりに彼に頭を下げ、その頼みをノートに書き入れた。彼はこれを見て叫んだ。「よろしく頼みますよ！　それじゃ、わたしのもう一つの頼みも書き込んでおいてください。つまりペテルスブルクからわたしの住所あてに、あなたの旅行の写真を送ってください！」

この最後の別れは非常に心のこもったものだった。あらゆる儀式ばったことはなくなっていた。わたしはダライ・ラマを理解し、彼のラサへの招待はまじめなものだと信じた。それからまもなく、わたしたちは彼の大臣その他おつきの人たちに別れを告げた。わたしは一方で悲しい気分だったが、他方では幸福に感じてもいた。だが、悲しさのほうがだんだんとわたしの心の中で強くなってきた。それは何よりも自分がいまダライ・ラマのお供に加わって、いっしょにチベットの中心へ行くことができないからであった。

そのあとすぐ、わたしにダライ・ラマの贈物が渡された。砂金、ブロンズの仏像、このチベットの自然の恵み、すなわち毛皮類、赤ブドウ酒色のチベット毛織物などである。

翌日、三月二〇日、約束どおりエムツィ・ハムボがわたしのところに来た。彼はダライ・ラマのそのほかの頼みを伝え、旅の平安を祈ってくれた。お別れのときはいつもそうだが、この侍医は記念にと言って、絹のハダク、チベットの《貴重な》丸薬、茶碗をおいて行ってくれた。いちばんたいせつだったのは、わたしにとって値うちのあるチベットの天文地図を彼が残しておいてくれたことだった。

わたしの仲間もエムツィ・ハムボから同じような待遇を受けた。彼もハダク、金貨一枚、《万病薬》のはいった罐を贈られたが、その際彼はつけ加えて、「これをみんな貴下に差し上げるのは、貴下が隊長にきわめてりっぱな忠実な態度をとっているからであって、どうか、今後とも遠い、つらい旅路において隊長の身を守っていただきたい」と言った。

エムツィ・ハムボについては一般にこう言われている。すなわちこの人は《大きな頭》をもった人で、医学者であり、有名な数学者である。ロシヤに行きたがっているが、それは単にロシヤを知るためばかりでなく、ヨーロッパ医学と天文学を研究するためである——と。

エムツィ・ハムボは最後にわたしの手を握って叫んだ。「いつ、どういう状況でわたしたちは次に会うでしょうな？」わたしは手でラサの方角を指した。確信ありげに頭をうなずいてみせたのが彼の答えだった。

三月二一日早朝、休養を充分とったわたしたちキャラバン、三四のラバと五人の騎馬のものは、元気いっぱい北東に向かって旅を開始した。近くの丘の上で停止し、おそらくは最後になるかもしれぬ視線をクムブムへ投げた。仏教の改革者ツォンカパの揺籃の地へ別れを告げたのである！

西寧へのよく知っている道を五、六時間進んだ。三月二三日、この町もあとにした。天気は悪くなった。身を切るような向かい風が、雪と風とを同時にわたしたちの顔にたたきつけてきた（土地の人々は悪い天気を次の言葉でからかう。「なんていい、恵み深い神がこんなすごい寒気を地上に送ってくれるのだろう。」「よき、恵み深い神」というのはダライ・ラマのことである）。さいわいなことにこの天気は長く続かなかった。雲が切れ、青い空がのぞいた。できるだけ早く蘭州に到着しようと思って、わたしたちは一日の踏破距離を四〇キロ、四五キロへと上げた。三月二八日、黄河に達する。広い谷の中で、黄河はところどころで数本の支流に分かれている。左右には相変わらず裸の山がのびている。川は左岸に突き当たり、右岸に部落と畑の場所をつくっていた。数キロ進むと、景色は変わって反対になった。わたしは黄河の右岸に沿って進んだが、すばらしく澄んだ水の静まりかえった支流があったが、その表面のたくさんの場所に青く光る氷が張っていた。近くの浅瀬には、銀白色のアオシギが重々しく闊歩していた。近くのけわしい岩壁から、頭の黒いカモメが空中に飛び立った。遠くには一群のペリカンが飛んでいた。

さらに八キロ進んで蘭州に着いた。すでに遠くから、四つの歴史的な塔によって町はわたしたちに名のりを上げていた。塔はトゥンガン人の住む、反乱を起こしやすい町、河州の方に向いて建てられていた。わたしたちは、薪の積み重ねたのがたくさん道ばたにおいてある道を進んだ。薪は、ブドウ酒の皮袋に似た小麦粉の袋にいっぱい詰めてあった。近くの、もっとにぎわう道を行くと、黄河畔、ヨーロッパ人の技術者がしっかりした橋をつくった場所に出た。この近くの宿でわたしたちは仲間に会った。みんな元気ではりきっていた。

17　アラシャをへてハラ・ホトへ

　キャラバンの主力隊はラウランから、蘭州までを六日の旅で踏破し、途中河州の町で一週間休んだのであった。河州の町は大夏河の谷の中にあるが、川そのものからは南へ五キロ、海抜一九一〇メートルの山の上にある。ポターニンは書いている。「河州は回教徒の反乱のあいだに破壊された。その住民は、やっと九年前に戻って来たばかりである。住民の話では、ここの反乱の頭目は西寧にいた。しかし河州生まれのヅシンサ・アフンだったという。町のすべての建物は新しい。依然河州には、たくさんのイスラム教徒がいた。わが国の文献にもまちがった記述があって、河州はサラレン地方の部落の中心にあるなどと書いてある。しかしサラレン人（ポターニンはサラレンをトゥンガン族の意味でつかっている）はここより西の、フスュン・フワ町に住んでいて、その地域は河州の谷の低地とは、高いハラ・ウダ山脈によって分かたれている。河州の近くにサラレン族の部落は一つもないが、サラレン族は商売をするため、よくここへやって来る。」

　キャラバンは、谷できちんと区切られた地方を一六五キロにわたって踏破したのであった。けわしい山道や崖道を無事越えて来られたのは、ただただ運搬するラバの異常な忍耐力と老練さに負っていた。ラウラン川の周辺では河州のすぐ近くまで、わたしたちの仲間が出会ったのは主としてタングートの遊牧民であった。しかしさらに北東に行くと、まとまった耕地帯がはじまった。トゥンガン人たちは谷に畑をつくっていただけでなく、険阻な斜面、いや、山の頂上までみごとに畑にしていた。

　蘭州は甘粛の副王ツゥンドゥの居城で、巨大な黄河の右岸にそそり立っている。黄河はここでは幅二〇〇メートル、春の水の少ないときで約六メートルの深さである。川上の町のほうに向かって、船橋（舟を並べてその上に橋をかけたもの）がかかっているが、それと並んでヨーロッパの技術者が堅固な橋をかけている。ヨーロッパの橋梁技術をたいしたものだと思わない土地の人の意見によれば、ヨーロッパ人たちは橋を完成することはできないだろうと言う。この種の試みは何をやっても夏の洪水でだめになってしまうのだそうだ。昨年の冬と春につくった最初の橋のアーチの橋脚も破壊されてしまったと言う。

向かいの左岸の丘に、絵のように美しい寺が幾つもある。激流に沿って、そこここに巨人のような水扱み水車が見える。これで町や畑は必要な水をまかなっている。旧市街の印象的な堅固な城壁は、四つの独特の古塔とともに川の上二〇メートルの高さにそびえている。塔は三〇〇年前、河州の盗賊から守るために、あたりを圧する南西の丘の上に建てられ、いかにも要塞らしい感じを与えている。要塞地帯を含め、蘭州は周囲約一〇キロ、幾つかの住宅地域に分かれている。北西部、つまり、ほかより品のいい地区に、ツゥンドゥが住んでいる。次のいわゆる軍隊地区は、数多くのヨーロッパを模範にして建てられた印刷所と工場、たとえば指物工場、鞍製造、ガラス工場などで知られている。ここではまた絹織物、ダレムバ、その他の布地がつくられている。土地の産物のこういう製品はすべて、ブロンズや陶器でつくった珍しいぜいたく品とともに、みごとに飾られた店にいっぱい並べてある。

緑地がたくさんあるし、美しい公園も一つあるのだが、町は全体としてどうもきたならしい、不利な印象を与える。ここの六万人のシナ人は、清潔ということに漠然とした観念しか持たず、教養のあるヨーロッパ国民に属する人々――宣教師、技術者――はいまのところほんの少数しかいないので、この副王の都の東方的な性格に影響をおよぼすにいたっていない。

ここの建物を見学する際、わたしたちはなかでも学校をよく観察した。四〇〇人の歩兵、騎兵のための軍官学校のほか、官吏の子供のはいる一種のギムナージウムを見せてもらった。この学校の中に、鉱物学、植物学、動物学の部門に分けられた実にいい博物館を見つけた。この動物学の部門の中に、きわめて巧妙に剝製にされた鳥類、甲虫とチョウを入れたガラス箱がとくに目にとまった。

必要な訪問をした後、わたしたちは緊急な用事をかたづけた。ダライ・ラマがわたしに託した用事をすべて仕上げ、わたしが電報で集めることのできた北京からの情

蘭州付近の黄河にかかる水くみ水車

報を、できるだけ早く伝えなければならなかった。さらに使者を一人、ベイユァン・スュアンにいる地形測量官ナパルコフ大尉のもとに派遣しなければならなかった。使者は大尉に、金のほかに次のような提案を伝えるはずだった。すなわち、南甘粛の探検をできるだけ徹底的に行なうということ、そのアラシャまでの道順はこの地方のできるだけ知られていない地方を選ぶこと、ほぼ七月はじめ、アラシャでわたしたちと落ち合うこと。

キャンプで熱心に仕事をしていると、よく商人たちが来て進行が中断させられた。彼らは、古いシナの文化財のありとあらゆる珍品を買ってくれと言って見せた。そのほかいろいろな人々が訪問して来た。高官のうちでは、知事ナタイが訪ねてくれただけであった。これに反して副王は、数多くのお供を連れてキャンプに立ち寄ったが、この機会に整列した一部のものに挨拶し、わたしに名刺を残して行った。

わたしたちは出発をマリア聖霊受胎の日に定め、時間どおり出発できる準備を整えた。わたしたちはラクダのことも心配しなければならず、人類学的収集もできるだけ完全にし、町ももっと詳しく視察しなければならなかった。出発の当日、すでに夜明けに船頭がアルバという二輪の荷車をもって来て、わたしたちの荷を黄河の左岸に渡した。ここで荷をラクダに積み、いよいよわたしたちの堂々たるキャラバンは、北方の遠い故国に向けて動きはじめた。平番《ピンファン》の方角に向かうわたしたちの道は、黄土の丘に沿って走っていた。丘はたった一本の無限の溝の、暗い裸の壁のように、ときどき左右にそびえていた。細かな砂塵と空気の異常な乾燥のため、炎熱下の旅はひどく困難だった。しかしその代わり夜は、気温がしばしば零度に落ちるので、さわやかな眠りを味わうことができた。わたしたちはよくキャラバンに出会った。彼らは寧夏から米を、ヤトゥから塩を積んで来ていた。ひまなとき、わたしたちはトカゲや昆虫（甲虫、ハエ、最初のつつましきモンシロチョウ）や鳥を採集した。

黄河から遠ざかれば遠ざかるほど、良質の飲料水の欠乏がひどくなった（シナの地名すら水の悪いのを証明している。だからたとえば蘭州を出てからのわたしたちの最初のキャンプ地はフィ・ブーホーという。《水を飲むな》という意味である。まさに水が悪いからだ）。平番への道の東では、比較的人口密集地である谷ピタイ・グーに住む人たちは、生気を与えてくれる水を二五メートルから三〇メートルも深い泉からとっている。その代わり、水を通す地中の水脈はときに厚さ二、三メートルに達する。いたるところで、人間が多少とも自然と戦っている様子を観察することができる。この点ではシナ人は驚くべき成果を上げている。この民族はどんな困難にもひるんだことはなく、ほんとうにシジフォスの労働に似たことをやってのける。たとえばドフルンという村の近くでは、豊饒な土を掘って、それを特別なかごに入れ、肩にかついで自分たちの広い畑に持って行き、畑の上に厚さ一三ないし一七センチの層にまくのである。しかしそれにもかかわらず、彼らの努力は必ずしも常に成功をもって酬われてはいない。その証拠に、数多くの人気《ひとけ》のない村々があるし、埋まってしまった泉、荒れ果てた畑があり、旅するものに憂鬱な感じを与える。

まもなく、平たい灰色の丘におおわれた、人口稠密な広い低地に代わって、幾らか勢いよく切り刻まれてはいるが、まさに荒涼とした感じの地方となる。ゆっくり北東に進んで行くと、わたしたちのルートと交叉して走る山脈が浮かび上がってくる。山は板岩、赤あるいは灰色の砂岩から成っている。北北西には、シウローシャンの印象的な形が青く見え、南西には、のびている山岳群の雪の頂上の輪郭が見分けられる。山岳群は黄河の右岸を走っているが、まさに北のほうには、名もない山々の無限の波の背後に砂漠がはじまっていた。それも砂塵のヴェールのうしろに隠れていた。

シウローシャン山塊は、北西から南東へ走る幾つかの独立した山脈から成っている。山脈は南のほうでは一つの山脈にまとまり、その北斜面には、針葉樹、灌木などが密生している。ここにはシカやジャコウ動物がいる。渓谷の泉の近くにはシナ人の牧畜業者がいた。この近在で銅が、ちょっと離れた前部の山では石炭も採れる。

四月一一日、わたしたちのキャラバンは、再び北東の方角をしっかりと維持する。モンゴル人の馬方デルゲールとその息子ダイチは、自分たちの仕事を実によく心得ている。わたしたちには、この何ものにも代えがたい《砂漠の船》ラクダの忍耐心と頑健さは幾らほめてもほめ足りないくらいだった。再びハルミュクのはえた、低い、石の多い丘がわたしたちの前に広がっている。谷の上のほうはニガヨモギ、下のほうは丈の低い、いろいろな色彩のアヤメが咲いていた。

とある川の石と砂の乾いた河床について行くと、シナ人の村ツァツィシュイへ、さらに小さな町スアンフープに着く。この町は水を灌漑用水から得ている。古い塔がある。そして小ぎれいな家々は数にして七〇戸ほどだが、さらに商店などとともに、住民がある程度裕福であることを証している。注意深く耕された畑には若い苗が緑色に色づいていて、その向こうの北のほうに、ツホ・ウェ・タン谷が山のふもとまでのびている。この谷には、慣らされたラクダとほとんど物おじしないハラ・スルタ・カモシカのたくさんの群れが草をはんでいた。わたしたちは谷を急いで渡り、眼前を横に走るゲダシャン山脈に上ったが、そこからすでにモンゴル地方が望まれた。内陸シナの境界は、ここでは万里の長城であるが、いまはわずか風雨にさらされた粘土壁と、一〇メートルの高さの塔が幾つかその上に見られるだけである。さらに数キロ行くと道が分かれている。左のはツァガン・ブラクへ、右のは寧夏へ——ここにシナ語と満州語で書いた尖塔が建っていた。旅行者はここからアラシャの地域へはいる、という意味である。

北へ進めば進むほど、地形の起伏は平らになってくる。ブダルガナ、デレスン、もっとかわいらしく花の咲く植物、つまりリラ色をしたユリ、白いアラガルス、黄色いカラガナと言ったような草の絨毯は、遠くではすでに、黄色い砂地によってぶつぶつ切断されはじめている。少数のモンゴルの遊牧民のキャンプ、また南東モンゴルでは羊、ラクダの飼育、あるいは運送業に従事しているシナ人のそこここに点在する貧しげなファンゼなど、ほとんど景色に変化を与えない。その代わり途中ほんとうによく出会ったのは、聖地詣りをするためゆっくり進んで行く巡礼者のグループであった。彼らはその貧しげな持物を苦労しながら引きずって行く。こういう重労働には、健康で力のある人間しか耐えられない。弱いものはしばしば幸福を約束する目的地に着かないうちに、渇きと疲労のために死んでしまう。この信仰心の不幸な犠牲者の一人、ラマ僧が道ばたに死んで横たわっているのをわたしたちは見た。

今度は探検隊は、すでに知っているテンゲリ砂漠の東の周辺地区を進み、この行程を強力なラクダの助けで七日間で征服した。四月一五日、わたしたちは草地帯を離れ、いよいよほんとうの砂漠にはいった。常に太陽を隠していた軽い雲や突風みたいに吹く風のために、大気はそれほど暑くはならなかった。無限の灰黄色の海には、北、西に丸味を帯びたバルハンが沈んで行く。潮が引いたあとのような平らな地面の上に、キャラバン道路やオボが上にあるバルハンについている小道、さらに甲虫やトカゲの歩いた小さな跡などがはっきり浮き上がっている。このほとんど目に見えぬ、小さい跡は不思議な模様をつくっていて、普通丸い穴で終わっている。ときどきその穴に、頭の広い、すばやいトカゲが姿を消す。

ホイール・フゥドゥク泉から小さな湖シリク・ドローンまで、砂岩、粘土、それからそれより堅い赤、あるいは黒い石から成る地域が広がっていた。その砂地はときどき、いい牧草地によってとって代わられる。牧草地は、幾らか楽しいながめを提供してくれる。一般的に言えることは、ゴビ《砂漠》は春には、普通、人が考えるほど完全に死の砂漠ではないと言うことである。地下水の流れる地層は、中央アジアのこの部分では比較的浅いところにあって、低い地方では厚さ一ないし三・五メートルの厚さの粘土質・砂質の層におおわれている。むろん水はたいていの場合完全な真水というわけでなく、塩分、あるいは石灰分を含んでいる。きわめて多様な砂漠の植物は、ラクダだけでなく、馬にも羊にさえも食料の役を果たすので、アラシャの砂漠地帯のすぐ近くのモンゴルの住民たちは暮らしを充分たてて行くことができ、自分たちの運命を嘆いているわけではない。ただとくに乾燥した年がたまにくると、この砂漠地帯の住民の生活は確かにうらやましいとは言えなくなる。

　小さな湖畔の快適な緑の中でちょっと休んだあとでは、また飛砂の国へはいって行くのは辛く思われた。夜のあいだに吹いた強い風が、キャラバン路のいっさいのあとを消していたので、四月一七日いっぱいは南北に並んだバルハンを目安にして、見当で歩かなければならなかった。わたしたちは緊張してあたりを観察し、砂利あるいは石の多い表面のなんでもない隆起や凹みにさえ注意を払った。ようやく北東の地平線に、シャンギュン・ダライ泉のそばの鞍状のロツィシャンの山頂の輪郭が浮かび上がった。そして近くの凹地には、なつかしい白い点のように、ツォクト・クレ寺院が光っていた。寺の近隣にはシナ商人が定住していたので、わたしたちはすぐ訪ねた。と言うのは、必要な食料品を手に入れなければならなかったからである。残念ながらわたしたちにとって何も食べられるものはなかった。で、肉づきのいいヤギを買うだけにし、それを食べたが実にうまかった。蘭州以来、とてもうまいとは言えぬ乾燥肉しか食べられなかったからである。

　夜遅く、わたしはテントを出て、長いことアラシャンの鋭どい横顔を観察した。それはわたしに、ずいぶん前に去った基地へ、気象学観測所へいよいよ探検隊は帰って来たのだなということを思い出させた。

　主として北東の方角へ、毎日三〇ないし五〇キロ進んだ。それでようやく、無限のバルハンや溪谷、谷などをあとにすることができた。四月二〇日、テムブにちょっと休んだ後、夏にはバルン・ヒト溪谷から流れる川によってうるおされる、飼料に富んだ平地に到達した。ここでようやくなつかしいオアシス、アラシャが見えてきた。道は人でにぎわっていた。定住しているシナ人、モンゴル人の家々が道ばたに現われ、畑の苗や小川の岸が明るい緑に輝いていた。牧草地には羊や馬の群れが草をはんでいる。すべてに文明が近づいていることを感じた。

　半時間後、基地でわたしたちは仲間に挨拶した。彼らは、単に探検隊の全財産を模範的に管理しただけではなく、待っていた長い期間を有効に利用したのであった。気象観測所の責任ある観測員だった歩兵ダヴィデンコフは自分にかけられた信頼に完全にこたえ、課せられた命令を十全にやってのけた。それに対してわたしはここで彼を下士官に昇進させることにした。

長く留守をし、たくさんの冒険、困苦欠乏に耐えてきたあと、ようやくまたわたしたちは定遠営に到着したのである。そして同国人たちの客好きの家庭に招かれてくつろいだ。

目に見えぬうちに日はたっていった。わたしはまっすぐウルガに向かうキャラバンの主力部隊と、より小さな部隊のための荷物をまとめた。この小さな部隊は、ハラ・ホトの廃墟の研究の結末をつけるはずであった。再びわたしたちはすべての収集品を整理し、包み換えたりしなければならなかった。わたしの仲間たちは、そのあいだビスケットや乾燥肉をこしらえ、ランホンという水運搬の容器までこしらえた。こうやってみんな、さし迫った死の町への辛い旅に必要な、すべてのものの心配をしたのである。砂漠によってわたしたちが愛想よく受け入れられるどころか、砂漠の乾いた熱い呼吸のために苦しめられるだろうことは充分に予想された。しかしわたしたちの誰一人それにひるむものはなかった。科学に奉仕しているのだという自覚、そしてまもなく故国に帰れるのだという思いが、わたしたちに新しい力と新しいエネルギーを与えるのだった。

晴れた穏やかな夜は、常に天文学的観測につかうことにし、その際、地理学的位置決定や時間測定も行なった。このときしばしばわたしの友人が居合わせた。これは異常に知識欲に燃えた教養あるラマ僧ダライ・ツォルチ・ゲゲンで、ウルガの南東、一五日も旅をしなければならないところにあるダライ・ツォルチ・スメ寺院の男だった。彼は天文学の器具にひどく関心を持っていた。そしてたとえば月や木星を望遠鏡で観測するのが好きだった。彼からわたしは、ダライ・ラマがウルガに滞在していたとき、そこで知り合った友人たちの生活について、幾つかの詳しい、知っていてもいいニュースを聞いた。そしてこの機会を利用して、彼らにわたしの挨拶と伝統的な青いハダクを渡してもらった。アラシャのそのほかの知己のうちでは、ツィンワンの亡兄サン・エの感じのいい息子たちを訪ねただけである。この若者たちはわたしをシナふうに非常に快適にしつらえた貴賓室に招じいれ、お茶とお菓子でもてなしてくれた。わたしたちは活発におしゃべりし、なかでも偉大なるプルジェワル

南ゴビのコズロフのキャラバン

スキーを回想した。プルジェワルスキーはいまでも彼らの頭の中で、ロシヤ英雄の模範として生き続けていた。

しかし定遠営でも、ついにわたしたちは退屈を感じてきた。砂漠へ出たいというわたしたちの願いは、日一日と強くなるばかりだった。わたしたちはキャラバンの装備を終わり、いまはただナパルコフ大尉を待つだけだった。大尉はすでに手紙で、肉体的・精神的過労のため急いでアラシャに行き、それからじかにウルガへ戻りたいと言ってきていたのである。

五月一三日、このわたしの忠実な助手がようやく到着した。彼の報告を聞いたあと、わたしは主な収集品は彼の監督のもとに残したまま、自らは軽い荷物と少数の仲間を連れて約束の国ハラ・ホトへ進発した。

五月一七日、わたしの二一頭のラクダは並んで長い列をつくり、ゆっくりと、しかし確実にうむことなく灰黄色の砂と石との道を進んで行った。左の西の方角には、目の届くかぎり、昨年の枯れた草をはやした黄緑色の地表の、丘陵性の砂漠が広がり、北にはバイン・ウラの頂上が見分けられたが、東には孤島のような小さな森が明るく光る点のように見えた。アラシャン山脈は、だんだん視界から消えた。ゴビの南の部分、ゴイツォー谷までのびているアラシャンは、普通砂漠というとついそう思いがちだが、そんなに気持をくさらせるほど単調ではなかった。

平原の土地はあるいは砂、粘土でできていたり、あるいは塩性だったり砂利が多かったりした。ゆるく傾斜した丘陵が交差している。ところどころに側溝谷を受け入れている広い低地がある。これは川の乾いた河床なので、その底は赤い花崗岩の石でおおわれ、岸にはニレ、デレズン、ハルミュク、その他の草や灌木がはえている。

東西の方角に横切っているバイン・ウラ、ドゥルブルチン、ハラ・ウラの山脈は草木がなく不毛ではあるが、それでも全般的に荒涼としたながめの中に楽しい変化をもたらしている。

砂漠の高いところは、海抜一〇七〇メートルと一二二〇メートルのあいだを上下している。山の最高点は約一六六五メートルにまで達しているが、塩性の沼のある低地は八二〇メートルから九一五メートルにすぎない。

南ゴビの単調な飛砂地帯のところどころで、きわめて楽しい思いをさせてくれるのは、総じて一〇キロから一五キロごと、あるいはもっとしばしば出会う小さな川や泉である。遠くからすでに、砂漠の海の中のこれらの小さな島はその光る緑によって見分けられる。ここにはあらゆる生命あるものが集まる。みすぼらしい粘土小屋、ユルト、天幕に住む少数のモンゴル人、シナ人にも水は生活の可能性を与えている。こんなオアシスの高いポプラの陰にすわり厚い葉のざわめきに聞き入っていると、思わず目を閉じたくなり、思いは遠く故国の森へ駆ける。ようやくキャラバンが到達すると、あたりは活気づく。土地の女たちは家畜、つまり羊やラクダに水を飲ませるためにふだんよりは頻繁にやって来て、わたしたちを長く見つめている。家畜はまる一日、わずかばかりはえている牧草地をさまよっていたのである。そこここに楽しげな声、笑声、ときにはおし殺したささやきを耳にすることがある。

そのとき若い、一五歳ぐらいの、健康で赤い頰をした少女で、びっくりするくらいすらりとした腰をした娘《こ》がキャンプへやって来る。おずおずと彼女は見知らぬわたしたちを、とくに泉でのどを潤そうとしているわたしたちの犬を見る。この砂漠の美人の生き生きと敏捷な黒目が好奇心で輝く。そのきらきら光る目は、あるいは遠くに向けられるかと思うと、何度も吟味するように、彼女の見知らぬ新しいもの、すなわち異様な、見慣れぬわたしたちヨーロッパ人の顔のほうへすべってくる。この若い少女には聞きたいことがたくさんあるのだが、誰も答えてくれない。

はじめにとった北西の方角から一度もそれることなく、キャラバンは、この前の探検でもうおなじみとなった道を進んで行く。あるいはまた、前年急いで南に旅したときのルートを行くこともある。

わたしたちのよく知っている泉ドゥルブン・モトから方角を変えて、まっすぐシャルツァン・スメ寺へ行き、 そこから昔の進路に別れを告げ、ヤマリュク砂漠を横断する。砂礫におおわれた山が砂地の低地と交互に現われ、そこには一二メートルまでの高さのバルハンの長い列がジグザグ状に、北から南へ、東から西へとのびている。そして独特の複雑さでもつれている。

シャルツァン・スメ寺院の新しい、まっ白な建物が陽を浴びて、すでに遠くから光っていた。仏教の隠遁者たちは、まったく好都合な、快適な場所を捜しだして寺を建てたものである。寺は山の中の涼しげなところ、澄んだ真水のわく美しい泉のそばにある。仏教の習慣に従い、寺の庭へはいる入口にある大きなフルデを回した後、中にはいり、一列に建てられた三つのお堂をながめた。お堂の側面には二つのスブルガンが並んでいた。

一日の最も暑いときを、この仏寺の快い涼しさのうちに過ごし、それから疲れた旅を続けることにした。シャルツァン・スメの北にある山は、嶮阻な塁壁のようにそびえていた。それは風化のはげしいバラ色の花崗岩から成っていて、粘土の板岩が血管のように走っていた。岩の多い土地は、ラクダの柔らかな足底にはとくに悪かった。

シャルツァン・アラの広い谷は、北のほうが、アリュクシャンの濃紺の山塊にさえぎられていた。そこに、全アラシャンに有名な、金持のラマ僧イシがいた。わたしはこのアジアの大富豪の好意にあずかり、ほかでもなくそこでわたしたちの疲れたラクダや案内人を交換したいと思っていた。わたしたちの望みは満たされた。イシは非常に好意的に一と膚脱いでわたしたちを窮境から救ってくれ、わたしたちをハラ・ホトからウルガへ連れて行くことを引き受けた。このモンゴルのラマ僧は、わたしたちをひどく愛想よく、そのぜいたくに設備したユルトへ招待し、モンゴルの食物をごちそうした。そして探検隊には金が必要でないかと非常に如才なく聞いてくれた。最後に彼はわたしに丁重なる敬意を表し、ロシヤの地理学者と知り合ったことは自分の誇りであると言った。わたしたちが、なかでもゴビの死の町のことを語り合ったとき、ハラ・ホトの城壁から東一〇キロのところにいい泉があることを教えてくれた。イシの報告によれば、モンゴル人たちはここで一度ならずブロンズや黄金を塗ったブルハン、その他の品物を発掘できたという。だからイシはわたしに、ハラ・ホトの東の郊外にとくに注意するように忠告した。

探検隊が砂漠の奥深くはいればはいるほど、炎熱は耐えがたくなった。気温はしばしば、日陰で三四度から三七度Cに達し、砂の表面は太陽熱で六一・二度Cまで熱せられた。なかでも塩性沼の近くの低地では呼吸困難になった。と言うのもここでは空気の流通が少しもなく、熱せられた、息も詰まりそうな空気は人間のからだから最後の水分さえ奪ってしまったからである。ラクダさえこれには参ってしまい、大きな口を広くあけて、ほんのちょっとの空気さえ吸い込もうとしていた。変わっているのは、こんな灼熱の中でも幾つかの生物が観察できたことである。たとえばトカゲ、ヘビ、甲虫、ハエなどであって、一分間といえども静止せず、明らかにここを快適と感じているのである。

しかしわたしども人間は、日が沈んでからやっと幾らか元気が出、砂漠の魅力的な夜々を楽しむのであった。そしてわたしどものからからになった肺は、新鮮な澄んだ空気を深々と吸い込むのだ。晴れた高い空には、星がとくに近く、とくに明るく光っている。おごそかな静かさが快い。広漠たるゴビにおいて、わたしの愛する詩人レールモントフの憂鬱であると同時に美しい詩が何度思い浮かんだことであろう。

静寂がひそかに神と交わるのを
そして星が一つ一つ、星と語るのを見た
荘厳なる驚異よ。栄光の空に
憩える大地……
ああ、なぜにわたしの心は重いのだろう?

三〇キロ、あるいはそれ以上の長い旅路のあいだ、つらい渇きに苦しめられているわたしどもの多くのたった一つの気晴らしは、望遠鏡をかざして地平線を捜すことであった。測りしれぬほどの黄色い海に、どんな小さな緑の島でも見つかると、すべてのもののうちに生き生きした喜びがわき上がってくる。しかしそれはしばしば、塩っ辛い水たまりか沼にすぎなかった。たとえばシャラ・フルッスンは、あたりにはわずかの貧しい植物がはえているだけで、ときには何か鳥が、たいていは黄色いセキレイ、岸ツバメであるが、住んでいることがある。そして冷たいもの、休息できるところと望んでいたわたしたちの望みは無残に裏切られてしまう。まったく、期待をかけすぎてはいけないのである！

　五月二九日、ゴイツォ谷にはいり、静かにざわついている、広がったアシの茂みを見たとき、この世にこんな美しいものはあるまいとわたしたちは思った。湿ったアシの新鮮な匂いを、有頂天になって吸い込み、密生したアシの中から聞こえてくる鳥のかわいらしい声に、むさぼるように耳を傾けたりした。いちばん高い声で歌っていたのはヨシキリで、一分間もそれはその独特の歌をやめなかった。ツスレンのそばの小さな湖の縁に、灰色ガチョウの一家族と数多くのカモが住んでいた。岸をツルが胸をそらして歩き、蚊のうしろを追い駆け、たえず頭をうなずかせているチドリ。ハレルダはものにおびえて飛び立ち、空気をその高い叫び声でいっぱいにする。しかし彼らの上を一羽のチュウヒが、音もなくかすめ飛ぶ。

　ゴイツォ谷は、モンゴルのいちばん低いところにある部分で、四方八方から押し寄せてくる砂によって、いわば押しつぶされそうな快適な地域である。ここを見るといつも、この地方の地理学的過去について思いをいたさずにはいられなくなる。わたし自身の推量では、ゴイツォもこの低地の西のほうの続き、つまりエツィン・ゴル下流——ソゴ・ノール湖、ガシュン・ノール湖——も、比較的最近までは、互いに関連する水面、古い湖の残りではなかったかということである。砂漠の強い炎熱の影響で、この湖の水がほとんどすべて蒸発してしまい、巨大なハンハイ沈積物におおわれた底が現われてきたのである。そしていまは泉のすぐ近くに、ほんの小さな水たまりが残っているだけである。ゴイツォ低地は、ゴビのそのほかの谷に比べるとやや人口密度は高い。毎日わたしたちは、モンゴル人のキャンプに出会った。彼らはラクダ、馬、羊だけでなく、有角の家畜さえ持っている。動物どもの印象も悪くなかった。見受けるところ、ここにある緑のアシ、タマリスク、サクサウル、デレズン、少数のニレの灌木、そのほかどんな草がこのいやな、丘の多い、塩性土にはえるのか知らないが、とにかく動物はここの草にきわめて満足しているらしかった。

六月四日、砂地の高原クク・イリイスーを越え、あるいは板状の高地に上り、あるいは深い谷底に下りたりしたが、その際、古い耕地の跡を幾つも目にした。道から離れて、半ば破壊された塔が現われたり、時代がたつうちに埋められたが、かつては穀物畑を潤したらしい溝をところどころ認めたりした。わたしたちはハラ・ホトへ近づいていた。と、そこにまたボロツォンツィの塔が現われた。そしてついに北西の方角、砂塵の中からかの死の町の灰色の壁が浮かび上がってきた。

その日の朝、ハラ・ホトの廃墟の東五キロのところ、砂丘のある谷の中に、標本作製官たちは非常に興味のある、小さなトビネズミを発見した。これをわたしたちは強いアルコールの中にしっかり保存したが、専門家が調べてみると、新しい種類のものだとわかった。すなわち Salpingotus Kozlovi（コビトトビネズミ）である。

18　ハラ・ホト再訪

定遠営からハラ・ホトまでの砂漠の旅——総計約六〇〇キロ——を、わたしたちは二二日で踏破したが、そのあいだに一日の休養日もおかず、どこかでのんびり休むということもしなかった。今度はこの前のときのように、キャンプを市城壁に囲まれた地域の中心に設置せずに、少し北西のほうにずれた、大きなファンゼの廃墟のそばに設けた。わたしたちが去ってから、誰一人わたしの愛するハラ・ホトを訪ねたものはなかった。廃墟は相変わらずわたしたちが去ったときと同じ状態にあった。わたしたちが瓦礫の下から掘り出しながら不適当なものとして放置した品物も、手を触れられずにそのままあった。ハラ・ホトの城壁には、包囲された町の住民から当時自分を守るために使われた石が、いまでもあることを言っておきたいと思う。

わたしたちはほぼ一と月、発掘に過ごすつもりでいたから、あらためてトルグート・バイレとの友好関係を回復した。彼は相変わらずハラ・ホトから二〇キロ離れた、エツィン・ゴルのそばに住んでいて、発掘のための労働者を募集することが必要ならば支持を与えようと約束してくれた。わたしはトルグート人を雇い、毎日エツィン・ゴルから水と羊をもって来るようにした。肉体的な労働が多くなったし、第一回目に比べて食べる人間も二倍から三倍にふえているので、わたしたちの需要は急増していたのである。

死の町は生き返った。人間が動き、道具が音をたて、ほこりが空へ舞い上がった。毎日正午には、水と食料をつけたロバのキャラバンがエツィン・ゴル谷からわたしたちのもとに着き、同時にニュースも持って来た。ときどきトルグート・バイレの役人が訪れ、わたしたちの調子を尋ねた。ハラ・ホトから報告を携えた大使者団が地理学協会に派遣されるはずだったし、私用の郵便もウルガ、またロシヤへ発送されることになっていた。

わたしたちの仲間だけでなく、土地の労働者たちもまもなく発掘に興味を示してきた。わたしたちの口にすることと言ったら、ハラ・ホトのことばかりだった。晩には発見したものについて、朝にはこれから発見するかもしれないものについて。相変わらず日の出とともに起き、比較的涼しいあいだ働いた。日中は休息した。焼けつくような灼熱の中で、だんだん渇きがわたしたちを苦しめるようになった。なぜなら空気は陰で三七度Cにまで暖められ、地表は太陽のために六〇度Cにまで熱せられたからである。さらに、暑い風によって舞い上がる砂塵の苦しめかたは言語を絶するくらいだった。息も詰まりそうな炎熱にとくに参っていたのは曹長イヴァノフで、とにかく健康を楽しんだことがなく、事故のあと――彼はラクダから落ちた――ずっと任務につけなかった。わたしたちは、彼の命さえ心配したくらいであった。

わたしたちが砂漠の町の廃墟で過ごした一と月を通じて、たった一回だけかなり強い雨が降った。雨は勢いよく地中深く浸み込み、とどろきわたる雷は大気を震わせた。それより弱い雨ならときどき降った。普通は雨に先き立って、北西あるいは南西の嵐が吹いたが、ぱらぱらと少しの雨粒とともに、黄色い砂塵の雲をともなってきた。それは濃い青の雨雲にきたならしい灰色をつけ加えた。こういう颶風《ぐふう》の近づくのは、早くから、脅かすような雲でわかった。雲は遠い地平線から急ぎ近づき、途中で大災害を起こすのである。こんなときまずつむじ風が砂漠を掃くように吹きすさぶ。それから強い突風によって地表の上部が剝がれ飛ばされ、空中を旋回しはじめる。ユルトは大地へ押しつけられ、その支柱のあらゆる継ぎ目がきしむ。帆のようにふくらんだユルトは飛び立とうとするかのようである。するとキャンプに集まったモンゴル人たちは恐ろしいほえ声をあげる。それは嵐のうなり声と混じり合う。彼らは手足で自分たちの住居の屋根にしがみつき、風神の襲撃から守ろうとする。むろんいつもそれがうまくゆくとはかぎらない。

こんな嵐のあと、大気はたちまち晴れ上がる。気温は少し下がる。そこでみな落ち着いて整理をはじめる。いたるところに砂やほこりが積もっている。灼熱のためひびの切れた手は、ものにさわれば必ずよごれてしまう。汗でぬれた衣服が乾くと、その表面に堅い塩の層や細かい砂粒ができている。みな疲れて、ぐったりとなる。灰色の生気のないあたりの景色が、いっそう陰鬱な印象を強める。

　わたしたちのキャンプに二羽のハゲタカが現われ、ごみをあさりはじめるといつもわたしはうれしくなった。この鳥はすぐわたしたちに慣れてしまい、ずうずうしくわたしたちのすぐそばに下りたりした。そして実際わたしたちから物をねだるのだった。つまりそういうことを彼らに教えたのは、わたしの仲間なのであった。隊員たちがハゲタカに、肉の切れを放り投げてやると、ハゲタカは器用にそれをつかんだ。しかしわたしたち探検隊の犬《リヤンガ》は、ほとんど旅のすべてをともにし、キャラバンの友であったが、このハゲタカをまったくけぎらいし、たえず彼らと喧嘩していた。この生きもの、鳥と犬とが、わたしたちのハラ・ホトでの単調な生活の中に活気と気晴らしをもたらしてくれた唯一のものだった。とくに最初の一週は、発掘が肉体労働の消耗に少しもふさわしい成果をもたらしてくれなかったのでなおさらだった。

　発掘は、あらかじめ立てた計画に従って進行した。モンゴル人の労働者は、わたしのブリヤート人の仲間の監督のもとに、ハラ・ホトの幾つかの通りのファンゼの廃墟を系統的に探索した。ときには彼らは苦労して、わたしがしるしをつけた個所を深く掘って泉をわかせたこともある。ロシヤ人のグループは、町の中と城壁の外側の発掘を行なった。

　前のときと同様、今度もまた家庭用具、つつましいぜいたく品とも言える品、文化財、書きもの、紙、貨幣、紙幣その他が現われた（ハラ・ホトで仕事中、おもしろい夜トカゲ、ヤモリ、クサヘビ、コウモリをつかまえた）。商人の家の廃墟では為替手形を見つけた。同じころ、わたしたちは堡塁の北壁のそば、西面を掩護している三つ目の塔の上に建てられた、秘密の祈禱室を掘り当てた。崩れている屋根やそのほかの瓦礫をとりのけると、次のような光景が現われた。そのお堂にはいる入口の正面に、半ばこわれたブルハンの台座と基部があった。壁の保存されている下の部分に、聖者と双頭の緑のオウムを描いたフレスコが見えた。

　いつも同じような、たいしたことのない発掘品に、わたしたちはだんだん退屈してきた。精力が減退した。しかしそのうちわたしたちは、どの場所で新たな発掘を行なうべきかを探知した。わたしたちは、堡塁のそと、西壁から約二五〇メートル離れた、水のない河床の上のスブルガンを掘ってみることにした。

そしてこの《有名な》スブルガンに、わたしたちの関心と時間とのすべてを傾注した。そしてこの廃墟で書物、巻物、写本を納めた書庫、亜麻布や薄い絹布、紙に描かれた約三〇〇の仏画を発見した。そしてスブルガンの中に乱雑に散乱しているこの大量の本や仏画の下に、高い芸術的価値をもつあるいはそれほどでもない金属製、木製の非常におもしろい仏像、版木、スブルガン模型、そのほか多数の品があった。とくに豪華だったのは、卓越した織物芸術の見本としてのゴブラン織の仏画だった。発掘品は、これらが異常に乾燥した気候の中で、きわめてよい状態に保存されていたのでいっそうその価値が高まった。本や写本や仏画の大部分が、数世紀地中にあったにもかかわらず、どこもいたんでない状態にみなほんとうにびっくりしてしまった。本の一枚一枚の紙だけでなく、青い色が主になっている。紙や絹の巻物もそのまま保存されていた。わたしたちがスブルガンから出てきたばかりのあれこれの仏画を見、あれこれの書物、仏像を手にとっている際、とくにそれがブロンズだったり黄金鍍金がしてあったりすると、何という興味、喜びにとらえられたことだろう！ この幸福な瞬間をわたしはけっして忘れることがないだろう。網のような布地にシナふうに画かれた二つの仏画が、わたしやわたしの仲間の心の内に呼び起こした強い印象は、いつまでもわたしの思い出の中に生き続けるだろう。

この仏聖画は、柔らかな青とバラ色の光の中に包まれてすわっている仏を実にみごとに表現したものであった。その仏聖は生きているような、表情豊かな、損われていない感じを与えた。わたしたちは長いことそれから目を離すことができなかった。それほど忘れがたい美しさだった。しかし亜麻布のあちらこちらの側を持ち上げていると、色の大部分がはげてしまった。それと同時に、はかない夢の像のようにすべての魅力は消えてしまった。これまでの美しさの弱々しい名残りが残っているだけだった。

上述したものと関連して、このスブルガンに骸骨を発見した。これはすわった姿勢で、納骨堂の北側の台座の上にあったが、たぶん、ある僧の骨であろう。頭骸骨をわたしたちは収集品の中に加えた。この《有名な》スブルガンの中にあった貴重品はすべて――本、仏画、仏像、その他――すでに言ったように、きわめて無秩序に散らばっていた。部屋の下の部分においてやっと幾らか秩序が認められた。粘土の仏像は一列に並べられている。みんな顔を内側に向けていて、西夏文字で手書きされたお経を前に、法会を営んでいるラマ僧に似ていた。この手書きの写本は数百、うず高くあった。

高く上れば上るほど、スブルガンの貴重な宝はごちゃごちゃと積み重ねられてあった。本は重ねてあったり、一冊一冊散らばっていたり、ぎっしり並んでいたり、ときに木の巻物に巻いてある仏画のほうに押しつけられてあったりした。スブルガンの下の部分では、注意深く絹地に包んだ幾冊かの本を発見した。同じやりかたで、たいていブロンズ仏像、版木、版画、スブルガン模型も保存されていた。

全体的に言って、わたしたちはほとんどすべての本、仏画の発掘品をこの《有名な》スブルガンから得ている。とにかく、アカデミー会員オルデンブルグがその著作「ハラ・ホトの聖画像学についての資料」で使ったものはほとんどそうである。まだ、本や写本、仏画の完全な目録は公にされていないが、誇張なく言えることは、本、紙の巻物、個々の写本は合わせて二〇〇〇以上、仏画は三〇〇以上発見されたのである。

スブルガンそのものは、地上八ないし一〇メートルの高さで、基部とひっこんだ中間部、それに時の流れあるいは好奇心の強い人間によって半ば破壊された、円錐状の先端から成っている。基部の中心には、垂直の木の支柱が立てられているが、支柱の上部にはべつに飾りは見当たらない。

わたしは自分の全力、全時間をこのタングート族の国の首都の研究に傾注していたが、またこの死の町のすぐ近くにも関心をいだいていた。うわさによれば、ここにはボロ・ホトの廃墟があると言うことだったからだ。わたしの仲間ガムボ・バドマジャポフは二人のモンゴル人を連れて、北東へ探索旅行に出かけ、ゴビ砂漠の住民の生活について幾つかの補足的な資料を持って来てくれた。それからわかったのは、あの遠い昔このハラ・ホトだけが、当時はまだずっと北東のほうへ流れていたエツィン・ゴル河畔の長くのびた、魅力あるオアシスとして活気を呈していたのではなく、ボロ・ホトもまた繁栄していたと言うことである。この部落は、ハラ・ホトの北東約二〇キロ、エツィン・ゴルの古い河床の左岸にあった。

わたしたちは土地の人と会うたびに、ハラ・ホトのことを根掘り葉掘り聞きただした。むろんわたしたちの関心をひいたのは、誰かわたしたちより前にこの死の町に来たことがあるか、すでに何か価値のあるものを発見したかどうかということである。そしてその際、あらゆる種類の話をたくさん聞くことができたが、何か信ずるに足るような話はわずかしかなかった。

何も知らない、迷信深いエツィン・ゴルのトルグート人たちは、ハラ・ホトの聖霊を恐れ、その誘惑にかかるまいとしてけっしてここには来なかったし、とくに一人で来ることはなかった。ましてここで発掘をやろうという勇気のあるものなどはなかった。「もちろん、わたしたちのあいだに向こう見ずな若いものはいましてね」とトルグート人は言った。「結託して、ハラ・ホトの土を掘り起こし、何か見つけたものもいました。」ブロンズや黄金を塗った仏像、銀の延板そのほか数点が掘り出されたらしい。しかしあるとき――これはもうずいぶん前のことであるが、とトルグート人は語った――ある大胆な老婆が、幸運にも大きな真珠のひもを三本見つけたそうだ。その注目すべき事件については、次のような話が残っている。

「その老婆は息子たちを連れて、行くえ知れずになった馬を捜しに出た。そしてとつぜん、嵐に襲われた。このトルグート人たちは嵐から身を守ろうとしたとき思いがけなくハラ・ホトの城壁にぶつかり、それを陰にして寒い一夜を過ごした。翌朝嵐がやんだので、トルグート人たちはエツィン・ゴルの仲間のところに帰る前に、少々この死に絶えた町を歩いてみようと思った。そして廃墟をぶらついていると、老婆は日なたにむき出しになってきらきら輝いている銀色の真珠を見つけた。老婆はそれを喜んで、首飾りとしてかけた。

エツィン・ゴルへ帰ってから、すべてのトルグート人はすぐそのできごとを耳にし、その高価な発見物を見にやって来た。その一人は真珠のほんとうの価値がわかる男だったので、それがたいへん貴重なものであることをすぐ老婆に注意した。

そのうちいつものシナ商人のキャラバンが、いろいろなものをたくさん持ってトルグート人のところに到着した。トルグート人たちは大急ぎで、老婆が真珠を発見したという話をシナ人たちにした。はじめ貪欲なシナ商人たちは、むろん、真珠の値段をひき下げようと試みたが、老婆はだまされなかった。とうとう最後に、商人たちはキャラバンが持って来たものをみんな出して、その真珠を買った。

老婆のよき相談相手になったそのトルグート人は、彼女から報酬をたっぷりもらった。喜びのあまり老婆は、自分の一族の仲間の一人一人に、その貴重な真珠の代わりに得た商品を一つずつ贈った。」

わたしたちは、その《有名な》スブルガンで得た全資料を集めた。それは単にタングートの首都とその住民の歴史的な過去についてだけではなく、そのほか多くのことに明るい光を当てるものであった。注意深くハラ・ホトのすべての道路や建物を調べた後、わたしたちは出発の準備を整えた。わたしたちの荷は大きくかさばり、全部は無事に故国に持って帰られないような危険があった。

しかし一九〇九年秋、わたしたちの学問的労作、収集品のすべては大輸送貨物としてつつがなく、ペテルスブルクへ運ばれた。それらは地理学協会の新築の建物に納められ、翌年の初めには一般公開された。

それからまもなく、ハラ・ホトの発掘品の大部分は、ロシヤ博物館の人類学部門に収容され、一部の本、紙の巻物、写本類はロシヤ科学アカデミーのアジア博物館に納められた。

ハラ・ホトから出たモンゴル語の文献の遺品について、ロシヤの専門学者は次のように言っている。「チンギス・ハンによって一二二六年から一二二七年のあいだ征服された後、タングート族あるいは西夏族はモンゴル人の建てた国に属していた。この征服にもかかわらず、この国の国民的・文化的生活は消滅しはしなかった。このことは、広般なタングート文献の独自の遺品が証明している。タングート人がそれまで受けていたシナおよびチベットの影響のほかに、もう一つ新しい、つまりモンゴルの影響がつけ加わったのである。このことは単に、相互的な政治関係にだけ限っていたわけではない。この影響の性格については、ある程度までモンゴルの文献によって判断することができる。この文献は、コズロフの指揮するモンゴル・四川探検隊によって発見されたものである。

この文献には正確な日付はないが、その古生物学的特徴と、それがシナのモンゴル人によって振り出された為替手形といっしょに発見されたという事実から、上述の遺品をモンゴル人の世界制覇の時代、つまり一三六八年までだとなすことは充分根拠があるように思われる。つまりコズロフの発掘品のおかげで、かの時代のモンゴル文献のきわめてまれな、本物の遺品に重大な補充が加えられたのである。これまで詳しい遺品と言えば（その出所、あるいは発見地から言えば）金帳汗国《キプチャク》の領域のもの、ペルシア、東トルキスタン、シベリア、シナ本土、北モンゴルのものがわれわれに知られていた。われわれは、金帳汗国、ペルシア、グルジアにおけるモンゴルの伝説を刻印した貨幣をもっていた。いまそれにさらに広い地域をつけ加えることができるのである——それはタングートの国である。

ハラ・ホトで発見されたモンゴル記録の総数は一七点に達する。そのうちには約一二点の断片と、三四ページ(14×5.7cm)の手書きの小冊子が一点ある。そのほかは一〇行から一二行の記録である。量から言えばこの収集品はたいしたことはないが、その内容の点からはきわめて多様である。

上述の小冊子は予言の補助をなすものである。とくに吉日と凶日を決めるためのものである。これは今日でもシナで広く行なわれているようなもので、シナのものを手本にして編まれている。この小冊子の所有者は、明らかにシナ語に堪能であった。と言うのはいたるところにシナ語が書いてあり、それはシナ文字、あるいはモンゴルのつづりで表わされている。しかも結末には、馬の病気に対する薬の作りかたの処方がシナ語で書かれてあるからである。モンゴルの牧畜業者にとっては、この処方はたぶん特別の意味をもっていたのであろう。それ故にたえず使用される予言の本の中に書き込まれたのであろう。よく使用されたことは、外側が使い古されていることから明瞭である。

そのほかの断片は、一四行から成っていて、教訓的な性格のものである。断章から推し計ってみると、チンギス・ハンの教訓の概要を表わしている。こういう教訓は、これまでモンゴルの各種族においていろいろな版があった。この記録から判断すると、これは早い時期にモンゴル人の手で書き下ろされたもので、口頭伝承と並んで、一四世紀初めの有名なペルシアの歴史家ラシード・エッディンがモンゴル人について書いたその著作の中で、チンギス・ハンの指令として上げたものの素材になったものである。断片の上には、きっとチンギス・ハンの名前もあったのだろうが、テキストのこの個所は残念ながら破損し、ただこの語の上の部分《チン》だけが残っている。これは、シナ人から借用した公式の礼節に則って、テキストの垂直に書かれた行《ぎょう》の上、ふさわしい高さのところに書かれていた。その代わり、チンギス・ハンの戦場での有名な同僚ボゴルチュ（ラシード・エッディンではブルジ・ノヤンとなっている）の名前は完全に残っている。この教訓の該当部分は、明らかにこの人物にあてて書かれている。われわれはこの中に、モンゴルの詩作品でよく使われる頭韻法を見いだす。したがってこの版はすでに、チンギス・ハンの言葉を叙事詩的に改作したものなのである。教訓のべつの有名な版ではこれに相応する部分はない。

同じ断片の裏側は、法律的内容の印刷されたテキストからとった五行を示している。見たところどこかの役所の機能についての規定であるが、しかもシナの用語で書かれている。

その他の記録の大部分は商売の内容を持っている。贈物に添えた手紙だとか、馬の盗難の苦情とかで、借りた小麦受領の借用証二枚には借手貸手、保証人の名と印（《旗》）があったが、この最後の二枚の記録は、東トルキスタンで発見されるウイグル人の借用証によく見られる様式に従って書かれている。たぶん、書類ともども、ウイグル人（中央アジアの北のトルコ・タタール族。八世紀半ば今日のモンゴリアを征服。王国を建てた）のあいだにいたモンゴル人から借りたものであろう。この書類には、生活様式のこまごましたことと並んで、一部はたしかにタングート人につけられたとおぼしき名前がたくさんのっている。タングート文字はまだ完全に解読されていないが、シナの歴史の著作や遺品には非常に破壊された形で取り入れられているので、モンゴルの書式は、タングート語の性格解明に光を投ずるかもしれない。とにかくモンゴル書式は、モンゴル語のアルファベットがまったく不完全であるにもかかわらず、現実によりよく相応した形でこれらの名前を再現しているかもしれない。

ハラ・ホトで発見されたモンゴルの記録は、いわゆるウイグル語で書かれている。それらは、ほぼ同年代にウイグル人からわれわれのもとに渡って来た遺品にも特有の、同じ特殊性を示している。このことはさらに次の事実の証明である。すなわち、モンゴル人はウイグルのアルファベットをものにしたとき、そこに何ら変更を加えなかったということ。近代モンゴル文字に存在するいろいろな差異は、後年生じたものであるということである。

とくに興味があったのは、ハラ・ホトの記録の中に、印刷された（木版印刷の）二つの小さな断片があったことである。つい最近まで、モンゴルの木版は一七世紀中葉のがようやく知られていたにすぎなかった。一九〇七年にいたって、マンネルハイムが東トルキスタンのどこかで、仏教的内容をもった小さなモンゴルの木版印刷物を発見したが、これはチベットのクァドゥラト文字で書かれ、モンゴル世界帝国時代のものであった。いま同じ世紀のもので、ウイグル文字で書かれたモンゴル木版印刷のサンプルをわれわれは所有したのである。それによって、モンゴル・アルファベットとウイグル・アルファベットの共通性がとくに具体的に示されたのである。垂直の中断した線をもった古い記号のmというのが存在したことに気がつく。つまりハラ・ホトの遺品は、その内容のみならず、その形から言っても興味があるのである。

コズロフがハラ・ホトの廃墟で得た多くの注目すべき発掘品の中で、有名な書物『キターブ・イ・シンドバード』のペルシア版の断片は重要な位置を占めている。東でも西でも有名なこの本は、その起源をインドにもっていて、アラブ人にもペルシア人にもきわめて人気のあったものである。この両国の詩人の多くはこのテーマを取り扱った。われわれは、この作品がトルコ圏でもモンゴル圏でも広く伝播していたことを知っている。しかし、どういう径路をへて《七人の賢者》がモンゴル圏に広まったものか、直接暗示する資料をもたなかった。いまわれわれは、タングート人のあいだにペルシア人が住んでいて、彼らがこの本のペルシア語の翻訳をもってきたのだということを知ったのである。そこからモンゴル人のところにやって来たことは明らかである。たぶんわれわれは、時とともにその反響をチベットにも見いだすであろう。そのときこの物語の伝播圏は、アジア世界においてはほとんど完結したのである。コズロフの発掘品から判断すると、われわれはより大きな確信をもって単に民俗童話だけでなく、いわゆる漂泊伝説、漂泊物語の伝播の可能的な径路を言うことができるだろうし、同様に民族から民族へとこういうふうに漂泊する際の文学的修正の持つ意味についても言うことができるだろう。

アカデミー会員オルデンブルクは、わたしたちの発掘品について書いている。「コズロフ大佐が一九〇八年、一九〇九年ハラ・ホトで発掘した、仏教聖画、仏像の収集品は、仏教図像学にとってすぐれた意味をもっている。それはこの有名な収集品の立ち入った、広般な研究を延期することなく、ロシヤ博物館の聖画図像学科管理部の提案をすぐ取り上げるよう、わたしを促してやまないからである。すなわち管理部は、中央アジアとチベットのわが有名な研究家コズロフの、きわめて価値豊かな発掘品をとにかく暫定的にでも記述しておこうと提唱しているのである。

こういう暫定的記述という作業には——それはこれまで可能だったのであるが——聖画図像学的資料の分類、個々の作品の記述が含まれている。こういう記述は、専門家たちに対して、とくに添付された写真を利用しながら新しい豊富な資料を学問的に消化することを可能にするであろう。それによって、おそらくは仏教芸術史の新たなページが開かれることであろう。」

19　故国への帰還

約四週間、きわめてつらい条件のもとでわたしたちは、死の町ハラ・ホトで作業した。堡塁の内外のあらゆる発掘が計画どおり終わった後、わたしたちは旅に出発する準備を整えた。ずっと続いている強い炎熱はわたしたちを極度に消耗させた。砂塵にもわたしたちはつらい目に会ったが、これはとくに、水不足のためからだを洗うことができなかったためである。みんな新たな、穏やかな環境にあこがれ、木々の緑、葉ずれの音、湿った草原の匂いを求めてあえいだ。

六月二一日、はかり知れぬ歴史的な貴重品をずっしりと積んだわたしたちのキャラバンは、西門からこのタングートの首都を去り、その城壁の北西隅を通り過ぎてエツィン・ゴルへ向かった。ゆるんだ飛砂の道は足どりを重くし、ラクダは苦労しながら歩いたが、わたしたち一同は上機嫌だった。ハラ・ホトの北西三キロのところでわたしは停止し、アクチュン・フレ、つまり《馬囲い》という廃墟を見ようと思った。ここは昔、十中八九はこの住民の家畜の囲いとして使われたらしいのだが、また、ハラ・ホト守備隊の内城、あるいは前進基地であったとも言う。

アクチュン・フレは北のほうはすぐ、エツィン・ゴルの水のない古い河床に接しているが、西、南、東ではうねっている川のように、深い溝がその回りをとり巻き、その両側に堂々たる要塞壁が建てられている。今日では城壁は半ばこわれている。その木の部分は完全に消滅しているので、ぱっくりとひらいた口が残って、その中にタカ、フクロウ、そのほかの猛禽が巣をつくっていた。《馬囲い》の周囲には、そこここにかつての灌漑用水の残骸が見られる。アクチュン・フレには、住宅の跡もなく、破片類、一般に焼物の発見物さえきわめてまれなので、わたしはこの廃墟はハラ・ホトよりもずっと古いころのものでないかと考えたいのである。

死の町ハラ・ホトから遠ざかれば遠ざかるほど、一種無意識の悲しみに襲われてきた。まるでこの死の廃墟に、わたしが心をこめて愛したもの、将来わたしの名前が消しがたく結びつくであろうもの、別れのつらいものを残してきたような気がした。何度となくわたしは、砂塵にかすんだ堡塁の城壁のほうを振り返り、わたしのこの古い町に別れを告げた。心の中で奇妙な罪の感情をもって、わたしは自分に言い聞かせた。ハラ・ホトの上にはいまは孤独な、略奪し尽くされた古いスブルガンがそびえているだけだ、と。

休みもせず数時間歩くと、エツィン・ゴル谷についた。その右岸にキャンプを張る。川はすっかり乾ききっていた。むろん河底の幾つかの場所には欧穴ができていた。その中にはまだ水が少しあったが、これはかつて遠くの南山山脈からここに来たものであった。この水の中に魚が生きていた。またその近くには樹木、灌木、そしてなかでも草が生い茂っていた。

「雑木林はポプラ、グミ、普通の柳から成っている。谷の端にはタマリスク、ハルミュク、クコ、イバラの灌木がはえていた。この灌木と草の細い一帯には、きわめて貧しいこの地方の植物のほとんどすべてのサンプルが見いだされる。われわれが故国の概念で知っている牧草地というものは、ここには存在しない。いや、オルドス地方のツァイダム、あるいはプルジェワルスキーとわたしが探検したツァイダムにおけるような牧草地にすらここでは出会わない。牧草地の代わりに、砂の岸が川にともなっている。ところどころそれは、乾燥地の好きな植物によっておおわれているが、これはまとまりのある植物帯をなすものではない」と、ポターニンは書いている。

砂漠の死の静寂と単調さを味わったあとでは、エツィン・ゴルの昼はそのみすぼらしさにもかかわらず、天国のように思えた。空気はここではるかに湿気を含んでいて、また清浄でもあった。風によって肺がからからになることもなく、快く爽快になるのだった。夜には気温は八・五度Cに下がった。

わたしの仲間はたえず水を浴び、下着を洗ったりした。いまはお昼にはわたしたちの食卓には、むかつくような乾燥肉ではなく、うまいヤギのあぶり肉か、煮魚か焼き魚がついた。魚は毎日必要なだけとれた。

非常に裕福なホシュン・バトゥに属するここのトルグ

ート人の家畜は、よく手入れが行き届き、栄養もいいように見えた。雌のロバはクミーズ（ロバの乳でつくった飲物。いわゆる馬乳酒。内陸アジアの遊牧民は昔からつくっている）用の乳を豊富に供給している。わたしは毎日、近くの遊牧民のキャンプに行き、このすばらしい栄養のある飲みもので元気をつけた。ここでわたしの知らなかったモンゴルの風習を偶然知ることができた。家族の長が死ぬと、その家族は四九日、モンゴル人によってはもっと長い場合もあるが、死んだ人のユルトからどんな小さなものも持ち出すことが禁ぜられているのである。だからわたしたちには、ある金持のモンゴル人の未亡人からもらったクミーズも、キャンプへ持って帰ることは許されなかった。わたし自身が、亡くなった主人の喪にきびしく服している家族のところに行って、渇きを鎮めなければならなかった。そしてその際ユルトを離れることはできないのである。

　エツィン・ゴルの東の支流の岸、チシャルガランテー地方で、わたしたちは小休止し、トルグート人やここの役所にわたしたちの借金を払おうと思った。総計数百銀両払わねばならなかったが、それをわたしは大急ぎでトルグート・バイレのキャンプに届けさせた。この領主は明らかにわたしと会うのを避けていた。なぜならたぶん彼は、わたしたちが蘭州、クムブムを訪れた際、彼の名誉を著しく傷つけるような事実を幾つか知ってしまったのではないかと恐れたかららしかった。彼は単に、間接的な交渉、挨拶、いろいろな世話をするにとどまったが、それらは彼の指示でモンゴルの役人がただちに実行したのである。

　それでもチシャルガランテーで滞在していた最後の日に、トルグート・バイレはわたしたちのキャンプに現われた。末の息子と親近のもの全部を引き連れていた。わたしたちの会見は心のこもったものとなった。わたしはこのトルグートの領主に、ハラ・ホトでのわたしたちの仕事に対する援助を心から感謝し、ペテルスブルクの学術研究からも相応の贈物をお礼として送らせることを約束した。とにかく彼は、わたしたちがそのとき思い出として彼に渡した価値ある贈物にすっか夢中になっていた。

　すべてをかたづけ、必要の食料、幾匹かの馬をバイレの牧場から買いつけたあと、わたしたちは七月三日の早朝、再び《砂漠の舟》に揺られながら、確かな足どりで旅を続けた。エツィン・ゴルについて北へ向かう。わたしたちの道はあるいはタマリスクの生えた丘を越え、あるいはみずみずしい緑のアシの中を通っている。東に砂漠がありその南の部分はトルグート人からアツァ・ソンチン・イリッス、すなわち二またの塔と呼ばれ、北の部分はシャラ・ブランゲン・イリッス、すなわち黄色い沼の砂漠と名づけられている。たしたちわの目の前に、ボロ・オボの頂上の輪郭がぼんやりと浮かび上がる。これはすでに、淡水湖ソゴ・ノールの向こう岸の存在を知らせているのである。さらに遠くにはノヨン・ボグドの山山が見える。

川岸で過ごした最後の夜は、わたしたちにはとくに快適に思われた。夕方ごろはげしい雨が降った。それは新鮮な草と湿った大地のすばらしい匂いをあとに残した。ハエと蚊が急に姿を消した。ただ大きな、害のないコガネムシだけがまだ飛び回っていた。空気が冷えびえとしてきた。晴れた空には星が輝いていた。流星が落ちる。槽《おけ》状のエツィン・ゴルの河床の凹みにある水の流れに、月の光がそそぎ込む。魚が浮かび上がり、水の上に水紋がはっきりと浮き出る。わたしたちは、オアシスの中央

モンゴル側の境界に達していたのである。

再び道は砂利砂漠を通る。砂漠はあらためて耐えがたい炎熱を放射する。わたしたちの夢のすべては、ただ次のこと、すなわち、一刻も早く砂漠横断をし、グルブン・サイハンの快い冷気の中にはいりたい、と言うことに集中する。しかしそのうちに、この見慣れた、永遠に荒涼たる、メランコリックな風景に満足しなければならなくなる。数百キロにわたって、《砂漠の塗料》に黒く染められた礫石が、巨大な絨毯のようにあたりをおおっている。見ばえのしないサクサウルや乏しいハルミュク灌木は枯れてしまい、荒れ果てた光景となってくる。足の早いゼーレン・カモシカ、トカゲ、ソゴ・ノールの低地でわたしどもを悩ませたうるさいアブ、ときどき、夜キャンプを訪れるトビネズミの外には、生きているものに会うこともない。遊牧民もいまはすっかり姿を消してしまった。たぶん、耐えがたくうだるような炎熱が、この砂漠の住人たちをさえノヨン・ボグドのもっと高い地域へ追いやったのであろう。自然はここでは、死にも似た深い眠りに沈んでいる。ただはげしい旋風だけが、神秘な魔神にも似て、広々とした平原を吹きすさび、あるい

はときには一個所で荒れ狂うダンスを舞っているだけである。死んだ動物――ラクダか馬か――の骸骨がたえず死を思い出させ、砂漠の残虐さの沈黙せる証人となっている。

ほっとした思いと同時にまた、一種の悲しみを心にいだきながら、わたしたちはトルグート・バイレの領地を去り、バルデュン・ツァサックの領地にはいった。隣合う両侯国の境界は、ここでは半ば崩壊した粘土造りの塔でしるしがつけられ、バガ・ホンゴルチェ山の東を西から南東へと走っている。

イヘン・グン・フドゥクを過ぎたとき、わたしたちはこれまでの進路をそれて、新たな、直接北東へ、ウルガへ向かう道を選んだ。谷にはいった。谷の一方はフフ・アリュクの丘陵群、他方はタレン・ハイルハンの特徴ある山でできていて、ハイルハンはどっしりした暗灰色の僧帽のような山容を平原の上にそびえさせていた。北には、ゆるやかに波打っている岩山が見え、その上にツルムタイ、ウルト・ハイルハン、イチェ・アルガレンテ山脈がそばだっていた。

ツォゴンダ泉と同じ名前の澄んだ井戸のそばでイヴァノフ老が病気に苦しみ出したので、わたしたちはしばらくこの元気のいい旅を中断しなければならなかった。病人は見る見るうちに弱りきって、もう治ることなど信ぜず、たえず嘆きながら死のことばかり考えていた。七月九日、彼はわたしを呼び寄せ、別れを告げ、遺言を渡した。見たところ、もうほとんど希望はないようであったが、わたしたちは互いに勇気をつけ、あきらめなかった。

ついにわたしたちは病人に若いお供のチェトゥイルキンとコサックのソドボイエフとをつけて、しばらくこの涼しいツォゴンダに残すことにした。彼がここで少しでも回復できるようにというためである。しかしわたしたち自身は、グルブン・サイハンで比較的長い休みをとるつもりだった。そして病人には治りしだい、そこへ追いついてもらうことにした。七月一〇日、わたしたちは重い心を抱いて、あわただしくイヴァノフに別れを告げた。

三日間の最初の休息を、バイシンテ・ヒト寺院の近くの谷底でとった。そこにすばらしい牧草地があり、わたしたちの馬も元気を回復することができたからである。天気は上乗だった。あるラマ僧の援助で、山中に滞在しているここの官辺筋と大急ぎで連絡をとり、また、友人ツァサクとも連絡をとった。ツァサクはついこの前、遠いバルハン・キャンプに去ったばかりだった。この若い領主は不幸に見舞われ、ほかの人たちから身を隠していたのである。つまり彼の長兄だったラマ僧が重い伝染病にかかって死んだが、その病気に領主の家族のほかの人たちまで、数人が襲われたのである。わたしたちの委託した仕事をみんなすばやくかたづけ、郵便を持って来てくれた。その中に蘭州からの手紙が二通と、最近バイ・シンテからウルガへ旅立ったバドマジャポフからの小包が一つあった。バドマジャポフはその中で、自分が寺でわたしたちに会えなかったことを残念がり、なかんずく、ナパルコフ大尉が五月二二日にすでにアラシャを去ったことと。したがってこの幸福な地形測量官はいまきっと文明の恩沢に浴しているであろう、と言うことなどを報告してあった。

七月一五日、わたしたちも北へ出発した。そしてウラン・ブリュクの赤い丘に滞在した。そしてここから、ドゥンドゥ・サイハンの植物、動物を調べるために、この山の南斜面へ広範囲な遠足をしようと思った。出発の前の晩、思いがけなくも曹長イヴァノフが到着した。彼の病気が少々よくなったのであった。いま彼はその仲間たちに囲まれて、しんから休息することができた。そしてわたしたち一同は、彼を無事ロシヤ人の医師のところに連れて行く希望をいだくことができた。

寺の谷の上約五〇〇メートルの、澄んだ、豊かに流れるすばらしい泉のそばにわたしたちはキャンプを張った。北の山麓には牧草地が緑に茂り、羊の群れが草をはんでいたが、その上にはむき出しの、褐色の岩がそびえていた。わたしたちのキャンプの隣に住んでいた貧しい遊牧民たちは、毎晩、その家畜をわたしたちの泉のそばに追って来ては、わたしたちとおしゃべりをしたがった。彼らは他国人に対して、きわめてあけっぴろげだった。わたしたちは彼らと意気投合し、ものの貯えを分けてやり、心からなる感謝の言葉を頂戴した。一生を絶望的な窮乏のうちに送る貧しい遊牧民にとっては、ものをもらうというのはきわめて感動的な事件なのである。

ウラン・ブリュクにおける日々は、いろいろな仕事のためにたちまちにして過ぎ去った。わたしたちは衣服や靴を修繕したり、乾肉をつくったり、植物を乾燥させたり、報告を書いたりした。そしてある日、思いがけなく使者が手紙を持ってわたしたちのところにやって来て、アジア的単調さのまっただ中で思いがけなく愛する故国のことを思い出させられた。そしてそのときやっと、わたしたちはこれまで知らなかった疲労に急に襲われた。まるで時間がとつぜん静止したかのようだった。時間と日がこのうえなくゆっくりと過ぎていった。

科学研究所、親戚、友人たちの無数の手紙の中に、ナパルコフ大尉の報告もあった。その中に彼は、実におもしろいニュースを伝えて来ていた。この地形測量官は書いている。「六月中旬、ウルガを通ってコブドの方角にフランス考古学探検隊が行きました。その目的は、ジュンガリアや東トルキスタンの廃墟の町々を立ち入って調査するというにあります。」つまりウルユングル湖、ロプ・ノール湖の遠い過去に対する学界の関心と注目は前よりも強くなったのである。ロシヤの探検家たちが切り開いた小路を、いまやほかの国々の旅行者たちがかつてよりも頻繁に歩むことになったのである。

そのうち探検隊の準備はだんだんと整った。ラクダもバイ・シンテ寺院のすばらしい牧草地で再び元気をすっかり取り戻して、わたしたちのキャンプに連れて来られ、出発準備が整えられた。

ドゥンドゥ・サイハンに小旅行を試みた小部隊も帰って来て、いろいろな種類の植物百種以上、鳥は約二〇羽、齧歯類動物の皮数枚、山ヤギの皮と骨を持って来た。

昆虫学的獲物は僅少だった。ドゥンドゥ・サイハンはその魅力的な外容にもかかわらず、植物・動物は貧弱だということがだいたい明らかになった。哺乳動物の代表としては、ここには山ヤギが一五匹から二〇匹の群れをなして生息しているし、それよりずっと珍しいアルガリは二、三匹の小さな群れで見られる。前部の山には、ときどきクロップフ・カモシカが草をはんでいた。谷から上って行ったものである。齧歯類では、ここにはウサギ、岩フエウサギ、草原フエウサギ、山ウサギが見られた。猛獣としては、グルブン・サイハン全体でしばしばオオカミに出会ったが、これは遊牧民の家畜の群れをたえず脅かしていた。さらにキツネ、クサネコもいた。珍しい動物として、ときどき小さなシナ・ヒョウと斑点のあるレオパルトが見られたが、これはたぶん北西から、つまりモンゴル・アルタイのもっと高い、岩石地帯からやって来たものらしい。

七月二六日、わたしたちは山中のこの最後の休息地のキャンプを引き払い、直接ウルガへ向けて足を早めた。毎日四〇キロから四五キロ走破しようと思った。ドゥンドゥ・サイハンを去ると、わたしたちの行く手には波状の平原が広がっていた。それはあるいは細かい砂と石の風化物で、あるいは雨風にすり減らされた、粗い花崗岩塊でおおわれていた。ときどきわたしたちは、多孔性の火山岩塊も見つけた。

はるか北のほうには、荒涼とした草木のないデルゲル・ハンガイ山脈ののこぎりの歯状の山脈が黒ずんでいたが、近くの北東には、朝日を浴びて、沼の多い湖ボムボテン・ノールの表面が輝いていた。この湖はただ強い雨のときにだけ水がいっぱいになるのである。

北へ進めば進むほど、地形は魅力をましてきた。岩の荒野は草原と変わり、たくさんの遊牧民が漂泊していた。ほとんどの泉も小さな中心地をつくっていて、その回りに遊牧民が家畜を連れて集まっていた。モンゴル人のキャンプの近くの泉の水は、常にむかつくような匂いを発散していた。誰もその清潔に気をつかうものがいないからである。家畜は渇きをいやすと、しばしばそのすぐそばで草をはみ、あたりをみんなよごしてしまうのであった。

東の地平線は、アラ・ウルテ山脈の高い山壁によってさえぎられていた。この山は主として赤みがかった花崗岩からできている。岩石、断崖、絶壁が黒いしみのように草原から突き出ていた。草原は目のつまった絨毯のように、山脈の穏やかな斜面、二本の大きな川、すなわちバガ・アタチクとイヘ・アタチクの岸から下のほうに広がっていた。

ガンギュン・ダバン（一六七〇メートル）の頂上を越え、ブグーク・ゴルの谷へ下りた。そこの低い丘陵からようやく、太陽の光を受けて灰色の鋼製のように輝いている昔なじみの、久しくあこがれたトラ川がながめられた。そしてようやく遠くにウルガが姿を現わした！

青い靄に包まれ、堂々たるボグド・ウラの黒い巨峰がそびえている。モンゴル人の聖なる町の寺の屋根屋根が、沈みゆく太陽の最後の光を受けて燃え立ち、白いスブルガンが明るく輝いている。羊の群れが平和に、屈托もなさそうに草原からその家畜小屋へと戻って行く。ときどきはるか遠くに、鞭のうなりが響く。大気は不思議なほど静かだ。わたしども疲れた旅人も沈黙している。わたしたちは足をとどめ、魅せられたように敬虔に、モンゴルの首都のかすんでゆくシルエットをながめやる。そしてほっとした安堵の気持で、つらい探検旅行がついに終わったことを意識する。

何となくプルジェワルスキーの面影がわたしの目の前に浮かぶ。彼も二度この山に立ち、わたしたちと同じく故国帰還の感動と喜びを味わったのである。今日も当時も、わたしたちは一つの岐路に立っていた。わたしたちのこれまでの生活、遊牧民としての生活はわたしたちの背後にあった。ヨーロッパの故国は、すぐ手の届くところに近よってきていた。はげしい感動がわたしたちをとらえた。

トラ川は洪水なので、わたしたちはここで一泊し、翌日、八月八日の夜明け、最後の行程を一挙に征服することにした。

すでに夏の夜は大地に下りていた。晴れた空には星が輝いていた。キャンプは静かになった。ただときどき、明日はどんなことが起こるかなあ、などとのんびりと話している隊員の声が聞こえるだけであった。

長いあいだわたしは落ち着かなかった。わたしの思いは、もう一度アムド、ラウラン、ココ・ノール、ハラ・ホトへと急ぎ立ち帰った。目の前を、モンゴル、シナ、チベットを代表する特色のある人たちが通り過ぎた。ダライ・ラマと別れたときの思い出がわたしに新しい力を与え、わたしに新たな《最後の旅》を計画することは可能かもしれないという確信をそそぎ込んだ。その旅において、わたしは偉大で、誠実な師プルジェワルスキーの遺志の最後のものを果たすことになるだろう。

夜がしらじらと明けそめるころ、キャラバンはゆっくりと行進をおこした。そしてだんだんと谷底へ下りて行った。トラ川はざわめき、その濁った高波は泡をかんで谷にぶつかり、岸の上を洗っていた。わたしたちは停止し荷物やあぶみをしっかりしばりつけた。そして広い川の渡しをつつがなく渡り終えた。一時間後、遠くに領事館の建物が現われた。われわれの焦燥は一歩ごとに大きくなった。ようやく家のドアのところに同国人が見え、故国の言葉が聞こえた。喜びの挨拶、質問、問い返し、親戚、友人の手紙、歓迎電報、清潔な部屋、たくさんの食事、洗ったばかりの下着——すべて、わたしたちを元気づけるものばかりで、疲れた旅人にとっては、過ぎ去ったことがただ重苦しい夢にすぎなかったかのように思えた。

付録　ハラ・ホト最後の訪れ
（一九二六年）

この本の序文に述べたごとく、コズロフは一九二三年、中央アジアへの彼の最後の、六番目の旅を試みた。この旅は一九二六年まで続いた。彼はモンゴル人民共和国において広般な地理学的、考古学的研究を行ない、その際これを最後に、エッツィン・ゴル河畔の砂漠の中の廃墟の町ハラ・ホトを訪ねた。彼の最後のこの探検の豊富な成果については、残念ながらコズロフは詳細な報告を仕上げることができなかった。しかし次に再録したコズロフの日記は、どんなに彼が《彼の》ハラ・ホトに愛着していたか、どんなに彼が最後までこの《死の町》と自分が結ばれていると感じていたかを示している。一九四九年、ソヴィエト地理学協会が「一九二三年から一九二六年までのモンゴルの旅」という題で刊行したコズロフの日記の抜粋は、コズロフが一九二六年、その探検を終える直前ハラ・ホトに滞在した四日間の分しか含んでいない。彼はその春、ハンガイ山脈中で仕事をし、この山の南麓にあるホルトという地方から、この廃墟の町へ小旅行を試みたのである。そこでコズロフの指示に従って、彼の共同研究者グラゴレフの指揮のもとに新たな発掘を行なった。

日記の抜粋は、一九二六年六月二一日、コズロフがハラ・ホトへ着いた日からはじまっている。

六月二一日。灰色の、霧深い朝。北西より弱風。朝六時から旅に出る。ほとんど真南の方角をとり、オンツュン・ゴルを渡る。それから深い森を通過。しかし森は木が少なくなる。たくさんの砂丘が現われる。幾つかは灌木が生えているが、ほかのは完全に何もない。こういう砂丘は周知のごとく、次のようにしてでき上がる。まずタマリスクの灌木か、ほかの植物が、風に吹き払われた砂をひき止める。砂は灌木の根にたまる。灌木がゆっくりと成長すると、砂丘もだんだん高くなる。近くの河床が乾くと、灌木の茂みは水分不足から矮小化する。そして枯死する。しかし砂丘のほうは風によって、ときとともに吹き散らされ、枯死した幹や枝をさらけ出してしまう。

オンツュン・ゴルからハラ・ホトまで約一二キロ。そこまでずっと、道はくねくねと砂丘のあいだを曲がりくねっている。砂丘は例のタマリスクの回りにできたものである。かつての耕地や古い灌漑用水のあと、花崗岩の堤の残骸が見えてくる。ただ死の町のすぐ近くで、北北西から飛砂の堆積が町へ向かって押しやられるのである。この大量の砂は、町の城壁をところどころ埋めてしまい、その内部にまで押し入ったのである。旅人が高い砂の堤をよじのぼると、町全体が展望できる。スブルガンの頂上は約五キロ離れて見える。三キロ離れると、もう市城壁がはっきり浮き出している。すべては灰色で、生気がなく、ほこりっぽい空気の中に沈んでいる。

四キロ歩いたあと、わたしたちはぽつんぽつんと立っているスブルガンの一つを通り過ぎる。さらに三キロ進んで、砂礫から成る丘に達したが、そこに二つのスブルガンがそびえていた。間隔は一キロである。北のスブルガンは粘土建築。わたしがこの前のハラ・ホト訪問のとき見た、枯死した木々のある水のない河床は今度は見つからなかったが、このあたりの全体的な性格はほとんど変わっていない。当時学問的・芸術的に価値のある宝をたくさん手に入れた《有名な》スブルガンは、いまもなお、町そのものがある高台の端に、その高い台座もそのままそびえていた。そのスブルガンのそばで仕事をした。そのそばでグラゴレフに会う。彼はわたしに、台座を通って交叉している通路を示した。この通路は彼の部下の労働者が開けたのである。この瞬間ハラ・ホトの城壁のほうから朝食の休憩時間の合図が響く。わたしたちは西門から町へはいる。わたしが当時住んでいて仕事をしたところ、発掘の成果のため喜びと感動に包まれたところが、すぐわかった。町の中はまだほんとうに静かだ。死に絶えたようで、荒涼として陰気だ。当時そのままに。探検隊の白いテントが西壁と南壁のあいだに張られている。それはある寺の廃墟の上にある。寺の板張りの床を少し整理したのである。水は、町の南南東、七キロのところの泉からくんでこなければならない。わたしはこの水は実にうまいと思う。

グラゴレフはわたしを自分のテントへ案内する。そこにハラ・ホトで発見された品物をみんな入れてある。フレスコ、焼物、粘土像、金属の道具——斧、すきの刃、など——さらに写本の断片。断片のほうは主として有名なスブルガンから出たものである。わたしはただちに収集品を精査する。その際わたしの注意は、高さ一メートルの着色した仏像と一つの仏陀の頭にとくに引きつけられる。この発掘品がわたしには、最も価値あるもののように思われる。さらに日記、図、地学的記述と絵を見る。これはダニレンコというわたしの若い協力者の一人が、考古学者オルデンブルグの指示で完成したものである。ダニレンコはこの委託を実にみごとにやってのけ、ハラ・ホトをきわめて精確に採図してある。そしてこの図に従って町の地図が描かれ、これに詳しい凡例解説が付してある。あとでわたしたちは、いっしょに死の町を散策した。まず、ごく最近掘ったところ、たぶんハラ・ツァン・ツシュンの家があった北西隅へ行った。それからスブルガンに上った。昔あった《階段》はもうなかった。門や塔のくずれた個所、水に洗われた角《かど》、瓦礫から判断すると、最近豪雨が降ったに相違なかった。これが堡塁の外側をまきぞえにしたのである。わたしは満足の気持で、スタインが階段の一つ一つを確認するのに成功したことを思い出した（オーレル・スタインは英国の考古学者でアジア研究家。ハラ・ホトの発見後数年して同じくここを訪れ、貴重な発掘を行なった。東トルキスタンのコータン、また西シナ、ペルシアでも発掘した。西甘粛での研究が最も成果があった。そこのトゥンファン（敦煌）で有名な洞窟寺を発見した）。そして城壁の突破口も砂漠のほうへの出口であり、ハラ・ツァン・ツシュンが当時用いた廊下だったのである。途中わたしたちは、とくに典型的な焼物の見本を集めた。晩、わたしたちは昔話、体験話をし、未来の計画を練る。わたしの仲間たちは、次の計画としてわたしの最後の仕事をやるつもりでいる。それはいかだで、ソゴ・ノールの水深を測り、湖底の横断面を図示したいということである。わたしたちはまた、ホルトへの進路、その途中において調査するはずのセウレー山脈についても話し合う。九時ごろ気象観測を行ない、まもなく横になる。夕方、夜には無数の蚊に悩ませられる。

六月二二日。朝快晴。六時から起きている。朝のうち写真撮影をするが、風が細かい砂を運んで来てじゃまをする。午後、北西風は嵐に変わり、晩遅くまで止まない。砂丘は小さな火山のように煙を吹く。わたしが当時たくさんの粘土の仏像を隠したところに、いまは巨大な砂丘ができている。一九〇九年、この興味ある仏像を埋めた個所の地図を注意深く作っておいたのだが、もうそれを発見することは不可能である。

晩、わたしたちは写真機を、南壁のそばの隠遁ラマ僧の僧房へ持って行く。そこでわたしは、前回の探検の同伴者チェトゥイルキンが自分の署名を残していたことを確認する。

六月二三日。朝から空は、鉛色の雲におおわれている。静かだ。ぽつりぽつりと雨が降る。わたしは仲間に、伝説的な《泉》の発見に注意を集中するように頼む。そこにハラ・ツァン・ツシュンは、町を明け渡す際、自分の宝のすべてを隠したと言われている。わたしは再び、町のいろいろ細かいところを写真にとる仕事をはじめる。わたしの出発は明日に決める。

六月二四日。朝は幾らか晴れている。出発の用意が済む。ご機嫌よう、汝、わたしの夢の町よ！　ハラ・ホトよ、ご機嫌よう！　おそらくわたしはお前を見るのがこれで最後らしいのだ……。

解説

深田久弥

ピョートル・クズミッチ・コズロフ（一八六三—一九三五）の生涯とその業績は、本書巻頭の「ドイツ訳に際して」の中に詳しい。本解説者はそれ以外のことに亘らねばなるまい。

　本書はドイツ訳からの重訳であって、元の本は《MOHГОЛИЯ И АМДО И МЕРТВЫЙ ГОРОД ХАРА-ХОТО》で、最初の版は一九二三年に出版された。訳すると『蒙古とアムドと死の都ハラ・ホト』で、ドイツ訳も同じ題名を採っている。それを日本訳の本書で『蒙古と青海』としたのは、なるべく簡単な題名で内容を現わそうというのが西域探検紀行全集の方針だからである。それは本全集に限ったことではない。原題を日本の読者向きに変えるのは、わが国出版界一般の傾向であり、中には看板に偽りのある、興味ありげな題をつけて売行きをよくしようとする悪徳業者もある。その点、本全集は良心的であるが、ただ全一五巻の中には類似した原題名があって、それを区別するために少々適当でないものもあるのはやむをえない。

　『蒙古と青海』は内容とピタリと合ったいい題である。ただ一つ文句を言えば、わが国にはすでに同じ題名の本が出ている。しかもそれが名著の翻訳である。すなわち、プルジェワルスキー著、田村秀文、高橋勝之、谷耕平共訳『蒙古と青海』上下二巻、生活社、一九四四—四五年。とっくに絶版で入手しがたいが、コズロフの読者にとっては貴重な本である。

　というのは、これはコズロフの師事したプルジェワルスキーの最初の中央アジア探検紀行であり、しかもそのルートに若干の差異はあるが、だいたいコズロフの本書と同じ地域を渉猟しているからである。ロシヤの二大探検家の代表的な著作が、日本に訳されて同じ題名であるのはまぎらわしいが、プルジェワルスキー著の原題も

《МОНГОЛИЯ И СТРАНА ТАНГУТОВ》(『モンゴルとタングート人の国』)であって、『蒙古と青海』は日本訳名である。それにプルジェワルスキーの探検は一八七〇—七三年であり、コズロフのそれは一九〇七—〇九年であるから、そのあいだに約三五年のひらきがある。

ついでにつけ足せば、プルジェワルスキーの第二回中央アジア探検は、クルジャから天山を越えてロプ・ノールへの旅で、それは『黄河源流からロプ湖へ』と題されて、本全集第二巻として出ることになっている。なおその巻には彼の第四回目の探検記『キャフタから黄河源流へ』も加えられる。

コズロフが初めて未知の境に足を踏み入れたのは、プルジェワルスキーのこの第四回目の探検に随行したときであって、まだ彼は二〇歳を出たばかりの青年であった。若きコズロフはまことに良き師を持ったものである。その師は一八八八年第五回目の探検に出ようとして、その隊には愛弟子のコズロフもロボロフスキーも参加したが、不幸にもプルジェワルスキーはイシク・クル湖畔で病を得て倒れた。この偉大な探検家については、いずれその者の解説で述べることにしよう。

プルジェワルスキーの死によって未遂に終わった探検のあとを継いだのは、M・W・プジェフツォーフであった。その隊長のもとに、コズロフ、ロボロフスキーが参加したことは言うまでもない。この探検隊は、東トルキスタン、コンロン、ジュンガリアを調査した。それから数年後(一八九三—九五)今度はロボロフスキーとコズロフが再びトルキスタンにはいり、ついで東部天山、南山山脈を探った。

以上のような経験を積んでコズロフは第二のプルジェワルスキーとして注目されるようになった。そして一八九九年ロシヤ地理学協会から任命されて、彼としては第四回目の中央アジアに乗り出すことになった。四回目とは言え、彼が隊長としての探検はこれが最初であった。一八九九年から一九〇一年までのあいだに、蒙古のアルタイ山脈、中央ゴビ、それから黄河へおもむき、その源のオリン・ノール、ツァリン・ノールを探り、ついで揚子江およびメコン川の上流にまで進んだ。

その旅行記《МОНГОЛИЯ И КАМЬ》(『蒙古とカム』)の上巻が一九〇五年、下巻が一九〇六年に出た。

カムとは東チベットすなわち西康のことである。この著によってコズロフの名は世界的になった。

一九〇七年から九年まで彼は第五回目の探検に出た。その成果が本訳書『蒙古と青海』である。この旅行記が出版されたのは、ずっと遅れて一九二三年で、この仕事を終えると、すぐまた彼は第六回目の、そして最後の探検（一九二三―二六年）に出発する。

コズロフは学術的論文や報告をいろいろの誌上に発表したが、まとまった書冊の紀行としては、前記の『蒙古とカム』とこの『蒙古と青海』があるだけである。最後の旅行は、その報告を完成することなしに終わった。本書を読んでもわかるとおり、彼は非常にたんねんに厳密に書かねば承知できない性らしく、急ぎ仕事は彼に向かなかったのであろう。

さて、本書は最初に記したようにドイツ訳からの重訳である。一九二三年に出たコズロフの原著は、戦後一九四七年になって新版が出た。その新版を、ヘルムート・シュトロイビッヒがドイツ語に訳した。それを日本語に移したのが本訳書である。ところがこれよりも先に、すでに一九二五年に、別の人によってドイツ訳が出ている。その本にはスウェン・ヘディンが序文を書いている。

ヘディンが最初にコズロフと出会ったのは、プルジェワルスキーが亡くなった数年後、ペテルスブルク（今のレニングラード）のロシヤ地理学協会であった。それ以来親しいつきあいとなった。かの有名なロプ・ノール論争で、コズロフはプルジェワルスキーの説に味方し、ヘディンはその師リヒトホーフェンの意見に賛同して、お互いに対抗し合った。にもかかわらず二人の友情は変わらなかった。一九二三年、彼らは偶然ウルガで出会った。お互いの喜びは無上であった。ヘディンはアメリカからの帰路アジア通過の途次であり、コズロフは彼の最後の探検に出ようとするところだった。ヘディン、五八歳、コズロフ、六〇歳。この疲れを知らぬ二人の探検家は、初めて出会ったときからもう三〇数年たっていた。ヘディンは書いている。「われわれ二人はもう幾らか老いていた。それでもなおコズロフは新しい力を持っていた。彼の目は、これからすぐまた――第六回目の――砂漠の孤独に向かおうとする思慮で熱っぽく輝いていた。」

話を元に返して、一九二五年最初のドイツ訳が出たのは、ヴィルヘルム・フィルヒナー博士の尽力によるものだった。フィルヒナー（一八七七―現在？）もやはり、ドイツの有名な中央アジア探検家であって、数冊の旅行記を書いている。一九二三年彼はモスクワで、最後の探検に出るコズロフに会って、その計画を聞いた。そのときコズロフは出たばかりの著書『蒙古とアムドと死の都ハラ・ホト』を、ドイツ語で出版することをフィルヒナー博士に頼んだ。それは困難な仕事であったが博士は喜んで引き受けた。と言うのは、彼は本質的にロシヤ人が好きであったし、またこのすばらしい探検記をドイツ人に読ませることに、重大な意義を見つけたからである。

　フィルヒナーだけの力ではそれをなしえなかったかも知れないが、さいわいにも彼は二人の協力者を得た。レオニード・ブライトフッスが翻訳を完成し、それをポール・ゲルハルト・ツァイトラーが流暢な文章に直した。こうして最初のドイツ訳が出たのだが、それは完訳《い》ではなかった。と言って抄訳《い》でもない。岩村忍博士の主張されるいわゆる編訳《い》（Adaptation）とでも申そうか。なおその本には「チベット、ダライ・ラマの国」の一篇が加えられている。これはコズロフが一九二〇年に出版した一〇〇ページの本の編訳《い》であって、それを付加したのもコズロフの希望からであった。ドイツ訳に二種あることを念のため書いておいた。

　コズロフの二大紀行『蒙古とカム』も『蒙古とアムドと死の都ハラ・ホト』も、その原著を手に入れることはほとんど絶望に近い。ところが先に記したとおり一九四七年にこの二書ともモスクワから新版が出た。現在は売り切れてしまったようだが、さいわいわたしの本箱にはそろっている。昨年春ソ連領トルキスタンからトルコへ戻る途中、グルジアの首都トビリシに寄った。長沢和俊君と二人で町の大通りを歩いていると、一軒の古本屋があった。そこの書棚の一隅に中央アジア関係の文献がそろっているのを長沢君が見つけた。古書となると目の色が変わる長沢君は、専門の歴史書や記録類をどっさり買い込んだ。コズロフの『青海とカム』を、フェドチェンコの『トルキスタン紀行』とともにわたしが得たのは、その店であった。

　コズロフのもう一冊『蒙古とアムドと死の都ハラ・ホト』（すなわち本訳書『蒙古と青海』）は前からわたしは持っていた。が悲しいかなわたしはロシヤ語が読めない。中央アジアの探検を調べるにはロシヤ語が不可欠であることを悟って、その独習を始めたばかりである。一九四七年の新版には、その版の編纂者B・V・ユーソフの序文がついている。それに続いてコズロフの息子V・P・コズロフの文章がついている。その二つの文の内容を、ロシヤ語がよくでき、中央アジアの探検記にも詳しい加藤九祚君にわたしは教えてもらった。

本訳書の原であるドイツ訳《Mongolei, Amdo und die tote Stadt Chara-Choto》は一九四七年に出た。原著新版からの訳である。ただし前記のユーソフとV・P・コズロフの文章は省かれている。その代わり「ドイツ訳に際して」の一文が巻頭におかれている。おそらくその二つの文章をまとめて書き直したものと思われる。

本訳書はそのドイツ訳からの完訳である。なおドイツ訳には巻末に付せられた注を、本訳書ではカッコに入れて文中に収めてある。

コズロフの本紀行はペテルスブルクを発つところから始まっている。「まえがき」に付されている「……きみの春はまだきみの前にある。しかしわたしにはすでに秋が近づいている。」という言葉は、プルジェワルスキーがコズロフに送った手紙の一句である。亡き師のあとを継いで、ロシヤ地学協会からモンゴル、四川の探検を任せられた彼の喜びと意気込みが、最初の章から感じられる。

探検隊の出発地は、現在のモンゴル人民共和国と境を接するキャフタであった。この町の古い時代の様子は本全集の『ユーラシア横断紀行』の中にも書かれている。プルジェワルスキーが最初のモンゴル探検に出かけたのも(一八七〇年)この町からであった。プルジェワルスキーはここを発って、ウルガに至り、ゴビ砂漠を横切って張家口へ出た。その道のさまが彼の紀行には実に詳しく描かれている。それからずっと遅れて、同じ道を逆にたどってキャフタに到着した日本人がいる。竹中翠村と呼ぶ大阪毎日新聞の記者で、中島基熊というモンゴル語のできる青年と中国人のボーイを連れて、約五〇日もかかってキャフタに着いた。

それは一九〇八年の七月で、ちょうどその年の一月にコズロフ隊がキャフタを発ったのである。竹中翠村はキャフタからシベリア鉄道へ出て帰国したが、中島基熊青年は旅券が不備なためシベリア通過を許されず、再びゴビ砂漠を通って張家口まで引き返した。中島さんは今は老齢に達しられたが、なお元気で生きておられる。

キャフタからウルガまでの道は、古くからのキャラバンの要道で、かつては中国からの磚茶がラクダの脊に載せられて続々と運ばれた道であった。ウルガとは早くからこの地へ進出したロシヤ人のつけた名前で、シナ名は庫倫《クーロン》と呼んだ。モンゴル語のボグド・クーレン（神聖な小屋の意）のクーレンがクーロンとなったのである。モンゴル人民共和国の首都となってからウランバートルと名が変わった。「赤い英雄」の都という意である。

ウランバートルは終戦直後二万人の日本軍捕虜が送られた所で、そこで多くが悲惨な死を遂げたことは、「暁に祈る」事件としてわたしたちの記憶にまだ新しい。その後この町が着々と近代都市の形を備えつつあることは、近年そこへ旅行した日本人の紀行や写真によっても察しられる。現在ではここからゴビ砂漠を経て張家口へ鉄道も敷かれ、また北京まで定期航空もある。

コズロフの紀行には、ウランバートルのすぐ南のボグド・ウラ（神聖な山）の美しさに感嘆するところがある。同名の山は天山山脈にもあるので、こちらはチョイバルサン・ウラと改名された。モンゴル人民共和国の初代総理大臣の名を採ったのである。

コズロフ隊は当時のウルガから張家口へではなく、モンゴル・アルタイへ向かった。彼らの前途にあるのは「未知の驚異であり、異質の自然であり、知らない人たちであった。」そして荒涼とした土地を約五〇日の旅で、エツィン・ゴルに到着した。本全集の読者はすでに刊行済みのラティモアの『西域への砂漠の道』やスタインの『中央アジア踏査記』によって、エツィン・ゴルのことは御承知のはずである。さらに本全集の読者のおおかたはヘディン全集の読者でもあろうと思うが、ヘディンの『シルクロード』や『ゴビ砂漠の謎』の中にも、この地のことが詳しく書かれている。それを合わせ読むとき興味はいっそう深くなろう。

エツィン・ゴルの流域地帯にあるハラ・ホト遺跡の発掘こそ、コズロフの大きな功績であって、それはほぼ時代を同じくしてスタインの敦煌の石窟発見、ヘディンの楼蘭発掘とともに、中央アジア探検の歴史的事績となっている。コズロフが死都ハラ・ホトから多量の発掘品を持ち帰ってから六年後の一九一四年、スタインはこの廃墟を訪ねてさらに多くの考古学的資料を集めた。そしてマルコ・ポーロの旅行記に出て来るエツィナという町が、ハラ・ホトであることを確認した。

ハラ・ホトの発掘に一段落をつけたコズロフは、そこからアラシャン砂漠を渡って定遠営に達する。世界大戦も終局に近づいた一九四四年の一月、この定遠営に接近した日本の青年がいる。それは日本の特務機関に勤務した木村肥佐生氏で、ラマ僧に扮してモンゴルの奥深くへはいった。木村氏は定遠営からテンゲリ砂漠を越えて甘粛省へ入り、さらに青海を経てラサに到着して初めて敗戦を知った。その興味津々たる紀行が『チベット潜行十年』(毎日新聞社、一九五八年)と題する本になって出ている。定遠営からココ・ノールまでの道は、おそらくコズロフの道とほぼ同じであったと思われる。

青海省の首都西寧まで蘭州から鉄道が通じたが(一九五九年)、以前は西寧川の溪谷を歩かねばならなかった。西寧に達した旅行者はたいていクムブム寺を訪ねている。この有名なラマ寺についてコズロフも長い文章を書いているが、ヘディン、フィルヒナー、フッテラー、リーンハルト、その他この寺の紹介記事は、挙げればきりがないほどある。その最初はユックの旅行記で、彼は一八四五年の冬の三か月をそこで過ごし、ラマ僧の生活や行事をつぶさに見て詳細な報告を書いた。木村肥佐生氏が訪れたときも寺は盛んであったそうだが、中国革命後の今日どうなっているであろうか。

コズロフ隊は神祕の湖ココ・ノールに到着、二人の隊員が折りたたみのボートで、湖の中にあるクイスー島へ渡った。この島は、ユックや、その後のロックヒルやプルジェワルスキーの本ではツォ・リ・ニアとしているが、現在の地図ではツオ・ニイとなっている。島の伝説について語った旅行記は多いが、実際に島を調査した記事はコズロフ隊だけである。

一九三五年ピーター・フレミングは、女性探検家のエラ・マイヤールとともに、蘭州から西寧を経てココ・ノールの南岸を通り、西のかた新疆へ抜けて行った。本全集の読者は続刊の『ダッタン通信』で、その非常におもしろい旅行記を読まれるであろう。逆に西のかたチベットの北部から青海省にはいり、ココ・ノールの北岸を通って西寧へ向かったのは、ヘディンの第一回中央アジア探検の終わりの部分であった。ココ・ノールの付近でタングートの匪族に襲撃されたことは、彼の『アジアの砂漠を越えて』下巻に詳しく出ている。ヘディン以前にプルジェワルスキーも三〇〇人のタングートに襲われている。

「タングート人はだいたいきわめて好戦的な民族で、略奪、暴行、盗みを好む」という書き出しで、コズロフはこの精悍な民族について述べている。彼がココ・ノールから西寧へ戻り、今度は南の貴徳に行き、そこからアムドの山岳地帯を通ってラウランのラマ寺に到着するまで、その未開の山地で悩まされどおしたのは、このタングート族のためであった。

コズロフ隊の最初の予定は、四川へはいり込むことだった。しかし貴徳でコズロフは本国の地理学協会からの指令を受けた。それは四川へは行かずに、ハラ・ホトの発掘を継続せよとあった。四川の山岳地帯は探検家にとって大きな魅力を持っていた。しかしそこにはヌゴロク族という兇暴な人種が住んでおり、危険このうえもない土地であった。それは近年になっても変わりはないとみえて、大戦後の一九四九年レナード・クラークがヌゴロク族の勢力圏内にはいり、そこで蕃族を相手に戦ったことを本に書いている。コズロフは彼の隊のそのときの志気や精神状態を考えて、予定していたヌゴロク族の地へはいらずに済むことをむしろ喜んだ。

アムド山地のラウラン寺からコズロフはクムブム寺に帰って、そこにたまたま滞留していたダライ・ラマに会い、そこから再び往路を引き返してハラ・ホトの発掘に従事した後ウルガに帰った。そこで本紀行は終わっている。

帰国して旅行の整理を一応終わると、コズロフはチベットのラサへ行く計画を立てた。彼はダライ・ラマからひそかに招待を受けていた。しかしそのころのラサはすでにイギリスの勢力下にあったため、外国の探検隊はチベットにはいることができなくなっていた。それから第一次世界大戦が始まり、ロシヤの十月革命があった。

一九二三年コズロフは第六回目の、そして最後の中央アジア探検隊を組織してモンゴルへ向かった。旅行は一九二六年まで続いたが、そのあいだにノイン・ウラの発見があった。それはウランバートルとキャフタとのほぼ中間にある匈奴の遺跡で、二〇〇基を越える古墳群中のおもな一〇基を発掘して、重要な資料を見つけた。その中には紀元前二世紀の品もあり、考古学上一エポックを劃するものと言われる。残念ながらこの探検の報告を完成することなしに、コズロフは一九三五年に亡くなった。

本訳書の終わりに付録として「ハラ・ホト最後の訪れ」が載っている。これはロシヤ語の原著には無く、ドイツ訳の編者がつけ加えたのであろう。それにも書いてあるとおり、最後の探検中の一九二六年、コズロフはわざわざ遠路の砂漠を通ってハラ・ホトを訪問した。そのときの四日間の滞在の日記である。

コズロフがノイン・ウラから持ち帰った多量の資料はその後整理されて、ソ連科学アカデミーから報告が出た。わが国では梅原末治『北蒙古ノイン・ウラの遺物』(東洋文庫、一九六〇年)がある。

*

深田久弥氏解説中に「西域探検紀行全集」あるいは「本全集」とあるのは、本選集の元になった全15巻の全集を指します。

本書の初版は『西域探検紀行全集』の第11巻として
1967年2月に小社より刊行された

西域探検紀行選集(全6冊)

蒙古と青海

二〇〇四年 五 月二〇日 印刷
二〇〇四年 六 月一〇日 発行

訳 者 © 西《にし》 義《よし》 之《ゆき》
発行者 川 村 雅 之
装幀者 田 淵 裕 一
印刷所 株式会社 三 陽 社
発行所 株式会社 白 水 社

東京都千代田区神田小川町三の二四
電話 営業部〇三(三二九一)七八一一
編集部〇三(三二九一)七八二一
振替 〇〇一九〇-五-三三二二八
郵便番号一〇一-〇〇五二
http://www.hakusuisha.co.jp
乱丁・落丁本は、送料小社負担にてお取り替えいたします。

松岳社(株)青木製本所

ISBN4-560-03150-9
Printed in Japan

深田久弥／長澤和俊
シルクロード
過去と現在

《シルクロード踏査隊》の成果をもとに、地域・時代別に考察、さらに帰国後の研究を加えシルクロードの歴史と文化交流のあとを歴史的・美術的・探検史的視野から概説。
A5変型判　298頁＋口絵40頁　定価3568円

深田久弥
中央アジア探検史

アレキサンダー大王の東征から二十世紀初頭まで、東西交渉の治乱興亡をたどり、英雄、探検家、仏教徒らの群像を学殖を傾けて語る。
A5変型判　562頁＋口絵5頁　定価7560円

オーレル・スタイン
砂に埋もれたホータンの廃墟

ヘディンと並び称される探検家の第一次中央アジア踏査行の全記録。砂中に眠る古代都市を発掘・調査し、厖大な遺物を収集した。山口静一／五代徹訳
A5判　458頁　定価7980円

ハインリヒ・ハラー
チベットの七年
ダライ・ラマの宮廷に仕えて

ヒマラヤ遠征に参加中、大戦勃発でインドへ抑留されたが脱走、禁断の都ラサへ……そこでの幼いダライ・ラマとの心あたたまる交流。福田宏年訳
A5判　402頁＋口絵20頁　定価4725円

ピーター・ホップカーク
チベットの潜入者たち
ラサ一番乗りをめざして

禁断の国チベットは、命を賭けて聖都めざした西欧列強のスパイ、軍人、登山家たちによって、いかにその秘密のヴェールをはがされていったのか？　今枝由郎他訳
四六判　336頁　定価2940円

デイヴィッド・スネルグローヴ
ヒマラヤ巡礼

英国の仏教学の碩学がネパール西部のチベット人居住区を探索・記録した紀行の名著。仏像や壁画への造詣、最奥トルボ地方の記述は圧巻。吉永定雄訳
四六判　382頁＋口絵8頁　定価3045円

定価は5％税込価格です．
重版にあたり価格が変更になることがありますので，ご了承下さい．

(2004年5月現在)